大旗出版
BANNER PUBLISHING

大旗出版
BANNER PUBLISHING

歷史不忍細究 全集

編者序

英國著名史學家卡爾有個著名命題：「歷史就是與現實不斷地對話。」卡爾說：「並非所有關於過去的事實都是歷史事實，或者都會被歷史學家當做事實加以處理。」「歷史學家的事實是一個主觀與客觀相互妥協的產物。歷史學家的原則是求真，但是他追求到的歷史事實總帶有幾分無奈。歷史，是客觀存在的事實，真相只有一個。然而記載歷史、研究歷史的學問卻往往隨著人類的主觀意識而變化、發展、完善，甚至也有歪曲、揑造。

因此，閱讀歷史，我們常常會讀出幾分含混、幾分閃爍，也許這正是史家們的難言之隱。而那幾分含混和幾分閃爍中，究竟隱藏著什麼真實細節和生動故事？有哪些史事被誤讀了呢？對歷史的喜好，也許就是源於我們對已發生的未知事物的渴望，並促使我們不斷地去尋找那事、那人，尋找那被人遺忘的暗角……

中國中央電視台《百家講壇》節目的成功，催生了一股讀史風潮，這股讀史風潮席捲書市，方興未艾。《百家論壇》作為一本應運而生，面向歷史愛好者，在通俗解讀的基礎上正說歷史，「揭歷史之謎團，還歷史之真相」，使人們能在輕鬆的閱讀中解讀歷史、啟迪智慧的雜誌，自創刊以來，得到了眾多讀者的極大關注與支持。在「二〇〇八年第八屆北京圖書節」上，成為讀者搶購的書刊。

應廣大讀者的要求，我們曾《百家講壇》部分文章整理、歸類、集結成書出版，以便於閱讀、收藏和研究。已出版的《歷史不忍細讀》全套書系得到了海內外讀者的一致好評，如今，我們再次應廣大讀者的要求，仍以「破解謎團、還原真相」為主要內容，將知識性、考證性、故事性、趣味性作為遴選文章的取向，同時在考證性、故事性與可讀性方面有所突破，以期更好地滿足廣大讀者的閱讀需求。並希望這本書能幫助您瞭解燦爛中華的文史傳承，引領您去走入歷史與文化的更深處。

本書以大眾為閱讀物件，所輯錄的文章正說歷史，貼近現實，視角新穎，注重通俗化與可讀性，拒絕枯燥。閱讀此書，跟隨作者的調查、考證和探索，透過那些歷史事件知情者、親歷者的回憶，隨之而來的新奇、驚異，獲得新知的刺激感將不斷產生，歷史那曾經跳動的脈搏和呼吸猶如重現……

孫萍

第五篇　真相還原

第六篇 史海獵奇……361

第一篇
事件追蹤

梁武帝的弟弟放高利貸致富？
鄭和下西洋為消滅海盜集團？
深入挖掘真相，
青史上留存的美名及惡名值得我們重新探究！

六百年前鄭和智剿最大海盜集團

喻嘯東

自二〇〇八年十二月二十六日以來，中國海軍已先後派出六批護航編隊執行護航任務。一年多來，中國海軍護航編隊已成為維護亞丁灣、索馬利亞海域安全的一支不可或缺的重要力量。

中國海軍開赴索馬利亞海域打擊海盜的消息，曾引起國際媒體的高度關注。美聯社、《華盛頓郵報》、美國《新聞週刊》都曾將此行動比作「鄭和艦隊剿海盜」。

那麼，皇帝朱棣為什麼要組織一支陣容強大的海上艦隊「下西洋」？鄭和又是如何剿滅當時世界級「海盜王」陳祖義，維護東南亞海域安全的呢？

明成祖永樂年間（一四〇三年至一四二四年），明朝國力強盛，經濟實力、造船技術、航海經驗都足以保證開展大規模的航海活動。

永樂皇帝朱棣也有著雄心壯志，他不滿意明朝初期相對保守的對外政策，想向別的國家宣揚國威，展示明朝的實力，一當上皇帝，就多次派人要求周邊國家來朝見。當然也有歷史學家認為，朱棣主要是想借機找到下落不明的侄子：建文帝朱允炆。朱棣從朱允炆手中奪得皇位，很擔心朱允炆哪天復辟，所以他決定組織一支陣容強大的海上艦隊「下西洋」。

此外，鄭和船隊還有別的重要戰略任務。明朝前期最大的外來威脅有北部的蒙古勢力和東部的日本倭寇。鄭和下西洋有如下戰略考慮：一是往西方和南方尋找戰略盟友，加強聯繫，增強對北方和東方入侵者的防禦；二是顯示明朝的海洋力量，警告那些可能從海上方向騷擾的敵人；三是從海上實行戰略包抄，牽制陸地敵對勢力，減輕北部邊防的壓力。

一四〇五年七月十一日，欽差正使總兵太監鄭和奉明成祖朱棣詔書，組織船隊出使西洋。

龐大的船隊：船兩百零八艘，官兵兩萬多人

鄭和率領兩百零八艘艦船，兩萬多名官兵組成的龐大船隊，從南京龍江港起航，駛向福建長樂的太平港駐泊，以等候東北季風。冬天，東北季風來臨時，鄭和船隊便從福建閩江口五虎門正式揚帆遠航。經過南中國海西部沿海海域，首先到達越南的占城（今歸仁），然後到達印尼的達爪哇（今爪哇島）、馬來西亞的滿剌加（今麻六甲）、印尼蘇門答臘島上的舊港（今巴領旁）、啞魯、蘇門答臘、南浡里（今印尼亞齊區）。再從南浡里出發，橫越印度洋的孟加拉灣，到達錫蘭山（今斯里蘭卡）。然後繞過印度半島，先後到達印度的小葛蘭（今奎隆）、柯枝（今柯欽）、古里（今卡利卡特，位於印度半島的西南端）。

鄭和在古里修整待航數日，並在該地立碑紀念，碑文說：「其國去中國十萬餘里，民物鹹若，熙皓同風，刻石於茲，永昭萬世。」這是鄭和在國外最早建立的紀念碑。

陳祖義：史上懸賞最高的通緝犯

鄭和巨型「寶船」至少有四十多艘，配備了當時最先進的航海儀器和武器裝備。像這樣大規模的船隊，如此精良的裝備配置，不僅在中國歷史上是頭一次，在世界航海史上也是前所未有。

船隊的軍事裝備如此精良，這事出有因。當時東南亞地區的海盜猖獗，橫行不法，劫掠民間財物，當地官府也奈何他們不得。

綽號「海盜王」的陳祖義祖籍廣東潮州，明洪武年間，全家逃到南洋入海為盜，從此盤踞麻六甲十幾年，成為歷史上最大的海盜集團，其成員最多時超過萬人，戰船近百艘，活動範圍包括日本、南海，印度洋等地，總計有超過萬艘以上的過往船隻遭其掠奪，明朝有五十多座沿海城鎮被其攻陷過，南洋一些國家甚至向其納貢。為此，明太祖朱元璋曾懸賞五十萬兩白銀要陳祖義的首級。永樂年間，賞金更是

高達七百五十萬兩。要知道，當時明朝政府每年的財政收入也才一千一百萬兩，所以陳祖義成了有史以來懸賞金最高的通緝犯。

「海盜王」陳祖義後來跑到三佛齊（今印度尼巴亞的巨港一帶）的渤林邦國，在國王麻那者巫里手下當上了大將。國王死後，他乾脆自立為王，成了渤林邦國的國王。他也到明朝永樂皇帝那裡進貢，但很多貢品並不是在本國港口準備好的，而是空船出發，一路搶，搶到什麼送什麼。回國的時候，他也不落空，又是一路搶回去。最讓永樂皇帝受不了的是，他不但搶西洋諸小國的船，連明朝的使船也搶。而且實行的是三光政策，搶光、殺光、燒光。

鄭和艦隊殺海盜五千餘人

一四〇七年，第一次下西洋的鄭和船隊在回航時抵達當地。陳祖義認定鄭和浩浩蕩蕩的船隊「有寶物」在船上，於是派人向鄭和表示他想投誠，其實陳祖義是想詐降，然後一舉搶奪鄭和的船隊。雖說陳祖義的人數和船隻數量都不及鄭和，但他鼓動部下說：「明朝的船隊雖眾，但操船者初涉遠洋，大多為河塘之師；明朝的船雖大，但行動遲緩，且不熟地形；明朝的水師雖強，但多年未戰，驕兵，且以馬步兵為主……」更重要的是，陳祖義根本瞧不起鄭和：太監算什麼東西呀，而且這個太監還是靠陸戰出名的。

陳祖義沒有料到，鄭和對陳祖義早有提防，因為鄭和船隊經過占城以後，一路上聽到的都是對陳祖義的投訴。更幸運的是，陳祖義的陰謀被舊港一個叫施進卿的中國人知道了，他把消息告訴了鄭和。鄭和命令船隊準備應戰。

陳祖義率眾海盜來襲時，鄭和早有準備，用火攻燒毀海盜船，殺海盜五千餘人。此後鄭和的海軍又設法將陳祖義等三人生擒，囚於船中回京。皇帝朱棣下令當著各國使者的面殺掉陳祖義，並斬首示眾，警示他人。鄭和為東南亞海域剷除了海盜匪患，維護了海上交通安全，為沿海人民帶來福祉，受到各國稱讚。

鄭和船隊前後共七次下西洋。一四三三年四月，鄭和在最後一次下西洋的返航途中，因過度勞累去世，後賜葬南京牛首山。有史料稱牛首山的鄭和墓是一個衣冠塚，鄭和的遺體埋葬於印度西海岸。不過東南亞的華僑則流傳著一個說法，稱鄭和葬在印尼的三寶壠。

鄭和的「治盜」經驗：慎武

鄭和打海盜重在「治盜」，具體操作是：積極用兵，但謹慎動武。

鄭和在平定陳祖義部的海盜時，採取關注民生、維護治安的做法，使海盜失去滋生的環境，而且鄭和船隊的活動還促進了中外貿易的發展。鄭和船隊上帶有大量的銅錢、絲綢、鐵器、瓷器等中國手工藝品，每到一國除了贈送國君和官員之外，就用來換取各國的土產品。這些精美、罕見的工藝品，吸引了很多外國政府和商人，有些立刻就跟隨船隊來到中國開展貿易活動。

鄭和謹慎用兵還反映在對待斯里蘭卡國王的問題上。那一次，斯里蘭卡國王見鄭和船隊裝載了大量金銀，眼紅起了邪念。他把鄭和請到宮中設宴招待，一面強行向鄭和索取金幣，一面又發兵搶奪鄭和的船隊。鄭和臨危不懼，沉著應戰，他瞭解宮城中的士兵都被派去攻打船隊了，城中兵力反而空虛，於是火速調來兩千多名將士，出其不意地攻打宮城，反而活捉了這個貪心的國王，並把他和他的妻子、主要頭目帶回北京，後來皇帝寬大地把他們放回本國，該國從此不敢再對明朝有任何不敬。

梁武帝禁止弟弟逼債收屋：南北朝爆發「金融危機」

李開周

從西元四二〇年劉裕篡東晉建立南朝宋開始，直到西元五八九年隋文帝楊堅南征滅陳為止，前後綿延近一百七十年，是中國歷史上的南北朝（四二〇年至五八九年）時代。

南梁（五〇二年至五五七年），中國歷史上南北朝時期南朝的第三個朝代，由蕭衍代齊稱帝，都建康（今江蘇南京）。國號梁，因為皇帝姓蕭，又稱蕭梁。南朝從孫吳開始在江南建立政權以來，經濟文化最盛的時期就是梁朝。這與蕭衍本人的文化素質是分不開的，蕭衍的文化水準在南朝皇帝中可以說是成就最高的。他當皇帝以後，在國內實行一種溫和的政策，以發展經濟為重點，在發展經濟的同時也重視文化的發展。

蕭宏（四七三年至五二六年）是梁武帝六弟。梁武帝攻占建康，以之為中護軍，衛戍京師。天監元年（五〇二年）封蕭宏為臨川王，遷揚州刺史。天監四年，奉詔都督南北兗、北徐、青、冀、豫、司、霍八州北討諸軍事。蕭宏靠放高利貸起家，梁朝人那時買房跟我們現在一樣也有貸款買房，也是必需有擔保有抵押。當時南京有很多人找皇上的弟弟蕭宏貸款，契約到期還不起貸款者就拿房屋作抵押，再還不起錢，蕭宏就派人登門收屋，這樣債務人就成了流浪漢。流浪漢一多，治安就會有問題，於是梁武帝下旨禁止逼債收屋，也就帶有「家園豁免」的意味。這樣就導致蕭宏放出去的大筆錢收不回來，猶如遭遇了一場「金融危機」。

這場「金融危機」究竟是怎麼爆發的？又給南北朝帶來了什麼樣的影響呢？

關於房貸的兩個問題

【例題一】小明從銀行貸款八十萬，買了一間一百萬的房子，還沒住進去，就發生了地震，小明的新房剎那間變成廢墟。那麼請問，小明還需要向銀行歸還那八十萬貸款嗎？

我猜您會奪過麥克風搶答：當然要還！當然要還！

恭喜您答對了，加十分。

【例題二】小強也從銀行貸款八十萬，也買了一間一百萬的房子，還沒住進去，就發生了金融危機，小明的新房市值一下子縮水百分之四十，而且小明的收入也在下滑，連房貸都無力支付了。請問，銀行是否可以收回小強的房子？

我猜您會說：當然可以收回，這麼簡單的題目是誰出的？

很遺憾，這次您沒有過關，因為您沒弄清楚小強是在哪兒買的房子。如果是在中國，債務人無法償還債務，銀行完全可以把抵押物拍賣掉。可是如果在美國，銀行就未必有這個權力了。

美國的「家園豁免」原則

眾所周知，美國每個州（包括華盛頓哥倫比亞特區）都有一大堆豁免法，有的禁止債權人收回債務人的自住房產，有的則要求債權人在收回自住房產之後，再返還給債務人一些豁免金。比如在加利福尼亞州，倘若單身業主無力償還貸款，那麼銀行收回房子之後，必須給業主五萬美金作為生活保障；如果無力償還貸款的是老人、殘障人士、年收入在兩萬美金以下的低收入者，那麼銀行收回房產之後，必須給業主十五萬美金作為生活保障。明尼蘇達州的規定更狠，完全禁止收回債務人的任何自住房產。關於這一點，一個比較典型的案例是發生在一九八五年的Cargill INC. v. Hedge案，在該案中，明尼蘇達州某夫婦以分期付款的方式買下一片八十英畝的家庭農場，後來因為經營不善，無力付清餘款，被賣主告上了法庭，法院最後的判決是，作為被告家園的那片農場不能被強制拍賣。

以上法律和判案原則統稱Homestead Exemption，Homestead意思是「家園」，Exemption意思是「豁免」，直譯就是「家園豁免」（編者注：近幾年美國各州的「家園豁免」不斷地修正，文中的描述可能與現行政策不盡一致）。

南北朝蕭宏放高利貸暴富

其實中國也有過「家園豁免」的事例。說來話長，那是在南北朝時期。

梁武帝的兄弟。蕭宏非常有錢，《南史》第五十一卷記載，蕭宏家蓋了三十間倉庫，每間倉庫藏有銅錢一千萬。根據《資治通鑑．梁紀二》裡面的物價資料，梁朝極盛時期，三十文銅錢可以買一斛大米，也就是說，蕭的存款可以買下一千萬斛大米。梁朝一斛米有四十公斤，一千萬斛米就是四十萬噸，按每噸兩千元計算，價值人民幣八億。

放在今天，八億當然上不了富比士富豪排行榜，但是剛才我們只算了存款，沒算蕭宏的不動產。事實上，蕭宏除了這八億存款，名下還有大批的房屋和地皮。《資治通鑑》第一百八十四卷寫道：「宏都下有數十邸。」就是說蕭宏在南京（當時南京是梁朝的首都）擁有幾十套別墅。把這些別墅折成錢，至少也值幾個億。

問題來了，蕭宏一個破王爺（蕭宏爵封臨川王），哪來這麼多財富呢？原來這位王爺擅長放高利貸，當時南京有好多人找他貸款，貸出去一萬，半年後收回來就是兩萬，一年後收回來就是四萬，連本帶利驢打滾，銅錢嘩嘩地往家裡流，想不暴富都不行。

梁朝人找蕭宏貸款，跟我們找銀行貸款一樣，必需有擔保有抵押，大批的窮人拿住房作了抵押，後來還不起錢，契約期限一到，蕭宏就派人登門收屋，致使債務人無家可歸，最後成了流民。

梁武帝下旨禁止逼債收屋

站在蕭宏的角度看，誰還不起貸款，他就收誰的房子，這樣做不但划算，而且合理，甚至還符合現代契約精神。但是如果站在蕭宏他哥梁武帝的角度看，那就不同了，因為欠債的人越來越多，被蕭宏趕出家門的人也越來越多，南京城哪怕只有百分之一的人無家可歸，也會給治安帶來巨大影響，所以不管是從道義出發，還是考慮到政局的穩定，梁武帝都有必要給蕭宏上一道箍。

梁武帝天監八年，蕭宏接到一道聖旨：「自今以後，懸券不得複驅奪。」在南北朝，「懸」有抵押的意思，「券」有房契的意思，這道聖旨是告訴蕭宏，以後該放貸還是要放貸，但是對那些還不起貸款的，不許再收人家的房子了。很顯然，這個政策完全是古典的「家園豁免」。

蕭宏還真聽話，自此不敢逼債收屋。因為這個緣故，他前期投放出去的大筆資金都沒能收回來，連本帶利地虧了一個狠。

梁朝人殷芸（此人做過蕭宏的祕書）寫的《金陵拾遺記》，裡面說蕭宏晚年財富大減，過日子比早先儉省多了。我看這跟那道聖旨有關，是梁武帝搞的「家園豁免」讓蕭宏產生了大量呆壞帳，然後突然變窮，一如在這場金融危機裡翻船的銀行家。

南北朝沒有銀行，也沒有股市，經濟體之間的金融依存度非常之低，大概就是因為這個緣故，當時儘管有大批人還不起貸款，卻只造成了一些治安問題，而沒有引發次貸危機。這在某種程度上是好事。等到梁武帝下旨搞起「家園豁免」之後，我相信連治安問題也會消失，這更是好事了。

只是有兩點不好：第一，作為放貸者，蕭宏損失慘重，遭遇了金融危機；第二，蕭宏喪失了收屋的權力，同時也就喪失了放貸的動力，以後窮人再找蕭宏貸款會變得很難，同樣是遭遇了金融危機。

匈奴人西遷為什麼改變了歐洲的格局？

沉石

匈奴人西遷，將日爾曼蠻族趕出叢林，匈奴的鐵騎和日爾曼強悍的入侵引發了歐洲的巨大動盪，並使烜赫一時的羅馬帝國走向分裂、衰弱，直至滅亡，歐洲從落後的奴隸時代進入了封建時代……

匈奴的英文名是hun，也是破壞者和野蠻人的代名詞，從中可以看出歐洲人對匈奴的恐怖記憶。西元一世紀，在東方漢王朝的一再打擊下，成為喪家之犬的北匈奴，逐漸向西逃亡，最後深入到歐洲腹地，不僅找回了昔日的榮耀，還引發了歐洲社會的大變動，從而改變了歐洲歷史和世界歷史進程。

北匈奴退出蒙古高原

漢武帝對匈奴的猛烈反擊，大傷了匈奴的元氣。到西漢晚期，匈奴發生了分裂，呼韓邪單于率部歸順漢朝，而流竄到中亞與漢朝為敵的郅支單于也被漢將陳湯以「明犯強漢者，雖遠必誅」為理由消滅掉了，漢匈關係從此走向和解。東漢初年，在匈奴貴族中反漢的勢力重新抬頭，導致匈奴再次分裂，南匈奴歸順漢朝，而北匈奴則堅持與漢為敵，經常發動對南匈奴和漢人的掠奪。而當時東漢剛剛建立，國力還屬於恢復期，因此直到漢明帝時，才發動了對北匈奴的反擊戰。西元七十三年，漢軍四路出擊北匈奴，竇固、耿忠的漢軍一直追擊到天山一帶，並奪取了伊吾（今新疆哈密）。漢和帝時，又發動了針對北匈奴的反擊戰，西元八十九年，竇憲、耿秉率領漢軍大敗北匈奴，一直追擊到燕然山（今蒙古國杭愛山）。西元九十一年，漢軍再次出擊北匈奴，在金微山（今阿爾泰山）大敗北單于，北單于只得向西逃竄。至此，東漢對北匈奴的戰爭取得了全面勝利，而與漢為敵的北匈奴，則受到漢與南匈奴的合擊，已無法在漠北蒙古高原立足，只得退出蒙古高原向西逃竄。

北匈奴西遷

■第一站：伊黎河流域。

與其說是西遷，還不如說西逃更貼切一些。在西元九十一年，北單于戰敗後，率殘部西逃至伊黎河流域的烏孫國，在其立足後，仍然出沒於天山南北，實施掠奪。西元一一九年，北匈奴攻陷了伊吾（今新疆哈密），殺死了漢將索班。為了對付西域的北匈奴，東漢朝廷任命班勇（班超之子）為西域長史，屯兵柳中（今新疆吐魯番一帶），班勇於西元一二四、一二六年兩次擊敗北匈奴，西域的局勢開始穩定。在班勇離職後，北匈奴勢力又重新抬頭，漢將斐岑於西元一三七年率軍擊斃北匈奴呼衍王於巴里坤（今新疆巴里坤）。西元一五一年，漢將司馬達率漢軍出擊蒲類海（今新疆巴里坤湖），擊敗北匈奴新的呼衍王。呼衍王率北匈奴又向西撤退，拉開了第二次西逃的序幕。

■第二站：錫爾河流域。

錫爾河是中亞的內陸河，流經今天的烏茲別克、哈薩克等國，注入鹹海。在漢時，這裡是康居國。北匈奴在西域遭到漢朝的反擊，已無法立足。大約在一六〇年左右，北匈奴的一部分又開始了西遷，來到了錫爾河流域的康居國。至於北匈奴人在康居的活動，因為缺乏史料記載，就不得而知了。

■第三站：頓河以東、裏海以北。

大約西元二九〇年，北匈奴出現在頓河以東的阿蘭國，這段歷史在中國《北史・西域傳》和羅馬帝國的《歷史》中，都有過記載。北匈奴殺死了阿蘭國國王，澈底征服了阿蘭國。

■ 第四站：頓河以西、多瑙河以東。

憑藉著在阿蘭國的休整和補給，北匈奴澈底恢復了元氣，掠奪、貪婪的本性讓他們對頓河以西的草原垂涎不已。西元三七四年，匈奴在大單于巴蘭姆伯爾的率領下，渡過了頓河，向東哥特人發動了進攻，東哥特人哪裡是匈奴人的對手，經過奮戰，依然慘敗，一部分東哥特人只得向西逃竄，到了西哥特人那裡，匈奴尾隨其後，追擊到西哥特人居住地。西哥特人在德涅斯特河（流經今天的烏克蘭和莫爾多瓦）擺下軍陣，準備迎擊匈奴，而匈奴人則趁夜晚偷偷從德涅斯特河上游渡河，然後抄襲西哥特人軍陣背後，西哥特人慘敗，只得向西逃竄至多瑙河。後經羅馬帝國皇帝的批准，東、西哥特人得以渡過多瑙河，進入到羅馬帝國避難。此後，由於羅馬帝國對哥特人殘酷的壓榨，逼迫哥特人又起兵反叛，西元三七八年，羅馬帝國皇帝瓦連斯親征哥特人，結果被哥特人殺死，帝國遭受到沉重打擊。而此時的匈奴，由於占據了南俄羅斯大草原，暫時穩定了下來。

從占據南俄羅斯草原到匈奴帝國的建立

在打敗哥特人，占據南俄羅斯草原後，匈奴人得以休整，人口開始急劇增加，同時，小部分的匈奴騎兵仍然在騷擾鄰國：一股匈奴騎兵渡過了多瑙河，與哥特人一起騷擾羅馬帝國；另一股匈奴人，於西元三八四年進攻美索不達米亞，攻占了愛德沙城；還有一股匈奴人於三九六年，侵入了薩珊波斯帝國。整體而言，匈奴人這段時期，基本是以在南俄羅斯草原休整為主，為下一步的大規模入侵積蓄力量。

西元三九五年，羅馬帝國分裂為東西羅馬，而此時的匈奴正處於烏爾丁大單于的統治。烏爾丁是一個非常有野心的人，他曾對東羅馬帝國色雷斯省總督說過，凡是太陽能照射到的地方，只要他願意，他都能征服。西元四〇〇年，匈奴在烏爾丁大單于領導下，又開始向西大規模入侵，一舉奪得了整個多瑙河盆地，並一度攻入了義大利，這一事件的連鎖反應就是逼迫多瑙河流域的各部族為躲避匈奴人，只得向西羅馬腹地進軍。西元四〇八年，烏爾丁率軍騷擾東羅馬帝國，在搶得大量財物準備撤退時，遭羅馬人的襲擊，烏爾丁大單于的宏圖大志還未實現就一命嗚呼了。

在疆土不斷擴大的情況下，以匈牙利平原為統治中心的匈奴帝國，在奧克塔爾大單于時已基本建立起來。單于王庭穩定在今天匈牙利的布達佩斯附近。這個軍事帝國成為東、西兩個羅馬帝國最嚴重的威脅。烏爾丁大單于死後，匈奴帝國沉寂了一段時間，而在奧克塔爾大單于率領下，匈奴帝國又開始興盛起來。奧克塔爾死後，他的兄弟盧加繼承了王位。盧加大單于在西元四二二年和四二六年兩次蹂躪東羅馬帝國的色雷斯和馬其頓，逼迫東羅馬帝國皇帝向匈奴帝國年貢三百五十磅黃金。此後，東羅馬帝國又被迫在邊境向匈奴帝國開放互市，來確保邊境的安寧，匈奴人的榮耀終於在西方找了回來。

阿提拉大單于和鼎盛時期的匈奴帝國

四三四年，盧加單于去世，他的兩個侄兒阿提拉和布列達共同繼承王位，各掌管一部分領土。兩位單于即位不久，便發動了對東羅馬帝國的戰爭，要求東羅馬皇帝交出匈奴的叛賊，還要年貢翻漲，由三百五十磅黃金上漲到七百磅黃金，東羅馬皇帝受武力脅迫，只得答應。四四五年，布列達單于神祕地遇刺身亡，阿提拉成為匈奴帝國唯一的大單于。阿提拉更是一個野心勃勃的傢伙，在他的統治下，整個歐洲都沉浸在對匈奴的恐懼之中，匈奴帝國的鼎盛時期來到了。

阿提拉大單于獨自掌權後，馬上就發動了大規模的戰爭，不過戰爭的矛頭卻指向了北歐和東歐。在北歐和東歐，盎格魯撒克遜人為躲避匈奴人，逃亡到英倫三島，而許多日爾曼和斯拉夫人的部族戰敗，紛紛向匈奴投降。在鞏固了東方和北方後，阿提拉大單于在四四七年大舉進犯東羅馬帝國，東羅馬帝國軍隊接連戰敗，匈奴的騎兵一直深入到達達尼爾海峽和希臘的溫泉關，嚴重威脅到東羅馬帝國首都君士坦丁堡的安全，東羅馬帝國皇帝被迫求和，雙方在四四八年簽定合約，東羅馬除了馬上向匈奴支付賠款六千磅黃金，年貢也由七百磅黃金漲到兩千一百磅黃金。至此，匈奴帝國的疆域東到裏海，北到北海，西到萊茵河，南到阿爾卑斯山，盛極一時。而東羅馬帝國經過匈奴的長期劫掠和年貢的沉重負擔，財富已基本耗盡，於是阿提拉大單于又將目光投向了西羅馬帝國。

上帝之鞭對西羅馬的懲罰

四五〇年，阿提拉大單于在完成了對東、北、南的征服後，將矛頭指向了西羅馬帝國。該年，阿提拉派使者來到羅馬，要求娶西羅馬皇帝的妹妹荷諾利亞公主為妻，並要求西羅馬帝國拿一半的國土作為嫁妝。如此過分和羞辱的要求，自然遭到西羅馬皇帝的拒絕，於是阿提拉大單于以此為藉口發動了對西羅馬的戰爭。當年，阿提拉集結了大批匈奴戰士以及被征服民族的僕從軍，號稱五十萬，渡過萊茵河，向西羅馬的高盧（今法國）發動進攻。高盧的城市就如同草原上的獵物一樣，被匈奴人一個接一個地摧毀，最終匈奴軍主力又圍攻高盧重鎮奧爾良。此時，面對共同的敵人，西羅馬人和西哥特人暫時放下他們的爭鬥，組成聯軍來救援奧爾良。面對聯軍，阿提拉放棄了對奧爾良的圍攻，開始機動迂回，尋機與敵決戰。西元四五一年六月二十日，阿提拉的匈奴大軍與西羅馬、西哥特聯軍，在今天的巴黎市郊展開了大決戰。戰鬥打得非常慘烈，僅過了一天，雙方戰死者就達十五萬人，最終，西哥特國王戰死，餘部也撤離戰場，而匈奴也損失慘重，無力再進攻，只得退回萊茵河，重新積聚力量。

四五二年，得到休整的匈奴帝國再次發動了對西羅馬的戰爭，被稱為「上帝之鞭」的阿提拉開始對西羅馬的懲罰。他率領的匈奴軍隊翻過了阿爾卑斯山，攻入了義大利。義大利北部地方遭到了匈奴人瘋狂的攻擊，北部所有的城市都被匈奴人摧毀。此後，匈奴人攻占了重鎮阿奎萊亞，揮師直搗帝國的首都羅馬城。西羅馬皇帝萬分驚恐，只得派羅馬教皇利奧一世與匈奴人議和。此時，匈奴軍中突發瘟疫，而東羅馬帝國的援軍也快到達羅馬城，因此阿提拉便答應議和，但在撤軍前仍揚言，如果西羅馬皇帝不把他的妹妹荷諾利亞公主送到匈奴，他還會來攻打西羅馬。就這樣，羅馬人眼睜睜地看著匈奴人滿載著搶奪來的財物揚長而去，只留下義大利北部的一片廢墟。

阿提拉神祕的死亡與匈奴帝國的瓦解

四五三年，阿提拉大單于又娶了一名少女為妃，然而在新婚之夜，阿提拉卻神祕地死在了婚床上。阿提拉死後，他的兒子們為爭奪大單于之位，打起了內戰，匈奴帝國在瞬間瓦解崩潰了。匈奴帝國的內戰，給了被奴役民族翻身的機會，四五四年，東哥特、吉皮底人組成聯軍，在匈牙利打敗了匈奴，從此，匈奴人又被迫退回了南俄羅斯草原。在四六一年，阿提拉的一個兒子妄圖重建匈奴帝國，發動了對多瑙河流域東哥特人的戰爭，遭到失敗。四六八年，他又發動了對東羅馬帝國的戰爭，結果自己戰死沙場，從此匈奴人逐漸沉寂了下去，直至被歷史澈底遺忘。

後記

匈奴帝國崩潰不久，深受匈奴摧殘以及匈奴引發的蠻族西遷影響的西羅馬帝國也澈底走向了絕路，西元四七六年，日爾曼雇傭軍攻占了羅馬城，末代皇帝，六歲的羅慕洛被俘虜，西羅馬帝國自此滅亡，標誌著歐洲封建時代的開始。

雍正大展：中國文化寶藏如何到臺灣？雍正曾篡改過遺詔嗎？

雍正是清史上最具爭議的皇帝，稗官野史上對這位皇帝的傳說甚多，包括他篡改康熙遺詔、六親不認、個性陰險狠毒等。由兩岸故宮共同舉辦的「雍正——清世宗文物大展」，二〇〇九年十月七日在臺北的國立故宮博物院開展，展出的兩百四十六件文物包括檔案、史籍、地圖、肖像、繪畫、書法、瓷器、琉璃、瑪瑙等，全面展示這位頗具爭議的皇帝的文治武功和藝術品味，這是否想要「告訴你一個真雍正」呢？故宮，只有一個，就是北京的紫禁城。文中的「兩岸故宮」指的是同根同源的中國的北京故宮博物院和臺灣的臺北故宮博物院。中國文化寶藏是如何到臺灣的呢？

探祕臺北故宮：中國文化寶藏如何遷到臺灣？

田志淩、陳容清

二〇〇九年一月十二日晚上十點三十分，十二集紀錄片《臺北故宮》的第一集《國寶遷臺》在中國中央電視台播出。「從廟堂之高到漂泊江湖之遠」，是該片的總撰稿胡驍對這些中國文化寶藏輾轉過程的一個總結。《臺北故宮》共十二集，追溯了文物遷臺歷史，並分門別類對書法、繪畫、青銅、瓷器、玉器、珍玩等臺北故宮的館藏一一進行介紹。

連玉做的蟈蟈鬚子都保存很好

《臺北故宮》播出之時，恰好是中國文化寶藏在臺六十年。從一九四八年十二月起，五千多箱文物分三批陸續從南京下關碼頭出發，駛向臺灣。「就在紀錄片播出時的六十年前，文物還在茫茫的大海中漂泊」。

這些陸續漂向臺灣的六十五萬件文物多為中國歷代皇家收藏，是中華文化寶藏「精華中的精華」。包括現存銘文最長的毛公鼎、西周散氏盤，傳世僅數十件的宋汝窯瓷器，蜚聲海內外的王羲之《快雪時晴帖》，煌煌巨製《四庫全書》，蘇軾《寒食帖》和黃庭堅《花氣熏人帖》，乾隆皇帝珍愛的《富春山居圖》；百姓熟悉的翠玉白菜、豬肉形石；以及閻立本、米芾、蔡襄、宋徽宗、文徵明、唐伯虎等從唐代到清代的歷代名家書畫。其中從北京紫禁城搬出的那批中國文化寶藏，現在依然以當年《千字文》的「天地玄黃，宇宙洪荒……」為首字編號，與每一間故宮殿閣相對應。

「九一八事變」之後，日軍入侵熱河，窺伺華北。行政院代理院長宋子文下令將中國文化寶藏遷至上海，並代表政府表示待「北平安靜，原物仍運還」。

但北京此後再無安靜。從一九三三年二月到一九四九年元月，北京故宮博物院文物先後經過南遷、西上、東歸、北運、遷臺，歷時十餘年的長征躲避戰火，再也沒有回到北京。「這當中幾乎沒有一件文物受到損害，也沒有丟失過一件。不管是很容易受損的瓷器、玉器，包括我們看到翠玉白菜上刻的蟈蟈的鬚子都保存很好。這在人類戰爭史和文化史上是絕無僅有的事情。而且學術研究從沒中斷，這些專家們，他們是本著自己的良心做了這樣一件事情。」胡驍說。

一九三三年二月四日深夜，北京故宮午門口戒備森嚴，兩千餘箱北京故宮的文化寶藏在這一天祕密離京。北京故宮玉器專家那志良的《故宮四十年》中，他回憶說：「他們吩咐我們，要等到天黑才啟運。由幾十輛板車輪流運往車站，由軍隊護送，沿途軍警林立。」

此去的目的地是上海，隨後不久轉往南京，籌備成立故宮博物院南京分院。一九三七年「七七事變」爆發，文物只能再度西遷。從水旱兩路到湖南、貴州、四川、陝西等地。

時任中英庚款委員會總幹事的杭立武，是當時文物遷徙的主要負責人。《臺北故宮》攝製組採訪到了杭立武之子杭紀東。他講述，一九三七年底日軍攻占南京前夕，杭立武在二十天內從水陸兩路搶運了一萬四千五百七十一箱文物出南京城。最後一批重要文物已經找不到船，借了一條英國輪船。「但是英國人跟我父親說，如果你杭某人不上輪船跟我們一起走，我不開船。意思是萬一這個船中途有什麼問題，或者萬一被日本飛機轟炸，那不得了。」

「但船一靠岸，難民看到有船就搶著上去。所以那個船隻能離開岸邊一些。我父親沒有辦法上去，就用那個繩子把他捆起來，吊上去。」這些文物被運到了漢口，再到重慶。之後隨著日軍的逼近不斷西遷，輾轉湖南、貴州、四川等地。

莊尚嚴和申若俠夫婦都是北京故宮的年輕工作人員，剛進北京故宮不久就趕上了南遷，從此一輩子跟著文物南走西遷，直到臺灣。就在這文物遷徙的路途之上，他們先後生了四個兒子，最小的兒子莊靈出生在貴州。

二〇〇〇年，莊靈和他的三個哥哥一起，沿著當年文物南遷的路線重走了一遍，在貴州他們曾住過的山洞裡還找到了父親莊尚嚴留下的題詩。臺灣公共電視特別為他們拍了紀錄片。「當時沒有專人看守和運送文物，就是這批專家自己。一路上他們祠堂、寺廟、山洞都住過。運輸工具從輪船、火車、卡車、馬車，肩挑手扛，什麼都有。」

南遷路上驚險不斷。一次，文物遷到嶽麓山下的湖南大學圖書館內，大家都以為總算平安了。但有一天突然上頭說還不安全，繼續西撤。文物剛剛搬走的第二天，日軍飛機就把這個圖書館夷為平地。還有一次在貴州山路上，一輛運送文物的卡車翻到溝裡，大家嚇壞了，想說這些文化寶藏都摔壞了。結果下來一看，那一車剛好是古籍書，所以沒事。為此那志良一直說一句話「文物有靈」。

一九四七年，在南方輾轉十多年的中國文化寶藏完好無損地回到南京。然而此時內戰已經爆發，這批文物回不到北京了。一九四八年十二月，國民政府開始策劃文物遷臺。

一九四八年十二月二十一日，七百一十二箱文物在南京下關碼頭登上「中鼎號」軍艦，準備前往臺灣。莊尚嚴夫婦帶著四個兒子一起上了船。

「中鼎號」靠岸的消息不脛而走，船剛停穩，國民黨海軍司令部的官兵家屬就一擁而上，把船占得滿滿的。杭立武立刻給海軍總司令桂永清打電話。桂永清趕到碼頭，登上「中鼎號」，勸大家說，箱子裡都是中國文化寶藏，急需運走，後面還會有船送大家走。終於人們相互攙扶著下了船。

一九四八年十二月二十二日清晨，「中鼎號」起航駛往臺灣的基隆港。這七百一十二箱文物來自五個機構的頂級文物，其中包括北京故宮博物院的皇家收藏，中國中央研究院歷史語言研究所的安陽殷墟出土文物、中國中央圖書館的宋元古籍以及中央博物院籌備處的大批珍貴文物。此外，六十箱重要的外交檔案和國際條約文本也隨船前往，這裡面就有那份著名的《南京條約》。

莊靈和三個哥哥就睡在文物的箱子上，「文物一箱一箱摞起來，然後用繩子固定，上麵包了油布。我們有梯子，爬到上面去，睡在箱子上。」

一月二十八日，第三批中國文化寶藏一千兩百四十八箱登上「崑崙號」。正當副艦長褚廉方準備下令起航時，杭立武又派人送來四隻大箱子。這四個箱子裡裝的是抗戰勝利後從日本追討回來的文物，是汪精衛送給日本天皇的禮物，其中最有名的是一副木鏤雕鑲翠玉屏風。船已經超載，褚廉方下令將官兵寢室內的辦公桌椅全部拆除，硬是將這四箱文物搬上了船。

「崑崙號」這一次運走一千兩百四十八箱中國文化寶藏，其中有蜚聲海內外的王羲之《快雪時晴帖》。

從一九四八年十二月二十一日到一九四九年二月二十二日的六十四天裡，南京下關到臺灣基隆港這條水道上，總共有六個機構的五千五百二十二箱頂級文物被運到了臺灣。

扔掉二十多兩黃金，換張大千七十八幅畫上飛機

最後一批遷臺文物是一九四九年國民黨從成都空運的河南博物館文物。十一月，身在重慶的杭立武接到了來自蔣介石的嚴令，不惜一切代價將河南博物館存放在重慶的六十九箱古物搶運臺灣。

河南博物館被專家譽為僅次於北京故宮的博物館，存有包括甲骨文、青銅器、漢簡等價值非常高的

文物。國民黨空軍司令周至柔專門調撥兩架飛機，杭立武從六十九箱文物中精選了三十八箱裝上飛機。文物離開的第二天，解放軍就占領了機場。到臺灣後，就以這三十八箱文物為基礎成立了國立歷史博物館。

一九四九年十二月九日的成都新津機場，國民黨政權撤離大陸的最後一批飛機中，有一輛專機上有五個高層官員。包括「行政院院長」閻錫山、「副院長」朱家驊、「政務委員」陳立夫、「祕書長」賈景德，以及剛剛升任「教育部長」的杭立武。因為紙幣嚴重貶值，薪水發金條，所以閻錫山帶了很多金條。正當飛機要起飛時，張大千帶著七十八張畫趕到了機場，要求上飛機。杭紀東說：「張大千跟我父親說，他帶的畫是在敦煌臨摹的，非常寶貴。大家說已經超重了，你還要再來。我先父說只有一個辦法，我這裡有二十多兩黃金是我的積蓄，你覺得你的畫如此重要，那我寧願把我的二十多兩黃金丟下來，我就幫你運畫。」

杭立武卸下三件行李和黃金，不過他提出一個條件：張大千手中的畫將來必須捐給故宮博物院。張大千一口答應，並立下字據。到臺灣後，張大千又將這些敦煌臨摹壁畫借到印度、巴西展覽，一九六九年他兌現承諾，把這批畫捐給了臺北的國立故宮博物院。

「歷史本身就特別有戲劇性，不用加工。」胡驍說，《臺北故宮》的每一集都由文物、人和歷史組成，每一集都像一出戲劇。「比如梁廷煒一家五代都在故宮工作。上兩代人是清宮畫師。爺爺梁廷煒在臺北故宮博物院工作，兒子和孫子在北京故宮博物院工作。爺爺一九四八年把文淵閣四庫全書帶到了臺灣，他的孫子梁金生現仍在北京故宮工作，每天上班都要從文淵閣門口過，而書去樓空。」

六十年前，當這些人來到臺灣時，都以為只是短暫停留。高仁俊到臺灣的時候只帶了一身衣服，索予明還沒來得及安頓好老母親就上了船，那志良到臺灣後勸說大家不要買木質家具，以免回北京時扔了可惜。梁廷煒跟兒子梁匡忠在下關碼頭告別時，以為過幾天就在臺灣見了，然而從此就音信杳然。

在北溝，只要是故宮的人就可賒帳

一九四九年，文物抵臺後開始轉運臺中。杭立武做過調查，臺南太熱，氣候溫和又乾燥的只有臺中，適合文物保存。開始運到臺中糖廠，但糖廠煙囪日夜冒煙環境不好，一九五一年即搬到臺中縣霧峰鄉集峰村北溝。

「北溝這地方乾燥，而且當時出於戰備的考慮，覺得山裡比較安全。文物在這裡一放就是十五年。」胡驍說，二〇〇七年《臺北故宮》攝製組到北溝拍攝現場，原來的庫房已經在臺灣「九二一大地震」中被夷為平地，只剩下一片荒煙蔓草。

一九五一年，國民黨政府向北溝一個姓林的農民買下一片三萬平方公尺的田地，花了四萬臺幣。在這裡蓋了三排庫房存放文物。來自中國北京故宮、中央研究院、中央圖書館、中央博物院的工作人員就在附近蓋起簡陋的房子住了下來。過了一段清苦但自在的日子。

索予明回憶說，當年在北溝上班很好玩，有外國專家從臺中來找他和李甯成。看到他們每人搬了一把躺椅坐在樹下，一人拿著一本書，穿著拖鞋，打著赤腳。「他問我們今天是放假嗎？我說，沒有，我們在上班啊。」

當地民風淳樸，他們到霧峰鎮上買東西，百姓叫他們「北溝故宮的」。買東西錢不夠，只要說是故宮的都可以賒帳，下次再給。

中國文化寶藏在北溝，自然有人要來看。高仁俊回憶說，很多人尤其是大官們要來看，就在庫房旁邊拿著板子臨時搭一個辦公室給他們看。「但是很煩，因為經常有人來，所以就臨時蓋了一間陳列室。」一九五七年建了一個陳列室，只有六百平方公尺。蔣介石、宋美齡、張大千等人都先後來參觀。一次蔣介石參觀文物時聽說專家們生活拮据，當即批文增撥五萬元作為補貼，每人可分得兩百元。

「北溝那十幾年是特別輝煌的。儘管條件艱苦，但做的工作特別多，包括研究、整理、保護和展覽。出來很多研究專著，比如那志良的《玉器通釋》。還有一九六一年赴美展覽，把整個美國給轟動了。」胡驍說，展覽後李林燦曾寫了一句話：過去美國人認為東方文化的中心在日本，這次展覽之後他們覺得中心在中國。

李林燦之子李在中說，父親曾經記錄了這樣一件事。一九六一年在美國展出時，曾經主持一九三六年倫敦中國藝術展覽的英國爵士大衛德也趕到美國。「他非常喜歡瓷器，在第一站華盛頓他想摸汝窯的東西。但是這個絕對不可以摸。三個月後在紐約展覽的時候他又來了，很傷腦筋，但還是不能摸，只能讓他近距離地看一下。還有很多人想用某個杯子喝一杯酒，那都是不行的。故宮建立了一套非常嚴謹的典藏制度。」

就是這次展覽，使美國決定資助臺灣建立一個大博物館來存放這些中國文化寶藏。一九六五年，臺北故宮博物院在臺北郊外建成。輾轉漂泊三十多年的文物終於得以安頓了。

兩岸故宮大展為雍正平反：未改遺詔奪皇位？

佚名

雍正是否如坊間傳言，篡改康熙遺詔奪得皇位？臺灣《中國時報》報導，這項展覽展出兩百四十六件雍正王朝的文物檔案，觀眾可充分瞭解這位從登基到死亡爭議不斷的「話題君主」，而雍正將外界流言編成《大義覺迷錄》一書，也在展出之列。並且這次展覽還包含了北京故宮提供的三十七件展品，是兩岸故宮文物相隔一甲子後，首次合作彙聚展出。

雍正是清史上最具爭議的皇帝，以他為題材的影視劇、小說十分夯。稗官野史上對這位皇帝的傳說甚多，包括他篡改康熙遺詔、為了鞏固皇權六親不認、個性陰險狠毒等。民間流傳最多的是雍正施展少林輕功，從紫禁城乾清宮「正大光明」匾額後方取得康熙遺詔，將「傳位十四子」改為「傳位於四子」。雖然史學界對《康熙遺詔》的真偽有所爭論，但目前也沒有留下任何證據，指出康熙要傳位給十四子。在此次「雍正——清世宗文物大展」中，有一件《康熙遺詔》漢文本，可看到遺詔上清楚寫著：「雍親王皇四子胤禛，人品貴重，深肖朕躬，必能克承大統，著繼朕登基，即皇位。」

事實上，把儲君名單放在「正大光明」匾額後的先例，始於雍正，而非康熙。經歷骨肉相殘的苦痛經驗，雍正建立祕密建儲制，繼位者名單密封在金匣裡，藏在這塊匾額後方。

不過，此次雍正大展借自臺灣中研院史語所的《康熙遺詔》上寫的是「傳皇四子」毫無更改痕跡。不過，因康熙生前一直沒有立遺詔，所謂《康熙遺詔》是雍正在康熙死後寫成的，臺北故宮博物院圖書文獻處助理研究員洪健榮說，遺詔確實存在，但內容「真假待議」。

坊間還流傳雍正謀父、逼母、弒兄、屠弟、好殺等十大罪狀，雍正將這些流言編成《大義覺迷錄》一書，一一加以反駁，頒行全國試圖闢謠，沒想到越描越黑。而這本《大義覺迷錄》也在展出之列。

兩岸清史研究學者從雍正遺留文物中發現，雍正四十五歲登基，在位十三年期間，勤於理政、肅貪養廉且國庫充盈，他的藝術品味精緻典雅，本人更精於書法，文采風流。雍正常夜間挑燈批諭奏摺，此次展出的每摺朱批中，少則數十字，多則千字，洋洋灑灑，全是親筆批示，讓人歎為觀止。從中可看到他懲治貪汙，倡行廉政，賞罰分明。

此次大展中，北京故宮提供三十七件文物，絕大多數是臺北故宮缺少的雍正肖像，包括《雍正朝服圖》、《泥塑彩繪雍正像》和十三頁「胤禛行樂圖」，觀眾可一睹雍正廬山真面目。

雍正在康熙的三十五個皇子中，排行第四。根據展出的《大清世宗憲皇帝本紀》描述，雍正母親懷孕時曾「夢月入懷，華彩四照」，出生時亦出現種種祥瑞徵象。文中談到雍正長相「儀容奇偉，高挺鼻子、身材修長、雙耳豐垂、聲音洪亮、目光明亮有神」。

追尋圓明園十二生肖獸首銅像的命運

楊東曉

一八六〇年英法聯軍劫掠並焚燒了圓明園，包括十二生肖銅獸首在內的一批中國皇家文物流失海外。那麼這十二生肖獸首銅像是怎樣鑄成的，它們至今身在何方，都有著怎樣的命運呢？

大約二百六十年前，一個義大利人跟乾隆講：大宅子前搞個噴泉才叫氣派！最好是搞一大排羅馬柱，還有一堆半裸體的銅像，抱著聖瓶或者拿著權杖，吱吱地往外噴水，特古典又特洋氣，效果棒的很！技術上不用擔心，按您的意思，想什麼時候噴就什麼時候噴，保證特有面子！

那時候乾隆正是自信滿滿的三十多歲，獵奇心強得很，一門心思蓋大宅子，反正不差錢，就按歐洲風格搞吧！不過有一點，裸體銅像太過了，最好土洋結合，把海神波賽頓、雅典娜之類的都換成中國的十二生肖吧！這就是圓明園西洋樓海晏堂門前的十二生肖噴泉。

圓明園海晏堂獸首銅像是清朝乾隆年間修建，由義大利人郎世寧（一六八八年至一七六六年）主持設計，法國人蔣友仁（一七一五年至一七四四年）設計監修，清宮廷匠師製作。當時設計好後，郎世寧發現清朝竟然沒有一個工匠懂得青銅器製作方法，後來他和眾工匠查閱典籍，費時費力終於建成。

變為中國審美的噴泉

海晏堂是圓明園最大的一處歐式園林景觀，建於一七五九年（乾隆二十四年）。樓門左右有疊落式噴水槽，階下為一大型噴水池，池左右呈八字形排列著十二生肖人身獸首銅像。鑄造獸首所選用的材料為當時清廷精煉的紅銅，外表色澤深沉、內蘊精光，歷經百年而不銹蝕，堪稱一絕。獸首為寫實風格造型，鑄工精細，獸首上的褶皺和絨毛等細微之處都清晰逼真。

原本郎世寧是要建造西方特色的裸體女性雕塑，但是乾隆認為這個方案實在不符合這個數千年禮教籠罩下龐大帝國的審美觀——怎麼能有如此不雅之裸女站立在皇帝離宮（又稱行宮）的噴泉兩旁呢？

這一年是乾隆十二年（一七四七年），郎世寧來到中國已經三十三年了，圓明園長春園東北面有一塊狹長的區域被規劃為西洋樓，郎世寧早年在法國學習過的建築學在這裡派上了用場。乾隆想在這裡看到西洋的水法（即噴泉），這位五十九歲的西洋畫師諳熟中國人的審美，在和他的兩位法國同行過於西化的水法方案被否定後，這些西方的中國通們改變了思路。於是一組以中國十二生肖為代表的小型水法方案順利地進入實施階段。

乾隆沒有他的祖父康熙對待西方科學的探究精神，但他對西洋建築卻充滿好奇。在西洋樓一帶的石雕上，他對巴洛克藝術在中國的運用方面有著自己的主張，為此石柱與噴泉設計方案一改再改。終於海晏堂的設計圖確定下來了，歐式噴泉作品中長翅膀的小天使在這裡也是看不到的，因為天使在小的時候也不穿衣服，中國文化在數千年的傳承過程中，對這類問題都有一個說法，叫「隱私」，它們在十八世紀尚不屬於審美的範疇。

於是在皇家園林裡第一次以生命的形式來塑造噴水形象的，是中國傳統紀年中的十二種動物，它們在這個東方的國度裡有著極好的人緣，而且家喻戶曉。「獸面人身水力鐘」就這樣誕生了。這是將中國傳統文化的因素跟西方噴泉的手法完美結合在一起的作品。

海晏堂前的生肖們

海晏堂的每一個生肖的身上都穿著衣服，有對襟的也有斜襟的，人模人樣地坐著，衣服從肩膀往下蓋著整個身體。但這並不妨礙雕像的生動性，因為它們還有肢體語言：兔子搖著扇子、牛手持拂塵、蛇在作揖、猴子手裡拿著根棍棒，可能是想證明自己是孫大聖的後代、懷抱小弓箭的豬，它們卻不是專司狩獵的動物。

生肖們六個一組在一枚巨大的貝殼前，分為左右兩邊按中國十二生肖順序排列，左側為南岸，右側為北岸。十二生肖排坐的順序是從南向北排列，南一子鼠、北一丑牛，南二寅虎、北二卯兔，南三辰龍、北三巳蛇，南四午馬、北四未羊，南五申猴、北五酉雞，南六戌狗、北六亥豬。

海晏堂前兩條約一公尺長的大型吐水石魚，每隻魚嘴裡流出的水分別沿左右兩邊的鱗形水道向前流，最後與生肖獸頭中噴出的水一同匯合在海晏堂前的扇形水池中。這些獸頭人身的生肖，頭為紅銅，身為石質，中空連接噴水管，每隔一個時辰各司一次職，從時辰代表者的口中噴出長長的水流直射入池中；而每當正午時分，十二生肖像口中同時噴射水柱，堪稱計時、園林和雕塑中的奇觀。

郎世寧意想不到的事情

郎世寧在設計出十二個青銅獸首後，第一件讓他意想不到的事情發生了，那就是當時鑄造青銅器的工藝近乎失傳，百般周折後，他才找到能夠鑄造十二枚生肖頭部的人。

第二件讓這位在中國度過了大半輩子的義大利人更加想不到的是，在他辭世並安葬在中國九十四年之後的一八六〇年，當年那些嘔心瀝血之作卻毀於戰爭。

他在中國的五十年裡，看到的是這個人口以及工農業產值都占當時世界三分之一的龐大帝國花不完的銀子和數不清的寶藏，他無法想像一百年不到的時間裡，同樣來自西方的一群人竟然能在他參與建造的苑囿裡興風點火，並且把他設計的獸首打劫得一個不剩，只留下帶不走燒不著的大石頭。

石魚回歸海晏堂

二〇〇七年是圓明園建園三百周年，也是圓明園罹難一百四十七周年。在六月八日圓明園遺址公園內舉行的「流散文物回歸活動首歸儀式」上，海晏堂大鯉魚等第一批由社會無償捐贈的十二件文物，帶著百年滄桑和各自的遊歷回歸故里，這也標誌著「圓明園流散文物回歸文物保護工程」全面啟動。

大鯉魚的失而復得完全是個偶然的發現。

這對從海晏堂前「遊」走的大鯉魚，其實也沒走多遠，就在離它的故里大約十六公里的西單橫二條的一處四合院裡住了不知多少年。這裡的主人沒事還經常給它們澆澆水，從來不讓孩子爬到它們身上，所以在人們能記憶到的半個多世紀裡，它們沒有任何損壞。

二〇〇三年，四合院主人為石魚澆水的畫面，被偶然經過的圓明園文物科的劉陽看見了。他當時正在各處尋訪圓明園的流散文物，正好從門縫裡看到了這對石魚，但是沒能看清。又過了兩年，劉陽突然發現一張老照片上的石魚與他在西單看了一眼的石魚非常相似。在他為這對石魚進行了拍照和測量後，終於確認了這就是圓明園西洋樓海晏堂前那一對會吐水的石魚。

這對石魚雖然在西單古老的四合院內深居，但是據擔任過西長安街派出所外勤的陳曦警官說，起碼有兩批盜賊對石魚動過歪腦筋。一次是小偷從另一個院子裡鑽到這個獨門獨院中行竊，還有一次是文物販子趁院內有人裝修，塞了兩錢給幾個民工，把石魚抬走了。好在魚太重，搬了一會就搬不動了，弄得到處是動靜，才被主人發現。

水是如何噴出的？

人類在一七四六年間才開始注意收藏自然界中的電，荷蘭人馬森布洛克在他的家鄉萊頓發明了一種叫萊頓瓶的電容裝置，希望能把電存起來。萊頓瓶發明後第二年（乾隆十二年）的中國還沒有電力使用。那麼西洋樓各處的大小噴泉是怎麼噴出水的呢？這對於「水法」兩個字，似乎是個註解：這水的法力竟是這般幻化而美妙，到時辰就會變出一道魔法來。

今天的西洋樓景區，在大水法和海晏堂中間地帶，有一處高達十幾公尺的夯土臺子，它是當年供給所有大小水法所需用水的水塔的一部分。據圓明園管理處副研究員宗天亮介紹，這是個實心的土臺子，結結實實地頂著它上面的「錫海」，也就是盛水之塔。沒有電力和電動機械的年代，人們運用從上到下的壓差，把水壓向遠近各處的幾十個大大小小的出水口。

大水法的大噴泉水源就來自這裡，海晏堂前石魚嘴裡吐出的水、每個時辰獸頭裡吐出的水，都是從這個水塔上壓出來的。

而水塔裡的水也是活水，活水來自各個水池，通過齒輪機械的提水裝置，把水汲到水塔裡，齒輪不停地運轉，活水就會源源不斷。而這個龐大的機械裝置就被籠罩在海晏堂後面的高大西式建築裡。外觀石刻雕花，內裡是一顆運轉不停的「心臟」。

但是令人哭笑不得的是，各種水法建成後，這些汲水的機械設備只用了短短的三年，就改為人工提水了。發布這個興師動眾而後又棄之不用的命令的都是乾隆本人。乾隆認為洋人的科學技術簡直是玩物喪志，但他從來不認為人工提水是勞民傷財。

就在這個時候，外面的世界已經變得很精彩了。

大洋彼岸的一群開國者正在為國家的獨立而奮鬥。一七七六年美國獨立，把電從天上引到人間的本傑明·佛蘭克林參加了起草《獨立宣言》和制定美國憲法的工作。這一年是乾隆四十一年。

乾隆剛剛退位沒幾年，法國爆發了資產階級大革命，英國的工業革命也蓬勃發展並向全球殖民。

圓明園裡的機械提水設置停用後，園子裡的人們再沒有聽到機車聲，更聽不到遠處隆隆的馬達和蒸汽機，就這樣自得其樂地關著門過了不到一百年，一八六〇年，炮火攻了進來，又過了四十年，炮火再一次燒進園子，而園子的主人，當時已經棄北京逃到了歷史上的西京。

光緒皇帝與美國總統麥金萊書信往返的背後

方　勇

「庚子賠款」，按中國當時人口四億五千萬計算，每人一兩，共計四億五千萬兩，分三十九年還清。這筆鉅款連本帶息，總數達白銀十億兩以上，相當於清政府年財政收入的十二倍。但列強似乎有「良心發現」，先後又對庚款進行了有條件的退賠。在這一賠一退之間，國際交涉紛紜繁複……庚子年間光緒皇帝與美國總統麥金萊有著怎樣的書信往返呢？

《辛丑合約》起源於庚子年間八國聯軍鎮壓義和團運動的侵略行動，正因如此，《辛丑合約》的賠款一般也被稱為「庚子賠款」。該條約的談判從庚子年（一九〇〇年）一直持續到辛丑年（一九〇一年），進行了將近一年的時間。以前的不平等條約談判，清政府還能討價還價，多多少少有些迴旋的餘地。而這次卻是在列強各國就如何「宰製」中國達成一致協議後才通知清政府照章執行。儘管如此，卻有一個國家在條約談判過程中頻頻為中國說話，扮演中國利益「代言人」的角色，這個國家就是侵略國之一的美國。鴉片戰爭以來有志之士「以夷制夷」的多年夢想，似乎就要變成了現實。這究竟是怎麼一回事呢？事情還得從美國的「門戶開放」政策和庚子年間光緒皇帝和美國總統麥金萊的「交往」說起。

美國的「門戶開放」政策

一八九五年《馬關條約》簽訂後，歐洲列強和日本在中國爭先恐後地劃分勢力範圍。美國對中國這塊肥肉雖然垂涎欲滴，但苦於忙著與西班牙爭奪菲律賓，無暇顧及在中國的爭奪。美國駐華公使康格向國務卿抱怨說，除了直隸省外，簡直沒有其他地方剩下來給美國了。儘管如此，從一八九五年到一八九九年，美國對華出口額仍增長了將近兩倍。美國商人對此欣喜若狂，絕不甘心喪失中國的廣闊市場，為此他們聯合組織了美國亞洲協會，經常給時任美國總統的麥金萊及其內閣成員寫信，並尋找各種機會拜訪遊說美國官員。同時，《紐約時報》也連篇載文強調中國的潛在重要性。經不住商人們的軟磨硬泡，也考慮到美國的利益，麥金萊在一八九八年底發表國情諮文，決心採取與美國利益相符合的一切手段，維護美國在中國的利益。美國想出的新的侵華伎倆就是「門戶開放」政策。

一八九九年九月，為阻止其他列強聯合排斥美國，在總統麥金萊的授意下，新近被任命為國務卿的百萬富翁海．約翰訓令駐英、法、俄、德、日等國大使向各國提出了要求「門戶開放」的外交照會。這一照會的表面上要求各國在華貿易機會均等，同時保持中國的領土與行政完整。其要點如下：第一，任何國家不得通過任何手段干涉在中國應有的任何通商口岸、租借地或所謂「勢力範圍」內的任何法定利益。第二，中國現行協定關稅應對一切貨物，不論屬於哪個國家，不論陸運還是海運到所謂「勢力範圍」內的所有港口，都適用。其稅款應由中國政府徵收。第三，「勢力範圍」內的任何港口對別國船隻所徵收的港口稅，不能高於本國船隻；在「勢力範圍」內由其修建、經營和管理的鐵路上，其他國家公民與該國公民在同樣距離運輸同種貨物時，應收取相同的費用。「門戶開放」政策得到了列強的承認，美國商人極高興，認為這是美國外交史上最光輝最重大的勝利。美國在中國的勢力從此一天比一天擴大。

光緒皇帝與美國總統書信往返

一九〇〇年七月二日，法國向美國建議在華各國軍隊聯合行動，消滅義和團運動，以盡快恢復秩序，保護外國人的安全。七月三日，美國國務卿海．約翰在給法國的答覆中贊同法國的建議，同時趁機再次提出了「門戶開放」的原則。同一天，海．約翰把這一原則照會各國，要求共同遵守。俄、英、日、美、德、法、意、奧八國組成聯軍後，在英國海軍中將西摩爾率領下，耀武揚威地從天津一路燒殺，向北京進犯。雖然義和團頑強抵抗，但畢竟土槍土炮打不過洋槍洋炮，八國聯軍很快就逼近北京城。嚇破膽的慈禧太后萬萬沒想到列強會來得這麼快，她一邊下令「痛剿」義和團以討好列強，一邊任命李鴻章為議和全權大臣，與列強談判乞和。

同時，清政府也對駐外使節發出了尋找機會緩和對外關係的指示。伍廷芳憑藉多年的外交經驗，覺得這是一個千載難逢的「以夷制夷」的好機會。很快，他就把美國提出「門戶開放」政策的消息傳回國內。六神無主的慈禧太后此時能夠召集到的文武大臣一次比一次少，很多人都逃跑了，連她的近臣榮祿都不見了蹤影。為了盡快求和，經過短暫的商議，清政府決定向美國請求幫助。為此，雖然早已失去人身自由，但心憂國事的光緒皇帝在七月十七日親自向美國總統麥金萊寫了一封求援信。此時的北京城裡一片混亂，對外聯絡的無線電通訊早已中斷。不得已，為了爭取時間，光緒皇帝的信件以十萬火急的形式，快馬加鞭送到山東巡撫袁世凱手裡，袁世凱接信後不敢耽擱，馬上將信函以無線電報拍發到上海，上海道臺餘聯沅接電後火速再將信函發往清政府駐美公使館。公使伍廷芳接信後即將信函呈送美國總統麥金萊。光緒皇帝在信中說：

中國長久以來與美國保持友好關係並且深深意識到，美國的目的是從事國際貿易。中美雙方對對方均無懷疑和不信任。最近爆發的中國人與基督教傳教士之間相互的憎恨，引起了列強對朝廷立場的懷疑，認為清政府贊成人民歧視傳教，此懷疑並無根據。但是這種懷疑引起了大沽炮臺被攻占，並由此引發了具有災難性後果的軍事衝突……為了解決目前的困境，中國對美國寄予特別的信賴。我們誠懇率直地致信於您，希望閣下想方設法，採取行動，協調各國一致為恢復秩序與和平作出努力。懇請您，並萬分焦慮地期待您的回覆。

美國總統麥金萊一看光緒皇帝的救援信，可謂正中下懷。他正好可以利用這樣的機會與清政府高層取得聯繫，以加強對清政府的影響和控制，從而最大限度地保證美國在華的利益。

經過三天對中國政治局勢、權力結構以及北京暴亂情況的謹慎判斷，麥金萊於七月二十三日給光緒皇帝寫了一封回信。他在信中冠冕堂皇地表示：

我已收到陛下七月十九日來函，欣悉陛下認識到，美國政府和人民對中國除了希望正義和公平以外別無他求這一事實。我們派部隊到中國的目的，是從嚴重危險中營救美國公使館，同時保護那些旅居在中國並享有受條約和國際法保證之權利的美國人的生命財產……同時，本政府在取得其他國家的同意後，將樂於以此目的為陛下進行友好的斡旋。

此後，美國開始為早日開展談判進行各種活動，然而美國的「努力」並沒有什麼效果。八月十四日，八國聯軍憑藉優良的武器裝備，終於攻占了北京城。占領北京城後，有了更大的談判籌碼，列強才開始與清政府談判。這個時候，早就倉皇逃離北京城的慈禧發布上諭，讓李鴻章會同慶親王奕劻等人「便宜行事」，盡快與八國談判，達成「和局」，逃到西安後，她還反覆給李鴻章打電報，要求侵略者寬恕她的「罪過」，不要把她作為禍首懲辦。

雖然美國的努力並沒有產生什麼實際效果，但清政府一時也找不到比美國更有力的「幫手」。一九〇〇年十月十七日，光緒皇帝為了感謝美國的幫助並敦促美國加大斡旋力度，再次給美國總統麥金萊寫了一封信，希望美國能說服列強盡快與清政府達成和議。跟上次一樣，美國總統麥金萊回信光緒皇帝，答應繼續斡旋。有了「門戶開放」政策，再加上光緒皇帝與美國總統的書信往返，美國在《辛丑合約》的談判過程中就開始充當了中國利益的「代言人」。

美國主張減少「庚子賠款」

談判剛一開始，其他七國列強就提出一個高得驚人的賠款總數：四億兩中國白銀。一九〇〇年十二月二十九日，美國國務卿海·約翰致電美駐華公使康格，指示在和約談判中，盡可能使賠款保持在一個適當的限度內，以確保中國的償付能力。而且海·約翰還強調賠款要以貨幣支付而不是以中國的領土支付。後來美國國務卿海·約翰指示康格努力將賠款總數盡量限制在白銀二億兩左右。這個數字當然滿足不了列強早已撐大的胃口，遭到法、俄、日、德、英、意等國的強烈反對。五月七日，各國在華公使團提出向清政府索求的賠款總額不降反升，增加到四億五千萬兩。面對這一數字，美國也無可奈何。見自己的面子不起作用，美國駐華談判代表柔克義就授意兩江總督劉坤一和湖廣總督張之洞以中國全權談判代表的名義向列強提出賠款額過高，中國無法承受，以達到盡量減少賠款的目的。在氣焰囂張，不可一世的侵略者面前，劉坤一和張之洞的話照樣沒有起到絲毫的效果。

五月二十二日，駐華各國公使團舉行會議，德國公使非常不滿美國的立場，氣勢洶洶地表示，沒有任何國家有理由要求減少中國的賠款。美國代表柔克義馬上反駁說，我們只有這樣做，才能保證中國不會崩潰。然後柔克義要求公使團就是否同意削減賠款額進行表決，但其他各國代表當場就拒絕了他的這一要求。眼看賠款問題就要成定局，美國人拿出了最後一招，海·約翰指示談判代表柔克義將賠款問題移交海牙國際仲裁法庭裁決。然而海牙國際仲裁法庭裁決的結果，仍然是中國應賠款四億五千萬中國海關銀兩（三億三千三百萬美元），相當於當時每個中國人罰銀一兩。這就是一九〇一年九月七日《辛丑合約》規定的「庚子賠款」的總額。至此，美國減少「庚子賠款」的努力以失敗告終。

歷史證明，面對列強的侵略，求助於侵略國的「以夷制夷」外交套路，只能是聊勝於無。雖然光緒皇帝謙卑懇切地寫信給美國總統請求幫助，美國總統似乎也「有求必應」，但弱國皇帝與強國總統之間的「交情」，根本就不可能產生什麼實質性的成果，實質上美國的友善也僅僅是為保證自己利益的另一種面孔，這正印證了「弱國無外交」的老話。

最早的中日戰爭：「白村江之戰」使日本對大唐心生敬畏

真田豪

「唐水軍百七十艘八月十七日列白江口周留城下，日本水師後十日到，翌日八月二十八日，日本水師捨身突入唐陣，唐軍從容左右迎擊，縱火焚日船……」《日本書紀》記載的這一戰役的情形就是西元六六三年的白村江（今韓國西南部的錦江）海戰，是中日之間的第一次正式交鋒。在《日本書紀》中最後還寫道：「須臾，官軍敗績，赴水溺死者甚眾，艫舳不得迴旋。」

「白村江之戰」是怎樣爆發的？這場戰爭，對中國、日本和朝鮮半島國家的歷史發展進程有著怎樣的影響，對當時東亞國際關係格局有著怎樣的改變？

西元六六三年八月二十八日，為了幫助被唐朝－新羅聯軍滅亡的百濟復興，倭國與唐朝爆發了一場決定性的戰鬥：白村江之戰。此戰的慘敗，使得日本在此後的九百多年間都不敢再入侵朝鮮半島，可見其影響力之大，也使日本對大唐心生敬畏，並開始努力學習唐朝的各種先進的制度、技術與文化。

起因

六世紀中葉，佛教通過百濟傳播到倭國。與此同時，大陸的文化也經由百濟流傳到倭國。百濟與倭國之間交流頻繁且密切，現今韓國尚留存有前方後圓墳，出土文物與日本畿內的古墳幾乎相同，這些出土文物很可能就是由當時倭國身居高位的人送給百濟的。當時的倭國十分重視與百濟的外交，百濟王朝的王子豐璋（扶余豐）在倭國，就作為有識之士為朝廷所重用。

新羅的武烈王即位前就與唐朝親密交往，即位後採用唐朝的制度來治理國家，因而頗受唐朝信賴，新羅還與唐朝建立了同盟關係，借此對抗高句麗與百濟的壓迫。

西元六五五年，高句麗與百濟聯合進攻新羅，新羅王金春秋向唐朝求援。唐高宗在遣使調解無效後，先後派遣程名振、蘇定方、薛仁貴等將領率兵進擊高句麗，牽制其兵力以減輕高句麗對新羅的軍事壓力。於是在朝鮮半島北部，很早就相互敵對的唐朝與高句麗正式開戰。然而在半島南部，百濟仍然發兵進攻新羅。當時朝鮮半島三國中，高句麗與百濟國力較強，新羅國力相對較為弱小。於是在六六〇年，新羅王再次乞求唐朝出兵救援。

此時的倭國卻是另一番景象。六四五年，皇極天皇的弟弟孝德天皇在難波（今大阪）即位，然而中大兄皇子卻以皇太子身分掌握著實權。六五三年，中大兄皇子提議將都城遷回飛鳥（當時的藤原京，今奈良縣一帶）。此時中大兄皇子勢力強大，孝德天皇雖然反對遷都，然而中大兄皇子之母皇極上皇、大海人皇子（中大兄皇子的弟弟）、間人皇后（孝德天皇的皇后，中大兄皇子的妹妹）卻都帶領隨從人員返回了飛鳥。中大兄皇子等人返回飛鳥後，進入了飛鳥河邊行宮。翌年，孝德天皇在難波駕崩。

西元六五五年，齊明天皇在板蓋宮即位（其實就是復辟，皇極天皇再次就皇位）。此時的齊明天皇正為控制北方的蝦夷部族而志得意滿，急於對國內外表現自己的權勢。

齊明天皇於是與歷來的專制者一樣，致力於大興土木、建設京都。動用溝造三萬人，石垣造七萬人，於六五九年建設石都和水都。這一龐大的土木工程招致豪族們的反感，孝德天皇的皇子，下任天皇的有力候選人之一，有間皇子也開始與這些不滿的豪族們接近。

六五八年五月，齊明天皇非常寵愛的孫子、中大兄皇子之子建王年僅八歲就死去了。同年十月，齊明天皇與中大兄皇子等前往和歌山縣西牟婁郡的溫泉休養。留守一職由蘇我赤兄擔任，心懷不滿的蘇我赤兄向有間皇子敘說齊明天皇的苛政。十一月五日，以為有機可乘的有間王子訪問赤兄家，與其商量謀反事宜。沒想到當天夜晚，蘇我赤兄就讓物部朴井連鮪逮捕了有間皇子，並於九日帶往齊明天皇所在的溫泉。十一日，年僅十九歲的有間皇子以謀反罪被處決（有間皇子之變）。

六五九年，齊明天皇派遣帶有蝦夷人的遣唐使前往與百濟敵對的唐朝，唐朝此時正為百濟再次侵攻新羅而打算進攻百濟。此後不久，唐高宗以左武衛大將軍蘇定方為神丘道行軍大總管，率領水陸大軍十萬（見《資治通鑑》），朝鮮史料說是十三萬人（《三國史記》百濟義慈王二十年條），從成山（今山東榮成）渡海進擊百濟。百濟軍屯守熊津口（今錦江入海口），但在唐軍南北夾擊之下很快潰敗。唐朝與新羅聯軍很快進圍並迅速攻克百濟都城泗沘，百濟的義慈王投降。西元六六〇年七月十八日，百濟滅亡了，從開戰到戰爭結束前後不到十天。唐朝在百濟故地設置熊津、馬韓、東明、金漣、德安五個都督府，「擢酋渠長治之」。由左衛郎將王文度任熊津都督，大將劉仁願率兵一萬留守。百濟使傳回百濟滅亡的消息，著實令倭國大感震驚。

為對抗唐朝對百濟的統治，以鬼室福信與浮屠道琛為核心，百濟原來的有力貴族結成了叛亂軍。他們率眾據守周留城，抗擊唐軍。六六〇年十月，鬼室福信為了重建百濟王朝而對倭國提出如下請求：「希望貴國歸還從六三一年就開始作為人質留在倭國的王子扶余豐（豐璋），使其繼任百濟國王。」並且「希望倭國為了復興百濟派遣援軍」。

經過

面對鬼室福信的請求，為了保持在朝鮮半島的利益，同時也為了緩和國內的政治矛盾與危機，齊明天皇很快就做出了送扶余豐回國和出兵援助百濟王朝復興的決定，並且離開飛鳥來到了築紫（今九州）。於各地籌措武器，徵調士兵，打算渡海作戰。同行者除了中大兄皇子、大海人皇子、大田皇女、額田王、中臣鎌足外，還有很多的隨從人員。可以說事實上是從飛鳥向築紫遷都。具體情況如下：

六六〇年十二月，由飛鳥岡本宮出發，於難波宮籌措武器。

六六一年一月六日，由難波津出發，八日，到達吉備大伯海（今岡山縣邑久郡附近）；大海人皇子和大田皇女生下大伯皇女。

一月十四日，到達伊予熟田津（今愛媛縣松山市）石湯行宮（今道後溫泉）。

三月二十五日，到達那大津（今福岡縣博多），進入與百濟隔海相望的磐瀨行宮。五月九日，進入朝倉宮（今福岡縣朝倉郡朝倉町，距離博多灣約四十公里的內陸）。

六六二年，大海人皇子和鸕野皇女生下草壁皇子；六六三年在那大津，大海人皇子和大田皇女生下大津皇子。

據說由於朝倉宮是用麻弓良布神社的神樹所建，所以皇宮遭遇落雷，鬼火使宮中許多人病死，發生了很多鬼怪作祟的事情。就在來到朝倉宮兩個月後的七月二十四日，齊明天皇以六十八歲之齡突然死去了。

據《日本書記．卷二十七．天智紀》記載：「元年春正月，辛卯朔丁巳，賜百濟佐平鬼室福信矢十萬枝、絲五百斤、綿一千斤、布一千端、韋一千張、稻種三千斛。三月，庚寅朔癸巳，賜百濟王布三百端。」由此可見倭國對百濟的支援是頗為盡力的。

六六一年七月二十四日，中大兄皇子以皇太子的身分居喪於長津宮指揮戰鬥，史稱「素服稱制」。中大兄皇子為備戰，打算構築朝鮮式的山城。

六六一年九月，中大兄皇子將倭國最高等級的「織冠」授予在倭國的百濟王朝王子扶余豐，並派遣阿雲比羅夫連等率領五千名士兵，分乘一百七十艘戰船護送扶余豐返國即王位，並留兵支援朝鮮半島的鬼室福信。中大兄皇子以一日代替一月，將原本應該服喪的十二個月變成了僅僅服喪十二天，其急於掌權之心昭然若揭。

中大兄皇子於所在之處建造了木丸殿。後世在木丸殿遺跡上又建造了惠蘇八幡宮，祭祀齊明天皇和天智天皇。中大兄皇子（天智天皇）為了追悼母親齊明天皇打算建造觀世音寺。六六二年發願建造，直到七四六年聖武天皇時才澈底完工，使得這裡成為九州寺院的中心。寺內保存有日本最古老的梵鐘，堪稱國寶。

六六一年，駐守百濟的唐朝劉仁願軍被鬼室福信和浮屠道琛率領的百濟軍圍困在熊津府城內（《三國史記・新羅文武王十一年條》），唐高宗急調劉仁軌率軍渡海增援並成功解圍。不久，鬼室福信殺浮屠道琛，並其兵馬。四月，蘇定方奉詔率唐軍水陸兩軍四萬四千人進攻高句麗。七月，唐軍進至平壤，然而久攻不下，於次年二月撤軍。唐高宗敕書於劉仁軌：「平壤軍回，一城不可獨固。宜拔就新羅，共其屯守。若金法敏藉卿等留鎮，宜且停彼；若其不須，即宜泛海還也。」（《舊唐書・劉仁軌傳》）就是要劉仁軌放棄熊津府城，撤退到新羅。如果新羅王需要幫助就留守新羅，否則便渡海回國。當時將士也大多思歸心切，可劉仁軌認為：「主上欲吞滅高麗，先誅百濟，留兵鎮守，制其心腹。雖妖孽充斥，而備預甚嚴，宜礪戈秣馬，擊其不意。彼既無備，何攻不克？戰而有勝，士卒自安。然後分兵據險，開張形勢，飛表聞上，更請兵船……今平壤之軍既回，熊津又拔，則百濟餘燼，不日更興……況福信兇暴，殘虐過甚，余豐猜惑，外合內離，鴟張共處，勢必相害。唯宜堅守觀變，乘便取之，不可不動也。」（《舊唐書・劉仁軌傳》）於是他伺機出擊，先後攻克了支羅城及伊城、大山、沙井，又與新羅聯兵攻克了「臨江高險，又當沖要」的真硯城，「遂通新羅運糧之路」。劉仁軌既沒有撤退，也沒有死守不戰，而是找機會主動出擊，使唐軍始終保持著旺盛的戰鬥力。

六六二年，回國的扶余豐成為百濟王，與鬼室福信協力，一度使戰況朝有利於百濟一方的方向發展。可是正如劉仁軌所料，漸漸的這兩個人意見變得不一致，並因此失和。為此，扶余豐以鬼室福信意圖造反為名將其殺害，百濟的殘餘力量就此被嚴重削弱。

六六三年三月，中大兄皇子出動了兩萬七千人的大軍，分成三個軍團前往支援百濟。這三個軍團分別由前將軍上毛野君稚子、中將軍巨勢神前臣譯語、後將軍阿倍引田臣比羅夫三人率領，從博多灣越過壹岐、對馬，向朝鮮半島進發。這段行程十分艱苦，因為風平浪靜的日子比較少，加之逆著海流前進，途中還遇到了風暴，不過總算是成功地到達了。倭軍向新羅發起進攻，奪取了沙鼻、歧奴江二城，切斷了唐軍與新羅的聯繫。

據《新唐書・東夷傳（百濟）》記載：此時，唐高宗「詔右威衛將軍孫仁師為熊津道行軍總管，發齊兵七千往。」由孫仁師率領的七千名援軍渡海到達熊津，並與劉仁軌會師，唐軍軍勢大振。劉仁軌與諸將計議，有人提議：「加林城水陸之沖，盍先擊之？」劉仁軌則指出：「兵法避實擊虛。加林險而固，攻則傷士，守則曠日。周留城，賊巢穴，群凶聚焉。若克之，諸城自下。」於是劉仁願和孫仁師以及新羅王金法敏率軍從陸路進攻；劉仁軌、杜爽、扶餘隆率領唐朝水軍與新羅水軍進入白村江，從水上發起進攻。

六六三年八月十七日，唐朝—新羅聯軍於陸路三面圍攻周留城，城外據點被逐個攻克，百濟和倭國守軍紛紛投降。白村江，是朝鮮半島上熊津江（現韓國錦江）入海處的一條支流。周留城就建在白村江河口上游不遠處的左岸山地上，三面環山一面臨水，易守難攻。百濟只要能確保周留城至白村江一帶不失，就能得到倭國來自海上的支援，從而繼續據險固守。所以白村江成為周留城存亡的關鍵，兩軍都誓在必得。先期到達的唐軍預想到倭國援軍勢必前來，於是在白村江配備了戰船一百七十艘，嚴陣以待。

八月二十七日，倭國援軍也趕到了朝鮮半島西岸。此時，大唐水軍七千餘人，戰船一百七十艘；倭國水兵一萬餘人，戰船一千餘艘。倭國水軍雖然在人數和船隻數量上占優勢，但是唐朝水軍船隻堅固，武器裝備也比倭軍優良。關於這次戰鬥，中國的史書記載頗為簡略。《舊唐書．列傳第三十四．劉仁軌》中僅說「仁軌遇倭兵於白江之口，四戰捷，焚其舟四百艘，煙焰漲天，海水皆赤，賊眾大潰。余豐脫身而走，獲其寶劍。偽王子扶余忠勝、忠志等，率士女及倭眾並耽羅國使，一時並降。百濟諸城，皆復歸順」。《新唐書．列傳第三十三．劉裴婁》中的記載則更為簡略：「遇倭人白江口，四戰皆克，焚四百艘，海水為丹。扶余豐脫身走，獲其寶劍。偽王子扶余忠勝、忠志等率其眾與倭人降。」與此相反，倭國史籍卻對此有著詳細的記載：「戊戌，賊將至於州柔（唐稱周留），繞其王城，大唐軍將率戰船一百七十艘，陣列於白江村。戊申（二十七日），日本船師初至者與大唐船師合戰。日本不利而退，大唐堅陣而守。己申（二十八日），日本諸將與百濟王，不觀天象而相謂之曰：『我等爭先，彼應自退。』更率日本亂伍中軍之卒，進打大唐堅陣之軍。大唐便自左右夾船繞戰，須臾之際，官軍敗績，赴水溺死者眾，艫舳不得迴旋。朴市田來津仰天而誓，切齒而嗔，殺數十人，於焉戰死。是時，百濟王豐璋與數人乘船逃去高麗。」（《日本書記・卷二十七・天智紀》）朝鮮史料也記載：「此時倭國船兵來助百濟，倭船千艘停在白沙，百濟精騎岸上守船。新羅驍騎為漢前鋒，先破岸陣。」（《三國史記・新羅文武王十一年條》）。

結果

綜合中、日、朝三國史料，大致可以明瞭當時的情形了：倭國諸將與百濟王，貪功冒進，渡海遠來沒有休養就與嚴陣以待、以逸待勞的唐軍決戰，實為不智。在初戰不利的情況下，不去考慮風向、潮流等問題，研究戰敗的原因，制定周密的作戰計畫，而是心存僥倖地認為「我等爭先，彼應自退」，靠著蠻勇來爭勝負。結果自然是陷入唐朝水軍的包圍，「赴水溺死者眾，艫舳不得迴旋。」這裡說艫舳不得迴旋，除了說明被唐朝水軍的戰船左右夾擊，也說明倭國水軍是逆流而戰，所以船隻難以調動。加之遭受到唐軍的火攻，自然是一敗塗地。想來當時的情形與「赤壁之戰」頗為相似，倭國水軍被唐朝水軍包了餃子，困在江心被大火燒得焦頭爛額。而江岸上的百濟軍也被新羅軍擊潰，倭將朴市田來津戰死，百濟王扶余豐潰逃，可以說此戰真是輸得很慘。

倭國水軍慘敗的消息傳至周留城，守城的百濟王子扶余忠勝、忠志等見大勢已去，於九月七日率百濟守軍及倭國援軍向唐朝投降。百濟就此永遠滅亡了。倭國陸軍聞此，「國人相謂之曰：『州柔（即周留）降矣，事無奈何。百濟之名，絕於今日，丘墓之所，豈可複往。但可往於手禮城，會日本軍將等，相謀事機所要。』」（《日本書記・卷二十七・天智紀》）於是與白村江之戰的倖存者一起乘船撤回。

影響

六六八年，高句麗也被唐朝—新羅聯軍滅亡，曾經在朝鮮半島三國中最為弱小、一度瀕臨滅絕的新羅，成功地借助唐朝的力量先後摧毀了百濟與高句麗。此後，唐朝和新羅這對昔日的盟友開始對立。

六七六年，新羅統一朝鮮半島。輸給唐朝－新羅聯軍的倭國軍，偕同亡國的百濟人退兵回國了。百濟被唐朝滅亡後，失去祖國的百濟人亡命倭國。滋賀縣蒲生郡是百濟人大量居住的地方。石塔寺的三重塔，與百濟定林寺的五重塔就有著相同的樣式。此外，百濟鬼室福信之子鬼室集斯在朝廷內擔任「學識頭」，這大概相當於現在的文部科學大臣。鬼室集斯的墓碑在蒲生郡日野町鬼室神社正殿裡面。之所以說明百濟人亡命倭國，是因為正是這些亡國的百濟人指導和幫助倭人，建造了許多朝鮮式山城來防禦唐朝可能發起的進攻。

綜上所述，倭國在「白村江之戰」中被唐朝擊敗，大約在天武天皇時代改稱「日本」，並且極大地改變了政治方針。此後，認識到自身不足的日本派遣了大量的遣唐使、遣唐僧，如饑似渴地學習唐朝先進的科學、文化，以及政治制度，以律令國家為目標大力進行改革。主動自覺地向強國學習出色的文化、技術、政治制度，努力使自己跟上時代的潮流，可以說是日本特有的國民性。從這一角度來說，「白村江之戰」無疑是日本歷史上一個十分重要的轉捩點，它對於日本的影響是極其深遠的。

華裔國中生破解《靜夜思》日中差異之謎

王錦思

一位在日本留學的華裔初中生發現李白的《靜夜思》在日本的版本與中國不同，經過仔細研究發現，日本是原文，中國則是明朝以後為普及詩詞而改寫的山寨版。日本人為何沒有篡改李白《靜夜思》？日本版與中國版的《靜夜思》到底有什麼不同？

中國唐代詩人李白詩作《靜夜思》在日本同樣膾炙人口，不過文字表述卻略有差異。日本東京一名華裔初中生為此刨根究底，解開李白詩句日中版本不同之謎。

李白表達望月思鄉之情的《靜夜思》在中日兩國共同流傳甚廣。二〇〇八年五月，胡錦濤在日本訪問，就給學生講解《靜夜思》。一位在日本留學的華裔初中生發現李白的《靜夜思》在日本的版本與中國不同，經過仔細研究發現，日本是原文，中國則是明朝以後為普及詩詞而改寫的「山寨版」。日本版本是：「牀前看月光，疑是地上霜。舉頭望山月，低頭思故鄉」。與中國除去「牀」字通「床」字外，「看月光」在中國是「明月光」，「望山月」則是「望明月」。

李白是盛唐浪漫主義詩人，經常羈旅天涯，望月懷鄉，《靜夜思》便是千古傳誦的名篇。筆觸清新樸素，語言簡潔明白，音韻流利自然。從「疑」到「望」到「思」，形象地揭示了詩人的內心活動，生動地表現出遊子的思鄉之情，鮮明地勾勒出一幅月夜思鄉圖。

中國明代在《靜夜思》流傳的過程中，用自己的生活體驗和語言習慣進行改造、整理與刪補，以便適合自己的口味，竟然以假亂真了六百多年，《靜夜思》在中國就成為至今的版本。改動版中，短短二十個字中兩次出現「明月」，顯得繁瑣。原作中的「山月」，突出了作者所在之處的荒涼偏僻，更容易烘托出詩人孤獨寂寥的心情。讀者彷彿回到一千三百多年前的唐代，和李白一起徹夜難眠，一起看山月，一同思鄉。改動了的《靜夜思》更不盡如人意，無疑是敗筆。明朝胡應麟說：「太白諸絕句，信口而成，所謂無意於工而無不工者」。

一九八四年，中國李白研究會會長、新疆師範大學教授薛天緯經研究認為，《靜夜思》在中國被改動過，但是他的分析解釋未必盡如人意。而二十五年前由於傳播手段的單一，薛天緯的文章不太為人所知，山寨版的《靜夜思》在中國傳播至今。

日本一直學習古代中國豐富的歷史文化，就是現在對古代中國的嚮往和敬仰也猶存；對古代中國文化的熱愛、熟悉不亞於海內外的炎黃子孫。孩子先學中國史，後學世界史。考大學必考《中庸》《論語》、唐詩，員警考試題甚至包括秦始皇和董仲舒，沒有人不知道孔子、李白、杜甫、白居易。地緣、血緣、文化緣使日本人對中國的尋根熱經久不息。

有些東西在中國流失或者改變，反而在日本保留了原樣，讓中國人重新發現自己的古代文化。比如日本還在使用繁體字，車站仍用漢字古意「驛」，如東京驛。中央行政機構仍用「省」，如厚生省。在行文上，仍沿用中國古代的豎排而非橫排，並執拗地追求最具原生態的原文原作，而不做任何畫蛇添足之舉，《靜夜思》即是明證。在環境上，日本人追求自然美感而非刻意人工雕琢，因此山川河流都保存完好。在飲食上，不喜歡過度烹調造成營養流失，愛吃生魚片等純粹自然的食品。修復古跡也遵循原樣原貌，不做現代化雕飾。

唐朝許多古籍、詩書傳入日本，保存至今，最具原始地保存了中國古人的文化趣味。而宋朝以後，中國對日本的影響逐漸削弱，日本難以瞭解《靜夜思》的變化，即使聞之有所改動，日本人也不可能接受，或許還原於對唐朝文化的誠惶誠恐，因此日本人不敢造次，沒有修改《靜夜思》這首經典詩作中的任何一個字。凡此種種，均確保了《靜夜思》還是李白的《靜夜思》，還是唐代的《靜夜思》，而不是明朝的《靜夜思》，更不是日本人的《靜夜思》。

歷史文化的「知識產權」應該得到尊重。如果認為不夠精彩就可以更動，那麼《詩經》、《史記》

一九一二年內蒙古烏泰「獨立」事件平叛始末

劉向上

烏泰受到清廷的懲處後，心緒很壞，於光緒二十七年（一九〇一年）冬揣帶印信出走王府，潛往齊齊哈爾會見俄國外交官索克凝和統領伊勒門。索克凝立即報告了伯力總督哥羅德闊夫，總督邀請烏泰到哈爾濱相見……

一九一二年初，內蒙古科右前旗郡王烏泰公開回應外蒙，宣布獨立，並且組織隊伍進行大規模武裝叛亂。民國政府斷然組織軍隊進行平叛，山東籍將軍吳俊升是這次平叛戰役的主力。這次成功平叛被譽為「中華民國開國以來的第一件體面之事」。

過繼的郡王

在中國的版圖上，位於內蒙古境內有一片美麗富饒的草原：科爾沁大草原。草原面積遼闊，沃野千里，水草豐富，牛羊肥壯。清朝時，科爾沁地區屬哲里木盟（今內蒙古通遼市），烏泰便是哲里木盟副盟長、科右前旗的郡王，在科爾沁草原上具有舉足輕重的地位。

早在一六三六年，皇太極就封科右前旗的封建主達布齊為郡王，並且可以世襲。一八七〇年，第十世郡王病逝。因十世郡王身後無子，旗內王公貴族將第七世郡王的後人根敦占散過繼為嗣，繼承王位。可惜第十一世郡王根敦占散命薄福淺，在位數年後也一命嗚呼，而且又是身後無子。於是旗內王公貴族為王位繼承之事發生激烈爭鬥。第十世郡王之妻、太福晉格根珠拉堅持要將十一世郡王根敦占散的長兄烏泰過繼給第十世郡王，承襲郡王的封號。

反對這一主張的王族人士認為，首先這不合封襲的慣例；其次，烏泰已出家為僧多年，為襲王位還俗不妥，堅決主張另舉他人。但太福晉格根珠拉堅持己見，一八八一年，二十一歲的烏泰一步登天，由一個終日與佛經、孤燈相伴的喇嘛，還俗襲爵，出任科右前旗的第十二世郡王兼哲里木盟副盟長。

烏泰之前的幾代郡王都因生活奢侈、經營不善而負債累累。而烏泰依然要維持郡王的氣派，滿足奢侈生活的需要。那麼錢從何而來？拆東牆補西牆終究不是長久之計，烏泰想到的法子便是賣地放荒。

所謂賣地放荒，就是將無人墾種放牧的荒地草場賣給外來流民，任其自由開墾。本來按清朝理藩院的規定，蒙古人不得越旗遷居。因此一般蒙古人都把流浪的外旗人視為逃亡的歹人，不予容留。限制雖嚴，但依然不斷有因各種原因逃亡而來的外旗人，而且科右前旗土地遼闊肥沃，是難民們逃亡的理想之地。烏泰就是利用這一有利條件，大肆賣地放荒，使該旗外來定居移民短期內驟然增至五百五十餘戶。

一開始，烏泰徵收開荒農戶的地租每戶二、三十兩銀子，後來竟增至每戶兩個元寶，而當時每個元寶的價值約合白銀五十兩。這些銀子滾滾流入了烏泰個人的錢袋。

烏泰的賣地放荒政策，首先遭到了旗內貴族的強烈反對。但烏泰不聽勸阻，一意孤行，而且繼續招墾，使墾戶增至一千兩百六十多戶。該旗貴族遂以「斂財虐眾，不恤旗艱」的罪名，向清廷理藩院提出控告。按清朝《理藩院則例》和《戶部則例》等有關條款的規定，在蒙地實行封禁政策，未經朝廷允准，任何人不得私自出放土地，否則依法治罪。一九〇〇年，清廷正式下旨，革去烏泰的哲里木盟副盟長的職務。

十餘年飄搖起伏的郡王生涯，十餘年夢魘般的訴訟糾纏，不僅使烏泰的經濟幾乎破產，也使他與清政府的關係惡化起來。而此時，早已對中國滿蒙地區垂涎三尺、急欲為其擴張侵略尋找代理人的沙俄，向烏泰投去了「甜蜜」的誘餌。

投向沙俄的懷抱

一九〇〇年，沙皇俄國借中國爆發義和團運動之機，以保護東清鐵路為由，派兵進入中國東北地區，其中一部分騎兵一百六十餘人，就駐紮在科右前旗的王爺廟（今烏蘭哈達）等地。因此，駐東北的俄軍就不斷有人借「遊歷」之名，深入科右前旗各地刺探軍情，尋找各種可利用的人物。一九〇一年，一個名叫格羅莫夫的神祕人物走進了烏泰的王府。因被撤銷副盟長之職而懊惱沮喪的烏泰彷彿抓到了救命的稻草，一頭撲進了沙俄的懷抱。

一九〇一年的冬天，為尋求俄軍進一步的「庇護」，烏泰私自攜帶郡王印信，先後偷偷赴齊齊哈爾和哈爾濱，拜見俄國外交官索克凝和伯力總督哥羅德闊夫。俄國方面以上賓之禮相待，並贈快槍十二杆，烏泰受寵若驚。俄國人對他負債累累的困境深表「同情」，並表示可以設法由俄國銀行予以資助，這更讓他感激涕零。

一九〇四年四月和六月，烏泰從華俄道勝銀行分兩次共獲得二十萬盧布的貸款，條件是以該旗土地、礦產和牲畜為抵押。對俄國人的「投之以桃」，烏泰無不「報之以李」。一九〇四年俄國與日本為爭奪在華權益爆發日俄戰爭，烏泰竟積極為俄軍籌集了大量牛羊，為此深得俄國方面的讚賞。

一九〇六年十月，烏泰又以「旗界山林作抵」，從俄國東清鐵路公司祕密借得一年期貸款九萬盧布。借款到期後，烏泰無法償還，只好提出以該旗的牲畜作抵押，但東清鐵路公司拒絕接受，並向清政府提出交涉。於是烏泰向外國借款的祕密暴露，成為中俄兩國之間的外交事件。

清政府派員調查，烏泰不得不將兩次貸款的經過全盤托出，請求官方救助。據統計，烏泰此時共欠俄國的債務折合白銀三十八萬兩。清政府決定由國家替烏泰墊還外債，以拒絕俄國人的陰謀詭計。清廷官員與俄方代表交涉了兩個多月，烏泰也向俄方表示，所欠的是私債，而抵押的土地、山林均是國家疆土及全旗公共財產，政府如果不承認，一切印據均無效，如不同意由政府代償，此債將永無還清之日。俄方最後只得同意。

隨後，烏泰與清政府的大清銀行簽訂了為期十年的四十萬兩（後改為三十萬兩）借款契約，用以償還清政府代為償還的債務，清政府還下令免去烏泰所欠北京各錢莊的債務。但此後，科右前旗地產的收租權、採礦權和出賣荒地的價款，均為大清銀行提留還債。烏泰本人及王府上下，每年除烏泰的一千五百兩的俸銀外，另給、兩千兩白銀作為日用。烏泰雖然表面上承認這樣的條件，「為敝王計，至優極渥，實深欽佩……異常感激」，實際卻對財政權力被剝奪，以及因此產生的經濟拮据，內心充滿怨恨。

回應外蒙公開叛亂

就在烏泰對清政府積怨日深，本旗財政面臨完全破產又無以為計的時候，中原大地發生了一場從未有過的變革：辛亥革命。在南北對峙、民主共和與封建專制相互較量之際，在沙俄的指使策動下，以外蒙古活佛哲布尊丹巴為首的民族分裂分子，乘國內政局動盪之機，悍然宣布獨立，成立「蒙古國」，並向內蒙古各旗宣示，號召歸順。

辛亥革命不僅推翻了清王朝，也結束了兩千多年的封建君主專制制度。內蒙古的封建王公面對國內政局的變動和外蒙獨立的形勢，無不心懷忐忑。身處困境的烏泰認為這正是擺脫逆境的千載難逢的時機。一九一二年初，他決定回應外蒙的呼喚，宣布獨立，公開叛亂。烏泰一方面派人潛赴外蒙聯絡，請求外蒙和沙俄的支持援助，一方面在本旗及周圍各旗煽動蠱惑，挑唆民族仇恨，號召蒙民起事，驅逐漢人。為號召更多不明真相的百姓，他還特別唆使本旗地位最高的活佛葛根，號召全旗的喇嘛響應起事並鼓動百姓參加。

烏泰的陰謀活動很快被洮南知府得知，報告了奉天（今遼寧）都督趙爾巽，並派官員赴王府勸說。烏泰見事已敗露，決定立即發動叛亂，企圖「險中求勝」。

從一九一二年八月八日到二十日，烏泰接連發布文告，宣告「本旗二十萬人結為一體，毫無退志，共願趨向庫倫」；並命令「各戶良馬快槍趕速備齊」，「驅逐本旗府縣民官，保固疆土」。八月二十日，烏泰在葛根廟正式宣布科右前旗獨立，發布《東蒙古獨立宣言》：「……共和實有害於蒙古，今庫倫皇帝派員勸導加盟，並由俄國供給武器彈藥，茲宣告獨立，與中國永絕。」

烏泰將欺騙脅迫而來的三千多人分為三路：中路命錫勒圖喇嘛為元帥，由王府出發，直取洮南（今吉林洮南）；左路命葛根喇嘛為元帥，從葛根廟，今科右前旗草根廟鎮境內陶賴圖山腳下出發，進攻靖安（白城子，今毛烏素沙漠的邊緣）；右路以嘎欽喇嘛為統領，攻取突泉並夾攻洮南。

北京民國政府接到有關烏泰叛亂活動的報告十分震驚，擔心處置稍有不當，會釀成整個內蒙古的大亂，所以最初的處理極為謹慎。在民國政府成立之初，袁世凱對蒙古王公採取的是安撫政策，以臨時大總統的名義頒布了一系列優待蒙旗王公的條例，加封晉級了很多王公。烏泰公開叛亂以後，北京政府認為「若再隱忍，勢必牽涉全盟，即（東）三省亦無寧日」，命令奉天、吉林、黑龍江三省都督派員到各旗勸導，如不聽勸導，「可以兵力剿辦」。

在烏泰蠢蠢欲動之時，奉天省都督趙爾巽及時召開緊急軍事會議，決定在奉天設軍事統帥部，命駐遼源（衙署駐鄭家屯）的奉天後路巡防隊統領吳俊升速率所部馳赴洮南前線。同時，黑龍江都督宋小濂率兵警戒嫩江沿岸並進擊科右後旗；吉林都督陳昭常從伯都出兵截擊沙俄可能派出的援軍。此外，還從新民屯附近駐軍抽調步炮兵四個營與第二十一鎮的騎兵旅配合，警戒遼河地區，並向鄭家屯前進待命。

吳俊升成功平叛

吳俊升，字興權，一八六三年生，山東省濟南府曆城縣（今濟南市曆城區）人。幼年隨父落戶奉天昌圖興隆溝（今遼寧省昌圖縣老城鄉長青村興隆溝）。後投身軍界，官至奉天巡防營後路統領，駐防鄭家屯。烏泰叛軍將進攻的重點放在洮南府和鎮東縣城，因為這兩個地方不僅位居要衝，而且是當地的政治經濟中心。趙爾巽將平叛的重任壓在了吳俊升的肩上。八月二十日烏泰公開叛亂以後，吳俊升本來想帶領他的馬炮各隊從靖安出發西行，直攻叛軍的要地葛根廟。但就在他率軍離開洮南之後，叛軍卻首先攻占了鎮東縣城。吳軍若繼續孤軍深入，就有腹背受敵的危險。於是洮南知府歐陽朝華飛請吳俊升星夜回洮，以救燃眉之急。

吳俊升認為，不先奪回鎮東，難免有後顧之憂，且不足以挫叛軍銳氣，遂「於二十二日督隊馳援，曆戰數時，槍斃蒙兵二十三名奪獲快槍五杆……當將鎮東克復」。就在吳俊升克復鎮東縣時，洮南府已危在旦夕。

烏泰叛軍的中路統領錫勒圖喇嘛甩掉黃帽，以黑布裹頭，號稱刀槍不入，率一部叛軍直抵洮南城北。洮南知府見大軍遠出，城內空虛，急中生智，命僅有的兩百名城防隊員每天夜裡悄悄出城，白天大張旗鼓，列隊進城，而且每天都改換軍服的顏色和進城的方向，以為疑兵之計。

叛軍果然中計，攻城計畫一再推遲。但是知府唯恐計策被叛軍識破，最後又不得不主動棄城而走。孰料知府剛剛棄城，叛軍尚未進攻，吳俊升的巡防隊便於二十三日晚趕回了洮南。

隨後，雙方在洮兒河南北兩岸展開激戰。每遇戰鬥，吳軍先用大炮轟擊，炮彈接二連三地在叛軍隊伍中爆炸，令叛軍大為惶恐，吳俊升隨即親率騎兵沖入叛軍隊伍。烏泰的叛軍大都是未受過正規訓練的烏合之眾，所用的只是些小炮和獵槍。相比之下，吳俊升的軍隊不僅訓練有素，富有戰鬥經驗，而且槍炮精良。

經過數天的戰鬥，烏泰叛軍傷亡慘重，漸漸力不能支，開始後退。吳俊升邊戰邊追，先後激戰十餘次，攻克被叛軍占領的嘎喜喇嘛廟、白虎店、靖安、瓦房等城鎮。到九月十二日，叛軍全部龜縮到葛根廟。

烏泰發動叛亂之時，還大肆驅逐漢民出境，引起兩族人民的相互殘殺和搶掠，吳俊升以「期撫兼施，先戰後和」為宗旨，並「嚴戒兵棄，其蒙人非騎馬持槍與我敵對者，妄殺一人，以軍法論」。

九月十二日傍晚，吳俊升率所部五營追至葛根廟。葛根廟是科右前旗地位最高的喇嘛葛根的本廟，不僅牆垣高厚，而且集中了叛軍精銳，防守堅固。吳俊升部雖曆戰數日，但勇氣百倍，愈戰愈勇。他們在附近山頂上架起大炮，向廟內轟擊。炮火將廟中大殿的西南角轟塌，殿上的銅頂也被打落，管帶曹俊奮不顧身，率先登上高牆。烏泰等只得趁夜半時分突圍，向北面叢山中的烏泰王府逃去，吳俊升繼續率部追擊。

吳俊升部一直追到歸流河南岸，叛軍在北岸依險布防，雙方隔河對峙。與此同時，吉林、黑龍江等其他各部平叛軍隊也都取得勝利。黑龍江省還派出一支生力軍，前往王府夾擊烏泰。烏泰見事已至此，不僅沙俄的軍隊未曾露面，就連外蒙古的軍隊也未見一兵一卒前來支援，不由得心灰意冷。畏於政府軍的威力，烏泰決定放棄王府，逃往索倫山中。

不久，烏泰被俄國人從索倫山中救出並逃往外蒙的首府庫倫，後任庫倫政府的「刑部副大臣」。但寄人籬下的日子並不好過。一九一五年，中俄蒙三方簽訂條約，外蒙取消獨立，實行自治。民國政府宣布對以前宣布獨立及舉兵叛亂者「既往不咎」。

一九一五年十月二十八日，烏泰和他的兒子一起到達北京，表示「悔過」，受到袁世凱的接見，後來被聘為總統府的二等軍事顧問，並被賜予官邸一座。一九二〇年四月，烏泰在北京病死。

吳俊升由於平叛有功，辦成了「中華民國開國以來的第一件體面之事」而名聲大噪，備受重用，由一個巡防隊統領迅速升到黑龍江省都督的位子。一九二八年六月，吳俊升和張作霖坐火車被日本人炸死在皇姑屯。

閱兵：從祭天迎賓到示威的神聖莊嚴盛典

劉開生

「閱兵」一詞是從漢代才被正式叫起來的。漢代定期的閱兵活動常與立秋之日的「祭獸」活動一起進行，以後，各個建朝時間較長的朝代，都有類似漢代定期或不定期的閱兵活動。

歷朝歷代為什麼要舉行閱兵活動，又有什麼不同呢？

閱兵：從祭天迎賓到示威之變

二〇〇九年十月一日，迎來了新中國誕生六十周年紀念日。在北京天安門廣場舉行了盛大的閱兵活動。盛況空前的閱兵式，極大地振奮了民族精神，激發了國民的民族自豪感和愛國熱情，世界關注的目光也再次投向中國。那麼中國古時候的閱兵情況是怎樣的呢？

據史料記載，中國最早的閱兵發生在距今四千多年前夏朝建立的前夕，並以打獵方式進行。當時中國北方的華夏部落首領夏禹為了向江南發展，曾在現今河南省嵩縣境內的塗山，與南方各部落首領會盟。在那次盛會上，士兵們手持各種用羽毛裝飾的兵器，和著樂曲載歌載舞，這不僅是一種祭天的儀式，同時還欣喜地表達了對遠道而來的南方各部落首領的熱烈歡迎。

到了春秋時期，閱兵活動開始頻繁起來。最初的閱兵是以打獵方式進行的。軍佇列好陣勢，最高統治者或長官在陣前先用弓箭射獵禽獸，然後檢閱部隊。當時，人們把這種活動叫作「搜」（意為春天裡打獵）。以後，又發展為定期檢閱軍隊或戰車。檢閱步兵每年一次稱作「搜」，檢閱戰車三年一次稱作「大閱」，檢閱步兵和戰車五年一次稱作「大搜」。

封建統治者如此定期閱兵，其用意除了檢查兵員裝備情況外，主要還在於向百姓示威。如春秋時晉文公認為「民未知禮（威儀），未生其恭」，於是乎「大搜以示之禮」。另外，還有在戰前或戰鬥間隙進行的不定期的閱兵，稱「觀兵」或「觀師」。這樣做的目的，除了在戰前鼓舞士氣外，更主要的則是為了向敵方示威。

閱兵這一名稱，準確地說是從漢代才被正式叫起來的。在漢代，定期的閱兵活動常與立秋之日的「祭獸」活動一起進行，其間還要增加一些打鬥的內容。以後，各個建朝時間較長的朝代都有類似漢代定期或不定期的閱兵活動。

清代時，按清朝典制，皇帝每三年在南苑舉行一次大閱兵禮。據《大清會典》記載：「康熙二十四年，聖祖仁皇帝幸南苑大閱。擇南苑西紅門內曠地，八旗官兵槍炮按旗排為三隊。聖祖仁皇帝率皇子等擐甲，前張黃蓋，內大臣、侍衛、大學士及各部院大臣均扈從，後建大纛。聖祖仁皇帝周閱八旗兵陣，閱畢駕還行宮。特降敕諭，申明軍令，宣示於大閱之地。是日未閱前，官兵均賜食，閱後賜酒。」

清代宮廷畫家金昆等人奉命所繪的《大閱圖》裡，對乾隆皇帝南苑大閱兵的盛況作了形象逼真的記載。八旗將士各著紅黃藍白等本旗閱兵禮服分陣排列，號角高揚，軍旗獵獵，一眼望不到盡頭，其場面極為壯觀，向世人展現了一幅場面宏大、威武雄壯的「乾隆閱兵圖」。清史檔案記載：「上（指乾隆皇帝）躬禦甲冑，乘馬出，試射，連發七矢，皆中的。兵部堂官奏請閱陣，上親閱隊伍，兵部堂官前引，總理大臣、滿洲大學士、內大臣侍衛前引後扈，皆擐甲乘馬」。

《大閱圖》共分為「幸營」、「列陣」、「閱陣」和「行陣」四卷。真實描繪了乾隆帝親臨軍營檢閱的盛況。尤其是《閱陣》，圖中所畫人物不少於一萬六千人，每個人都面貌分明，衣著裝飾，車馬槍炮、儀仗旗鼓等均描繪精細，畫面用色豔麗鮮明，乾隆被繪於畫面的核心位置，穿盔帶甲，全副戎裝，騎於馬上，英姿勃發。

到了現代，閱兵活動開始在各國盛行。尤其是第二次世界大戰時的盟軍統帥如艾森豪、邱吉爾、戴高樂等，都非常重視閱兵。前蘇聯領袖史達林一向把閱兵作為鼓舞士氣的重要手段，一九四五年六月二十四日，蘇軍在莫斯科紅場舉行勝利大檢閱。此次閱兵，極大地提高了蘇聯的國際地位和影響力。

可以說，古往今來，無論國內還是國外，也無論人們的意識形態和民族傳統文化有何差異，大家對閱兵意義的認識幾乎是一樣的——就是閱兵最能體現一個國家的國威、軍威和綜合國力，最能積聚軍心、民心。因而閱兵始終是一個國家和民族最感榮光、最感振奮、最感驕傲、最感自豪、最為神聖的莊嚴的盛典。

《我的團長我的團》真實記憶：中國遠征軍入緬對日作戰

謝本書

電視劇《我的團長我的團》在中國各電視台爭相熱播，引發爭議的同時，也把五十多年前那段被人們遺忘卻真實存在的歷史：中國遠征軍入緬作戰史，重新拉回到人們的視線之中。當時中國為什麼要入緬作戰，真實的「南天門戰役」：松山之戰，究竟慘烈到何種程度？

日軍侵緬與中國遠征軍的第一次緬甸戰役

■ 日軍侵緬與中國遠征軍的入緬援英抗日

一九四〇年，第二次世界大戰中的歐洲戰場形勢急劇變化，法西斯勢力猖獗不可一世，中國人民的抗日戰爭也進入了最艱苦的時期。然而日本法西斯在短期內滅亡中國的夢想成了泡影，於是準備南進，發動太平洋戰爭，進攻東南亞。其中一個重要目的就是「為完成征服中國，要進行澈底作戰和完全封鎖中國」，以便從中國戰場的大後方和東南亞兩個方向夾擊，最後實行「進攻重慶的作戰」，滅亡中國。這裡一個重要原因是「因為緬甸修築了通往中國的公路」，日本對緬甸產生了興趣，並把它列入「大東亞共榮圈」的組成部分。

當地時間一九四一年十二月七日（中國時間是十二月八日）日軍偷襲珍珠港成功，太平洋戰爭爆發。十二月二十三日，由蔣介石主持的東亞聯合軍事會議在重慶舉行，儘管中美英三國代表在會上發生了爭論，由於日本進攻緬甸形勢已經形成，蔣介石表示願意派軍隊入緬援助英軍抗日。中英在重慶簽訂了《中英共同防禦滇緬路協定》，使中英軍事同盟得以成立。

一九四二年一月一日，中、美、英、蘇等二十六國代表在華盛頓簽署了《聯合國家宣言》，從而形成了世界反法西斯聯盟。同時成立了中國戰區，以蔣介石為戰區最高統帥（司令官），轄中國、泰國、越南、緬甸等地區，美國總統羅斯福派美國將軍史迪威為中國戰區參謀長。中國為了保護滇緬公路的暢通，決定派出第五、第六、第六十六這三個軍，約十萬人的兵力準備沿滇緬公路入緬協防，這是「中國遠征軍」籌組的序幕。

太平洋戰爭爆發後，日軍四十萬人在優勢海空軍配合下，席捲了香港、印度、荷屬東印度群島、菲律賓、新加坡和馬來亞等地。一九四一年十二月中旬，日軍即分路大舉進攻緬甸，作為發動太平洋戰爭總體格局中的最後一次重要戰役。由於英方的顧慮和搖擺，一再延誤中國軍隊入緬的行動，中國軍隊遲遲不能入緬。直到日軍大舉進攻緬甸，仰光告急，蔣介石催促，英軍張惶失措，才要求中國軍隊迅速入緬。中國軍隊一九四二年二月中旬開始入緬，布防戰鬥。但是此時有利時機已經喪失，三月八日緬甸首都仰光被日軍攻陷。

為了加強統一指揮，更好地發揮中國軍隊的戰鬥力，遂正式成立中國遠征軍第一路長官司令部，三月十二日蔣介石任命中國戰區參謀長史迪威將軍為總指揮，衛立煌為司令長官，杜聿明為副司令長官，在衛未到任前由杜代理。中國遠征軍第一路轄三個軍，即第五軍，軍長杜聿明；第六軍，軍長甘麗初；第六十六軍，軍長張軫。只是由於中國遠征軍入緬抗日為時已晚，坐失良機，使中國軍隊在戰鬥中處於被動態勢。

■從同古到仁安羌的勝利

中國軍隊第五軍的第二〇〇師作為入緬先頭部隊，急行入緬，占領平滿納、同古之陣地。第二〇〇師的前身是國民政府初創機械化部隊時的一個戰鬥營，後擴充為裝甲團，杜聿明任團長；一九三八年擴編為第二〇〇師，杜聿明為首任師長。一九三九年初又以第二〇〇師為基幹擴充為第五軍，杜聿明為軍長，戴安瀾繼任第二〇〇師師長。戴安瀾律己甚嚴，治軍有方，該師戰鬥力甚強。第二〇〇師各部從一九四二年三月二日從雲南保山陸續出發，開往緬甸同古地區。

同古南距仰光兩百五十公里，北距曼德勒三百二十公里，是仰曼鐵路沿線的重要城市和戰略要地。中國軍隊派出精銳之師長驅至此，其戰略意圖是支援英軍守住仰光，並掩護全軍集中兵力，準備決戰。然而第二〇〇師三月七日到達同古，尚未及接防和部署，三月八日仰光即被日本占領，英軍不斷後撤，將二〇〇師作為其掩護後撤的屏障。因而保衛同古就成了中國軍隊入緬後的第一次大戰。

三月中旬，日軍第五十五師團約四萬人逼近同古，並派飛機轟炸同古。三月十九日，日軍一個大隊追擊英軍，進入皮尤河大橋時，第二〇〇師設伏部隊突然引爆炸橋，使長兩百公尺的大橋塌陷，在橋上的敵軍翻倒在皮尤河中，後面車輛擁擠在河南岸，設伏部隊發動猛烈攻擊，斃敵三十餘人，二十日，再殲敵四百餘人。皮尤河前哨戰規模雖小，但意義重大，這是侵緬日軍第一次遭受的挫折。

日軍在戰鬥中，繳獲中國軍隊地圖，「據此得知重慶軍確已南下東籲（即同古）附近。」乃增加兵力，進行掃蕩和反撲。第二〇〇師前哨部隊主動撤至同古以南十二公里處的鄂克春（屋墩）。三月十八日，日本飛機四十多架，分三次轟炸同古，全城陷入一片火海。二十日，同古會戰拉開了序幕，日軍第五十五師團兩個聯隊的炮兵在飛機的掩護下，向第二〇〇師各主要陣地發動猛攻。二十二日，敵人向鄂克春也發動猛攻，這個村子，「四周都是叢生的灌木，迷漫著野草，中國軍隊便燃起了火炬，團團圍著燒了起來，裡面的敵人著了急，拚命想突圍逃走，可是火的週邊都是機關槍和手榴彈，這幾百人，幾乎沒有生還的。」日軍承認，這「是第一次遭遇強敵。」

三月二十四日，日軍迂迴前進，占領了同古北的克永岡機場，致使第二〇〇師與第五軍聯繫中斷。戴安瀾調整軍事部署，帶頭立下遺囑，宣布：「如師長戰死，以副師長代之；副師長戰死，以參謀長代之；參謀長戰死，以某團長代之。」全師上下均以此效法。三月二十五日後，敵人傾巢出動，由南、西、北三方面圍攻同古，在敵人飛機重炮掩護下，猛攻猛打，但多次被二〇〇師官兵擊退。敵人惱羞成怒，竟然先後使用催淚毒氣彈和糜爛性毒氣襲擊中國守軍，造成重大傷亡，卻仍未攻下陣地。日軍也承認，第二〇〇師「戰鬥意志始終旺盛」。

當中國軍隊在同古一線激戰正酣之時，西線英緬軍卻沒有採取積極行動配合作戰，甚至丟掉了卑謬，造成中國軍隊防線出現大缺口，處於三面被圍的險境，而後續部隊也難以跟上支援，又沒有空中力量抗衡，因此杜聿明命第二〇〇師放棄同古突圍，以免遭受更大損失。三月三十日，第二〇〇師主動撤走，但敵人不知，仍對同古狂轟濫炸，待日軍進入同古時，才發現同古已是一座空城。

同古保衛戰是緬甸防禦戰期間，作戰規模最大、堅持時間最長、殲滅敵人最多的一次戰鬥。第二〇〇師在這裡堅守二十天，殲敵五千餘人，掩護英軍撤退，最後自己也全師安全轉移，連一個傷兵也沒有留下。敵軍不得不承認：「東籲之役，為我皇軍進入緬甸以來所遭逢之唯一大激戰，吾人之頑強敵人」，即為中國軍隊，第二〇〇師表現「十分英勇」，蔣介石下令對第二〇〇師嘉獎，後來又親自接見師長戴安瀾，聽取彙報。

同古之役，雖然取得了重大勝利，卻未達到預期的目的：同古決戰，收復仰光。同古失陷，又為日軍大舉向北進攻，創造了條件。日本占領同古後，即把侵略矛頭轉向緬甸戰時首都曼德勒，為此一方面向臘戍突擊，截斷中國軍隊的後路；另一方面向仁安羌、八莫方向突進，殲滅喪失鬥志的英軍。而仁安羌，是緬甸以及整個中南半島上的油田，緬甸戰場上盟軍油料的主要供應地，其地周圍是沙漠。通往仁安羌的主要路線只有一條公路和伊洛瓦底江水路。

在西線方面的英軍，當卑謬失守後，主力移至阿蘭廟地區布防，但再次敗北。阿蘭廟在仁安羌南一百公里，是仁安羌的重要屏障。阿蘭廟失守，仁安羌暴露在日軍面前。四月中旬，日軍向仁安羌進擊，截斷了公路，致使英緬軍第一師的一個坦克營，計七千餘人，被包圍在仁安羌地區。英緬軍驚恐萬狀，不斷向中國軍隊呼救。第六軍新編第三十八師師長孫立人所率第一一三團奉命馳援，四月十七日晚，一一三團在孫立人的指揮下，經過十多小時戰鬥，殲滅賓河以北敵人，占領渡口。可是英緬軍之圍尚未解除，危在旦夕。被圍的英緬軍第一師師長斯特高不斷以無線電告急說，被圍官兵已斷絕了兩天水糧，難以繼續堅持。孫立人告訴他，再堅持一天，「中國軍隊，連我在內，縱使戰到最後一個人，也一定要把貴軍解救出來」。

四月十九日晨，一一三團向日軍發動猛攻，這場血與火的肉搏，從早上八點打到下午三點，奪取了日軍控制的五〇一高地，殲敵一千兩百餘人，收復了仁安羌油田，使七千餘被圍英軍解脫，同時解救了被俘的英軍、美國傳教士和新聞記者五百餘人。仁安羌援英大捷是中國軍隊一個團以少勝多，以寡敵眾的一個突出戰例，打出了中國的軍威，被稱為「亞洲的敦克爾克奇跡」。英軍高呼：「中國萬歲！」孫立人師長為此獲英國政府頒發的一枚帝國勳章，使他成為獲此殊榮的第一個外國將領，其餘將領也分別獲得了中英政府的嘉獎。在這一場惡戰中，敵軍遺屍一千兩百餘具，中國遠征軍一一三團上千戰鬥兵員也傷亡過半。

然而，經過仁安羌的歷險，英緬軍已經喪失鬥志，決心放棄緬甸向印度轉移，而不顧及中國軍隊安危。四月二十五日，仁安羌再次失陷。中國軍隊計畫的平滿納會戰，也隨之夭折，中英共同防禦緬甸之戰就不可避免地走上了失敗的道路。

■第一次緬甸戰役的失敗

日軍占領仁安羌以後，由於史迪威和中國遠征軍第一路長官司令部司令長官羅卓英（原為衛立煌，未到任）的疏忽，一九四二年四月二十九日中午，日軍輕易地占領了臘戍，不但繳獲了數量龐大的軍用物資，更重要的還在於切斷了中國遠征軍回國的主要退路，中國遠征軍無可挽回地走上了潰敗之路。而這時英緬軍隊已決定盡速撤回印度，以保存有生力量，在撤退過程中，英緬軍幾乎將所有的中國軍隊置於掩護英軍撤退的位置，致使後撤的中國軍隊陷於更加困難的境地，導致慘重的損失。

日軍占領臘戍後，即沿滇緬公路掃蕩前進，一直打到雲南怒江以西。日軍的長驅直入，威脅著滇西，震動了昆明。這樣，處於東線的中國遠征軍第六軍則撤往滇南。

中線沿仰光、曼德勒鐵路是緬甸戰場的重心，也是日軍打擊的重點。當日軍占領臘戍後，處於中線的中國遠征軍第五軍處境更加困難。五月一日，曼德勒失陷，五月五日和八日又失陷八莫、密支那，切斷了遠征軍中線主力回國的交通線。杜聿明率領第五軍新編第二十二師，輾轉於滇緬印邊界之野人山地區，一度迷失方向，加上糧、藥斷絕，處境十分危險，後得空軍空投糧食、藥品，才得以繼續前進，最後才在七月二十五日抵達印度阿薩姆邦的利多附近。此時距五月十日分道北撤，已整整兩個半月，穿越了縱深四百八十公里野人山的不毛之地，官兵歷盡艱險，杜聿明本人也幾乎病死。新編二十二師入緬時有九千人，到達印度僅剩三千人，其中戰鬥減員兩千人，撤退時傷亡達四千人之多。

中國遠征軍第五軍第九十六師亦轉入野人山區撤退，副師長胡義賓在全師後衛行進，途中遭日軍埋伏，督戰時陣亡。歷經三個月的艱苦危險行軍，直到八月中下旬才進入滇西，於八月二十三日在劍川集結完畢。第九十六師入緬時九千人，集結完畢時僅剩三千，其中戰鬥減員兩千兩百人，撤退過程中傷亡三千八百人。與新編二十二師損失情況甚為接近。第五軍第二〇〇師在北撤過程中，穿越西保—摩谷公路時，遭到日軍伏擊，師長戴安瀾指揮戰鬥中不幸中彈負傷，延至五月二十六日戴安瀾傷重不治身亡。到六月下旬全師轉到雲龍，由入緬時九千人剩至四千人。後來，為戴安瀾舉行隆重追悼會，毛澤東、周恩來、朱德、彭德懷等都獻了挽聯。周恩來的挽聯是：「黃埔之英，民族之雄。」中國遠征軍第五軍入緬作戰近半年，轉戰一千多公里，歷盡艱險，傷亡甚大。第五軍全軍四萬兩千人，最後只剩下兩萬人，其中戰鬥傷亡七千三百人，撤退時傷亡達一萬四千七百人，非戰鬥減員為戰鬥減員的兩倍，全軍人員損失超過一半。不過在嚴重困難的情況下，官兵們終於克服困難，堅持到最後，表現了不怕犧牲的艱苦奮鬥精神，可歌可泣。

中國遠征軍撤退過程中損失最小的是第六十六軍新編三十八師，該師在師長孫立人的率領下，在撤退過程中，多次遇險，又轉危為安，於六月八日全部轉入印度。該師抵達印度時，全師尚有七千多人，是遠征軍各部中唯一保存了完整建制的一個師。實屬不易。

中國遠征軍在緬甸第一次戰役，長途奔襲，非常疲勞的情況下，在同古會戰中仍然打敗了日軍，掩護了英軍撤退；接著，又在仁安羌擊敗日軍，解救了被圍困的英軍七千餘人。中國軍隊「抵擋半月之久，初步達到了挫敗敵軍銳氣和消滅敵人的目的。」然而由於英軍退卻，坐失良機，以及指揮混亂，中國軍隊在緬甸「自始至終呈被動之態勢」。最終導致第一次入緬戰役的失敗，遠征軍由出征時的十萬減至四萬人，不僅損失慘重，而且「失去了中國西南唯一的國際運輸線，並使日本將戰火燒到中國國門。」中國遠征軍第一次入緬戰鬥就這樣失敗了。

日軍對滇西的入侵與滇西軍民的抗敵鬥爭

■ 日軍侵占滇西及其暴行

一九四二年四月二十九日，日軍襲占了緬北重鎮臘戍以後，即沿滇緬公路向滇西掃蕩。日軍第五十六師團以裝甲車為先導，並用汽車載運的快速部隊沿滇緬公路挺進，形勢甚為緊張。還在這之前，蔣介石曾電令雲南省政府主席龍雲，要加強對滇西的防禦，並指出「滇緬路為唯一國際交通路線，關於護路及對空警備、機場守備，均極關重要」。一九四二年五月一日，滇緬公路被切斷，日軍進攻滇西形勢已經造成，蔣介石密電軍委會駐滇參謀長林蔚，命其對保山、畹町間橋樑，做「完成破壞準備」。五月三日，林蔚複電蔣介石：「邊境潞（怒）、瀾兩江橋正準備破壞中，龍陵以西路托樵峰部長就近飭縣發動民眾，準備實施。」

就在五月三日這一天，依據「第五十六師團應向怒江一線突擊猛壓敵軍」的指示，日軍先頭部隊占領滇西邊境畹町，四日占領龍陵縣城。根據蔣介石、林蔚之指示，前線工兵總指揮馬崇六於五月五日上午十時，當機立斷，指揮將怒江天險上的要道惠通橋炸斷，以阻止敵人侵入怒江以東。五日夜，日軍趁星夜，乘橡皮船強渡怒江約五百人，與宋希濂部所屬第三十六師第一〇六團相遇，一〇六團官兵在沿江各族人民支持下，堅決進行反擊，雙方爭奪激烈；戰至八日，第一〇七、一〇八兩團趕到，反覆衝殺，乃將怒江東岸敵人大部殲滅，「最後除有數十名敵軍泅水逃回南岸外，其餘全被消滅」。「這一仗雖是個小規模的局部戰鬥，但就戰略意義來說，卻是很有價值的。」因為經過此次戰鬥，阻止了敵軍沿滇緬公路向東突進的企圖，奠定了敵我隔江對峙的局面。

五月十日，日軍又占領了怒江以西的滇西重鎮騰沖。那時，據美軍志願航空隊的偵察報告說：「在滇緬路上中國軍隊零零落落，潰不成軍，對於日軍的前進，完全沒有抵抗，如果再不設法挽救，依照敵人幾天來前進的速度計算，大約十天左右就可以到達昆明了。」又據稍後在龍松公路上擊斃的一個日軍大隊長身上獲得地圖一張，並得知日軍第五十六師團作戰計畫，得知日軍第五十六師團全部在騰（沖）、龍（陵）地區，今為騰北、騰沖、龍陵、孟臘（松山）、芒市、新濃六個守備區，其師團部及直屬部隊駐芒市，判斷其兵力約一萬五千至兩萬人左右。可見，日軍對滇西的入侵並非小部隊的騷擾行動，而是大部隊有計畫的侵略行動。不過日軍始終未能以大團隊跨過怒江。延至一九四三年初，日軍勢力向北延伸到瀘水地區，向南到達孟定地區，這樣日軍就占領了我怒江以西數百公里長的一條狹長地帶的滇西地區，約八萬三千平方公里、約五十萬人口的地區。

於是雲南由抗日的大後方，變成了抗日的大前方。滇西戰場與中印緬戰場連成一片，並且成為中印緬戰場不可分割的組成部分，也成為中國人民抗日戰場的組成部分。滇西大片國土淪陷，艱苦的滇西抗戰從此開始。

日軍入侵滇西及其在占領區內，血腥屠殺各族人民，掠奪各族人民財產，強姦婦女，燒毀村鎮，無惡不作；而且利用滇西占領區作為陣地，炮轟怒江以東的村莊城鎮，還派飛機對昆明、祥雲、下關、保山一線地區狂轟濫炸，使得滇緬公路沿線一時病疫成災，有的村落居民死亡過半。僅在一九四二年五月四日、五日兩天，日機分四批一百零八架次轟炸保山，即炸死炸傷兩萬餘人，城內房屋被摧毀殆盡。

五月十八日，自騰沖等地撤退的中國海關人員、群眾和緬甸歸僑數百人，逃至怒江上江區栗柴壩渡口，準備渡江，日兵追至，「民眾相繼投水者數十人，餘悉被俘，敵以繩縛，使跪於前，用機槍掃射，全數斃命。敵率隊回城，途經向陽橋及小回街，縱火焚廬舍而去」。

日軍在滇西的暴行，罄竹難書。

■滇西淪陷區中國軍民的抗敵鬥爭

日軍占領怒江以西的國土以後，滇西淪陷區各族軍民為了民族的存亡，為了保衛祖國的神聖領土，在敵後進行了艱苦的抗敵鬥爭。

當日軍入侵怒江以西的邊境重鎮騰沖時，原騰沖縣長邱天培、騰龍邊區監督龍繩武等人先敵而逃。然而，騰沖著名愛國知識分子和士紳張向德、劉楚湘等人，卻以抗敵為己任，於一九四二年四月六日組織了騰沖縣臨時縣務委員會（縣政府），把縣政府遷往游擊區的界頭，領導騰沖軍民進行抗敵鬥爭。張向德不顧六十三歲的高齡，於七月十日在界頭正式宣誓，出任騰沖抗戰縣長。他在誓詞中說：「德出生邊地，一介書生，國家有難，心如火焚，哀我故土，難禁淚淋。今日受命，秉誠於心。隨軍抗戰，決意犧牲。誓死報國，施教於民，支援軍隊，萬眾一心，團結各界，忠奸區分。邊城重地，豈容侵吞。二十六萬，民為後盾。收復家園，埋葬敵軍。告慰先烈，九泉歡欣！歷史重任，雙肩擔承。抗戰到底，步步前行。特此宣誓，言出行遵。」此後，騰沖各抗日遊擊隊、陸軍預備第二師、騰沖抗戰縣政府相互配合，發動群眾，對日本占領軍進行了兩年多的殊死鬥爭。

當敵軍逼近騰沖縣城時，全城民眾撤離一空，然後又利用夜幕掩護，冒險回城，把公私物資運往四鄉山區。據統計，先後將約十萬馱棉紗、布匹、蠶絲等物資搬運過高黎貢山和怒江，運回內地。一九四二年五月十八日，日軍百餘人經曲石向瓦甸前進，至寶華鄉歸化寺，與預先埋伏之我護路營一部遭遇，發生激戰，打死敵中尉隊長牧野以下四十餘人，護路營陣亡官兵三十餘人。瓦甸區長孫成孝率領民眾奮起參加作戰，亦中彈犧牲。六月三日，敵軍在怒江惠通橋西岸集結兵力千餘人，企圖渡江侵犯保山，並已有三百餘人搶渡到怒江東岸。第十一集團軍總司令宋希濂命駐保山縣蒲縹部隊趕往增援，在各族人民的支持下，將渡過怒江的敵人全部消滅。直到抗日戰爭結束，日軍未能再越過怒江天險。

在滇西敵占區，中國軍民經過大小數十次戰鬥，給敵人以沉重打擊。一九四二年五月中下旬，騰沖民眾與預備二師在騰沖橄欖寨、黃草壩阻擊敵人，雙方爭奪達十二天之久，殲敵八十三人，猛連鎮鎮長楊紹貴等人英勇犧牲。八月，在騰沖蠻東地區，敵人掃蕩時，遭我伏擊，死傷百多人。預備二師第四團、梁河縣河東鄉楊青榜民團、梁河縣景頗族山官尚自貴武裝，以及九保鎮愛國士紳趙寶賢、趙寶忠領導的騰沖南漢鄉抗敵大隊等部，聯合圍攻敵人於襄宋河與大盈江之三角地帶，激戰數日，甚為英勇，粉碎了敵人的大掃蕩。日軍氣急敗壞，派人將趙寶賢兄弟住宅燒毀洩憤。

龍陵、潞西的民眾組織了龍潞區遊擊支隊，在日軍第五十六師團的司令部所在地芒市周圍襲擊敵人。在潞西，以遮放小學教師谷祖國和原雲南警官學校學生楊炳南為首，組成三百多傣、漢青年參加的潞西青年救國團，多次抗擊日軍。楊炳南不幸被俘，跳崖壯烈犧牲。在幹崖（今盈江縣新城區），以傣族土司刀京版為首組成了滇西邊區自衛軍；在蠻允（今盈江芒允區），以小學校長許本和為首組織了滇西自衛軍抗日遊擊隊；在瑞麗縣有景頗族、漢族群眾組織的三戶單抗日遊擊隊。在瀘水縣六庫、片馬等地，各族群眾與第十一集團軍謝晉生遊擊隊配合抗日。滇西軍民的敵後抗日活動，既給敵人以沉重的打擊，也牽制了敵人的兵力，鼓舞了大後方人民的抗日鬥志。其時，瀘水設治局局長劉公度在給省政府民政廳廳長的報告中也說，在騰沖淪陷以後，設治局即動員民眾，組織壯丁隊一千餘人，儘管沒有槍械，只有弓弩，抵抗力量有限，但是「使民心團結凝聚不散」，對組織鼓舞各族人民起了重要的作用。

正是由於中國軍民的堅持戰鬥，出現了「沿江民眾，景從助戰，往美之聲，震動山谷」的景觀，滇西抗戰把日本拒於怒江以西，為滇西反攻戰的勝利創造了有利條件。

對緬甸和滇西反攻戰的準備

■ 反攻計畫的醞釀

第一次緬甸戰役盟軍的失利，使緬甸淪為日本法西斯殘暴統治下的殖民地。緬甸的失利對英聯邦造成了嚴重的威脅，干擾了美國太平洋戰略，更使中國正面戰場受到巨大影響。不僅由於在緬甸、滇西數十萬噸物資落入敵手，而且切斷了滇緬公路這一中國西南對外的唯一交通線，從一九四二年四月起，中國獲得的援華物資只有通過印度空運，穿越危險的「駝峰航線」，運量十分有限。中國的抗日戰爭進入到最艱苦的年代。中英美三國從戰略上考慮，為了穩定亞洲太平洋戰局，為了全面反攻的需要，都認為必須反攻緬甸，盡快打通中國的對外交通線。因此從第一次緬甸戰役失敗起，反攻緬甸的計畫就在不斷地醞釀中。

事實上，作為中國戰區參謀長、美國將軍史迪威，還在一九四二年四月十六日，即第一次緬甸戰役急劇逆轉之際，即派格魯伯准將赴重慶面見蔣介石，呈交「以收復緬甸為目標的作戰計畫」。由於經緬北通往中國的陸上供應線很可能被日軍切斷，他建議在印度組建中國的兩個野戰軍，各轄三個師，另再建炮兵團和戰車、工兵、通訊兵、汽車兵、空降兵等部隊。為此，須向印度調運中國十萬士兵，團長以下指揮官由中國軍官充任，較高級別指揮官和重要參謀人員最初由美國軍官擔任。史迪威將這一計畫同時電告美國國務卿馬歇爾。美國陸軍部及美國總統羅斯福對計畫持贊同態度；蔣介石雖然原則上同意收復緬甸計畫，但反對由美國軍官充任中國軍隊指揮官和參謀長。

一九四二年五月二十五日，史迪威初步制定了收復緬甸的具體計畫，其中要求美國派遣一至三個師參加作戰。他在給美國陸軍部的電報中說：「我相信中國在戰略上具有決定性的重要地位，我對此深信不疑，因此不向中國戰區派遣美國部隊無疑是個重大錯誤。」六月三日，史迪威赴重慶，多次面見蔣介石，彙報在印度訓練十萬軍隊和在雲南裝備三十個中國師與收復緬甸的計畫。

蔣介石則提出美國應投入三個師於緬甸戰場；派飛機五百架到中國戰區；每月空中運輸量應為五千噸，並把三項條件作為「最後通牒」。雙方對此進行了激烈的爭吵。然而，史迪威考慮的是，只要蔣介石「表示願意合作」，就能得到美國的物資；一旦中國決心戰鬥，美國就得充分提供物資，支援這場戰役；華盛頓也一定會施加壓力，促使美國參加緬甸戰役。

到一九四二年底，中、美、英三國代表經過多次協商，終於同意在一九四三年春發動緬甸攻勢，代號是「安納吉姆」行動。這一行動的目標是從印度阿薩姆邦的利多打出一條通道，同滇緬公路連接起來，以打通進入中國的補給線，再在中國建立攻擊日本艦隊和日本本土的空軍基地。

但是幾天以後，英國突然變卦。他們擔心進攻緬甸風險太大，更擔心以後難於將中國進入緬甸的部隊請出去。蔣介石對此甚為不滿，雖經美國從中調解，然而要在一九四三年春發動對緬甸進攻的計畫卻推遲了。這期間，美國空軍指揮官、中國空軍美國志願隊（即「飛虎隊」）司令官陳納德提出了空襲計畫，要求以此代替中國地面部隊的作戰。由於陸上戰略與空中戰略的爭論，也使得「安納吉姆」計畫難以實施。此後的計畫又多次變更。不過，陳納德指揮的第十四航空隊，終於在一九四三年三月十一日正式成立，羅斯福答應給十四航空隊充實到五百架飛機，並且讓它每月從供應中國的四千噸物資中獲得一千五百噸。

一九四三年秋冬之交，世界反法西斯陣線形勢有了很大好轉，對日作戰問題擺到了比較突出的位置。同年八月，英美在加拿大魁北克舉行會議，協調對日作戰步驟。為了平衡英美雙方在東南亞地區的利益，雙方同意建立東南亞戰區，而以英國勳爵路易士·蒙巴頓為東南亞盟軍最高司令，而史迪威則被任命為東南亞盟軍司令部副司令，保留其中緬印戰區美軍司令和中國戰區參謀長的職務。

直至一九四三年年底分別召開了開羅會議、德黑蘭會議，英美方才同意蔣介石要求美國為其裝備九十個師及裝甲部隊，每月運輸一萬噸物資及反攻緬甸行動方案的建議。反攻緬甸的計畫終於取得了實質性的進展。一九四三年十二月五日，羅斯福致電蔣介石，稱反攻緬甸計畫已經決定，徵詢他的意見。

蔣介石於十二月十七日複電同意「將海陸全面攻勢展至明年（一九四四年）十一月，較為妥適」。至此，反攻緬甸計畫從一九四二年提出到一九四三年底，經過多次討論與爭吵，才取得一致意見。三個國家由於利益與戰略觀點的分歧，導致三個盟國在商討反攻緬甸方案中出現的一系列矛盾和衝突，終於得到解決。

■ 中國軍隊反攻的準備

為吸取第一次反攻緬甸失利的教訓，重慶國民政府從幾個方面，作了反攻緬甸的準備工作。

一、關於整頓和改造軍隊，提高軍隊的戰鬥力

作為中國戰區參謀長、第一次緬甸戰役的指揮者、美國將軍史迪威與重慶國民政府商議，要對軍隊進行必要的整頓和改造。據美國記者白修德說，當時史迪威的「職責是要把中國軍隊訓練成一支現代化的軍隊，使中國軍隊成為一支真正的作戰力量。其後，他的戰略便是：用這支現代化的軍隊去切斷日本軍隊占領的緬甸防線，從而打破對中國的封鎖；到最後，再組建一支更為強大的中國軍隊，加入太平洋聯盟，實施對日本的總體反攻」。史迪威計畫首先裝備和訓練在印度的部隊，計三個師及特種部隊，進而分三批裝備和訓練九十個師，再加一至二個裝甲師。

一九四二年六月二十四日，史迪威又一次就整編軍隊會晤蔣介石，蔣同意派五千名軍人到印度。史迪威先將從緬甸撤至印度的第三十八、二十二師之部隊約九千人，集中於印度蘭姆伽整訓。蘭姆伽訓練中心從一九四三年八月開始運行，美英達成協議，實行租借辦法，由英國為中國軍隊提供住房、糧食、軍餉，美國提供裝備並進行訓練。十月，從中國國內用飛機飛越駝峰航線，每天運送四百人；十一月，每天出動十六架飛機，運送六百五十人；到十二月底，到蘭姆伽受訓的中國軍隊已達三萬兩千人。以這批部隊為主成立了中國駐印軍總指揮部，以史迪威為總指揮，羅卓英（後為鄭洞國）為副總指揮。一九四四年春夏間，蔣介石又運新編第三十師及第五十四師到蘭姆伽受訓。

在蘭姆伽受訓的軍隊後勤供應很好，又配備了全套美式裝備，學習了新的技術。這樣，這支掌握了新技術、擁有新武器的部隊在愛國主義思想鼓舞下，成為後來反攻緬甸的主力部隊。

二、滇西整訓與組織駐滇幹訓團，以增強抗擊日軍的戰鬥力。

緬北、滇西之敗，使國民黨軍隊相當一部分潰散。為此，蔣介石電令宋希濂，組織力量，一面阻敵，一面收容。宋希濂部在保山、永平、下關一帶收容散兵游勇，至六月底共收集五千餘人，併入第三十八師，歸七十一軍編制；又將第六軍殘存的六千人編入九十三軍，調駐車裡、佛海一帶整訓，守備國境。部隊整編後，掀起了練兵運動，為反攻打下了基礎。

同時，宋希濂、蔣介石先後組織「滇西戰時工作幹部訓練團」、「軍委會駐滇幹訓團」，蔣介石親自任團長，共訓練學員一萬兩千人。經過整訓和訓練，增強了抗敵的戰鬥力。

三、開闢駝峰航線、修築中印公路，為反攻創造條件

日軍切斷滇緬公路，使中國與世隔絕，因此必須盡快解決一條補給線問題。早在一九四二年一月三十日，美國總統羅斯福就要求「開闢一條空中運輸線和另闢一條陸上補給線」。國民政府駐美特使宋子文建議，開闢從印度阿薩姆邦地勢最高的薩地亞到中國昆明的空中航線，全程約一千一百多公里。羅斯福強調：「不管多麼困難，我都必須使航線保持暢通。」一九四二年三月二十一日，從阿薩姆經緬甸到中國的空中航線（經喜馬拉雅山的駝峰，故稱「駝峰航線」）開始使用。這是一條艱難、危險的航線，因為途中要飛越號稱「世界屋脊」的喜馬拉雅山南段，平均海拔高達五千公尺左右，最高處為海拔七千公尺，當時被視為「空中禁區」。空運隊在這條航線上飛行三年，共損失飛機四百六十八架，平均每月損失十三架。儘管如此，在滇緬公路截斷後，駝峰航線的開闢終於打破了日本對中國的封鎖，從一九四二年至一九四五年間成為中國戰場的「空中生命線」。

然而駝峰航線運量有限，滿足不了戰爭的需要，因而修築一條陸上公路就是十分必要的了。幾經波折，中印公路從印度阿薩姆的利多開始，越過巴開山脈（野人山），經胡康河谷、孟拱河谷，經孟關、密支那到八莫，轉入雲南與滇緬公路相連，通往昆明。築路工程從一九四二年十二月十日正式破土動工。這支由多國工人和士兵組成的築路大軍，舉鍬揮斧，在茂密的原始森林中披荊斬棘，艱難地前進。一九四三年初，美國提供的各種築路機械陸續運抵中印公路工地，工作效率大為提高。而野人山一帶，山勢高峻，密林蔽空，昆蟲遍地，人跡罕至，施工困難很大，雨季來臨以後，修路更加困難。但由於戰爭的需要，工人和官兵們克服了巨大的困難，向前推進；路築到哪裡，部隊就進軍到哪裡。

中印公路從利多至密支那全長四百三十四點四公里，是全部工程中最為艱難的一段，中美工兵部隊和中、印等國民工，以堅韌不拔的精神，只用一年多時間就修通了這條公路，這是築路史上的奇蹟。從密支那南經八莫、南坎到畹町，原已有公路，只須拓寬修整即可使用。中印公路由利多經密支那、八莫到畹町的南線是中印公路的主幹線，全長七百七十二點三公里，其中利多至密支那四百三十四點四公里，密支那經八莫到畹町三百三十七點九公里。此線於一九四五年一月十二日全線通車。

中印公路還有一條北線，即保密公路，從保山到密支那，這條公路由利多經密支那到騰沖至龍陵，全長七百三十四點四公里，其中密支那至龍陵為三百公里，於一九四五年一月十九日通車。

與此同時，還修建了一條從加爾各答經布拉馬普得拉河谷，進入阿薩姆邦，到利多後隨中印公路延伸的一條輸油管道。從加爾各答到昆明的輸油管道全長三千餘公里，是當時世界最長的輸油管道。隨著中印公路的開通，輸油管道也開通了。

四、中國遠征軍集中雲南，待命出擊

為了積極地作好反攻的準備，一九四三年四月，蔣介石命令正式成立「遠征軍司令長官部」，調第六戰區司令陳誠為司令長官，黃祺翔為副司令長官，設長官部於楚雄。陳誠給自己規定「四幹」、「三不」的要求，即：苦幹、強幹、硬幹、快幹；不恥過、不敷衍、不貪小便宜。積極籌畫反攻事宜，然而不到一年，陳誠即因病去職。十一月，蔣介石任命原第一戰區司令長官衛立煌為遠征軍代理司令長官。

第二次緬甸戰役與滇西反攻戰的重大勝利

■中國駐印軍向緬甸的挺進

一九四二年五月，從緬甸北部退入印度境內的中國遠征軍第一路軍，總共不到一萬人，經中、美、英三方商定成立「中印緬戰區」，以史迪威為戰區司令。中國駐印遠征軍改名為「中國駐印軍」，國內先後空運五萬人去印度，中國駐印軍擴編為新一軍和新六軍兩個軍，分別以孫立人、廖耀湘為軍長，以鄭洞國為副總指揮（初為羅卓英）。中國駐印軍與盟軍配合，從一九四二年十二月中印公路動工開始，邊修公路邊戰鬥，中印公路修到哪裡，戰鬥就打到哪裡。

揭開緬北反攻戰序幕的是胡康河谷之役。胡康河谷位於緬甸最北部，與中國、印度接壤，既是中印公路的首端，又是印度通往密支那的必經之地，戰略地位重要。中國駐印軍總指揮部任命孫立人為前敵司令官，督率隊伍前進。而防守胡康河谷地區的日軍第十八師團，有「常勝師團」之名，戰鬥力較強，因而胡康河之役是在相當艱苦的條件下，面對著頑敵進行的艱苦戰鬥。它從一九四三年三月開始發動到一九四四年三月攻克孟關，掃清通往孟拱河谷的道路，歷時一年，經歷了緬北叢林戰、大龍河之戰、爭奪孟關之戰三個階段。中國駐印軍第一軍新編第三十八師、新編第二十二師擔任這一時期作戰主力，部分美軍和英軍突擊隊也參加了戰鬥。

在激烈戰鬥的後半年內，中國駐印軍推進了一百五十多公里，占地八千多平方公里，斃敵軍官六十餘人，士兵四千一百多人，十八師團傷亡總數達一萬兩千萬餘人，俘敵官兵六十餘人。中國駐印軍則傷亡六千四百五十九人，其中戰死一千九百三十一人，負傷四千五百二十八人。

接著又打響了孟拱河谷戰役。一九四四年四月五日，中國駐印軍投入了五個師對孟拱河谷開始進攻。經過三個多月相當艱苦的戰鬥（大部分是在雨季的惡劣氣候條件下作戰），駐印軍攻克了加邁、孟拱，並於七月初逼近密支那，這樣就使加邁、孟拱、密支那之間的公路、鐵路為我所控制，使緬北戰役的主動權操之於我手，從而使緬北戰役的局面為之一新。

密支那是緬北中心，在喜馬拉雅山南端，周圍多山，是一個眾山環繞稍有起伏的小平原，又是緬北鐵路幹線的終點，公路也四通八達，歷來是緬北的行政中心。它不僅是中印航線飛越喜馬拉雅山的必經之地，還是打通中印公路，接通利多至昆明輸油管的必經之路，戰略地位十分重要。而對於日軍來說，這裡是緬北的戰略要地和糧秣、軍火、物資集散地，一旦失守，必將使在雲南的日軍第五十六師團陷入險境，進一步將八莫、曼德勒路線暴露於盟軍面前。因此爭奪密支那對於戰爭的雙方來說都是至關重要的。當時進攻密支那情況是，日軍在地利、防備方面占優勢，但人力、裝備的優勢卻在盟軍一邊。

差不多與進攻孟拱河谷同時，史迪威即組織中美混合突擊隊於一九四四年四月下旬在孟關東南的大克里地區集結，祕密出發，深入敵後，開始了突破密支那的戰鬥。經過十分艱苦的行軍和作戰，於五月十七日完全占領了密支那西機場（北機場尚未竣工），中美援軍即可用飛機陸續運達密支那前線。所以占領機場後，東南亞戰區聯合司令部大為振奮，蒙巴頓給史迪威發出嘉獎令說：「這是一個非常傑出的成就」，「將載入史冊的一個功績」。

然由於日軍防禦工事堅固及其增援部隊陸續到達，盟軍向密支那城區的進攻受阻，奇襲機場的勝利很快變成長期膠著的陣地戰。史迪威、鄭洞國、孫立人等先後到前線督戰，並三次更換前線指揮官，戰事進展仍然遲緩。當盟軍在六月二十五日攻克孟拱以後，密支那的形勢才逐漸改觀，但是也拖到八月五日才最後完全占領密支那。

密支那之戰是整個緬北反攻戰中持續時間最長，投入兵力最多，打得最為艱苦的一場攻堅戰。自中美混合突擊隊於一九四四年四月下旬開始，從大克里地區長途奔襲，到八月五日完全占領密支那，歷時一百天之久。中國駐印軍的主力及部分美軍先後投入三個師、七個團的兵力。戰爭結束時，駐印軍傷亡達六千六百餘人，其中陣亡官兵兩千四百餘人，負傷四千兩百餘人。駐印軍在美軍一部協同下，突擊一百五十多公里，占領兩千兩百餘平方公里，斃敵兩千餘人，俘敵七十餘人。守城之日軍第十八師團一一四聯隊主力、工兵第十二聯隊、第五十六師團第一八四聯隊主力及機場、後勤等部隊基本上全被殲滅。

密支那勝利具有重要意義，它是整個緬北反攻戰役中具有決定意義的一戰。自此以後，駐印軍控制了整個緬北地區，不僅使駝峰航線靠南，增加了安全係數，增大了運輸量，而且還使中國駐印軍與滇西遠征軍的作戰連成一氣，對緬北、滇西日軍形成夾擊之勢，使盟軍戰局全盤皆活，為奪取緬甸和滇西戰場的最後勝利創造了有利條件。

同一時期，日軍為了配合緬北作戰，還發動了計劃已久的恩帕爾戰役。恩帕爾對於中國既是駐印軍武器彈藥和各種軍需物資的供應基地，又是向國內空運物資的集散地。日軍向恩帕爾進攻，不僅指向英方重要軍事基地，而且對正在緬北作戰的駐印軍及國內抗日戰場均構成威脅。倘若日軍取得成功，中國入緬軍隊便喪失了空軍基地，中印公路的修築也失去了價值，駐印軍退路可能被截斷。然而日軍錯估了二次世界大戰的整個形勢，結果導致了慘敗。日軍在恩帕爾戰役中投入了三個師團和一個「印度國民師」，總兵力為八萬四千人，損失高達五萬人；英軍投入六個師十二萬人，由於掌握了制空權，損失僅為一萬七千人。這對盟軍在緬北奪取勝利，又奠下了一塊基石。

■ 中國軍民的滇西反攻戰

一九四三年四月在雲南楚雄成立的中國遠征軍長官司令部，後遷至保山縣馬王屯，衛立煌繼任司令長官。十一月二十八日，國民政府下達「關於部署聯合美英反攻緬甸作戰及訓令」，成立軍委會直接控制的遠征軍序列。這個序列包括宋希濂為首的第十一集團軍，霍揆章為首的第二十集團軍。第十一集團軍由第二、六、七十一軍組成，稱為左集團軍；第二十集團軍由五十三、五十四軍及預備第二師組成，稱為右集團軍。所轄還有第八軍、滇康緬特別遊擊隊和一個步兵團，共十六萬餘人。這是滇西反攻作戰的正規主力部隊。

滇西反攻作戰，依據當時文件，劃分為四個時期，即第一期為強渡怒江，第二期為圍攻據點，第三期為攻克騰龍，第四期為會師芒友。這裡重點介紹滇西反攻作戰中的三個重要戰役，即騰沖攻城戰、松山爭奪戰與龍陵拉鋸戰。

一九四四年五月十日夜和五月十一日淩晨，中國遠征軍同時大舉強渡怒江，初期渡江為四萬人，使用三百九十三艘美製橡皮艇，輔之以竹筏、汽油桶連成的筏子等工具。渡江比較順利，未遇敵人強大抵抗，除一人落水溺死外，其餘全部安全過江。但過江以後的戰鬥卻打得相當艱苦、吃力。十一日晨渡江部隊即在怒江以西建立起幾個陣地，從而拉開了滇西反攻戰的序幕。

一、騰沖攻城戰

騰沖，舊稱騰越，位於怒江以西的高黎貢山西側，是滇西邊陲重地，又是滇西交通、商業和政治、軍事中心。這裡進可以攻，退可以守，自古為兵家必爭之地。騰沖縣城的城牆，是明代用石條建築，高大堅固，號稱「鐵城」。城外有來鳳、飛鳳、蜚鳳、寶鳳四山為自然屏障。到七月中旬，中國軍已占領若干村寨和堡壘，直逼騰沖城下。其時騰沖西南的來鳳山久攻不下，而蜚鳳山、飛鳳山、寶鳳山則已相繼克復。來鳳山像座筆架，有五個山峰，光禿無樹，鞍部有隧道可通城內。峰頂比城牆約高一百五十公尺，為騰沖城近郊的制高點，對攻城部隊威脅甚大，經過奮戰，於七月二十六日拿下了來鳳山，殲敵六百餘人。攻占來鳳山，中國軍隊首次使用火焰噴射器，收到了較好效果。攻城部隊除預二師外，又調集第三十六、一一六、三十、一九八師和第十四航空隊的一個大隊助戰，炸毀兩個城樓，炸開城牆缺口六十餘處。中國軍於八月二十日突入城內約一百公尺。日軍仍憑藉所占民房、公署、學校、商店、廟宇作防守工事，展開巷戰，逐屋爭奪，經過五十一天的圍攻、戰鬥後，終於在九月十四日上午十點光復騰沖城。騰沖日軍守兵兩千六百人，除五十人被俘、少數自殺外，其餘全部遭殲滅。「騰沖戰鬥是個艱苦輝煌的戰鬥。」「在整個怒江戰役中，騰沖攻城是最協調，在戰術上最成功的。」中國軍攻入騰沖城後，歷數日軍在城內的堡壘，不下三百座。《大公報》記者在中國軍入城後一小時進城，發現「騰沖城內不僅找不到幾片好瓦，連青的樹葉也一片無存。」可以看出，每一寸土地，「都是浴血搏鬥得來的」。騰沖戰役，公署、學校、廟宇被毀五十餘所，民房鋪面被毀五、六百間，四個城樓及城中心的文星樓全部被毀，這是名副其實的「焦土抗戰」。在戰爭中，「敵騰沖守備指揮官臧重康美夫大佐早被我擊斃，最後由太白大尉代理聯隊長，戰至最後，始將聯隊旗焚毀後自殺。戰鬥之慘烈，為中日戰爭中所鮮見。」綜計自渡江起，至克復騰沖止，所曆大小戰役四十餘次，共生俘敵軍官四名，士兵六十餘人，營妓十八名，斃敵少將指揮官及臧重康美夫大佐聯隊長以下軍官一百餘員，士兵六千餘名。」而中國軍亦傷亡官佐一千三百三十四人，士兵一萬七千兩百七十五人。騰沖攻城戰是滇西反攻戰的一個縮影。

二、松山爭奪戰

松山有滇緬路上「直布羅陀」之稱。據當時中國遠征軍第八軍軍長何紹周報告：松山距惠通橋六公里多，在南北山麓、山腹棋布丘陵，滇緬公路七百八十五公里至八百零一公里依丘傍陵，環繞松山，複經寬不滿三十五公尺之狹長起伏崗嶺滾龍坡西入龍陵。敵即以松山、滾龍坡為其東西兩大堅強支據點、互為犄角。築堡壘群則有體系，散布於松山南北之密林叢草、複雜丘陵。敵兩千餘人及輕重炮十餘門，由松山東端至滾龍坡正面約四千餘公尺，構成若干堡壘群為主要陣地帶。每一堡壘均構成其上有射擊設備及交通壕，下為坑道式騎兵部。其掩體分為四層，周圍以大石油浸，三層裝土為被履，並圍以縱深四公尺之鐵絲網數層。除重炮直接命中始有破壞效力外，山野炮均難破壞。日本在松山已有前進陣地六個（上松林、小股、側方、崖、平山、乾路），主陣地七個（松山、橫股、西山、音部山、關山、黑山、衛生隊）。這是日本占領松山後兩年多內修築的堅強工事堡壘。

從一九四四年六月四日起，中國軍在第七十一軍軍長鐘彬指揮下開始反攻松山，但由於地形複雜，敵人工事堡壘堅固，經過五次圍攻衝鋒均犧牲慘烈，沒有取得預期效果。六月下旬，抽調何紹周的第八軍全軍擔任主攻，又先後向敵人發動四次攻擊，歷時三個月之久。第八軍使用九個步兵團，在優勢炮兵、空軍配合和當地各族群眾的支持下，經過幾十次戰鬥，才攻克滾龍坡和大啞口。然後工兵營在松山頂峰日軍陣地下約三十公尺處，進行對壕作業，掘進兩條地道，構成兩個炸藥室，裝進六噸TNT黃色炸藥，於八月二十日將頂峰炸翻，為最後進攻松山創造了條件。即使如此，日軍仍進行垂死掙扎和反撲，但援軍斷絕，無力施展。九月七日中國軍隊再次猛攻，遂將松山完全占領，其餘附近各據點陸續掃清。在這次爭奪戰中，「守備該地的兩千名日軍中，只有九名被俘，十名逃脫」。而中國方面死傷官兵竟達七千六百七十九人。

松山爭奪戰是滇西抗戰中最艱苦的戰役，也是爭奪滇西抗戰勝利的關鍵一戰。松山克復了，打通了龍陵的交通線，為滇西全面反攻開闢了勝利的道路。

三、龍陵拉鋸戰

當中國軍進擊騰沖前後，同時發動了對龍陵的進攻。龍陵之役，歷時五個多月，主要陣地反覆易手達三次之多。龍陵是滇西戰略重鎮之一，縣城壩子長約十公里，像大玉米棒，縣城周圍是崇山峻嶺。日本占領滇西後，把龍陵作為重點盤踞的地區。

【第一次爭奪龍陵】一九四四年六月五日至十三日，北路第七十一軍八十七、八十八師攻克鎮安街、黃草壩、放馬橋、騰龍橋，切斷了龍陵和騰沖至芒市間的公路，占領龍陵週邊廣林坡、老東坡、文筆坡、伏龍寺等地。南路第二軍占領象達街。六月十四日，日軍從騰沖抽調兩千多人，從芒市抽調一千多人，兩路馳援龍陵，迫使七十一軍退出龍陵週邊據點，轉入防禦。新編三十三師幾乎全軍覆沒，師長洪行自駕吉普車翻車殉職。六月十八日，中國軍榮譽第一師投入戰鬥，同日軍在黃草壩、香姑嶺等地展開激戰。七月十四日，中國軍再占猛連坡、黃土坡、山神廟等龍陵週邊據點，穩住了防禦並轉入了進攻。

【第二次爭奪龍陵】八月十四日至二十五日，第七十軍經過激烈戰鬥，再次克復龍陵週邊文筆坡、老東坡等據點。二十七日，日軍又從遮放、芒市調三千多人來增援龍陵。九月上旬，遠征軍第二〇〇師、三十六師趕到，增強了攻擊力量，穩住了進攻陣地。到十月二十三日，中國軍乘勢進占平夏，三面合圍龍陵。

【第三次爭奪龍陵】十月二十九日，遠征軍發起總攻，占領城郊各據點，並突入龍陵縣城內，守城日軍增援無望，傷亡甚眾。乘黑夜突圍，向西南方向出走。中國軍於十一月三日收復全城。爭奪龍陵拉鋸之戰，先後三次，傷亡甚眾。計敵人傷亡一萬零六百二十人，而中國軍傷亡則達兩萬八千三百八十四人。

接著，中國軍於十一月二十日收復芒市，一九四五年一月二十日收復畹町。經過半年多的艱苦的反攻戰，滇西淪陷區終於完全收復。日本侵略軍被全部趕出了我滇西國土。一月二十七日，中國遠征軍與中國駐印軍在緬甸境內芒友會師，標誌了滇西抗戰的完全勝利，並打通了中印公路，恢復了西南重要的陸上國際交通通道。

滇西反攻戰從一九四四年五月十一日到一九四五年一月二十七日，歷時八個月又十六天。據統計，這一時期，緬北、滇西反攻作戰，日軍傷亡和被俘共兩萬一千零五十七人，而中國僅遠征軍陣亡官兵就達兩萬六千六百九十七人，傷三萬五千五百四十一人，失蹤四千零五十六人。

緬北戰場的勝利，加速了滇西反攻戰的勝利；滇西抗戰的勝利，又直接促成緬甸全面反攻的勝利，為中印緬戰場的最後勝利奠下了基礎。在滇西作戰勝利進軍的配合下，中國駐印軍、遠征軍與盟軍配合，於一九四四年十二月十五日攻克八莫，一九四五年一月十五日攻克南坎，二月二十日中國軍隊進入新維，三月八日攻克緬北重鎮臘戍，五月一日收復仰光，緬甸完全光復。中印緬戰場取得了完全的勝利。

第二篇

謎團破解

西施是美女，更是臥底女間諜？
阿房宮、火燒赤壁根本不存在？
層層破解謎團，
荒唐的史實背後有更多令人不可置信的陰謀！

韓信真的是「背水一戰」嗎？

王宇

「背水一戰」，很多人都認為韓信背水列陣、置之死地而後生。如果仔細分析，這恐怕是千古誤解，而且也絕非像人們所認為的那樣深不可測。

為人樂道的「背水一戰」

西元前二〇五年，漢將韓信偷襲魏王豹，滅掉魏國。十月，漢王劉邦又派他與張耳率幾萬軍隊向東繼續挺進，攻擊趙國。趙王趙歇和趙軍統帥陳餘立刻在井陘口聚集二十萬重兵，嚴密防守。深謀遠慮的韓信自知雙方兵力相差懸殊，如採用強攻必會受挫，於是決定在離井陘口很遠的地方駐紮下來，反覆研究地形、地勢和趙軍的部署。

趙國的一位謀士李左車也是一位高人，他對陳餘說：「韓信此次出兵可謂是一路順風，一路上打盡了勝仗，乘勝鼓動士兵的士氣，所以這次要企圖攻下趙國。他們是乘勝而來，肯定軍隊的戰鬥力銳不可當。我現在有一計，定會殺了他的威風。他們此次來，軍隊的糧草隊必定落在後面。如果我們派人從小道抄了他的糧草，定讓他不戰而退。現在你可以給我三萬兵馬，用不了幾天便可活捉韓信。」

李左車雖是有才之人，但陳餘未必肯聽他的話。他對李左車自以為是地說：「韓信的兵力很少，長途跋涉趕到這裡又筋疲力盡，像這樣的敵人我們都不敢打，別國會怎麼看我們，不是更瞧不起我們了嗎？」因此陳餘並沒採納李左車的意見。

韓信得知此消息後十分高興，難得碰上陳餘這樣迂腐之人，但對如此有遠謀的李左車心中很是佩服。他下令不得殺李左車，生俘者賞千金。他把兵馬集結在離井陘口三十餘里的地方。到了後半夜，韓信派兩千名輕騎兵，每人帶一面漢軍紅旗從小路迂迴到趙營的側後方埋伏起來。命令他們待趙軍傾巢而出時襲入其大營，拔去趙軍旗幟，全部插上漢軍的紅旗。韓信又派一萬人馬做先頭部隊，沿著河岸擺開陣勢。

陳餘見韓信把兵馬安置於背水之處，便大笑韓信是個徹頭徹尾的大傻瓜，不懂用兵，因此絲毫不把他放在眼裡，率領趙兵全力迎戰。漢軍的兩千輕騎兵見趙軍全營出動，只留下一個空營，立即闖進趙營拔掉趙旗，換上漢旗。此時韓信假裝敗退，向河岸陣地退去，以此引誘趙軍中計。背水結陣的士兵因為沒有退路，回身猛撲敵軍。趙軍無法取勝，正要回營時忽然看到營中已插遍了漢軍旗幟，於是四散奔逃。漢軍乘勝追擊，打了一個大勝仗。

李左車最後被俘，韓信為之鬆綁，將李左車的座位安到東坐，自己面向西坐，恭敬地對待李左車。在慶祝勝利時，眾將領還是不解此次戰役的微妙，就好奇地問韓信：「兵法上說，列陣可以背靠山，前面可以臨水澤，現在您讓我們背靠水排陣，還說打敗趙軍再飽飽地吃一頓，我們當時不相信，現在竟然取勝了，這是一種什麼策略呢？」

韓信聽到後開懷大笑說：「這也是兵法上有的，只是你們沒有注意到罷了。兵法上不是說『陷之死地而後生，置之亡地而後存』嗎？如果是有退路的地方，士兵都逃散了，怎麼能讓他們拚命呢！」

這是歷史上一次有名的戰役，韓信用背水而戰來引敵出戰，他用出人意料的舉動來達到激發士氣的目的。同時，韓信巧妙地虛張聲勢，以兩千輕騎兵突襲敵營的方法取得了戰爭的勝利。所以此戰是以計謀得成功的，並非真正地不顧一切地背水一戰。如果真的沒有退路，也沒有與敵接觸過，最後只會像馬謖在街亭一樣，雖然置之死地但是敵人採用圍而不擊、切斷水源的策略，造成馬謖軍隊自亂陣腳，喪失戰鬥力。這也說明，要破解對方「背水一戰」，就要困而不擊，待其自敗。

能夠使用「置之死地而後生」的戰法取得以少勝多、以弱勝強的輝煌戰果，主要是韓信充分發揮了人的主觀能動性，不死守教條，能夠結合當時的實際。從這方面來看，「背水一戰」能夠取得勝利也就不足為奇了。他把帶領的新兵置之水邊列陣，目的是麻痺趙軍，促使其輕敵，誘使其傾巢出動。當然，他把營寨安在水邊主要是想激勵漢軍，讓他們充滿鬥志，讓他們知道後退無路，只有戰才有生路。當然，他同時在敵人的後邊也做了準備。他預先埋伏一支奇兵，趁敵方內部空虛之時乘虛而入，拔趙旗換漢旗，使傾巢而出的趙軍退不回去，造成心理上的威懾，然後裡外夾擊、乘勝追擊。俗話說：「兵敗如山倒。」韓信終於以少勝多，以弱勝強，贏得戰役的最後勝利。

韓信的真正手段

韓信真的是「背水一戰」嗎？仔細分析整個故事可以看到以下幾個特點，而這幾個特點足以說明韓信並不是真的「背水一戰」：

首先，韓信是在主動的、有計畫的情況下採取這一戰術的，而不是在毫無準備的情況下迫不得已而為之的。如此一來，就可以十分從容地安排與此相關的各種策略，使背水一戰在實質上由被動轉為主動。這也是其中最為關鍵的一點。三國的馬謖在守街亭的戰役中用的是同一戰術，但不同的是他是在被動的情況下採取這一戰術的。所以說，當時韓信的背水一戰與我們今天所說的背水一戰是不同的。他不是靠硬拚來讓士兵背水一戰，而是謀定而後動。從整個戰役的過程分析，韓信的背水一戰是一個主動進攻的奇妙大智謀。

第二，韓信的背水一戰是一個系統的謀略。這不但在奪取敵人的關口上表現出來，而且還表現在他早晨出擊，算定敵人必定要在中午退回關口吃午飯，只要自己堅持到中午，敵人見關口被奪，就會不戰自亂。除此之外，韓信見背水列陣已無退路，就不必急於消滅敵人，打仗不是一時間就能解決的事。自己親自指揮精銳之師與敵人相持到中午是肯定沒問題的。韓信做到了知彼知己，所以會戰無不勝。

第三，背水一戰這個招術並非人們所認為的是一步險棋，而是萬全之策。這一戰役中，他始終擔心的是趙軍堵住井陘口並在小路上切斷漢軍的糧道。假如趙軍一旦出了關口，大家就平等了，他還怕你什麼陳餘。況且就算韓信埋伏下的軍隊攻克不了趙軍的關口，也足以從已經出關的陳餘的後方攻擊，完全可以把韓信救出來。從自保這一點上來說，可以說是萬全之策。

第四，當時，韓信的軍隊是得勝之師，銳氣十足，可以一擋十。但當時唯一對軍隊不利的因素就是怕趙軍故意拖延時間，消磨了軍隊的銳氣。所以，他所希望的就是與趙軍速戰速決。只不過他所用的這種方法是一般人所看不出來的罷了。

由此可見，韓信的背水一戰事實上只是一個陷阱而已，非有大智謀者不可見也！

西施：身分可疑的臥底女間諜

無盡處

居古代的四大美女之首的西施，其實她是中國歷史上身分極為可疑的女人。她很有可能是中國歷代文人經過精心包裝、炒作出來的一個人物。不然我們為什麼在正史上查不到關於這個女人的任何紀錄？那麼歷史上到底有沒有西施這個人？難道真的是因為她當年做過臥底，像今天的CIA、KGB間諜一樣，銷毀了所有的生活痕跡，從人間蒸發了？在民間傳說和真實的歷史之中，西施又是個什麼樣子的女人呢？

在民間傳說和真實的歷史之中，西施到底是什麼樣子的女人呢？她真的美豔如花嗎？她在春秋的吳越戰爭中真的起到美人計的作用嗎？西施的結局是怎麼樣的？她最後是個悲劇的結局還是和范蠡結為伴侶，泛五湖而去了呢？

我們常用「沉魚落雁之容，閉月羞花之貌」這句話來形容古代的四大美女。「落雁」是指王昭君；「閉月」是說貂蟬；「羞花」是說楊貴妃，而列在第一位的「沉魚」指的就是西施。

傳說美貌的西施在溪邊浣紗，就連小溪裡的魚兒見了她都看得呆了，以至於忘記了游泳沉到了水裡。其實除了楊貴妃的「羞花」是她碰到了含羞草還可以當真以外，像落雁、閉月以及西施的沉魚顯然都是民間的美好傳說。不過由此也可以看出在人們心中對這四大美女的喜愛和推崇。

民間故事裡的西施

在民間傳說中，西施是中國春秋末期吳國越國爭雄時期的一位絕代佳人。

西施名叫夷光，是越國苧蘿山（今浙江諸暨縣南）一位姓施的樵夫的女兒，也就是說西施的本名叫

「施夷光」，因為她的家住在西村，所以大家就都叫她西施。

西施的職業是什麼呢？民間故事中有的說西施是苧蘿山下賣薪女，也有說是浣紗女。其實無論是賣薪女還是浣紗女都說得通。西施的父親是樵夫，父親打柴，女兒賣薪自然是理所應當；而浣紗是什麼意思呢？很多人理解為浣紗就是洗衣服，其實不是。當時越國被吳國打敗時每年要上貢很多財物，苧麻是其中一種上貢的物品，本地人稱為「苧蘿」，是一種蕁麻科植物，多年生草本，其莖部柔韌而有光澤，取其莖皮（纖維）用來織布、結網。紗是一種由某種植物製成的衣料，而在製紗的過程中必須使這種植物變得柔軟。因此需要在水裡不停地洗、打、搓，這是必要的工序（這可是體力活）。當時越國婦女很多都不得不浣紗，這屬於當時越國國君下達的行政任務了。而西施也是其中一個，所以被稱為浣紗女。

所以可以看出，西施是越國一個山村的民間女孩。平日裡父親打柴回來，她就拿到市集上去賣薪，而同時還要和其他女子一樣完成浣紗的工作。不過儘管西施只是一個山村女孩，但她的容顏可以說是漂亮之極，長得紅顏花貌，芙蓉之姿。西施漂亮到什麼程度呢？屈原在《九章．惜往日》裡就讚道：「雖有西施之美容兮，讒妒入以自代。」

不過，在沒有成為吳王夫差的寵妃之前，西施的美貌只是限於當地聞名。《莊子》中提到西施容顏的時候是用了一個故事：「西施病心而矉（即「顰」字）其里，其里之醜人見而美之，歸亦捧心而矉其里。其里之富人見之，堅閉門而不出；貧人見之，挈妻子而去走。」就是說西施心臟不好，每當心臟疼痛的時候便用手撫著胸慢行。而這生病時候的樣子被當地的一個醜女見到後覺得美貌異常，她便也學著西施的樣子走路。殊不知西施撫胸而行的美是因為西施天生麗質，所以大家覺得西施什麼姿態都是美的。而這個醜女學了以後則更加醜陋不堪，招來很多人恥笑。後來人們慢慢把這個醜女演繹成「東施」這個名字。這就是有名的成語「東施效顰」的由來。

如果沒有當時的吳越戰爭，恐怕西施的故事也就侷限在當地的傳聞中。而曠日持久、反反覆覆的吳越大戰將西施變成了一個婦孺皆知的美女。

當時越國和相鄰的吳國勢不兩立，戰事不斷。吳王闔閭征討越國，闔閭被越軍射中手指而死，死前含恨叮囑兒子夫差毋忘父仇。三年以後吳王夫差為報殺父之仇，領兵打進了越國。打敗了越王勾踐，越王勾踐作了戰俘，越國大夫范蠡作為人質跟隨越王夫婦到吳國做奴隸。

越國的大臣文種和范蠡設計賄賂吳國的太宰伯嚭，伯嚭在夫差面前構陷伍子胥，並促使夫差赦免勾踐。三年以後，吳王夫差放回了勾踐夫婦和范蠡，勾踐回國以後，臥薪嚐膽，力圖報仇雪恥。而這時范蠡給勾踐獻了一條計策，也就是我們常說的「美人計」，就是把美女獻給吳王夫差，用美色來迷惑夫差。於是勾踐派人在越國境內四處搜尋美女，結果找到了苧蘿山的兩個美女，一個叫鄭旦，另一個便是西施。然後「飾以羅縠，教以容步，習於土城，臨於都巷，三年學服而獻于吳。」用三年的時間教會了西施和鄭旦琴棋書畫、歌舞藝技、宮廷禮儀等，然後送給了吳王夫差。夫差一見西施，果然容貌出眾，把她當作下凡的仙女，寵愛得不得了。西施憑她傾國傾城之貌和高超的琴棋歌舞，致使吳王日日深宮醉不醒，沉迷酒色，不理朝政。在她的內應下，越王勾踐最終於西元前四七三年伐吳，澈底滅了吳國。吳王夫差自殺而死。

這就是民間故事裡也是我們耳熟能詳的西施故事。但真正的歷史中，西施的故事是這個樣子嗎？甚至有沒有西施這個人呢？

西施名字之謎

近年來，有些史學工作者撰文認為，「西施」這個名字值得商榷。他們的依據有兩點：

■ 在記載春秋歷史最詳細最古老的文獻中都沒有提及西施

記載春秋歷史最詳細、最古老的文獻可以說是《左傳》、《國語》，但都沒有提到西施這個名字。如果說《左傳》、《國語》可能因為歷史久遠，保存的問題，有典籍遺漏章節的可能，但司馬遷的《史記》中像「吳太伯世家」、「越王勾踐世家」等相關的記載中依然沒有提到西施一個字。試想一下，如果有西施這個人物，或者這個人物叫做西施，那麼在司馬遷這樣嚴謹的史學家筆下是絕不會一字不提的。

■在先秦諸子著作中就已屢見「西施」之說，也就是說在春秋的吳越時期以前，就已經有「西施」的名字了

先秦諸子中最早提及西施的是《管子》。《管子．小稱》篇中就說道：「毛嬙、西施，天下之美人也。」在《孟子》中說過：「西子蒙不潔，則人皆掩鼻而過之」的話。在《韓非子》中的記載是：「善毛嬙、西施之美，無益吾面；用脂澤粉黛，則倍其初。」

《管子》一書的作者管仲輔佐齊桓公成就了霸業。他是春秋初期的人物，至少比勾踐、夫差、西施早出生兩百多年，管仲怎麼能夠說到兩百多年後的西施呢？

先秦諸子之後，賈誼《新書．勸學篇》、劉向《說苑．尊賢篇》、陸賈《新語》以及《淮南子》中雖然也都提及西施，但僅僅把她作為一個美女的形象，而且多與毛嬙雙雙並出，一點也看不出西施是屬於哪個年代的美女或者西施與吳越兩國的政事有什麼糾葛。

從這兩點來看，「西施」一詞是古代對美女的通稱，並非專指某一個人，漂亮女子都可稱為西施，如樂府詩集中多處出現的「羅敷」一樣。

如此說來便有兩種可能：

第一，歷史上吳越交戰的時期沒有西施這個人。我們現在所說的西施及她的故事無非是民間傳說。

第二，歷史上吳越交戰的時候有一個這樣的女子。但她不叫西施，只不過是因為她容顏美麗，而被人們以「西施」這個自古形容美女的名字相稱。

西施身分之謎

那麼我們耳熟能詳的西施，在春秋末年吳越爭霸的這一時期到底存不存在呢？證明一個人的存在，從史書典籍中搜尋是最簡單而且是最有說服力的了。那麼我們就一起看看史書典籍中關於吳越爭鬥的記載和描述。看看在吳越爭霸的時期有沒有這樣一位絕色美女。

首先我們看看《國語．越語上》中描述吳越爭鬥中有關美人計的記載，還說越國獻美女八人去賄賂太宰伯嚭，太宰伯嚭如果幫助越國成功，「又有美於此者將進之」。可以看出，當時越王勾踐只是送給了吳國的太宰伯嚭八個女子，用來賄賂他幫助越國。並沒有獻美女給吳王夫差，更沒有提到西施。《史記．越王勾踐世家》與《吳太伯世家》的記載中，對吳越戰爭記述得非常詳細，但卻沒有講起西施。西漢人的著作中出現西施，但也未涉及西施參與吳越交戰的事情。可以看出，越王勾踐獻美人於吳王的傳說最早來自《左傳》和《國語》，以後《史記》也肯定了這個史實，但都沒有把所獻美女和西施聯繫起來。

到了東漢年間，開始有了把西施與吳越爭霸聯繫起來的記載。最早的是東漢時的兩部野史《吳越春秋》和《越絕書》。袁康的《越絕書》云：「越乃飾美女西施、鄭旦，使大夫種獻之於吳王……。」東漢趙曄《吳越春秋》〈勾踐陰謀外傳〉，越國大夫文種向越王勾踐陳述破吳九個謀略，第四就是「遺美女以惑其心而亂其謀」，於是勾踐「使相者國中，得苧蘿山鬻薪之女曰西施、鄭旦，飾以羅縠，教以容步，習於土城，臨於都巷，三年學服而獻於吳」。西施身吳心越，為越國雪恥滅吳作出了卓越貢獻的故事，主要是根據袁康的《越絕書》的記載逐步演變而來的。

由此可以看出來，從開始的最接近吳越戰爭時期的《國語》、《史記》中對西施毫無記載，到西漢年間開始有了西施的人物，再到東漢的《吳越春秋》、《越絕書》中將西施和吳越戰爭聯繫到一起，西施這一形象是經歷由無到有，慢慢加工豐富的。

如果單從史書記載推斷而來，那麼我們可以得出一個結論，那就是歷史上吳越戰爭期間並沒有西施這麼一個女子。不過，歷史上到底有無西施其人，可以說是仁者見仁的事情，留待史學界進一步去探索。我們在這裡不過是用另一種方式解讀西施。就像西施的故事在東漢以後的年代裡被演繹和渲染得更加絢麗多彩那樣。

一代國學大師王國維為什麼要投湖自盡？

張建安

頤和園就要關門了，門前的洋車大多已經離開。守門人看到這位車夫，問：「這個時候了，為什麼還不離開？」車夫答：「尚有一老先生在園內，所以不敢離開。」守門人便詢問老先生的年貌舉止，等聽明白後，告訴車夫：「此人現已投湖死。」接著領車夫入園核實。果然是王國維。

王國維，字靜安，一八七七年生於浙江海寧。他是一位世人景仰的學術大師，對學術界做出過多方面的貢獻。

與他同在清華研究所工作的梁啟超這樣評價：「若說起王先生在學問上的貢獻，那是不為中國所有而是全世界的。其最顯著的實在是發明甲骨文。和他同時因甲骨文而著名的雖有其他人，但其實有許多重要著作都是他一人作的。以後研究甲骨文的自然有，而能矯正他的絕少。這是他的絕學！不過他的學問絕對不只這一點。我挽他的聯有『其學以通方知類為宗』一語，通方知類四字能夠表現他的學問的全體。他瞭解各種學問的關係，而逐次努力做一種學問。本來，凡做學問，都應如此。不可貪多，亦不可味全，看全部要清楚，做一部要猛勇。我們看王先生的《觀堂集林》，幾乎篇篇都有新發明，只因他能用最科學而合理的方法，所以他的成就極大。此外的著作，亦無不能找出新問題，而得好結果。其辯證最準確而態度最溫和，完全是大學者的氣象。他為學的方法和道德，實在有過人的地方。近兩年來，王先生在我們研究院和我們朝夕相處，令我們領受莫大的感化，漸漸成為一種學風。這種學風，若再擴充下去，可以成功中國學界的重鎮……」除梁啟超外，陳寅恪、吳宓、郭沫若等國學大師無不對王國維的學問表示欽佩。

令世人震驚的是，王國維竟自沉而死。對此，人們紛紛發表看法，探究王國維的死因。總而概之，有「逼債說」、「由於國家沒有研究機關而致死說」、「《殷墟書契考釋》出王代撰說」、「受羅振玉影響說」、「不問政治說」、「新舊文化激變中的悲劇人物說」、「因病厭世說」、「受梁啟超排擠說」等等。國學大師陳寅恪的評價則更受世人重視，他在《清華大學王觀堂先生紀念碑銘》中寫道：「士之讀書治學，蓋將以脫心志於俗諦之桎梏，真理因得以發揚。思想而不自由，毋寧死耳。斯古今仁聖所同殉之精義，夫豈庸鄙之敢望。先生以一死見其獨立自由之意志，非所論於一人之恩怨，一姓之興亡。嗚呼！樹茲石於講舍，系哀思而不忘。表哲人之奇節，訴真宰之茫茫。來世不可知者也，先生之著述，或有時而不章；先生之學說，或有時而可商，唯此獨立之精神，自由之思想，曆千萬祀與天壤而同久，共三光而永光。」陳先生顯然對王國維之死有至高的評價。

筆者對王國維之死的真正原因，不敢妄加評論，只想根據多方面的資料，梳理一下王國維生命中最後一段時間內的所作所為及周圍情況。也許真實死因也就自然而出了。

「最黯淡的一年」

王國維是在一九二七年自沉的。他的女兒王東明稱這一年為王「最黯淡的一年」。其實，最黯淡的光景早在一九二六年後半年即已開始。

九月，王國維年僅二十八歲的長子王潛明在上海病故。這對久歷世變、境況寥落的王國維無疑是一個沉重的打擊，他更加鬱鬱寡歡了。而雪上加霜的事接踵而來。不到一個月，因婆媳不和引起誤會，親家羅振玉憤而將女兒領走，王國維陷入巨大的憂怨當中。

對王國維來說，羅振玉不僅是親家，還是最為親近並對他影響至深的師友。一八九八年，二十二歲的王國維進入羅振玉創辦的東文學社學習，得到羅振玉的賞識、器重，免其各項費用，使其專力治學。之後，王國維的大多數重要活動幾乎都與羅振玉密切相關；留學日本，是羅氏資助的；到南通師範學院講學，是羅氏推薦的；入京任晚清學部官員，是羅氏帶領的；乃至於王國維先學西學，後轉而專治國學，也是羅振玉相勸之功……徐中舒《王靜安先生傳》寫道：「辛亥之役，羅氏避地東渡，先生亦攜家相從，寓日本之西京。羅氏痛清室之淪亡，於西洋學說尤嫉恨之。至是乃欲以保存舊文化之責自任，且勸先生專治國學。先生乃大為感動，遽取前所印《靜安文集》盡焚之。」以此類推，王國維對清宮以及宣統溥儀濃厚得化不開的死結，也與羅振玉有莫大的關係。

羅振玉學問不及王國維，但在其他方面則長袖善舞，當過末代皇帝的老師，參與重要的政治活動，還有很強的經營手腕，他對王國維有恩，但也讓王國維做了許多事情。據說羅振玉不少重要的學術成果其實本是王國維的，這種說法不是空穴來風。

王國維與羅振玉之間的關係一直是非常好的。當羅振玉將自己的女兒嫁給王國維的長子後，雙方自然是親上加親，像一家人。可惜的是，王國維潛心學問，不善於管理家事，長子王潛明一死，家庭矛盾迅速擴散。也許還有其他原因，羅、王之間多年的摯友關係從此破裂了。

王國維是耿介之人，他還想盡力挽回與羅振玉的感情。一九二六年十月二十四日，他寫信給羅振玉：「維以不德，天降鞠凶，遂有上月之變。於維為塚子，於公為愛婿，哀死寧生。父母之心，彼此所同。不圖中間乃生誤會，然此誤會久之自釋，故維初十日晚過津，亦遂不復相詣，留為異地相見之地，言之惘惘。」又說：「初八日在滬，曾托頌清兄以亡兒遺款匯公處，求公代為令嬡經理。今得其來函，已將銀數改作洋銀二千四百二十三元匯津，目下當可收到。而令嬡前交來收用之款共五百七十七元（鐲兌款二百零六元五角，海關款二百二十六元五角，又薪水一個月一百四十三元），今由京大陸銀行匯上。此款五百七十七元與前滬款共得洋三千元正，請公為之全權處置，因維於此等事向不熟悉，且京師亦非善地，須置之較妥之地，亡男在地下當感激也。」

王國維在信中流露出想要化解誤會的心意，且匯款給羅振玉，並用「求公代為令嬡經理」、「請公為之全權處置」等委曲求全的語句，表達了自己的誠意。

羅振玉並不領情，以自己女兒的名義，將錢退回。

王國維不甘心，十月二十五日，又致羅振玉信，仍請羅將錢收下，說：「令媛聲明不用一錢，此實無理，試問亡男之款不歸令媛，又當誰歸？仍請公以正理諭之。我輩皆老，而令媛來日方長，正須儲此款以作預備，此即海關發此款之本意，此中外古今人心所同，恐質之路人無不以此為然也。京款送到後，請並滬款一併存放，將原折交與或暫代為收存，此事即此已了，並無首尾可言。」

羅振玉仍不領情，再次將錢退回。

一而再地被拒絕，王國維覺得自己最看重的人格受到了侮辱。他氣得不言語。女兒王貞明看見父親從書房抱出了一疊信件，撕了再點火焚燒。王貞明走近去看，見信紙上款寫著：觀堂親家有道……

十月三十一日，他又一次寫信給羅振玉，說：「亡兒遺款自當以令媛之名存放。否則，照舊時錢莊存款之例，用『王在記亦無不可』。此款在道理、法律，當然是令媛之物，不容有他種議論。亡兒與令媛結婚已逾八年，其間恩義未嘗不篤，即令不滿於舅姑，當無不滿於其所天之理，何以於其遺款如此之拒絕？若云退讓，則正讓所不當讓。以當受者而不受，又何以處不當受者？是蔑視他人人格也。蔑視他人人格，於自己人格亦複有損。總之，此事於情理皆說不去，求公再以大義諭之。此款即請公以令媛名存放，並將存據交令媛。如一時不易理諭，則暫請代其保存。」

直到此時，羅振玉才收下此款，回信說：「擬以二千元貯蓄為嗣子來日長大婚學費，餘千元別有處置之方法，以心安理得為歸，不負公所托也。」

雖然如此，二人的心結一直未能打開。一九二五年八月上旬羅振玉六十大壽的時候，王國維還專程到天津祝壽並寫詩賀之，詩尾有「百年知遇君無負，慚愧同為侍從臣」句。不料，剛剛不過一年光景，二人關係竟發生如此巨變。此事無疑在王國維心中留下了巨大的陰影。

赴津為清廢帝祝壽

一九二七年，王國維五十一歲。清朝滅亡已經十五年，五四運動也已過去八年。世事變幻，使清華園內的人文景觀也為之大變。人們的思想觀念變了，衣服穿著也隨之而變。唯有兩人，以其最獨特的方式固守著自己原有的信仰。他們留著辮子，毫無顧忌地行走於大庭廣眾之下。學生們因景仰他們的人品，沒有人強迫他們剪去腦後那帶有特定含義的辮子。這二人，一為梁啟超，另一位就是王國維。

在王東明的記憶中，父親「每天早晨漱洗完畢，母親就替他梳頭，有次母親事情忙了，或有什麼事煩心，就嘀咕他說：人家的辮子全都剪了，你留著做什麼？他的回答很值得人玩味，他說，既然留了，又何必剪呢？」

王國維對已滅亡的清廷也有類似的執著——既然受過清廷之恩，既然是清廷舊臣，既然已效忠於清廷，那麼不管世事如何變化，我王國維總是要效忠（或者說是愚忠）到底。

早在一九二四年溥儀被逼離開紫禁城的時候，王國維便整日憂患，並打算自殺。幸虧家人警覺，時刻防備，悲劇才未能上演。不久，北京大學考古學會發表《保存大宮山古跡宣言》，對清皇室破壞大宮山古跡提出批評。王國維知道後馬上衝冠而出，為清皇室辯解。他長久地處在憂患中不能自拔，甚至於聽說有人在紫禁城坤甯宮撿得古器，他也不忍往觀。

一九二五年，清華國學研究院籌備主任吳宓因王國維學貫中西，特親自前往，帶著十二分的誠意聘請王國維當國學院的教授。此時，溥儀早失去了皇帝的特權，躲在日本使館。王國維卻仍然以君臣之禮請示溥儀，得到溥儀的准許後，才奉「諭旨」到清華任教。

不久之後，溥儀離開北京到天津張園做起了寓公。王國維對其仍時刻關注，時刻準備效臣子之力。王國維對清廷的愚忠，往往又和他與羅振玉的關係糾纏在一起。

一九二七年二月十二日，王國維又一次專程趕赴天津，為溥儀祝壽。在王國維看來，不斷發生的戰亂使溥儀的安全受到了嚴重的威脅，因此他真誠地希望溥儀能夠遷移。可是，他的忠言並不能進入溥儀的耳中，溥儀已被宵小包圍，對於王國維這樣的「忠臣」並不予重視。王國維既擔心溥儀的安危，又對自己的忠言不被代達而異常憂慮，「憤激幾泣下」。此行中，還使王國維傷心的是，他與羅振玉相遇了，二人卻未交言。

二人相遇情形雖未見諸文字記載，但完全可以想像得出：王國維試圖打開僵局，而羅振玉表現出拒人千里之外的態度。王國維再次受到巨大的傷害。

最後的晚餐

王國維生逢亂世，一九二七年三月以後，世道似乎更加混亂。迷茫的天際烏雲密布，看不到一線光亮。清華園的師生們頗有同感。王國維的好友吳宓在日記中屢有記載。本年四月三日記：「近頃人心頗皇皇，宓決擬於政局改變、黨軍得京師、清華解散之後，宓不再為教員，亦不從事他業。而但隱居京城，以作文售稿為活，中英文並行。」四月三十日記：「陳寅恪於晚間來訪，談中國人之殘酷。感於李大釗等之絞死也。」五月二日記：「夕，王靜安先生來談。」五月十二日記：「王靜安偕陳寅恪來。」五月十六日記：「上午訪寅恪晤王靜安先生。」

此時此刻，王國維與陳寅恪、吳宓往來密切，所談者主要為動盪之局勢：既有北方奉軍張作霖殘害李大釗等人之暴行，也有南方國民黨「四一二」之大肆濫殺。他們對蔣介石、馮玉祥、國民黨、共產黨等各種情況並不瞭解，所聽到的卻多是沾滿血腥的消息。他們自不會對時局抱樂觀的態度，尤其是王國維。

四、五月間，北伐的國民黨軍隊攻下徐州，馮玉祥引兵出潼關，敗奉軍於河南，直魯危急，北京城內一片恐慌。接著，又有消息傳來，兩湖學者葉德輝、王葆心被殺。尤其是王葆心，雖為鄉里德高望重之老先生，只因通信中有「此間是地獄」一語，即被拽出，遭受極端侮辱，終致於死。王葆心是心懷舊文化之人，竟受如此侮辱。王國維自忖自己為清廷遺臣，北伐軍到京，不知還要遭受多少侮辱，他豈能不驚。

北京《世界日報》晚刊上發表《戲擬黨軍到北京所捕之人》，王國維大名赫然列於紙上。

在《王國維年譜》及知情人的回憶中，這段時間，王國維仍專心致力於學問，這是他人生的最大樂趣。四月下旬，王國維意外地抽出時間，攜家人一起遊覽西山。這種情形在以往是非常少的。

一天，王國維從梁啟超處返回，對夫人說：「梁啟超約我赴日暫避，尚未作考慮。」五月底，王國維為學生謝國禎書扇七律四首。四首中，有兩首為時人陳寶琛（溥儀的老師）所作落花詩。詩曰：

倚天照海倏成空，脆薄元知不耐風。忍見化萍隨柳絮，倘因集蓼毖桃蟲。
到頭蝶夢誰真覺，刺耳鵑聲恐未終。苦學挈皋事澆灌，綠陰涕尺種花翁。

北勝南強較去留，淚波直往海東頭。槐柯夢短殊多事，花檻春移不自由。
從此路迷漁父棹，可無人墜石家樓。故林好在煩珍護，莫再飄搖斷送休。

除為門生題寫陳寶琛落花詩外，王國維自己也寫過不少落花詩，無不隱藏殉身之志。茲錄六首《落花》詩於下：

春歸莫怪懶開門，及至開門綠滿園。漁楫再尋非舊路，酒家難問是空村。
悲歌夜帳虞兮淚，醉侮煙江白也魂。委地於今卻惆悵，早無人立厭風幡。

芳華別我漫匆匆，已信難留留亦空。萬物死生寧離土，一場恩怨本同風。
株連曉樹成愁綠，波及煙江有倖紅。漠漠香魂無點斷，數聲啼鳥夕陽中。

陣陣紛飛看不真，霎時芳樹減精神。黃金莫鑄長生蒂，紅淚空啼短命春。

草上苟存流寓逝，陌頭終化冶遊塵。大家準備明年酒，慚愧重看是老人。
擾擾紛紛縱複橫，那堪薄薄更輕輕。沾泥寥老無狂相，留物坡翁有過名。
送雨送春長壽寺，飛來飛去洛陽城。莫將風雨埋怨殺，造化從來要忌盈。
花雨紛然落處晴，飄紅泊紫莫聊生。美人無遠無家別，逐客春深盡旅行。
去是何因趁忙蝶，問難如說假啼鶯。悶思遺拔容酣憂，短夢茫茫又不明。
十分顏色盡堪誇，只隸風情不戀憂。慣把無常玩成敗，別因容易惜繁華。
兩姬先隕傷吳隊，千豔叢埋怨漢斜。清遣一支間柱枝，小池新錦看跳蛙。

五月三十日，滿清遺臣金梁來清華拜訪王國維。二人私交甚篤，王國維向金梁吐露了心聲。金梁回憶當時的情景時寫道：「公平居靜默，是日憂憤異常時，既以世變日亟，事不可為，又念津園可慮，切陳左右請遷移竟不為代達，憤激幾泣下。余轉慰之，談次忽及頤和園，謂今日幹淨土唯此一灣水耳。蓋死志已決於三日前矣……」

六月一日，清華國學研究院第二班畢業。中午研究院舉辦師生敘別會。餐前聚坐，王國維與眾人談蒙古史料，交談甚暢。其雍容淡雅之態，給學生們留下了很深的印象。然而正餐開始後，到處都是歡聲笑語，唯王國維所在之席寂然無聲。不知是否受王國維一時情緒之影響。席間，梁啟超忽然起立致辭，歷數同學成績之優越，並說：「吾院苟繼續努力，必成國學重鎮無疑。」眾人均認真諦聽，王國維也點頭不語。餐後，互致告別，王國維並無異樣。接著，王國維拜訪陳寅恪。返回校西院十八號私第後，學生姚名達等人來訪。王國維與之交談達一小時，「懇懇切切，博問而精答」。到晚餐時分，學生們告別，王國維送至庭中。

晚上，同學戴家祥與謝國楨謁王國維，問陰陽五行說之起源，並論日人某研究干支之得失。交談甚歡。然話題涉及時局後，王國維神色黯然，似有避亂移居之意。

王國維自殺日

熟悉王國維的人知道，王國維雖然表面上看起來不苟言笑，不喜歡聊天，其內心卻有濃厚的情感。梁啟超即說：「王先生的性格很複雜而且可以說很矛盾，他的頭腦很冷靜，脾氣很和平，情感很濃厚，這是可從他的著述、談話和文學作品看出來的。只因有此三種矛盾的性格合併在一起，所以結果可以至於自殺。他對於社會，因為有冷靜的頭腦所以能看得很清楚；有和平的脾氣，所以不能取激烈的反抗；有濃厚的情感，所以常常發生莫名的悲憤。積日既久，只有自殺之一途。」

一九二七年六月二日，王國維自殺日。

這天早上一切如常，王國維按固有的習慣，早起盥洗完畢，照舊由夫人為其梳理辮子，接著便到飯廳用餐。子女們雖沒有上學，但必須與父母親同進早點，這也是老規矩。王國維早餐後必至書房小坐，然後便到公事房辦公。如有東西須帶至公事房，總是叫老家人馮友跟隨送去。這一天，王國維是獨自一人去的。

臨走前，他將事先寫好的遺書放入衣服袋子裡。看看已經頂到屋樑的線裝書，那是他的心血與寄託所在，他沒有別的愛好，所發工資大多買了書籍。如今，他要與這些無聲的朋友們告別。他當然已為書籍們安排好後路，在遺書中寫明由陳寅恪、吳宓二人處理。

他出家門的時候，沒有任何異常的舉動。家人們根本不會想到，這一家之主竟要走上絕路。

早上八點，王國維步行至研究院公事房。隔一會兒，王國維將院中聽差叫來，讓他到自己的私第取學生們的成績稿本，並與研究院辦公處侯厚培共談下學期招生事。九點鐘，王國維向侯厚培借錢，欲借洋二元。侯厚培身上沒有現洋，便取出一張五元紙幣，遞給王國維。

王國維走出公事房，來到校門口，僱了「校中掛號第三十五」的一輛洋車，命車夫拉往頤和園。頤和園在清華園之西，距離不遠，很快就到了。王國維下車，給車夫五毫洋錢，讓他在園外等候。接著王國維購票入頤和園，來到昆明湖畔，先在岸邊石舫前久立。

昆明湖水在風中蕩漾，王國維的內心則波濤洶湧，他正在進行生與死的最後抉擇。

很久，他長出一口氣，轉而來到魚藻軒。

是日遊人眾多，但無人注意到王國維

「魚藻軒」的名稱是有來由的。詩曰：「魚在在藻，有頒其首。王在在鎬，豈樂飲酒。」憂王居之不安也。逸詩曰：「魚在在藻，厥志在餌，鮮民之生矣，不如死之久矣。」王國維選在此處自殺，自有其深意。

據園丁說：「先生約上午十點鐘左右進園，初在石舫前兀坐之久，複步入魚藻軒，吸紙煙。旋即聞投湖聲，及得救，其間不及二分鐘，而氣已咽。死時裡衣猶未濕也。」

此處湖水雖淺，但底部皆為污泥，王國維以年老之軀，懷必死之志，入水後頭先觸底，以致口鼻迅速被泥土塞滿，氣息停止。園丁將王國維救起後，不知道應馬上實施人工呼吸等急救法，以致貽誤而死。

與王國維一起到頤和園的車夫並不知道園中已發生這樣的事。他按照王國維的吩咐，一直在園外門口等候。下午三點鐘之後，頤和園就要關門了，王國維仍然沒有出來。門前的洋車大多已經離開。守門人看到這位車夫，問：「這個時候了，為什麼還不離開？」車夫告以實情，答：「尚有一老先生在園內，所以不敢離開。」守門人便詢問老先生的年貌舉止，等聽明白後，告訴車夫：「此人現已投湖死。」接著領車夫入園核實，果然是王國維。

車夫馬上返回清華園，將消息告訴校方。學校趕緊派人轉告王國維的家人。王國維家人正奇怪王國維沒在家吃午飯，有人報來死訊，家人無不驚駭。

王國維的兒子王貞明心急如火，乘車馳往頤和園。在魚藻軒中見到王國維的屍體，痛哭不已。

清華大學國學研究院的師生們聽到王國維自沉的消息，無不震驚。治喪委員會迅速成立，師生們為失去這樣的好老師好同事而痛心不已。王國維被隆重地安葬了。師生們為表示對王國維的尊崇，在陳寅恪、吳宓二人的帶領下，行跪拜禮。

王國維之死，在整個中國學術界掀起了波瀾。他的死令人痛心，也令人迷惑。人們在他的衣袋裡發現遺書，封面書寫：「送西院十八號王貞明先生收。」

遺書內容為：「五十之年，只欠一死。經此世變，義無再辱。我死後，當草草棺殮，即行槁葬於清華塋地。汝等不能南歸，亦可暫於城內居住。汝兄亦不必奔喪，固道路不通，渠又不曾出門故也。書籍可托陳吳二先生處理。家人自有人料理，必不至不能南歸。我雖無財產分文遺汝等，然苟能謹慎勤儉，亦必不至餓死也。五月初二日，父字。」

寒山寺《楓橋夜泊》詩碑千年詛咒之謎

張榮

謎之一

當年唐武宗發出詛咒說：書刻《楓橋夜泊》者不得好死……相傳後世北宋翰林院大學士郇國公王珪、明代才子文徵明、清代曾國藩的得意門生俞樾，都因書刻此詩不得好死……

七十多年前，侵華日軍為掠盜寒山寺《楓橋夜泊》詩碑煞費苦心，但最終因為一樁詭異的命案而停止了行動……難道詩碑詛咒真的存在嗎？

寒山寺因《楓橋夜泊》名揚四海

寒山寺，坐落在蘇州古城西閶門外七裡古運河畔，比鄰楓橋，曾稱楓橋寺。提起寒山寺，讓人不禁想起唐代詩人張繼的那首《楓橋夜泊》。日前，記者來到千年古剎寒山寺，寒山寺文化研究院院長姚炎祥等專家學者向記者介紹了兩者之間的故事。

姚炎祥說，歷史上，寒山寺幾易其名。相傳，寒山寺始建於梁武帝天監年間，距今已有一千五百多年的歷史，初名「妙利普明塔院」，在唐代改名寒山寺，北宋時改名「普明禪院」，南宋年間稱楓橋寺，元代時複稱寒山寺，沿用至今。

「在唐代以前，寒山寺是不知名的小寺，自從有了詩人張繼的《楓橋夜泊》才讓寒山寺名聲大振。」姚炎祥告訴記者。唐代詩人張繼，字懿孫，襄州（今湖北襄樊）人，天寶十二年（七五三年）中進士。張繼詩現存約四十首，主要是紀行遊覽酬贈送別之作，多為五、七言律詩及七言絕句，以《楓橋夜泊》最為著名。如今，連寒山寺老和尚性空和現任住持秋爽都說，寒山寺屢毀屢興屢建，能延續千年，張繼功不可沒。

寒山寺存有三塊《楓橋夜泊》詩碑

據《重修寒山寺志》記載，千年以來，寒山寺飽經戰火和磨難。在日軍侵占蘇州時，寒山寺殿堂房舍曾一度淪為日軍倉庫馬廄，僅有二、三寺僧局處一隅廝守而已，其生活來源，唯賴經營浴室菜館或賣字賣帖，勉強糊口。

日本侵略軍在中國時，千方百計大量掠奪淪陷區文物，蘇州寒山寺的許多文物也都在窺伺之列。姚炎祥說，他看到被日軍偷走的一幅古畫：「是被一個日本軍官侵華時從寒山寺偷走的，其臨終前，讓後人將畫送回寒山寺。上世紀九〇年代，該畫回歸寒山寺時，我見了一次，上面有青松和騰雲駕霧的仙人」。

在寒山寺內，記者所見的《楓橋夜泊》詩碑為俞樾所刻，除了正面、背面均有題字外，碑身的兩側也分別有數行小字。同行的蘇州科技學院教授、寒山寺文化研究院研究員汪祖民介紹，這樣四面刻字的詩碑在寺廟中很罕見。而且在該古碑旁邊，又豎起了一塊俞樾的《楓橋夜泊》詩碑，上下有浮雕龍，碑石也比原碑高大許多。汪祖民介紹，連同寺外新立的「中華第一碑」，寒山寺有三塊俞樾所書的《楓橋夜泊》詩碑。「同一人所書的詩碑在一個寺有三塊，這在全國寺廟中絕無僅有。」

此外，在南京還有一塊《楓橋夜泊》仿碑。汪祖民說，有資料稱，抗戰時期，日本侵略軍大肆掠奪中國文物，著名的《楓橋夜泊》詩碑尤為日本人所矚目。當時日本大阪朝日新聞社企圖以舉辦「東亞建設博覽會」的名義，把詩碑運到日本，當時寺廟主持靜如法師恐怕詩碑被日本掠走，請蘇州石刻大師錢榮初仿刻了一塊石碑，沒想到卻被大漢奸梁鴻志的遠房表弟朱君仁發現，最終大漢奸梁鴻志將仿碑運到南京。

蘇州一位對歷史頗有研究的學者認為，陰謀掠奪《楓橋夜泊》仿碑的幕後推手就是臭名昭著的甲級戰犯、侵華日軍華中方面軍司令官松井石根大將。

戰犯松井石根拍照寒山寺

松井石根，一八七八年七月二十七日出生在日本名古屋市，日本甲級戰犯，日軍南京大屠殺事件的元兇之一。曾先後任日本參謀本部中國班班員、駐中國廣東武官、駐上海武官、駐臺灣日軍司令官、上海派遣軍司令官等職，駐華十三年，是一個「中國通」。一九三七年十一月二十四日，松井石根制定《第二期作戰大綱》，決定十二月上旬進攻南京。十二月一日，日本參謀本部根據松井石根的要求，電令華中方面軍攻占南京。同日，松井下達了準備攻克南京的作戰命令。不久，日軍第六師團以重炮猛轟南京中華門，炸塌城牆數處，日軍蜂擁而入，南京淪陷。

南京被攻下的消息傳到蘇州後，當時盤踞在蘇州的松井石根欣喜若狂，他親率百餘護衛策馬狂奔到寒山寺，在《楓橋夜泊》詩碑前與另八名日本人合影。

松井石根在寒山寺拍照後，因其與日本天皇裕仁的叔父、日軍上海派遣軍司令官朝香宮鳩彥中將私交甚厚，並深得裕仁天皇的寵信，知曉裕仁和朝香宮鳩彥也喜歡《楓橋夜泊》一詩，他便將在寒山寺拍的照片分別寄給裕仁和朝香宮鳩彥。

照片引來「九尾狐」密謀「天衣行動」

裕仁接到松井石根的照片，大喜，在次日特意召見了日軍參謀次長多田駿，表示想一睹寒山寺《楓橋夜泊》詩碑的真容。於是多田駿出了一個餿主意，讓裕仁下詔書給松井大將，把《楓橋夜泊》詩碑從蘇州運往日本。松井石根接到敕電後，想到寒山寺內《楓橋夜泊》詩碑在蘇州乃至華夏民眾心目中的地位，不能強行掠碑，於是有著日本軍界「九尾狐」之稱的他，召見了日本大阪朝日新聞社隨軍記者長谷川信彥，商議如何「巧取」《楓橋夜泊》詩碑。

經過一番密謀，詭計悄然實施。一九三九年三月十四日，應日本人要求，南京維新政府派出其行政院宣傳局科長陶艾抵達蘇州，向其省府接洽博覽會事宜，要求就地代僱參加東亞建設博覽會的刺繡、泥水、造艇等工人。

一九三九年三月十五日，受日本控制的《蘇州新報》第二版，以「大阪朝日新聞社舉辦東亞建設博覽會」為標題，說「大阪朝日新聞社定於本年四月一日起，在日本大阪甲子園舉辦東亞建設博覽會，並分函偽維新、臨時兩政府及滿洲國，徵求治下名貴及特色手工參加該會，偽維新政府方面已派員向蘇州偽省府接洽，在蘇州就地招刺繡女工和泥水匠、造艇匠參加東亞建設博覽會」。但是這條新聞中絲毫沒有提到寒山寺詩碑之事。

次日，《蘇州新報》第二版刊發了一條新聞，這條新聞的主標題是「寒山寺碑運日」，副標題是「參加大阪東亞建設博覽會」，文中寫道：「日本朝日新聞社定期在大阪甲子園舉辦東亞建設博覽會。茲悉該社此次舉辦之展覽會中，除陳列名貴出（展）品外，並以唐代詩人張繼所詠之《楓橋夜泊》詩聞名中外，因此圓（寒）山寺之名隨之大噪，至陽春三月，來蘇州踏青尋芳之騷人墨客，亦以一臨斯地憑弔為幸，而東邦人士旅蘇（州）者亦糜（靡）不前往一遊為暢，故特在會中仿照寒山寺假造一所，為逼真起見，將寒山寺碑即日搬運赴滬，再轉運至大阪陳列，屆時東鄰友邦人士之未履中土者，得能摩挲觀賞，用意良善，並聞此碑一俟大會閉幕再行運歸原處，是則東渡後之寒山寺碑將益增其聲價矣！」

據說，當松井石根看了《蘇州新報》的「運碑」報導後，認為自己是妙計天成，無人能識破。隨後，他命部下特高課課長小丘策劃了一個「天衣行動」，組織精幹特務喬裝成海盜，隨時待命；另派幹練特務在日本本土博覽會結束時對《楓橋夜泊》詩碑進行掉包，用假碑換下真碑，待運碑船啟程返回途中，待命的「海盜」特務迅速採取手段，使運碑船和假碑同沉汪洋，而真碑則被留在日本。

日本人因何鍾愛《楓橋夜泊》詩碑？

松井石根和其天皇主子為何都對《楓橋夜泊》詩碑感興趣？

蘇州一位元學者告訴記者，松井石根對中國文化有一定的研究，他很喜歡《楓橋夜泊》一詩，對晚清著名文學家、教育家、書法家、國學大師俞樾的書法也很崇拜。

汪祖民說，自古以來，張繼的《楓橋夜泊》詩，在日本眾所周知、家喻戶曉，還被編入教科書，影響遠超過了同是唐代詩人的李白和杜甫。而且清代俞樾在《重修寒山寺記》一文中也說過：「凡日本文墨之士，見則往往言及寒山寺，且言其國三尺之童，無不能誦是詩。」

「日本人對寒山寺情有獨鐘，可謂到了癡迷的地步，還仿蘇州的寒山寺，在日本東京也建造了一個寒山寺，而且刻了《楓橋夜泊》詩碑。」這究竟是何因呢？汪祖民介紹，西元七五三年十二月二十日，六十六歲高齡並且雙目失明的大唐和尚鑒真，在日本遣唐使藤原清河一行的陪同下東渡弘法，所以中國的佛教和文化在日本影響深遠，而且寒山的三百多首詩作也流傳到了日本，被許多日本僧人喜愛、研究。自北宋日本僧人成尋向浙江天臺山國清寺僧禹珪乞寒山詩開始，日本至今所藏的寒山詩版本為數可觀，其原因在於寒山詩的「口語化」，以及所謂的「寒山精神」。

在寒山寺弘法堂，記者發現除了有玄奘和鑒真的塑像外，還有一個站立手持法器的僧人銅像。「這是空海大師，曾西渡來到中國，傳說到過寒山寺。」汪祖民說，唐貞元二十年（八〇四年），空海以學問僧的身分，隨著日本第十二次遣唐使乘船來到中國。在長安時，他學習了中國的書法、詩文、畫像、雕刻等，於西元八〇六年歸國，帶回了漢文經典、密教佛像、書畫等。「空海是日本真言宗的開山祖師，作為代表日本文化的先驅者，在日本一直以來享有崇高的聲譽。」

愛國志士刻仿碑欲蒙混日軍

二〇〇二年出版的《重修寒山寺志》人物卷記載，據當時尚在的老人回憶，一九二三年寒山寺住持為四川人大休；一九二九年至一九四四年住持是靜如。該書「大事記」中，未提及《楓橋夜泊》詩碑仿製一事。而早前有關文章透露，刊登在《蘇州新報》上的有關「運碑抵日」報導，靜如法師也看到了。這位愛國的法師唯恐《楓橋夜泊》詩碑被日本掠走，他立即請來名滿江南的蘇州石刻大師錢榮初到寺。靜如法師緊閉門窗後，向錢榮初奉上二十根金條，說明請其刻碑瞞敵之事。錢榮初一聽是請他在最短的時間內仿刻一塊詩碑，用掉包計欺瞞欲掠碑的日本，立馬將二十根金條退回給靜如法師，當即答應刻碑，不收一文。

在靜如法師安排的寺外密室內，錢榮初僅用兩天時間就將《楓橋夜泊》詩碑仿刻成功。豈料，就在錢榮初仿刻詩碑時，卻被一個人盯上了，此人就是大漢奸梁鴻志的遠房表弟朱君仁。朱君仁是偽政權特務機構的特務頭目，他奉梁鴻志之命看好蘇州寒山寺的《楓橋夜泊》詩碑，唯恐有人用掉包計來藏匿被日本天皇「傾慕」的原碑，到時不好交差。所以他親率三十多名特工，密切監視寒山寺的往來人等，「終於在靜如和錢榮初運仿碑進寒山寺時，將仿碑截住。」

朱君仁截獲仿碑後，因懾於靜如法師和錢榮初的民間聲望，未敢加害他們。

梁鴻志得知錢榮初仿刻的《楓橋夜泊》詩碑被朱君仁截獲後，急電朱君仁火速用專車護送仿碑到南京，暫將此碑藏於南京總統府內。梁鴻志將仿碑雪藏後，立即呈書松井石根，建議日本憲兵悄悄將蘇州寒山寺內的《楓橋夜泊》詩碑用商船運抵日本，與此同時，將錢榮初刻制的仿碑在南京總統府內展出。因《楓橋夜泊》詩碑的原碑和錢榮初刻制的仿碑一模一樣，所以梁鴻志向松井石根獻媚道：「此瞞天過海之計，可確保寒山寺內的《楓橋夜泊》詩碑永久地留在大日本帝國的皇宮內。」

然而，松井石根對梁鴻志插手「掠碑」一事非常不滿。他認為，這是梁鴻志和他在天皇面前爭寵，當即否決了梁鴻志移花接木運碑之計，而命令小丘提前執行「天衣行動」。

而就在「天衣行動」啟動的前一天，一樁詭異的命案發生了，從而導致松井立即下令停止行動。

石刻大師突然暴死寒山寺

一九三九年三月二十日早晨，朝陽斜斜地穿過樹叢，將光線斑駁地散落下來。一批進早香的香客，三三兩兩地走在通往寒山寺的路上，陽春三月的空氣沁人心脾，再加上目光所及的優美風景，這一切令香客們心曠神怡。

就在這時，有人突然指著前方喊了起來：「快看，有個人趴在地上！」人群突然寂靜了下來，幾秒鐘之後，人們迅速朝前方湧去。一個膽大的老頭蹲了下來，用手拍拍那人的肩背，見無反應，便招呼來兩個香客，合力將此人翻轉過來。眾人一看，頓時大吃一驚，這人滿臉是血，顯然已斷氣多時了。這人到底是誰呢？

在寒山寺的山門外發現了一具無名屍的消息，像長了翅膀一樣迅速傳遍了姑蘇古城。很快，身分確定了，居然是錢榮初。在錢榮初家人和親朋那哭天搶地的悲慟中，圍觀者紛紛猜測，到底是何人要加害他呢？有消息靈通的人私下傳說錢榮初刻詩碑想瞞天過海卻被發現一事，難道是日本人下的毒手？

就在街頭巷尾議論紛紛之際，松井石根也聽到了這個消息，他立即命令日本憲兵隊趕去，將死者的屍體運回，並讓法醫對死者進行驗屍。法醫發現死者上衣口袋內有張紙條，就讓憲兵轉交給松井石根。

松井石根打開紙條一看，頓時面如土色，原來這張紙條是用鮮血寫的，上面的血字赫然在目：「刻碑、褻碑者死！吾忘祖訓，合（活該）遭橫事！」這分明是個詛咒，看那意思，無論是誰，無論有何原因，只要敢打詩碑的主意，就不會善終。錢榮初因私刻《楓橋夜泊》詩碑而暴斃，不就是一個很好的例子嗎？想到這裡，松井石根驚出一身冷汗。

但是在內心裡，松井石根還是很疑惑，這個詛咒是真是假，它到底為何會附加在《楓橋夜泊》詩碑之上？發下這個詛咒的人究竟是誰呢？

這個對中國文化曾有較深研究的「中國通」立即陷入了沉思，他立即放下繁雜的軍務，一頭紮進舊紙堆，查閱有關《楓橋夜泊》詩碑的歷史記載。隨著他對《楓橋夜泊》詩碑研究的不斷深入，他的臉色越來越難看。原來據野史記載，關於詩碑詛咒的傳說確實存在，而且，這個詛咒竟然是中國唐朝皇帝唐武宗發出的。詛咒說，書刻《楓橋夜泊》者不得好死。且傳說北宋翰林院大學士郇國公王珪、明代才子文徵明、清代曾國藩的得意門生俞樾，都因書刻此詩不得好死。

唐武宗又為何會對一塊詩碑下咒呢？詛咒真的靈驗？一個不靠譜的詛咒，何以穿越了千年的光陰而陰魂不散？

唐武宗下咒《楓橋夜泊》詩碑

想要解開《楓橋夜泊》詩碑的詛咒之謎，還要從唐武宗說起。

南京師範大學社會發展學院院長、中國唐史學會理事、博士生導師李天石教授告訴記者，唐武宗是唐朝中後期一位比較優秀的皇帝，二十七歲繼位的他曾征服回紇，鎮壓昭義鎮叛亂，削弱各鎮割據，限制宦官專權。《舊唐書》因此稱讚唐武宗，「能雄謀勇斷，振已去之威權；運策勵精，拔非常之俊傑」。但是他也有個缺點，就是特別崇尚道術，對長生不老之術和仙丹妙藥十分迷信。

據介紹，唐武宗曾經拜道士趙歸真為師，並在趙歸真的指引下煉製、服用所謂的仙丹妙藥，以求長生不老。但最終因為服用藥物而一命嗚呼，成為歷史上又一位因為服食「仙丹妙藥」而死的皇帝。

傳說，唐武宗酷愛張繼的那首《楓橋夜泊》詩，在他猝死前的一個月，他還敕命京城第一石匠呂天方精心刻制了一塊《楓橋夜泊》詩碑，當時還說自己升天之日，要將此石碑一同帶走。於是在唐武宗駕崩後，此碑被殉葬於武宗地宮，置於棺床上首。並且唐武宗臨終頒布遺旨，《楓橋夜泊》詩碑只有朕可勒石賞析，後人不可與朕齊福，若有亂臣賊子擅刻詩碑，必遭天譴，萬劫不復！

換句話說，《楓橋夜泊》詩碑也只可有此一塊，只要有人再刻《楓橋夜泊》詩碑，就會死於非命。

雖然這只是傳說，但傳說也不可能是空穴來風。那麼歷史上究竟有沒有其他人刻寫了《楓橋夜泊》詩碑，這些人的下場是否真應了唐武宗的詛咒而「必遭天譴，萬劫不復」呢？

史上確有刻碑喪命事件？

經記者查證，《楓橋夜泊》詩碑民間（相對於帝王之家而言）始刻於北宋，作者為翰林院大學士郇國公王珪。王珪自刻碑後，家中連遭變故，王珪本人也暴亡。第二塊《楓橋夜泊》詩碑的作者是明朝書畫家文徵明，詩碑「玉成」不久，文徵明亦身染重疾，在世間受盡病痛折磨，含恨辭世。

清代大學者俞樾是第三塊《楓橋夜泊》詩碑的作者（現蘇州寒山寺內的《楓橋夜泊》詩碑即出自俞樾之手），清末光緒三十二年，江蘇巡撫陳龍重修寒山寺時，有感於滄桑變遷，古碑不存，便請俞樾手書了這第三塊《楓橋夜泊》石碑。俞樾作書後數十天，便倏然長逝了……

松井石根恐懼詛咒，中止奪碑計畫

時空再回到一九三九年的蘇州，錢榮初刻完《楓橋夜泊》詩碑後立即暴斃了，在《楓橋夜泊》詩碑的歷史記載中私刻詩碑的人都「萬劫不復」了，這讓松井石根不得不得出一個結論：此碑真的是烙上了千年的詛咒，只配帝王把玩和擁有，凡夫俗子怎能去享受帝王的尊榮呢，難怪會應了詛咒，不得好死啊。日本天皇雖也是一朝天子，但他是異國之君，萬一也難以跳出唐武宗詛咒的怪圈，那該如何是好呢？

松井石根越想越怕，他怕盜奪詩碑的行動會「妨主妨己」，遂打消了掠碑的念頭，並將「悟」出的道理電呈裕仁天皇。天皇經反覆權衡，准奏。

於是，松井石根澈底放棄了這個計畫。

隨著時間的流逝，那起發生在明媚三月寒山寺門前的命案，已漸漸從人們記憶裡消失了。當然，在這個世界上，類似千年詛咒這樣的東西其實是並不存在的，但發生在《楓橋夜泊》詩碑之上的樁樁「怪事」又該如何解釋呢？

謎之二

胡玉梅

一首小小的古詩，真的就有魔力、有皇家詛咒，後人都不能寫，不能刻它嗎？寫它的人，刻它的人，就會因詛咒而莫名其妙死亡嗎？從唐武宗至今，一千多年來，凡是和《楓橋夜泊》詩碑有關的名人，王珪、文徵明、俞樾等人，究竟是死於詛咒還是其他原因？錢榮初暴死一事又該如何解釋？

「三旨宰相」王珪有沒有遭「天譴」

《楓橋夜泊》詩碑民間始刻於北宋，最早刻這塊碑的人是翰林院大學士郇國公王珪。據說，王珪自刻碑後，家中連遭變故，王珪本人也暴亡。這是對唐武宗死前所說的應驗，還是巧合？

南京博物院古代藝術研究所書畫鑒定家張蔚星說，這個刻碑的王珪，就是李清照的外公，也是秦檜夫人王氏的爺爺。史書上記載，王珪為人膽小怕事，一貫順承帝意，以明哲保身處世，是出了名的「三旨宰相」。什麼叫「三旨宰相」呢？他上殿奏事稱「取聖旨」；皇帝裁決後，他稱「領聖旨」；傳達旨意是「已得聖旨」。他雖在政治上碌碌無為，但文學造詣確實不錯。在《宋史本傳》上記載，王珪是三朝元老，為宋朝起草詔書達十八年之久，其中重大典策多出自其手。歐陽修讀王珪所起草的宋仁宗立太子詔時，忍不住讚歎說：「真學士也。」

「王珪書《楓橋夜泊》是因為他文學地位非常顯赫，他寫碑的時候，正是服喪期間，並沒有署名。

其實，書了碑文後，他本人在朝廷上的權勢並沒有削弱。元豐四年（一〇八一年）十月，皇帝發現有大臣和大理評事石士端之妻王氏通姦，有人想趁機陷害王珪父子，但陰謀沒有得逞。王珪的死，雖然沒有明確記載死因，但史書上說他死在任上，活到了六十七歲，這在古代已經是比較長壽的了。他死後，宋哲宗還封他為歧國公。」

文徵明寫完《楓橋夜泊》後四十年才死

四百多年後，由於王珪寫的《楓橋夜泊》詩碑已經不知去向，於是當時中國書壇最有名氣的文徵明便再次寫了這塊詩碑。但據說，詩碑「玉成」不久，文徵明也身染重疾，在世間受盡病痛折磨，含恨辭世。他難道也是中了唐武宗的詛咒？

張蔚星笑笑說：「並不是這麼回事。文徵明與沈周、唐伯虎、仇英並稱為吳門四家。這四個人當中，文徵明生活是最有規律的，他和唐伯虎同年，但比唐伯虎長壽多了。唐伯虎死於嘉靖二年（一五二三年）十二月，終年五十四歲，而文徵明活到了近九十歲。文徵明寫《楓橋夜泊》詩碑，應該是在五十歲前，也就是嘉靖元年前後。因為嘉靖二年春天，文徵明就以應貢赴京，繼授翰林院待詔留京。而且從現有『徵明』二字，可以知道詩碑是他四十二歲後所寫，也不同於致仕以後的風格，和他五十歲時的《金陵詩帖》字體相近，應是他五十歲前所寫。」

那麼，文徵明究竟是怎麼死的？如果是中了詛咒，為何沒有立即去世，而是過了四十年以後呢？據瞭解，文徵明是一個非常勤奮的書畫家，加上生活又講究規律，他算是很長壽的。一直活到了八十九歲，去世前，他在一艘小船上，正在為別人寫墓誌銘。當時他很安靜地寫著小楷，但還沒寫完，就放下筆坐在凳子上安詳地辭世了。專家推測說，文徵明很有可能是由於心臟病突發才去世的。

曾國藩的得意門生俞樾應是自然死亡

又過了近四百年，寒山寺被重修，俞樾為此寫了第三塊《楓橋夜泊》詩碑。但怪事又發生了，碑成後十多天，俞樾便溘然長逝……俞樾是因何去世？是死於非命，還是自然壽終？

俞樾寫這首《楓橋夜泊》時，是在清末光緒三十二年（一九〇六年），當時俞樾雖已八十五歲高齡，但他仍以其飽滿的情懷、穩重的章法、渾圓的筆意，揮灑淋漓，一氣呵成。「俞樾是曾國藩的學生，當年科舉考試，俞樾以『花落春仍在』為題目，被曾國藩贊為佳作。但是俞樾官運不好，被禦史曹登庸以『試題割裂、出題不謹』彈劾罷職。三十八歲時為避兵燹，他移寓蘇州，潛心學術。曾國藩有兩個非常有意思的弟子，一個是李鴻章，拚了命掙錢，還有一個是俞樾，拚了命地寫書。俞樾是經學大師，當時他書《楓橋夜泊》碑的時候，年事已高。他四世同堂，八十五歲的時候還牽著重孫俞平伯的手，神采奕奕的。俞樾也是高壽，八十六歲才壽終，是自然死亡。」

臨終前，俞樾還作了留別詩十首，又作「自喜」詩和「自恨」詩，代訃辭行，頗為瀟灑豪邁，在戚別情中掩藏著大氣和高亢，而最後一首《臨終自恨》是俞樾臨終前，在彌留之際，口授孫子俞陛雲記錄下來的，可謂「臨終詩筆尚如神」。

張蔚星說，清代以前書《楓橋夜泊》的書畫名家，大都居住在蘇州，還有一點都是比較長壽，並沒有出現寫了碑文就猝死的現象。

只有民國張繼的死因有幾分神祕

一九四七年，蘇州名畫家吳湖帆請國民黨元老張繼也寫刻了一塊《楓橋夜泊》詩碑。請現代詩人張繼書唐代詩人張繼的詩，這在當時被傳為佳話，但張繼寫了《楓橋夜泊》詩碑後，第二天便與世長辭了。這再一次讓人們聯想到了唐武宗的臨終遺旨：「《楓橋夜泊》詩碑只有朕可勒石賞析，後人不可與朕齊福，若有亂臣賊子擅刻詩碑，必遭天譴，萬劫不復！」

張繼究竟是怎麼死的？為何會突然間猝死呢？張蔚星介紹說，張繼雖然和唐代寫《楓橋夜泊》的張繼同名，但張繼自己曾說，他的名字是繼承革命先烈的意思。張繼是河北人，大有燕趙慷慨遺風。他在國民黨中資格雖老，卻坐清水衙門，和蔣介石關係不佳。張繼一生有三件事，大家印象很深刻。第一件事，一九三五年，孫鳳鳴在湖南路中央黨部大禮堂前刺殺汪精衛時，五十四歲的張繼和張學良一起制服了刺客，保全了汪精衛的性命。第二件事，就是張繼怕老婆出了名，其妻崔振華是一個有名的「河東獅吼」。當年，宋慶齡、何香凝在國大提出了「聯俄抗日」的提案，張繼也在上面簽了名，回去向老婆如實彙報，劈頭蓋臉挨了一頓臭罵。於是他又找何香凝，要求把自己的名字勾去。眾人責問他為何這樣輕率，張繼紅著臉承認：「是老婆不贊同孫夫人的主張，不讓我簽字，奈何？」第三件事，就是張繼猝死。一九四七年十二月十五日，也就是張繼寫了《楓橋夜泊》詩碑第二天，就突然死亡了。張蔚星說，有人認為可能是中了詛咒，還有人推測，可能是蔣介石派人殺了他。但公開的說法是：突發心臟病不治身亡，終年六十六歲。而在寒山寺現有的碑廊上，則寫著：「……近日勞瘁過甚，至遲至三日始行，書就越一夕即作古人矣。」由此推測，張繼是因為疲勞過度，導致心臟病突發而亡。

南京總統府《楓橋夜泊》石碑的另一種說法

如今，不僅蘇州有《楓橋夜泊》詩碑，在南京的總統府內也有一塊。記者探訪了這塊讓人誠惶誠恐又充滿神祕的石碑。石碑比人還高，漢白玉質，放在總統府煦園東長廊南端小亭內，碑的正面、背面以及其中一個側面都有字。記者注意到，碑文的落款是俞樾。

總統府的這塊碑，曾經引發了寒山寺和總統府《楓橋夜泊》詩碑誰真誰假的爭論，一時間吵得沸沸揚揚。總統府陳列研究部的陳甯駿揭祕說，上世紀八〇年代初，在一次較大規模的整修中，在西花園桐音館東南假山附近發現了這塊詩碑，為了保護它，就把它遷到了長廊裡。在遷移中，他們發現碑座上刻有七排文字：「大日本帝國陸軍省海軍省後援，大阪朝日新聞社主催大東亞博覽會，中華民國維新政府出品，寒山寺詩碑於大阪朝日新聞社……日本石材工作，株式會社謹制。」這說明，總統府的這塊詩碑是寒山寺的複製品。

根據之前掌握的資料，這塊碑應該就如前文所說，一九三七年十二月，日本占領長江下游及當時中國首都南京，其頭目松井石根在寒山寺與石碑合影後，日本侵略者將喜愛至極變成了喪心病狂的瘋狂掠奪，想把這塊詩碑運回本國、據為己有。為了保護這塊石碑，蘇州錢榮初老人連夜刻碑，傳出以贗碑迷惑日本的動人傳奇。但是操作途中，漢奸將仿碑截住，用專車運到了南京，密藏在總統府內。但是陳寧駿卻說，還有一種說法是，煦園內的這塊石碑是一九三九年三月，維新政府在成立一周年之際，為博得日本主子的歡心，按原碑大小字樣，重新製作的。當時，這塊碑是漢奸們奴顏媚笑、迎合奉承的道具。

李大釗、劉海粟等人也書過《楓橋夜泊》碑

據調查，歷史上，除了王珪、文徵明、俞樾、張繼之外，李大釗、劉海粟、陳雲也書過《楓橋夜泊》詩碑。如今在蘇州寒山寺，《楓橋夜泊》詩碑的塊數也頗有爭議，有的說有六塊，有的說有七塊。其中，有六塊詩碑的說法是：第一塊是王珪詩碑，由於王珪詩碑久已不存，一九九六年，蘇州著名書法家費之雄從三千餘字的王珪手跡墓誌銘拓片中，找出相應的文字，由蘇州碑刻博物館雕刻藝術家時忠德重刻；第二塊是文徵明詩碑，這塊碑原先僅存「霜、啼、姑蘇」等數位而已，現殘缺部分用集字的方法進行刻制而成；第三塊碑是俞樾詩碑；第四塊是張繼詩碑；第五塊是李大釗詩碑。這是李大釗一九一九年三十歲時所書，一九九四年為寒山寺千方百計尋覓到的；第六塊碑是劉海粟詩碑。一九八一年冬，時年八十六歲高齡的畫家把自己關在房內約五個小時，用整個身心完成了一件力作——行草《楓橋夜泊》。劉老完成這件作品後病倒了多天，但他對這幅作品非常滿意，認為不亞於俞樾所書。根據劉老生前願望，這塊碑於一九九四年鐫刻完成後置於寒山寺碑廊內。

而七塊的說法，前面六碑都一致，就是多了一塊陳雲詩碑。據說是根據陳雲八十二歲時所寫的、贈送給評彈名家劉韻若的《楓橋夜泊》雕刻而成。

刻碑大師錢榮初暴死之謎數年後破解

看來，有關《楓橋夜泊》詩碑有詛咒的傳說，只是個別案例，屬於一種難得的歷史巧合，但正是這種巧合，為寒山寺保全了這塊碑。那錢榮初的命案又是怎麼回事？

陳甯駿說，其實當時錢榮初並沒有死，解放後，他還曾經回到寒山寺找靜如法師，但那時候，靜如法師已經不在了。那當時老百姓發現的死者究竟是誰呢？

其實，暴斃在寒山寺外的死者並非錢榮初，而是長相與錢榮初非常酷似的另外一個人，他的名字叫錢達飛。錢達飛與錢榮初有刎頸之交，也是個愛國志士。錢達飛曾在東洋留學多年，是個「日本通」，他對日本的政治、經濟都非常有研究，對日本政界、軍界知名人士也「知之甚深」。

錢達飛在得知靜如法師和錢榮初大師的計畫失敗後，便力勸錢榮初喬裝打扮、隱姓埋名去外地避難，他自己則捨生取義，用「血書」引誘松井石根「研究」有關《楓橋夜泊》詩碑的歷史記載，以嚇阻日酋掠碑之陰謀。據說，當錢達飛把自己的「妙計」講給錢榮初聽時，錢榮初不忍錢達飛冒名而死，錢達飛謊稱自己身患癆病，已行將就木，他說，用一即將大限的病軀護碑，值！錢榮初被錢達飛一身正氣深深感動，與其灑淚而別。

由此可見，所謂的皇家詛咒不過是人們的心理暗示罷了，並不存在真正的詛咒，也沒有應驗。《楓橋夜泊》石碑的詛咒之謎，至此已被澈底解開。

千古疑案：徐福東渡究竟去了何方？

何憶

兩千多年前，徐福率數千童男童女、五穀百工，衝破艱難險阻，乘船東渡，這不僅在時間上比哥倫布發現美洲大陸早一千七百多年，比鑒真東渡日本早九百多年，而且在規模上也更為宏大和廣闊，是中國乃至世界古代航海史上的一個奇蹟，同時也留下了種種疑團。

徐福東渡把秦代文明傳入日本，促進了日本社會質的飛躍。徐福因此在日本被尊為農耕神、蠶桑神和醫藥神，日本紀念徐福的祭祀活動曆千年而不衰。但自從司馬遷在《史記》中第一次記載徐福東渡活動以來，也把與徐福有關的疑謎留給了後人。

徐福東渡一事，最早出現於司馬遷的《史記》。據《史記·秦始皇本紀》記載：秦始皇二十八年（前二一九年），「齊人徐福等上書，言海中有三神山，名曰蓬萊、方丈、瀛洲，仙人居之。請得齋戒，與童男女求之，於是遣徐福發童男女數千人，入海求仙人。」秦始皇三十七年（前二一〇年），徐福再次求見秦始皇。因為九年前第一次入海求仙藥，花費了巨額錢財未果，這時徐福謊稱由於大魚阻攔所以未能成功，於是請求配備強弩射手再次出海。秦始皇便相信了徐福的謊言，第二次派徐福出海。徐福於是率「童男童女三千人」和「百工」，攜帶「五穀子種」，乘船泛海東渡，成為迄今有史記載的東渡第一人。對於徐福東渡，《史記·淮南衡山列傳》也有記載：「（秦始皇）遣振男女三千人，資之五穀種種百工而行。徐福得平原廣澤，止王不來。」

疑團之一：徐福東渡是否到達日本？

關於徐福目的地的問題，學術界大多數學者認為，徐福東渡確實到了日本，甚至有人提出，徐福到日本後建立了日本王朝，徐福就是神武天皇；也有學者對此一說法提出質疑。認為到了海南島或者是朝鮮，甚至還有人提出到了美洲。

據《史記．淮南衡山列傳》中的記載：「徐福得平原廣澤，止王不來。」可以推測徐福登陸地是一平原。日本是一個由三千多個島嶼組成的島國。本州、九州、四國與北海道是其中四個大島，總面積達到三十七萬六千七百平方公里。全國有百分之二十四的面積為平原。較大的平原有關東平原、濃尾平原、畿內平原等。除日本列島外，其他島嶼沒有「平原廣澤」的地理特徵。

另外，徐福東渡日本，在後世的史書資料中也有記載。《三國志．吳書．吳主傳》記載：「長老傳言秦始皇遣方士徐福將童男女數千人入海，求蓬萊神山及仙藥，止此洲不還。」《後漢書》中，把徐福入海求仙事件附在倭國之後。五代時期義楚和尚所寫《義楚六貼》中提到：「日本亦名倭國，在東海中，秦時，徐福將五百童男，五百童女止此國。」在日本學術界，也有不少史料記述徐福到日本的情況，有《神皇正統記》、《林羅山文集》、《異稱日本傳》、《同文通考》等文獻。林下見林在《異稱日本傳》中說：「夷洲、澶州皆日本。相傳紀伊國熊野之山下有徐福墓。熊野新宮東南有蓬萊山，山前有徐福祠。」新井君美在《同文通考》中說：「今熊野附近有地曰秦住，土人相傳為徐福居住之舊地。由此七八裡有徐福祠。其間古墳參差，相傳為其家臣之塚。如斯舊跡今猶相傳，且又有秦姓諸氏，則秦人之來往乃必然之事」。和歌山新宮町《秦徐福碑文》這樣描述：「今東海可當蓬萊者，無可舍皇國他求，則謂日本國，得其實也必矣。」

在日本民間，徐福被尊稱為農神、蠶桑神、醫藥神。還有一些日本人認為自己是徐福的後裔，他們的根據是：在日語中，秦與羽田的發音相同。日本前首相羽田孜就稱自己是徐福的後裔。他說：「我是秦人的後裔，我的姓在很早以前寫作『秦』，我當首相時，考古學家和歷史學家對我的家族進行了調查，並在祖墓碑上發現了『秦』字。」

然而，有些學者認為，徐福東渡日本只是傳說。日本古文獻中載有徐福傳說者以《神皇正統記》

（一三三九年）為最早，其他大約是十七、八世紀的記載，因此他們推斷是受了宋元以來中國文獻的影響。在隋唐時期，日本與中國交往極為頻繁，但在文獻之中卻罕見「徐福」二字。又有學者認為，徐福東渡是歷史事實，但不是去了日本，而是美洲，因為徐福東渡的時間與美洲瑪雅文明的興起相吻合。臺灣前上海暨南大學教授、南京古物保存所所長衛聚賢在《中國人發現美洲》中考證，美洲特產四十多種動植物礦產為先秦人民所知。如《春秋》記載「六鷁退飛過宋都」，「鷁」即美洲特有的「蜂鳥」。是殷朝被滅國後，部分殷人逃到北美後，回國觀光帶回六隻蜂鳥，齊桓公為紀念此次遠征，特在旗上繪製「蜂鳥圖」。衛聚賢認為哥倫布在發現美洲之前，已有多位中國人到過美洲，故徐福後來東渡美洲很有可能。吳人《外國圖》指出「亶洲去琅琊萬里」，根據距離分析根本不是日本，而是美洲。最早記述倭國的《後漢書》是把亶洲與日本區別開來的。「亶」字有大島的涵義，美洲大陸像「亶」字。故以字形命名。現在檀香山還遺有帶有中國篆書刻字的方形岩石，三藩市附近也有刻有中國篆文的古箭等文物出土，所有這些都是徐福東渡美洲的明證。

疑團之二：徐福為何東渡？

關於徐福東渡的原因，據《史記》所言，秦始皇不惜以鉅資支持徐福東渡，是為了尋神山仙藥，求長生不死藥。《十洲記》也這樣記載：「秦始皇時，大宛中多枉死者橫道，數有鳥銜草，覆死人面皆登時活，有司奏聞始皇。始皇使使者齎此草，以問鬼谷先生，雲是東海中祖洲上不死之草，生瓊田中，一名養神芝。其葉似菰，生不叢，一株可活千人。始皇於是謂可索得，因遣徐福及童男童女各三千人，乘樓船入海，尋祖洲不返。」

並非所有的言論都支持這種說法，還有不少史書提出了避禍說，《漢書》及《後漢書》中都有相應的記載。《漢書．郊祀志下》這樣說：「徐福、韓終之屬多齎童男女入海，求神采藥，因逃不還，天下怨恨。」《後漢書．東夷傳》說：「又有夷洲及澶洲，傳言秦始皇遣方士徐福將童男女數千人入海，求蓬萊神仙不得，徐福畏誅不敢還，遂止此洲」。唐代詩人汪遵在《東海》詩中也寫道：「漾舟雪浪映花顏，徐福攜將竟不還。同舟危時避秦客，此行何似武陵灘。」作者把徐福入海不歸比作陶淵明《桃花源記》所寫的武陵郡漁人避秦亂而移居桃花源之事。南宋祖元和尚為了逃避元代的統治，也東渡到了日本。他有一首祭徐福的詩：「先生采藥未曾回，故國山河幾度埃。今日一香聊遠寄，老僧亦為避秦來。」祖元把自己去日比作徐福避秦。日本新宮市徐福墓碑文也寫道：「蓋徐生之避秦……」

還有一些人持「海外開發」的觀點。他們認為，以秦始皇的雄才大略，絕不會輕信長生仙藥之說，他派徐福出海，可能跟海外開發有關。《呂氏春秋．為欲篇》指出了秦國統治者的理想：「北至大夏，南至北戶，西至三危，東至扶木，不敢亂矣」。「扶木」就是「扶桑」，即後來所說的日本。秦始皇一再派徐福等入海尋找三神山，絕不是單純為了採神藥，而是為了把東方疆土開拓至日本。

秦始皇統一天下只有十二年的時間，但是四次到東方沿海巡視，這說明他對東方諸島的極大關注。有的學者說：「始皇東巡的根本目的在於實現東至扶木的理想，而徐福探海東渡正是實現始皇理想宏願的具體行動」。秦始皇曾在琅琊刻石中說：「普天之下，摶心揖志。器械一量，同書文字。日月所照，舟輿所載。皆終其命，莫不得意」。又說：「西涉流沙，南盡北戶。東有東海，北過大夏，人跡所至，無不臣者」。從中可以看出，秦始皇早有吞併日本之意，徐福東渡，或許正與此有關。

疑團之三：徐福的船隊從哪裡啟航？

關於這一點的主要說法有：河北省的秦皇島和黃驊說，浙江省慈溪和舟山說，江蘇省海州（現在的連雲港贛榆縣）說，山東省登州灣（龍口市黃縣）及膠州灣徐山（青島）琅琊、成山頭說。

對於河北鹽山縣出海說的說法，持這一觀點的人認為徐福入海確有其事，無棣溝入海處即徐福入海處，至今猶存的古秦台舊址就是見證。西元前二一九年（秦始皇二十八年），秦始皇東巡至琅琊，徐福第一次請求入海。因入海地點選擇不當，中途受阻而歸。西元前二一〇年（秦始皇三十七年），秦始皇再次來到琅琊，徐福請求再次入海。他根據秦始皇的旨意，更換了出海地點，在原齊國舊地饒安（今鹽山縣舊縣鎮），經無棣溝入海。這次東渡一直未歸。

然而，最有可能的一種是琅琊出海說。徐福的渡海求仙，與琅琊的關係最為密切。秦始皇巡視天下曾三臨琅琊，其間兩次召見徐福。由於他上書地點在琅琊，其出海準備工作和入海地點自然就是琅琊。《史記》這樣記載：「（秦始皇巡幸江南）還過吳，從江乘渡，並海上，北至琅琊。方士徐福等入海求神藥，數歲不得，費多，恐譴，乃詐曰：『蓬萊藥可得，然常為大鮫魚所苦，故不得至，願請善射與俱，見則以連弩射之』。始皇夢與海神戰，如人狀。問占夢，博士曰：『水神不可見，以大魚蛟龍為候。今上禱祠備謹，而有此惡神，當除去，而善神可致』。乃令入海者齎捕巨魚具，而自以連弩候大魚出射之。自琅琊北至榮成山，弗見，至之罘，見巨魚，射殺一魚，遂並海西。至平原津而病。」司馬遷明確地指出，秦始皇與徐福自琅琊啟航北上，繞成山至之罘，射殺一巨魚後，秦始皇返回至平原津而病，不日逝世。而徐福則自之罘射巨魚後即遠航異域，從中可以看到，徐福船隊的啟航港應是琅琊港。

迄今為止，仍有眾多有關徐福的疑謎無法作出肯定或否定的結論。大海茫茫，徐福東渡之謎，遂成千古懸案。

火燒阿房宮之謎

佚名

阿房宮被項羽燒毀，這個故事在中國已經流傳了兩千年，被無數的文人墨客引用為典故，在考古界也似乎是一個約定俗成的事情，但是後來阿房宮考古隊員們挖掘的結果卻完全出乎人們的意料，因為阿房宮並沒有被火燒的痕跡！

有人說燒過的阿房宮被當地的村民挖掉了，也有人說這是《史記》記載錯了，還有人說阿房宮根本就不存在，那麼究竟是怎麼回事呢？

世界上只有很少的幾個地方擁有超過三千年的繁華，西安就是其中之一。生長在這裡的人也許並不知道，他們腳下的這片土地曾經是中國歷史上最為華美的宮殿。二十一世紀初，由中國社會科學院考古研究所和西安市文物保護考古所聯合組建的阿房宮考古隊來到西安古城。這次由權威考古專家組成的工作隊，就是為了要尋找被累累黃土塵封了兩千多年的阿房宮。

「六王畢，四海一。蜀山兀，阿房出……楚人一炬，可憐焦土」。這是很多中國人都耳熟能詳的句子。所以考古隊此次西行的意圖非常明確，就是要找到那一片被大火焚毀的宮殿遺跡。根據歷史文獻記載和中國陝西省考古工作者的建議，考古隊順利地找到了傳說中阿房宮前殿的遺址，但接下來，挖掘的結果卻出乎人們的意料……

是不是項羽火燒的阿房宮？

會不會因為兩千多年過去了，無數次風霜雨雪的侵襲，已經把大火留下的痕跡抹去了呢？

為了更確切地瞭解被焚毀的遺址究竟是什麼樣子，阿房宮考古隊來到了漢代長樂宮的遺址，這裡曾經是漢朝首都長安城中最為華美的宮殿之一，是漢武帝母親的居所。相傳兩千多年前，長袖善舞的阿嬌就在這裡遇到了年輕的漢武帝劉徹，成就了「金屋藏嬌」這樣一段流傳千載的風流韻事。然而東漢末年，長樂宮也和漢代其他宮殿一樣，逃不過被焚毀的命運，兩千多年過去了，火燒過的痕跡仍然歷歷在目。

阿房宮考古隊的隊員張劍峰把兩處遺址做過仔細的比較之後，心中越來越忐忑不安，因為在他看來，阿房宮一點也不像是經歷過一場大火的樣子。

如果同樣是被燒毀，這兩座年代相差並不遙遠的建築為什麼看起來如此的不同呢？張劍峰在漢代宮殿中徘徊著，心中有了一個大膽的猜想，卻不敢說出口來。

阿房宮被項羽燒毀，這個故事在中國已經流傳了兩千年，被無數的文人墨客引用為典故，在考古界也似乎是一個約定俗成的事情，所以儘管當時幾乎每個阿房宮考古隊的成員心中都有相同的念頭——阿房宮沒被火燒！可是沒有一個敢說出口來。

是不是由於挖掘的地方太少了，而且剛好錯過了阿房宮被燒的那一部分？幾百個日子過去了，找不到焚燒過的痕跡，領隊李毓芳開始心急，就像兩千多年前的那場大火燒在她的心裡。

經過反覆考慮之後，李毓芳決定改進方法，用大面積密探來證實這片土地究竟有沒有遭遇大火，因為這種方法可以很快地探查到地面以下數十公分的情況。為了尋找那場兩千多年前的火災，阿房宮考古隊在遺址範圍內每一平方公尺內打了五個探測孔，然而結果還是令他們失望了。這個時候李毓芳堅定了自己的信心，她認為掀開謎底，說出真相的時候到了。

「阿房宮根本就沒有燒過」，兩千年來人們相信的傳說其實是一種誤會，這一論點剛提出就引發了中國考古界的爭論，有人毫不客氣地指出：是不是你們把地點搞錯了，挖了半天根本就不是阿房宮？

會不會《史記》記載錯了？

考古隊員孫宏福認為根據史書記載：為了修建阿房宮，秦始皇曾經請來無數的巫師，尋找了咸陽附近的風水寶地，最後他認為在周朝兩個都城之間的地方最為合適。根據前人所做的工作和阿房宮考古隊這一次的親身經歷，考古隊認為目前的發掘地是唯一的可能。

儘管考古隊自認為證據確鑿，但他們還是面臨著巨大的壓力，原因很簡單，因為有些學者認為，如果承認阿房宮沒有被燒過，那麼就是《史記》錯了。千百年來《史記》一直被人們認為是研究古歷史的最佳典籍，甚至有些人認為推翻《史記》就等於動搖了中國的古代史。對此，孫宏福認為該動就得動。

孫宏福回憶，十幾年前人們破譯殷商歷史的時候，也碰到過相似的情況，據《史記》記載，殘暴的殷商擁有近千年的統治，這使他成為歷史上最長壽的王朝。然而根據人們的考古發現，商滅亡的時代比司馬遷所記述的早得多，這其中的謬誤足足有五百多年，這一次在阿房宮的問題上，《史記》會不會也發生了錯誤呢？與其他史書一樣，司馬遷也是希望達到借古諷今的效果，處於這個目的，他會不會虛構了兩千年前的那場大火呢？

經過仔細分析史料，孫宏福為《史記》中「燒秦宮室，火三月不滅」的句子找到了一個合理的解釋，為了驗證孫宏福的說法，張劍峰專程去了一趟咸陽，在咸陽清理出的堆積物中，他明明白白地看到了大火的痕跡。

看到司馬遷在《史記》中所說的那場大火真的發生在咸陽，那麼又是誰把這場火災移到了阿房宮？或者說兩千多年曾經有過兩場大火？

明確地指出阿房宮被大火焚毀過，最著名的人要算是唐代的大詩人杜牧，直到今天還有些學者以他的《阿房宮賦》為依據，堅持說李毓芳的結論有誤。

但僅僅以杜牧是個文學家為理由，否定考古隊的觀點是不足以服眾的。

是不是燒過的阿房宮被村民挖掉了？

二〇〇三年底，阿房宮考古隊在阿房宮的北牆上發現了大量的碎瓦，這讓李毓芳頗為振奮。大量的漢代瓦片是從哪兒來的呢？為什麼會出現在秦代的建築上呢？

難道阿房宮一直沿用到漢代嗎？這個可能讓專家們興奮起來。

中國社會科學院和西安考古所的專家們都說阿房宮沒被燒，資訊傳開，十里八村的鄉親們對阿房宮又有了新的興趣，他們說這楚霸王項羽為什麼放過了阿房宮？這裡面一定有著什麼奇事兒？一時間，阿房宮一帶比兩千多年前還要熱鬧。

讓人費解的是項羽為什麼要放過阿房宮？就連考古隊的專家們也百思不得其解。既然他已經燒掉了咸陽宮，兵馬俑等秦代瑰寶，又為什麼在阿房宮這兒高抬貴手呢？

正在李毓芳為兩千多年前那位古人絞盡腦汁的時候，那些來看熱鬧的農民卻為她提供了一條線索，八十一歲的楊懷山老人回憶說，他記得上世紀七〇年代的時候，附近幾個村子曾經在這片遺址附近動過土，會不會是那時候他們無意中把燒過的那層阿房宮挖掉了？

楊懷山老人所說的事情在當地叫做「大會戰」，那時候幾個村子甚至幾個鄉的村民集合起來，挖土填莊。如果這片阿房宮前殿遺址在當時被挖去了二公尺多深，那麼一切都沒有了。

但從這裸露在外的阿房宮城牆，考古隊可以清楚地看出不同時代的地層，秦代在下，漢代在上，農民怎麼可能繞開上面的地層只挖去了下層的約二十萬平方公尺的一大片黃土呢？

爆炸性的觀點：阿房宮根本就沒有建

到二〇〇四年初的時候，「阿房宮沒有火燒過」終於成了考古界的一個結論，這時，幾乎每天都有成群的老鄉到現場來看，都有人問，挖出什麼寶貝沒有？因為歷史上很多文人都描繪過阿房宮藏寶。相傳秦滅六國，統一中原之後，把六國收藏的寶貝都搬到了阿房宮。一時間，阿房宮的寶貝何時出土成了當地人們最愛聊的話題。

就在這個時候，考古隊的領隊李毓芳又拋出一個爆炸性的觀點：阿房宮根本沒有建！這讓等著看寶貝的老鄉們大失所望，也使整個考古界大為吃驚。

當我們對「項羽有無火燒阿房宮」論戰不休時，其實一個最根本的問題被忽略——那如詩如幻般的阿房宮，真的有過嗎？阿房宮傳說兩千年，憑什麼斷定它的存在？

阿房宮存在與否的鐵證只能是當時的文字記述或實物。然而，阿房宮考古隊的領隊李毓芳坦言，迄今沒發現任何這樣的史物實證。如果宮殿建成，無論怎樣焚毀，都應像秦咸陽宮遺址那樣，有一公尺多厚的瓦礫堆積遺存，而阿房宮遺址沒有。中國社科院考古所所長劉慶柱說，如果宮殿建成，金銀財寶會被洗劫，可怎麼連一個破碗片都不見呢？

考古隊經過漫長的考察，除了發現土夯之外，沒有其他東西。秦始皇征七十萬苦力用了四年時間只建好了堅如磐石的土夯，最後秦始皇到死都沒有建成阿房宮，秦二世即位後，各地已經開始紛紛起義，阿房宮最終還是沒有建成，更沒有被燒毀過。而《阿房宮賦》中的描述，只存在於人們的幻想之中，或者說，阿房宮根本沒有建完。

在歷史之中，阿房宮只是秦始皇一個未盡的夢想，它那過分的美麗與奢華加劇了秦王朝的噩運，這使它成為一座罵名昭著的宮殿，秦之後，近兩千年中國歷代君王再也沒有興起類似的念頭。

參考資料

秦王朝的巨大宮殿：阿房宮

阿房宮遺址在今西安西郊十五公里的阿房村一帶，始建於西元前二一二年。中國重點文物保護單位。秦始皇統一全國後，國力日益強盛，國都咸陽人口增多。始皇三十五年（前二一二年），在渭河以南的上林苑中開始營造朝宮，即阿房宮。由於工程浩大，始皇在位時只建成一座前殿。

據《史記．秦始皇本紀》記載：「前殿阿房東西五百步，南北五十丈，上可以坐萬人，下可以建五丈旗，周馳為閣道，自殿下直抵南山，表南山之巔以為闕，為複道，自阿房渡渭，屬之咸陽。」其規模之大，勞民傷財之巨，可以想見。秦始皇死後，秦二世胡亥繼續修建。唐代詩人杜牧的《阿房宮賦》寫道：「覆壓三百餘裡，隔離天日。驪山北構而西折，直走咸陽。二川溶溶，流入宮牆。五步一樓，十步一閣；廊腰縵回，簷牙高啄；各抱地勢，鉤心鬥角。」可見阿房宮確為當時非常宏大的建築群。楚霸王項羽軍隊入關以後，移恨於物，將阿房宮及所有附屬建築縱火焚燒，化為灰燼。

阿房宮究竟有多大？西漢史學家司馬遷在他的《史記．秦始皇本紀》中說，阿房宮前殿，東西五百步，南北五十丈，殿中可以坐一萬人，殿下可以樹起五丈高的大旗。四周為閣道，自殿下直抵南山。在南山的峰巔建宮闕，又修復道，自阿房宮渡過渭水直達咸陽。秦代一步合六尺，三百步為一里，秦尺約零點二三公尺。如此算來，阿房宮的前殿東西寬六百九十公尺，南北深一百一十五公尺，占地面積八萬平方公尺，容納萬人自然綽綽有餘。相傳阿房宮大小殿堂七百餘所，一天之中，各殿的氣候都不盡相同。宮中珍寶堆積如山，美女成千上萬，秦始皇一生巡迴各宮室，一天住一處，至死時也未把能宮室住遍。《漢書．賈山傳》記載阿房宮整個的規模「東西五里，南北千步」。如今在陝西西安西郊三橋鎮以南，東起巨家莊，西至古城村，還保存著面積約六十萬平方公尺的阿房宮遺址。可見，阿房宮宮殿之多、建築面積之廣、規模之宏大，是世界建築史上無與倫比的宮殿建築。

火燒赤壁是真的嗎？

胡小偉

從蘇軾《念奴嬌．赤壁懷古》「遙想公瑾當年……羽扇綸巾，談笑間、檣櫓灰飛煙滅」的詩句中，可以想見周瑜當年指揮赤壁之戰的風采。「火燒赤壁」也是《三國演義》的著名橋段，不知為多少人所津津樂道，可是「火燒赤壁」的壯觀場面歷史上真的發生過嗎？

「赤壁之戰」的歷史演變

《三國志演義》（簡稱《三國演義》，下同）以戰爭描寫著稱後世。明人評價《三國演義》，向有「據正史，采小說，證文辭，通好尚，非俗非虛，易觀易入」的褒譽，清儒章學誠歸結為「七實三虛」之說，遂成定讞，而為後世文學史、小說史樂於引用。其間偶有爭議，也僅限於《三國志》與《三國演義》文史之異同，而鮮有談及其中的「三虛」，是否另有素材來源的問題。那麼我們來探討一下《三國演義》中的「實中之虛」與「虛中之實」，以見其增益部分中的宋元事實。

「赤壁之戰」是《三國演義》的重要情節之一，不僅因為它是直接構成「三國鼎立」的要素，而且直接描述在毛宗崗一百二十回本中占據了八回之多。事實上，從三國故事形成以來，有關「赤壁之戰」的詩歌便不絕如縷，如盛唐李白「二龍爭戰決雌雄，赤壁樓船掃地空。烈火張天照雲海，周瑜於此破曹公。君去滄江望澄碧，鯨鯢唐突留餘跡。一一書來報故人，我欲因之壯心魄。」如晚唐胡曾「烈火西焚魏帝旗，周郎開國虎爭時。交兵不假揮長劍，已挫英雄百萬師。」一直到蘇軾前後《赤壁賦》。破曹英雄都鎖定在周瑜身上。

戲劇囿於舞臺及角色限定，很難直接表現戰役全景，故元雜劇有《隔江鬥智》，專門描述諸葛亮與周瑜既聯合又相互算計的曲折過程，間接表現了「赤壁之戰」的設謀、實施和勝利，把戲曲在矛盾中塑造人物的特長發揮得淋漓盡致，轉為後世小說承襲發展。《三國志》中雍容大度的周瑜形象亦因此改塑，作為諸葛亮智高一籌的陪襯，周瑜變成小肚雞腸、嫉賢妒能的典型。而明人嘉靖本《三國志通俗演義》則發揮了小說敘事不受三維空間局限的特長，以大段篇幅，反覆穿插，全景視野描寫的「赤壁之戰」，遂成中國小說史上最成功的戰爭描寫。

有人統計，毛本《三國演義》中有關「赤壁之戰」的描述文字共約三萬七千九百字，「其中的故事絕大部分為虛構」，故稱「赤壁之戰——《三國演義》中虛構故事為最多」。但「赤壁之戰」到底被虛構到了什麼程度，尤其是其核心情節是否符合史實，前賢也曾論及，如錢鐘書論及《孟德新書》時，以為：「《三國演義》寫赤壁之戰，黃蓋苦肉計詐降，周瑜佯醉騙蔣幹，皆使曹操墮術中；征之《三國志．吳書．周瑜傳》，黃蓋詐降而無苦肉計，蔣幹做說客而無被騙事。《演義》所增詭計，中外古兵書皆嘗舉似。《孫子．用間》篇：『內間者，因其官人而信之』，何延錫注引李雄鞭撲泰見血，使譎羅尚，尚信之，即《演義》第四十六回周瑜之撻黃蓋；又『反間，因其敵間而用之』，蕭世諴注謂『敵使人來候我，我佯不知而示以虛事』，即《演義》第四十五回周瑜之賺蔣幹。」

是的。只是關於《三國演義》增益謀略「詭計」，遠非此端。從《三國演義》小說描述的經典戰役「赤壁之戰」，與宋金元水軍在長江與崖門四次水上戰略決戰的比較，以窺其餘。

史實辨疑：從《三國志》到《資治通鑑》

■《三國志》的矛盾記敘

首先的問題是：以三國時代的造船技術和繫泊水準，是否能夠在長江中游形成後人從《三國志》傳述的大規模戰略決戰？我們不妨回溯一下史籍的記述。

《三國志．魏書．武帝紀一》比較簡略：「十二月，孫權為備攻合肥。公自江陵征備，至巴丘，遣張憙救合肥。權聞憙至，乃走。公至赤壁，與備戰，不利。於是大疫，吏士多死者，乃引軍還。備遂有荊州、江南諸郡。」不但諱言失敗，更未提及「火攻」致敗，而是歸於戰役「不利」之後的「大疫」。可以理解。王粲《英雄記》言：「曹公赤壁之役，行至雲夢大澤中，遇大霧，迷失道。」也絕口不提燒船之事。又《江表傳》：「周瑜破魏軍，曹公複書與權曰：赤壁之役，值有疾疫。孤燒船自退，橫使周瑜虛得此名。」還說是曹操自燒其船。裴松之於此節注言：「《山陽公載記》曰：（曹）公船艦為（劉）備所燒，引軍從華容道步歸，遇泥濘，道不通，天又大風，悉使羸兵負草填之，騎乃得過。羸兵為人馬所蹈藉，陷泥中，死者甚眾。軍既得出，公大喜，諸將問之，公曰：『劉備，吾儔也。但得計少晚；向使早放火，吾徒無類矣。』備尋亦放火，而無所及。孫盛《異同》評曰：按《吳志》，劉備先破公軍，然後權攻合肥，而此記云權先攻合肥，後有赤壁之事。二者不同，《吳志》為是。」

可知早在南朝，策劃並實施赤壁「火攻」的所有權人究竟是劉備還是周瑜，已經發生了疑問。且「放火」不僅限於江面，還有追及陸上之說。儘管孫盛挑出的邏輯矛盾，導致後世《吳志》作為信史之價值上升，但也不能回避「劉備先破公軍」問題。《蜀書．先主傳》亦言：「曹公以江陵有軍實，恐先主據之，乃釋輜重，輕軍到襄陽。聞先主已過，曹公將精騎五千急追之，一日一夜行三百餘里，及於當陽之長阪。先主棄妻子，與諸葛亮、張飛、趙雲等數十騎走，曹公大獲其人眾輜重。先主斜趨漢津，適與羽船會，得濟沔，遇表長子江夏太守琦眾萬餘人，與俱到夏口。先主遣諸葛亮自結於孫權，權遣周瑜、程普等水軍數萬，與先主並力，與曹公戰於赤壁，大破之，焚其舟船。先主與吳軍水陸並進，追到南郡，時又疾疫，北軍多死，曹公引歸。」增加了劉備等人先「大破其軍」，然後再「焚其舟船」的細節，又以適值「大疫」，才擊退曹軍的。

而《吳書．吳主傳第二》則言：「是時曹公新得表眾，形勢甚盛，諸議者皆望風畏懼，多勸權迎之。惟瑜、肅執拒之議，意與權同。瑜、普為左右督，各領萬人，與備俱進，遇於赤壁，大破曹公軍。公燒其餘船引退，士卒饑疫，死者大半。」

從文字上看，失利以後「燒其餘船以退」的並非劉備，而是曹操自己。只是在《吳書・周瑜傳》中描述到曹操的「結船為陣」，和聯軍攻勢的「以風助火」，細節也比較詳盡：「時曹公軍眾已有疾病，初一交戰，公軍敗退，引次江北。瑜等在南岸。瑜部將黃蓋曰：『今寇眾我寡，難與持久。然觀操軍船艦首尾相接，可燒而走也。』乃取蒙沖鬥艦數十艘，實以薪草，膏油灌其中，裹以帷幕，上建牙旗，先書報曹公，欺以欲降。又豫備走舸，各系大船後，因引次俱前。曹公軍吏士皆延頸觀望，指言蓋降。蓋放諸船，同時發火。時風盛猛，悉延燒岸上營落。頃之，煙炎張天，人馬燒溺，死者甚眾。軍遂敗退，還保南郡。」

說得最熱鬧的其實是裴氏為《周瑜傳》加注的《江表傳》：「至戰日，蓋先取輕利艦十舫，載燥荻枯柴積其中，灌以魚膏，赤幔覆之，建旌旗龍幡於艦上。時東南風急，因以十艦最著前，中江舉帆，蓋舉火白諸校，使眾兵齊聲大叫曰：『降焉！』操軍人皆出營立觀。去北軍二里餘，同時發火，火烈風猛，往船如箭，飛埃絕爛，燒盡北船，延及岸邊營柴。瑜等率輕銳尋繼其後，雷鼓大進，北軍大壞，曹公退走。」不知為何，與其引用曹操致周瑜書的說法頗有矛盾。

■ 吳、魏當時「鼓吹曲」的描述

此外，《周瑜傳》的說法也只是孤證。即便同書《黃蓋傳》中，也僅以「隨周瑜拒曹公於赤壁，建策火攻，語在瑜傳」敷衍道之，而未言及其他，即是一疑。沈約所撰《宋書・樂志四》哀集有「吳鼓吹曲」十二篇，其中涉及周瑜參與「赤壁之戰」的歌辭為：「《烏林》者，言曹操既破荊州，從流東下，欲來爭鋒。大皇帝命將周瑜逆擊之於烏林而破走也。漢曲有《上之回》，此篇當之。曹操北伐，拔柳城。乘勝席捲，遂南征。劉氏不睦，八郡震驚。眾既降，操屠荊。舟車十萬，揚風聲。議者狐疑，慮無成。賴我大皇，發聖明。虎臣雄烈，周與程。破操烏林，顯章功名。」

也沒有提及「詐降」、「火攻」等關鍵情節。從證據價值來看，這首歌辭是赤壁之戰勝利後的「當時鼓吹」，創作時間無疑早於陳壽志傳，甚至《吳書》的寫作年代，而該歌辭的收存者沈約的實際年代，亦與為《三國志》作注的裴松之先後踵接。結合前引《三國志》魏、蜀、吳主各傳記敘，即面對同時或稍前之四項基本一致之史料記載，《吳書．周瑜傳》的描述是否真實，就很值得質疑了。

■親歷者王粲《英雄記》的記載

至於周瑜「火燒赤壁」的真實情景為何，親身參與過「赤壁之戰」的王粲在《英雄記》中兩段平實敘述，或許可以幫助我們解開這個歷史之謎：「周瑜領江夏，曹操欲從赤壁渡江南，無船，乘簰從漢水下，住浦口。未即渡，瑜夜密使輕舡、走舸百所艘，艘有五十人移棹，人持炬火，火燃則移船走去，去複還燒者。須臾燒數千簰，火大起，光上照天，操夜去。」

「曹軍至江上，欲從赤壁渡江，無舡，作竹椑使部曲乘之，從漢水來下，出大江，注浦口，未即渡，周瑜又夜密使輕舡、走舸百艘燒椑，操乃夜走。」

也就是說，曹軍所乘只是木筏（簰、椑）。而周瑜則是採取夜襲方式，遣船燒簰，使曹軍欲渡不能。這種說法仍然有「火攻」事實，但與《魏書》、《蜀書》及《吳書．吳主傳》記述相去不遠，唯與《周瑜傳》描述大相徑庭。從證據學的觀念上看，王粲所記似乎亦稍勝一籌。

但《周瑜傳》所載之「黃蓋詐降」、「結船為陣」、「東南風急」相繼成為「火攻」要素，也是這一場「以弱敵強」的戰役發生戲劇性轉變的關鍵，因而為歷代史學家、文學家珍愛，輾轉相沿，成為定說的。故而杜牧賦詩，特意標舉「東風不與周郎便，銅雀深宮鎖二喬」。請注意，杜牧此詩作於晚唐，已與李商隱「或謔張飛胡，或笑鄧艾吃」所述三國人物故事以傳說形式流行民間的時代相同。

現今史學界多以為歷史上的「赤壁之戰」，發生在湖北蒲圻市（今稱赤壁市）北約三十八公里的長江南岸。而《英雄記》所載因有「從漢水下」、「從漢水來下」之語，被認為是支持「黃岡赤壁說」，因而為唐後學人詩家所不取。揆諸情理，曹軍既不習水戰，當然不會選擇水面寬闊的地帶來進行決戰。

《三國志》雖然成於陳壽一人之手，但是三方的資料卻來源有自。正是因為陳壽尊重了各方資料所載，而沒有用《魏書》的正統觀念統攝其他，所以受到後世史家的稱讚，號為「良史」。但推想《三國志》關於「赤壁之戰」說法何以會出現這樣的歧異，或者與《吳書》好以「眩言」自大有關。比如南下曹軍的數量，《吳書．吳主傳二》敘及赤壁戰事時，裴注有言：「《江表傳》載《曹公與權書》曰：『近者奉辭伐罪，旄麾南指，劉琮束手。今治水軍八十萬眾，方與將軍會獵於吳。』權得書以示群臣，莫不相震失色。」

這裡的「水軍八十萬」開始談及決戰可能的規模問題，也是三國小說戲劇鋪張之由頭。複引《江表傳》注《周瑜傳》：「及會罷之夜，瑜請見曰：『諸人徒見操書，言水步八十萬，而各恐懾，不復料其虛實，便開此議，甚無謂也。今以實校之，彼所將中國人，不過十五、六萬，且軍已久疲，所得表眾，亦極七、八萬耳，尚懷狐疑。』」等於自釋其疑。但由於話分兩頭，令人無所適從。如結合前述《烏林》曲中「舟車十萬」之說，實與劉孫聯軍的實力差別不大。

再者，曹操荊州之爭征伐的主要敵人，本為劉備，除了前引《三國志》諸說之外，還可以由《宋書．樂四》裒集的「魏鼓吹曲」《平南荊》觀之，其辭云：「南荊何遼遼，江漢獨不清。菁茅久不貢，王師赫南征。劉琮據襄陽，賊備屯樊城。六軍廬新野，金鼓震天庭。劉子面縛至，武皇許其成。許與其成，撫其民。陶陶江漢間，普為大魏臣。大魏臣，向風思自新。思自新，齊功古人。在昔虞與唐，大魏得與均。多選忠義士，為喉唇。天下一定，萬世無風塵。」

注曰：「漢第八曲《上陵》，今第八曲《平南荊》，言曹公南平荊州也。」明確指出此役敵人實為劉琮與「賊（劉）備」，而非孫權。比照前引《魏書》、《蜀書》及裴注所引《山陽公載記》，也都是寫劉備正面接敵，而《吳書．吳主傳二》亦止寫「瑜、普為左右督，各領萬人，與備俱進，遇於赤壁，大破曹公軍。」可知引發荊州歸屬問題的「赤壁之戰」，是曹、劉互以為正面對手，孫、吳不過是偏師突襲而已。

吳鼓吹曲《烏林》中則述「虎臣雄烈，周與程。破操烏林，顯章功名」，不再提及劉備。這或許是與他們強烈的自尊心有關。吳人載記每好「眩言」，誇大其詞，筆者曾在《〈樂府詩集〉所輯〈關背德〉、〈通荊門〉看三國歷史上的荊州之爭》中「蜀疑其眩」一節有所分析，不贅。

這讓人疑心《周瑜傳》描述的「赤壁之戰」，實際上是吳人爭功，以塞實「借荊州」之說，為日後藉口偷襲關羽而編造出來的。或者換一種說法，這條資料其實是三國歷史虛構化、故事化的起始，甚至逕稱為三國故事「小說化」的發端，未嘗不可。

■ 王濬樓船下益州

由唐人所撰《晉書》對於王浚伐吳的記載看來，《周瑜傳》有關「赤壁之戰」的描述也值得懷疑。正如前述杜牧之詩還寫到了「折戟沉沙鐵未銷，自將磨洗認前朝」，歌詠的卻是象徵三國時代結束的「王浚樓船下益州，金陵王氣黯然收」。這次曾經在長江中下游有過小規模水戰，除此次及類似的隋平陳之外，中國歷史上直至宋金，都沒有發生過值得一提的水上戰役。

據《晉書》載：「武帝謀伐吳，詔浚修舟艦。浚乃作大船連舫，方百二十步，受二千餘人。以木為城，起樓櫓，開四出門，其上皆得馳馬來往。又畫鷁首怪獸於船首，以懼江神。舟楫之盛，自古未有。」但雖然他「造船於蜀，其木柹（木屑）蔽江而下」。這曾經引起了下游的警惕，「吳建平太守吾彥取流柹以呈孫皓曰：『晉必有攻吳之計，宜增建平兵。建平不下，終不敢渡。』」只是孫皓不聽。太康元年（二八〇年）二月王濬大軍克復丹楊（今湖北秭歸東），進逼西陵峽，順流而東時，吳人還是在水上盡最大努力設置了障礙：「吳人於江險磧要害之處，並以鐵鎖橫截之，又作鐵錐長丈餘，暗置江中，以逆距船。先是，（襄陽太守）羊祜獲吳間諜，具知情狀。濬乃作大筏數十，亦方百餘步，縛草為人，被甲持杖，令善水者以筏先行，筏遇鐵錐，錐輒著筏去。又作火炬，長十餘丈，大數十圍，灌以麻油，在船前，遇鎖，然炬燒之，須臾，融液斷絕，於是船無所礙。」

可知即便冬季長江枯水期間，木筏逞順流而下之勢亦非無用，兵不血刃，即順利平吳。而鐵錐遇筏而拔，鐵鎖遇火而化，不中用的反而是東吳的錨碇和鑄鐵技術。此時距建安十三年（二〇八年）發生的「赤壁之戰」時，不過六十餘年。推想當時赤壁戰時曹軍果若「船艦首尾相接」，鐵索亦應遇火而化，未必堅若磐石。而船艦一旦蕩開，當然不可能出現「頃之煙炎張天，人馬燒溺」的壯觀場景。

■ 中國科技史提出的困惑

但是《吳書．周瑜傳》及《江表傳》的精彩述說，似乎忽略了一個重要問題，就是只談長江「北岸」、「南岸」，不提江水之「上游」、「下游」。蓋緣曹軍所據西北，無疑為長江上游。「大江東流」之勢能，在水戰之中可否忽略不計？是否可與「東南風急」之動能對等抵消？筆者不是船舶專家，不能妄下定評。但《吳書》此番描述的周瑜火攻，雖言順風，卻不順水，故必須逆流而上。如不考慮成熟的錨碇技術以及風帆問題，則長江水域能否進行如此規模的水上決戰，實可懷疑。即以今日技術而言，水翼船、水上摩托車容或能之，即便其他老式機動船在長江中游逆流而上，想要達到「往船如箭」的程度，也是不可能的。

值得注意的是，《江表傳》中出現了一句「中江舉帆」，為《三國志》原文所無。按《江表傳》為晉人虞溥所著，見《晉書》列傳第五十二。但這部著作是在他死後，兒子虞勃渡江，才獻給晉元帝司馬睿（二七六年至三二二年），藏諸東晉祕府的。如以東晉政權建立的建武元年（三一七年）而論，已距「赤壁之戰」一百餘年，距陳壽（二三三年至二九七年）編《三國志》（約從泰始十年，即二百七十四年升為著作郎開始）也有三十餘年。所敘既非親見，亦非可能訪於親歷之人。從介紹虞溥善文章詞賦特點看來，「中江舉帆」一語應當是「以意補之」，同時亦不排除其子虞勃或者後人增飾潤色的可能。蓋緣帆以風為動力，於是「東南風急」成為文學想像中東吳船艦所以能夠溯流急上，「火攻赤壁」的主要動力來源。而後世所以增飾諸葛亮「借東風」，突顯他的「神機妙算」，其實不過是突出此戰關鍵的

「能源專家」。這正是原史不明，需要補苴罅漏的地方，也為後世小說戲曲鋪張此事增添了依據。可惜如果引入中國科技史的歷史考察，就會遇到麻煩。

又《吳書．吳主傳二》引《江表傳》曰：「權於武昌新裝大船，名為長安，試泛之釣台圻。時風大盛，穀利令柂工取樊口。權曰：『當張頭取羅州。』利拔刀向柂工曰：『不取樊口者斬。』工即轉柂入樊口，風遂猛不可行，乃還。權曰：『阿利畏水何怯也？』利跪曰：『大王萬乘之主，輕於不測之淵，戲於猛浪之中，船樓裝高，邂逅顛危，奈社稷何？是以利輒敢以死爭。』權於是貴重之，自此後不復名之，常呼曰穀」。

如果孫權所乘為帆船，則逆風「大盛」，須急落帆，而非逆風行船，或者掉頭回返，其理至明。則知當時孫權所乘之船，動力源亦為櫓篙之類。

大約讀慣了「孤帆遠影碧空盡」、「沉舟側畔千帆過」、「過盡千帆皆不是」之類詩詞的原因，很多人把船帆在中國「自古有之」視為當然。其實在科技史上這還是一個具有爭議的問題。有論者言：「中國發明帆的時間，現在已無法考證了，但是中國使用帆的歷史至少已有三千多年了。在商代遺留下來的甲骨文中，就經常能夠發現帆的文字，這些文字寫作Ⅱ、丹等形狀，好像張開的帆。從甲骨文關於帆字的字樣，我們可以推測早期的帆是屬於固定裝置的方形帆。固定裝置的方形帆製作簡單，但是它只能有效地利用從船尾方向吹來的風，就是順風」。

這倒正似黃蓋所率趁「東南風急」火燒曹營使用的帆船。可惜語焉不詳，並沒有提供進一步實物圖形甚至文字的證據。

按東漢許慎《說文解字》中「帆」作「颿」，從馬從風，表示是用於車駛之風力。漢末劉熙《釋名》才首次解釋為「隨風張幔曰帆，使舟疾泛泛然也」。顯然已用於船行。劉熙就是漢末三國時代的人，但究竟他是在描述習見技術，還是耳食之言，尚難驟定。此外還有人據東漢馬融《廣安頌》中有句云：「然後方艅艎，連舼舟、張雲帆，施蜺幬，靡颸風，陵迅流，發擢歌，從水謳，淫魚出，蓍蔡浮，湘靈下，漢女遊。」認為是「對風帆作了生動的描繪」，說明「漢代帆船已很普遍了」。但此賦顯為時空兩維，不受限制之誇飾描繪，而非實用技術之描述。比如「靡颸風」時能否「張雲帆」，就是一個常識性問題。何況「帆」字何時出現，也應經過考證。

李約瑟曾專門論述過中國帆船及錨碇技術的發展，評價甚高。他以為就帆船技術而言，最早出現在古埃及，中國古代則多謂「舟楫」，動力系統是篙槳櫓，見其《中華科學文明史》縮略本第三冊，有關論述散見如下：古埃及帆船（三〇〇頁），中國舟楫（八〇、二三〇至二三一、二九九頁）、帆船改進（二一七至二一八頁）。按李氏對中國帆船技術頗多好評，故特置第五章「推進（帆：中國在縱帆發展中的地位）」詳細論述唐宋元明的技術，但在意欲上溯前期時卻遇到疑惑，他在分析廣州出土的一艘東漢陶船結構時，屢次驚訝於「桅在何處仍是一個謎」，「遺憾的是尋找桅和帆裝的全部證據已經遺失」（一一八頁）。在全書結論部分，也謹慎地用「至少在三世紀後」、「應該是二世紀和三世紀」以及「漢代以後」這類詞語概括言之（三〇〇至三〇一頁）。但都明顯遲於「赤壁之戰」的發生。最早明確介紹帆具作用的，則是三國晚期吳國人萬震描述海外貿易的《南州異物志》言：「外徼人隨舟大小，或作四帆，前後遝載之。有盧頭木葉如牖形，長丈餘，織以為帆。其四帆不正向前，皆使邪移，相聚以取風。風吹後者，激而相射，亦並得風力。若急，則隨宜減滅之也。邪張相取風氣，而無高危之慮，故行不避迅風激波，安而能疾。」

性急的船舶專家又從這段描述推導出許多斬釘截鐵的結論：「漢代由於船舶尺寸增大，已開始在船上採用多桅多帆；用盧頭木葉織成的帆當屬於硬帆，厚而硬；『其四帆不正向前』證明硬帆能利用側向風力了。漢代已注意到多帆的相互影響，根據風向和風力大小要隨時調節帆的位置、角度和帆的面積，中國式便帆可利用本身的自重迅速落帆，而不像西方大軟帆需眾多人力將帆卷起綁紮在橫桁上，緊急時可能要砍桅以保證船的航行安全。」

但是，首先需要釐清的是船主「外徼人」究竟是何許概念。《漢書．地理志第八》：「越嶲郡，武帝元鼎六年開……繩水出徼外，東至僰道入江，」《後漢書》：「西南夷者，在蜀郡徼外，有夜郎國，東接交址，西有滇國，北有邛都國。」《南史》卷七十八《夷貊上．海南諸國》言：「其西界接天竺、安息徼外諸國，往還交易。其市東西交會，日有萬餘人。珍物寶貨無不有」。

按《老子》：「故恒無欲也，以觀其妙；恒有欲也，以觀其徼。」王弼注言：「徼，歸終也。凡有之為利，必以無為用；欲之所本，適道而後濟。故常有欲，可以觀其終物之徼也。」宋人陳景元言：「大道邊有小路，曰徼。」元人吳澄言：「徼者，猶言邊際之處，孟子所謂端也。」可知「外徼」或「徼外」實為邊鄰與我貿易往還之國，即所謂「化外之地」。

這樣看來，萬震描述的帆船並非東吳所擁有，顯然也因為是新見異物，所以他才用那樣豔羨的口吻來描述。又文尚光將《南州異物志》中「外域人名船曰舡。大者長二十餘丈，高去水三二丈，望之如閣道。載六七百人，物出萬斛。」船舶史家也順手移來當作「三國時孫劉聯軍赤壁大戰的起樓三層的鬥艦」，完全忽視了「外域人」的說法，和南海、長江的區別，恐怕也犯了同樣的錯誤。

但既然能夠看到帆船，官員又著意重視，中國人模仿起來也就不成問題，而且很快就將「船帆」用於實用，並持續改進以致而大為興盛的時期，顯然是在東晉以後，而自宋迤明，最為成熟。別看從「赤壁之戰」到東晉渡江只差百十年時間，但是像風帆這類簡易適用技術的引進和發展，會是日新月異的。《古今樂錄》介紹，齊武帝「數乘龍舟，游五城江中放觀，以紅越布為帆，綠絲為帆纖，鍮石為篙足。」猶為當時時髦舉動。《唐書．樂志》曰：「梁改其名為《商旅行》。」如果有學者能舉出實證，證實三國時期長江流域已有成熟的船帆技術，則可以對李約瑟的有關論述作出重要修正補充，亦為功德無量之事，亟請提出，以為佐證。

此外就錨碇繫泊技術而言，古代中國一般是「採石為碇」，僅利用碇石自身的重量來固定船舶，力量有限。故「赤壁之戰」時曹營是否有能力「結船為陣」，泊於長江之濱，尚屬疑問。西晉王濬平吳，即是一例。至宋代始出現「木爪石碇」，即利用木爪紮入泥層，類同木椿作用，固定船隻的力量也因此增大了好幾倍。一九七五年在泉州灣曾經發現並出土有一杆宋元時期的大木碇，殘存長度達七點五七公尺，上面有系纜繩和安碇擔的圓孔，還有用鐵箍加固後所留下的鏽跡。至於鐵錨的使用，則是明代以後的事了。

中國船帆與錨碇的起源流變，雖為專門技術問題，但若不加考慮，歷史學的敘述便無可依託，以其事涉專門，故不欲班門弄斧，只希望提請專家注意。

■宋人的歷史綜述與文學想像

由於周瑜火攻破敵的傳說唐時已盛，故司馬光《資治通鑑》卷六五綜合《三國志》及裴注諸說，重在釐清「赤壁之戰」之前因後果，而對戰役本身的描述，基本也採用了《吳書．周瑜傳》的說法：「（劉備）進，與操遇於赤壁。時操軍眾已有疾疫，初一交戰，操軍不利，引次江北。瑜等在南岸，瑜部將黃蓋曰：『今寇眾我寡，難與持久。操軍方連船艦，首尾相接，可燒而走也。』乃取蒙沖鬥艦十艘，載燥荻、枯柴，灌油其中，裹以帷幕，上建旌旗，預備走舸，系於其尾。先以書遺操，詐雲欲降。時東南風急，蓋以十艦最著前，中江舉帆，餘船以次俱進。操軍吏士皆出營立觀，指言蓋降。去北軍二裡餘，同時發火，火烈風猛，船往如箭，燒盡北船，延及岸上營落。頃之，煙炎張天，人馬燒溺死者甚眾。瑜等率輕銳繼其後，雷鼓大進，北軍大壞。操引軍從華容道步走，遇泥濘，道不通，天又大風，悉使羸兵負草填之，騎乃得過。羸兵為人馬所蹈藉，陷泥中，死者甚眾。劉備、周瑜水陸並進，追操至南郡。時操軍兼以饑疫，死者太半。操乃留征南將軍曹仁、橫野將軍徐晃守江陵，折沖將軍樂進守襄陽，引軍北還。」

同時蘇軾《前赤壁賦》寫「赤壁之戰」，鋪敘曹操「破荊州，下江陵，順流而東也，舳艫千里，旌旗蔽空，釃酒臨江，橫槊賦詩」云云，正是以宋時船艦作為藍本，逞其對於「當然」想像之「姑妄言」。而《念奴嬌》一句「談笑間，檣櫓灰飛煙滅」，也是末歷戰陣的文學語言，卻為後人鋪張此役提供了足夠的空間，亦為後世《三國演義》所本。

大貪官和珅二十條罪狀裡為什麼偏偏沒有「貪」字？

知白守黑

……情急之下，嘉慶想到了一個隱晦的辦法，既不說違法的貪，也不說合法的有，而是在二十大罪名涉及財產類罪狀中巧妙地選擇了一個「藏」字……

清嘉慶四年（一七九九年），乾隆皇帝駕崩，和珅入獄。嘉慶在宣判和珅的罪狀當中卻沒有用「貪」這個字。難道清代的諭旨公文中忌諱「貪」字？其實不然，查看清代文獻，朝廷對貪汙行為的公文記載一直是直言不諱的，如索額圖「貪侈傾朝右」等類似記載，歷歷在目。清廷對這些貪界小巫都不惜「貪」字，為何對貪首和珅這個大巫在皇帝的諭旨中惜「貪」如金呢？這其中暗藏雷人玄機。

動手太倉促，一時弄不清財產來源

當時，嘉慶急於收拾和珅，在查抄家產、抓捕和珅時，動手太倉促，財產來源一時弄不清，可能是原因之一。嘉慶對和珅位極人臣、攬權索賄、亂政禍國的狂妄行為，早有耳聞目睹，此害不除，難穩江山。只是因為即帝位後，老爹乾隆仍然控制朝政，愛「和」如癡，一時無從下手，不是不報，只是時機未到。因為「做」了和珅，他可以達到一石三鳥之功效，既可殺猴給雞看，還可將和珅的巨額財產充公，又能空上幾十個官位安插心腹，何樂而不為？

嘉慶四年正月，乾隆得病，醫治無效，初三逝於養心殿。嘉慶下手了，正月初四，下旨免去和珅本兼各職，命和珅運送乾隆靈柩回清東陵。正月初五，下旨將和珅逮捕下獄。正月初八，下旨搜查和珅和福長安的家。正月十三，嘉慶即宣布了和珅的二十條大罪，下旨賜死。手腳之快、下刀之利，令人吃驚。

期間，嘉慶要一手辦理喪事，一手抄家抓人，兩手都要抓，兩手不一定同樣硬。試想，要在短短的十天之內，審結一件驚天大案，弄清和珅相當於清廷十五年財政收入總和的巨額財產來源，是多麼難的一件事。因為和珅除了供認的貪汙收賄勒索之外，他還有薪俸、經營等合法收入，他的家產中哪類財產是合法的，哪些收入是違法貪汙所得，一時實在難以分清。

官已革，家已抄，人已抓，嘉慶如果不及時找理由弄死和珅，騎虎難下，後患無窮。但如何在諭旨中為和珅羅列令人信服的罪名，也是很費心的一件事。如果說抄來的巨額財產均是貪而所得，難服情理，如果讓和珅死，還必須涉及到財產。情急之下，嘉慶想到了一個隱晦的辦法，既不說違法的「貪」，也不說合法的「有」，而是在二十大罪名涉及財產類的罪狀中巧妙地選擇了一個「藏」字，藉以說明和珅巨額財產含有貪汙所得因素，只是一時難以查清其真正來源。

由此看，嘉慶賜死和珅的二十大罪名中，除了欺君不敬、越權辦事、超標準建房、破壞民族團結等十二項罪名外，涉及財產類的八項罪名，一「藏」遮百醜，一「藏」萬事通，模糊地說明和珅罪孽深重，格殺合法。按照當下流行的說法，其實嘉慶並未明確和珅的貪污罪，而是以巨額財產來源不明罪懲辦和珅的。

給足老爹面子，避免一些不敬之詞

嘉慶其實還另有所「藏」。在賜死和珅的諭旨中，他無臉提及「貪」字，還與乾隆不無關係。和珅是乾隆一步一個腳印提拔起來的，是唯一心腹和代理人，其關係之親近，堪比狗皮襪子。他們之間表面是君臣關係，其實已親如手足。而乾隆享受奢華的個性，難免出現不合情理的開支，這一切全由聰明的和珅暗地擺平。乾隆六次下江南沿途建造的三十行宮、擴建圓明園和避暑山莊、舉行萬壽大典等大量開支，很不方便從國庫中支出銀子，都是和珅通過尋找財源從小金庫中報銷的，這些支出，皇親國戚、王公大臣們心照不宣。

和珅深知「馬無夜料不肥、人無外財不富」的理財哲學，只不過在具體的操作中順手牽羊地撈了一些外快，他和乾隆是一條繩上的螞蚱。如今，嘉慶要扳倒和珅，肯定會拔出蘿蔔帶出泥，如果說和珅貪，在和珅背後還站著一個大貪乾隆，要問和珅為什麼貪，還不是乾隆創造了有利條件？為了擺平一個奴才，而讓自己的老子臉上無光，是一件很不划算的事。為此，嘉慶皇帝忌諱在諭旨中提到「貪」字，實際不但給足了老爹面子，也避免了人們聯想一些關於老爹的不敬之詞。

此外，嘉慶親政後，面對乾隆末年的危機四伏，他需要一個安定的團隊和穩定的政局，所以打出了「咸與維新」的旗號，大力整飭內政，整肅綱紀。他懲辦和珅，只想速戰速決，殺一儆百，不想順藤摸瓜、深究深挖。他知道，面對和珅編織二十載的貪汙網路，真想把相關的每一個人都查辦。但是這樣不但會人人自危，混亂朝政，而且也將是他一輩子鬧不清、辦不完的事情。

與其自找苦吃，不如大事化小。於是嘉慶毅然決然地在諭旨中將「貪」化「藏」，把和珅與當朝官員自然割裂。因為藏匿巨額財產，似乎是和珅一個人的事，而以前曾經向和珅送過禮、獻過寶、買過官、辦過事的人，則不必惶惶不可終日。嘉慶在諭旨中將「貪」字隱去，實際是出了一個安官告示：我要革的，是和珅的小命，其他人大可不必擔心自己的腦袋，它依然會連在你的肥頸上，而不會身首異處。

瀋陽故宮四大謎團

佚名

在清朝統治的兩百多年中，這裡發生過太多的事件，也因此產生了許多傳說故事。即使在今天，仍然有許多缺乏史料記載的謎團，也為瀋陽故宮披上了多重神祕的面紗……

努爾哈赤瀋陽故宮，原名盛京宮闕，後稱奉天行宮，是清朝入關挪位置之前的皇宮，也是愛新覺羅氏的龍興之地。三百八十年前，清朝的開創者就是在這裡，邁出了他們入主中原的最後一步。三百八十年後，由於史料缺失，瀋陽故宮仍然有許多待解謎團，專家們也各持己見……

謎團之一：罕王倉促遷都只為保江山龍脈？

西元一六二一年，努爾哈赤率領八旗大軍以銳不可擋之勢挺進遼東，並將都城從赫圖阿拉遷至遼東重鎮遼陽，大興土木，修築宮室。

然而出人意料的是，一六二五年三月初三早朝時，努爾哈赤突然召集眾臣和貝勒議事，提出要遷都盛京（今瀋陽），諸親王、臣子當即強烈反對，但努爾哈赤堅持自己的主張。

努爾哈赤為何如此「倉促遷都」，民間一直流傳：努爾哈赤深信「傳統風水」，按照風水先生的指點，他在當時的東京城西南角修建娘娘廟；在東門裡修建彌陀寺；在風嶺山下修建千佛寺，想用三座廟把神龍壓住，以保龍脈王氣。

但是三座廟宇只壓住了龍頭、龍爪和龍尾，城裡的龍脊樑並沒被壓住。於是龍一拱腰，就要飛騰而去，一直向北飛到渾河北岸。罕王以為龍是奉天旨意，命他在龍潛之地再修造城池，於是一座新城便拔地而起，並將此命名為「奉天」。又因為渾河古稱沈水，而河的北岸為陽（風水中有關陰陽的規定是，山的南面為陽、北面為陰，水的南邊為陰、北邊為陽），所以又稱「瀋陽」。

當然，傳說似乎過於神奇，但國家清史編纂委員會委員李治亭教授和瀋陽故宮博物院研究室主任佟悅表示，歷來建都建城，風水都是放首位的。瀋陽在渾河之陽，上通遼河，遼河又通大海，可謂是一塊「風水寶地」。

但是兩位專家同時又指出，努爾哈赤遷都瀋陽，更主要的目的應該是出於戰略進取上的考慮。首先，瀋陽乃四通八達之處，其地理位置對當時的滿洲而言非常有利，北征蒙古，西征明朝，南征朝鮮，進退自如。其次，原先的都城遼陽滿漢民族矛盾衝突嚴重，而瀋陽當時還只是個中等城市，人口少，便於管理，這樣可以避免滿漢矛盾的激化。

謎團之二：瀋陽故宮究竟何年開始建造？

由於史料沒有任何明文記載，瀋陽故宮究竟何年開始建造，一直是歷史上的一大懸案，也是歷史學家們爭論的一個焦點。

瀋陽故宮博物院研究室主任佟悅說，這可能是因為修建皇宮是件勞民傷財的舉動，清代統治者認為不值得提倡，而且修建宮殿本身也就是為皇帝建個家，沒必要將具體建造年分寫進史書。然而幾年前，鞍山市文物站的一位工作人員在當地發現了一本《侯氏宗譜》，其中關於修建遼陽東京城和瀋陽盛京城的記載非常詳細。

據《侯氏宗譜》記載，負責為瀋陽故宮燒制琉璃瓦的侯振舉家族是「於天命九年間遷至瀋陽，複作宮殿龍樓鳳闕以及三陵各工等用」。有專家據此推斷，瀋陽故宮應該是在天命九年，也就是一六二四年開始建造的。

二〇〇三年一月十五日，瀋陽晚報發表了一篇題為〈瀋陽故宮到底建在哪一年？〉的文章，經瀋陽故宮博物院院長、清前史專家支運亭研究員多年研究，認定瀋陽故宮的始建年代應為一六二四年（天命九年）。

但佟主任卻不贊同這一說法，他認為，《侯氏宗譜》中所說的「天命九年」指的是侯振舉一家遷居瀋陽的時間，而不是說侯振舉搬到瀋陽後就立即開始建造故宮。佟悅認為，瀋陽故宮應該是從一六二五年開始建造的，理由有二：首先，一六二四年東京城還沒有建好，許多貝勒、大臣都還在忙著建自己的住所，努爾哈赤在沒有下達遷都命令之前，不可能在瀋陽建造故宮；其次，努爾哈赤居住在位於城北的罕王宮，而不是故宮裡。如果瀋陽故宮一六二四年就開始修建的話，那麼努爾哈赤為什麼不住在故宮裡反而要在故宮城旁居住？

謎團之三：誰才是瀋陽故宮的「總工程師」？

這些清代宮殿建築到底是誰設計的？又是由誰建造的？這同樣是《侯氏宗譜》揪開了冰山一角。宗譜中記錄了這麼一段文字：「大清高皇帝興師吊伐以得遼陽，即建都東京，於天命七年修造八角金殿，需用琉璃龍磚彩瓦，即命余曾祖振舉公董督其事，特授夫千總之職。後於天命九年間遷至瀋陽，複創作宮殿龍樓鳳闕以及三陵各工等用。又賜與壯丁六百餘名以應運夫差役驅使之用也。余曾祖公竭力報效，大工於是乎興。選擇一十七名匠役，皆竭力報效……」

佟悅認為，這段文字說明，侯振舉這個人與瀋陽皇宮的營造關係很大。從以上文字可以判斷，侯振舉應該是建造瀋陽故宮的負責人之一，但是考慮到瀋陽故宮中有許多建築是滿蒙風格，侯振舉作為一個漢人，不可能設計出來，所以除了侯振舉之外，應該還有其他的設計者和建造者。

對此，也有人提出了不同意見。有專家認為，侯振舉只是「燒制琉璃瓦的管窖人」，而不是瀋陽故宮的「工程師」，因為侯振舉是從海城遷至瀋陽的，根據《海城縣誌》載：「城東南三十五里，在岩山山麓有黃瓦窖，制黃琉璃瓦。清時工部派五品官監製黃瓦，以備陵寢宮殿之用」。其卷二《民族》中有這樣的記載：「侯氏，原籍山西明福縣，後徙本境。清初隸漢軍旗，世襲盛京五品官，監製黃瓦，族繁戶眾，世居城東南析木城」。該縣誌又在〈重修缸窰嶺伯靈廟碑記並序〉中說：「清初修理陵寢宮殿，需用龍磚彩瓦，因賞侯振舉盛京工部五品官……」

所以究竟是幾個人一同修築了這座清代宮殿，還是由某位大師具體設計，此問題也一直是未解之謎。

謎團之四：努爾哈赤是否修建了部分故宮？

努爾哈赤在位期間，是否修建了部分故宮？這在史學界同樣存在很大爭議。李治亭教授認為，努爾哈赤在瀋陽時一直都居住在故宮北門旁邊，而不是居住在瀋陽故宮裡，這說明當時故宮肯定還沒建完。而且建造宮殿是一項耗資巨大的工程，前期準備工作紛繁複雜，而努爾哈赤率部遷都瀋陽十八個月後便猝死。在這麼短時間裡，根本沒有足夠時間能將複雜的宮殿建完。

而佟主任則認為，一年半時間也不算太短，在遼陽城建造宮殿時也只用了二年多時間，努爾哈赤在位期間完全有時間修建宮殿。而根據史料最早記載，一六二七年正月初一，皇太極在大政殿舉行典禮儀式。按照瀋陽的天氣，說明大政殿在一六二六年十月之前就應該完工。也就是說，在努爾哈赤時期，大政殿和與之成組的建築十王亭時應該已經建好。當然，關於瀋陽故宮的未解之謎還有很多。但李教授強調，只要能從文化角度來分析解讀故宮，那麼這就是皇家宮殿留給後人最重要的一筆文化遺產。

清東陵乾隆陵墓謎案

徐廣源

東陵盜案發生後的一九二八年八月，溥儀派載澤、耆齡等人進行善後處理。他們在清理裕陵地宮時，發現了一具完整的女屍，面目如生……

孫殿英匪兵在進入裕陵地宮時，竟發現乾隆帝的棺槨不在棺床上，而是頂住了第四道石門。既然棺槨的四角都被龍山石牢固卡壓，怎麼會飄浮起來呢？

清朝是中國最後一個封建王朝，在近三個世紀的歷史時空內，共修建了十二座皇帝陵、七座皇后陵、十座妃園寢。位於河北省遵化市馬蘭峪西部的「清東陵」是清朝三大皇家陵園中規模最大的，現已成為世界文化遺產。然而令人痛心的是，從清王朝滅亡到中華人民共和國成立的三十八年間，清東陵曾先後遭到三次大規模的盜劫，變得傷痕累累，滿目瘡痍，損失相當慘重。

三次瘋狂盜劫

■第一次盜劫

一九二八年，也就是清朝覆亡後的第十七個年頭，掛著國民革命軍旗號的十二軍軍長孫殿英製造了第一次東陵大盜案。案情大致是這樣的：時任奉軍二十八軍某連連長的馬福田是河北遵化人，早已對東陵的地下寶藏垂涎三尺。當時他正好帶兵駐紮馬蘭峪，便與當地慣匪王紹義祕密勾結，準備伺機而動。沒想到他們的野心被駐紮在馬蘭峪四十里之遙的孫殿英所偵知。其實孫殿英對東陵也早有覬覦之心，肥肉豈能落入他人之口？孫殿英立即命師長譚溫江率兵攻擊馬福田，兩軍在馬蘭峪展開一場激戰，馬福田終因兵微將寡而狼狽逃走。於是譚溫江率「得勝之師」進駐馬蘭峪。他們以軍事演習為名，實行戒嚴，封鎖消息，斷絕交通。在七天七夜的時間裡，盜掘了隨葬品最豐富的乾隆帝的裕陵和慈禧太后的菩陀峪定東陵，將地上、地下珍寶掠奪一空。盜案發生四十天後，正在天津的清遜帝溥儀派宗室遺臣匆匆趕到東陵，對被盜的陵寢進行了善後處理，將被拋出的屍體進行了二次安葬。這次盜案震驚了中國，也震驚了世界。儘管溥儀強烈要求緝拿並嚴懲盜犯，但由於孫殿英重賄民國政府要員，此案最後不了了之。

■第二次盜劫

一九四五年八月，日本投降。在當年的後半年和次年年初，東陵地區的民主政權尚未正式建立，政治上出現了臨時真空，一些不法分子和土匪便乘機製造了又一起震驚中外的東陵大盜案。這次被盜的陵寢有康熙帝的景陵、咸豐帝的定陵、同治帝的惠陵和慈安陵，陵寢被盜之多，損失之慘重，超過了第一次。這次盜案發生前後，其他陵寢也相繼被盜，陵區週邊的大量陪葬墓也幾乎無一倖免。

■第三次盜劫

第二次盜案發生後，儘管政府進行了嚴厲鎮壓，但仍然有一些人賊心不死，欲壑難填。一九四九年，東陵地區的某些不法村民喪心病狂，又對那些被盜陵寢進行了一次全面「掃倉」。所謂「掃倉」，就是對地宮進行二次搜查，不使珍寶遺漏。經過這次「掃倉」，那些倖存的文物，特別是地宮金井中的珍寶，全部被盜掠一空。

這三次陵墓被盜事件，是中華文明史上的浩劫。它給子孫後代造成的物質損失和精神遺恨，將無法彌補！

開啟裕陵地宮

一九五六年，國家對定陵進行發掘，實際是為發掘明永樂皇帝的長陵而先期進行的一次試點性發掘。然而此事在當時卻產生了很大的負面影響。隨後，國內便興起了一股挖掘帝王陵墓的狂潮。為此，在明定陵地宮發掘後不久，在中國國家文物局局長鄭振鐸、中國科學院考古研究所副所長夏鼐（二人當年均對發掘定陵持反對態度）的聯合提議下，國務院下發了「停止對一切帝王陵墓發掘」的檔。可是十幾年後又有開啟乾隆帝的裕陵之舉。

一九七五年六月的一個星期天，文化部文物局局長王冶秋偕夫人到清東陵進行參觀旅遊。名為旅遊，實際上是一次工作暗訪，所以事先既未通知河北省、唐山市，也沒有告訴遵化縣和東陵保管所。

清東陵陵寢雖然有十五座之多，但當時開放的卻只有慈禧陵一座，遊客也很少。當時東陵保管所的辦公室和接待室就設在慈禧陵的神廚庫內。王冶秋夫婦剛剛進入參觀區，就被經常進京出入中國國家文物局大門的謝久增認出。他急忙將王局長夫婦請進接待室，休息了一會兒，由喬青山所長和謝久增陪同，參觀了慈禧陵。參觀結束後，喬青山向王局長彙報了工作，並重點介紹了開啟裕陵地宮的想法。王局長聽得很認真，但未作任何明確表態。王冶秋先生是當時掌管中國文物工作的最高長官，也是國內外知名的文物專家，他問開啟裕陵地宮需要多少錢？有關人員回答說兩萬元就夠了。王局長點了點頭，當天就回北京了。誰也沒有想到，就在王冶秋走後的第七天，中國國家文物局就撥來了兩萬元錢。不久，河北省文物處派人來監督指導裕陵地宮的開啟工作。

諸多謎團未解

裕陵地宮自一九七五年開啟，至今已經三十多年。其中仍有許多謎團未解，疑雲籠罩。現擇其主要，略作介紹。

■女屍之謎

東陵盜案發生後的一九二八年八月，溥儀派載澤、耆齡等人進行善後處理。他們在清理裕陵地宮時，發現了一具完整的女屍。參與清理重殮的清室遺臣在東陵期間所寫的日記中，都曾提到此事。據這些宗室遺臣判斷，此具女屍就是嘉慶皇帝的生母孝儀皇后，卒年四十九歲。裕陵地宮中的六位墓主人，有比她先死先入葬的，也有比她晚死晚入葬的；有比她年齡小的，也有比她歲數大的。為什麼其他五人都成了一堆亂骨，唯獨她卻屍體完整，沒有腐爛，面目如生？至今無法解釋。

■出水之謎

裕陵建成於乾隆十七年（一七五二年），建成當年地宮裡就出現了滲水。乾隆皇帝曾命大臣三和等加緊維修整治，費了很大勁兒才解決問題。當年，葬入了孝賢皇后、慧賢皇貴妃、哲憫皇貴妃；乾隆二十二年和四十年，又分別葬入淑嘉皇貴妃和令懿皇貴妃（後追贈為孝儀皇后）。嘉慶四年（一七九九年）九月，乾隆皇帝正式入葬。在這前後四十七年的時間裡，地宮裡始終沒有再出現滲水情況。說明乾隆十七年那次對地官的整治是十分成功的。可是，在一九二八年重殮裕陵遺骨時，地宮裡竟有兩公尺多深的積水。自一九七八年裕陵地宮開放至今，每到盛夏陰雨連綿的季節，更是必須天天抽水，否則滲水就會湧冒上升。裕陵地宮為什麼會出現積水，滲水情況是從什麼時候再度出現的？這些都未找到答案。

■棺槨飄起之謎

裕陵地宮裡的每具棺槨的四角，各有一塊重達數百斤的龍山石，將棺槨牢牢地固定在棺床上。龍山石下部伸出的四棱形榫，根部細，頭部粗。榫插入石制棺床上的長方形眼中，向旁邊相通的方眼一推，由於這個方眼口小下大，龍山石便被牢牢地固定在棺床上。龍山石上面鑿有縱向和橫向的通槽。槨的豎向邊棱被卡在龍山石的縱向槽內，槨底部伸出的橫向邊棱被龍山石橫向的槽卡壓，這樣棺槨既不能升起，又不能前後、左右移動。然而，孫殿英匪兵在進入裕陵地宮時，竟發現乾隆帝的棺槨不在棺床上，而是頂住了第四道石門。既然棺槨的四角都被龍山石牢固卡壓，怎麼會飄浮起來呢？至今令人百思不得其解。

■石柱之謎

現在裕陵地宮的前三道石門，每道都用四根巨大的四棱形石柱支頂，共有石柱十二根。人們一看便知，這些石柱並非原來就存在，而是後來增加的。因為如果原來就有石柱，巨大的棺槨是根本無法進入地宮的。

為什麼要支頂這些石柱，它們又是什麼時候支頂的？如果仔細觀察，就會發現前三道石門的上門檻及以上的枋子，帶門簪皆出現了程度不同的裂璺，其中第一道石門尤為嚴重。如果不採取必要措施，後果會不堪設想。這十二根石柱中，第一道石門裡側的兩根和第二、第三道石門的八根，都是一九八九年由清東陵文物管理處古建隊支頂的。而第一道石門外側的兩根石柱。支頂日期至今不明。

一九二八年孫殿英匪軍盜陵時，是不會支頂石柱的。是否是溥儀派出的東陵善後大臣所為？這種可能性很小。因為他們在東陵善後期間，每一位都做了詳細的日記，就連一些瑣碎小事都有記錄，但對支頂石柱之事卻隻字未提。一九七五年開啟裕陵地宮時，這兩根石柱就已存在，更不是清東陵文物保管所支頂。

這樣看來，兩根石柱只能是清朝遺物，而且只能是在乾隆入葬地宮後、隧道填堵前那幾天支頂的。因為乾隆入葬前的嘉慶四年（一七九九年）七月，在修築裕陵地宮隧道券內的斜坡地面時，曾計劃築打夯土，但負責工程的大臣綿課發現「頭層石門之上橫安石檻已見有裂縫斜紋兩道」。為了避免震動，遂奏請皇帝，將築打夯土改為用磚鋪砌，這就形成了我們今天看到的隧道券磚鋪地面。

石門上檻出現裂縫，嘉慶皇帝是不會置之不管的。可是在乾隆帝入葬後，綿億、弘謙、特清額、成林在向嘉慶皇帝奏報「敬修填砌裕陵元宮門隧道並成砌琉璃影壁等工」的奏摺中，並未提及支頂石柱之事。是根本沒有支頂，還是因為事小，沒有必要寫進奏摺？我們不得而知。

這兩根石柱到底是什麼時候支頂的，至今還是一個謎。

■棺槨頂門之謎

一九二八年，孫殿英匪軍在盜掘裕陵地宮時，曾順利地打開了前三道石門。但第四道石門卻無論如何也不能打開，便氣急敗壞地用炸藥炸開了石門。進了金券後，發現原來有一具巨大的棺木頂住了石門。後來從這具棺木中找到了乾隆帝的頭顱骨，才知道這具頂門的棺木就是乾隆帝的。溥儀派善後大臣重殮裕陵遺骨時，將乾隆帝的內棺重新擺放在正面棺床上的正中之位，並將一帝一後三妃的遺骨殮入棺內。可是到了一九七五年，清東陵文物保管所開啟地宮時，又是乾隆帝的內棺頂住了石門。

為什麼兩次都是乾隆帝的棺木頂住石門？地宮內的積水主要是從地面的石縫中滲出。平緩上升的水面，不會產生波浪水流，更不會有衝擊的力量。所以地宮內積水不會將乾隆帝的棺槨沖下棺床。乾隆棺槨頂門之謎，實在令人匪夷所思。

一七五七年乾隆澈底閉關鎖國始末

季壓西、陳偉民

乾隆二十二年（一七五七年），一道聖旨從京城傳到沿海各省，下令除廣州一地外，停止廈門、寧波等港口的對外貿易，這就是所謂的「一口通商」政策。這一命令，標誌著清政府澈底奉行起閉關鎖國的政策。兩百多年來，乾隆的這道聖旨一直被視為是導致近代中國落後於世界的禍根。那麼，當時正值鼎盛時期的大清帝國，為何會有這種舉動呢？

謎一樣的英國小夥子，成了清朝閉關導火線

清朝政府實施的「閉關政策」，是以兩件歷史大事為標誌的：一件是乾隆二十二年（一七五七年）清朝政府宣布「恢復廣州一口貿易政策」；另一件是乾隆二十四年（一七五九年）清廷批准頒布「防範外夷規條」。這兩件大事的導火線都由一位叫福林特的英國人所點燃。

乾隆元年（一七三六年），英國來華商船「諾曼頓號」上搭乘了一位叫詹姆斯・福林特（James Flint）的英國青年。他的出身、家庭背景以及搭船來華目的，是否是一名船員，從事何工種等，至今仍是一個謎。這位英國青年突然向這艘商船的里格比（Rigby）船長主動提出請求，把他留在廣州，說自己想留在這裡學習漢語。學習漢語，這樣的英國人在當時幾乎絕無僅有。英國船長答應了福林特這個突兀的要求，將他留在了中國。這艘船三年後失事了。船長消失了，留在中國的那位小夥子似乎也銷聲匿跡了。直到五年後即乾隆六年（一七四一年），在英國東印度公司董事會給赴中國參加該年度廣州貿易的「約克號」和「瑪麗公主號」的指令中出現了這樣幾行字：

（一七三六年「諾曼頓號」）船長里格比留下一名小童，名叫詹姆斯・福林特，在中國學習漢

語。如果你在該處見到他，倘若他能對你有任何幫助時，要很好地接納他為我們工作。

「約克號」的大班忠實地執行東印度公司董事會的這項指令，設法聯絡到了這位英國青年。福林特在乾隆六年十月十二日（一七四一年十一月十九日）寫給「約克號」大班的信中，談到自己五年來是如何入迷而又執著地學習漢語的經歷，並用懇切的語氣表達了自己今後的打算：

敬懇容許我上稟，五年前船長里格比留下我在此學習中國語文，而我申請在此學習三年，後來船長里格比要我到孟買，我是乘「哈林頓號」前往的。在我到達該處之前，船長里格比已離埠，不久，居留地總督和管理會認為應該命令我乘「威廉王子號」（Prince William）前往馬德拉斯，以便該處的總辦事處准我乘他們的船再往中國，繼續申請學習該國的語文，……我知道貴董事會在給你們的訓令上提及我。因此，擅敢向你寫信，假如你們願意在我繼續學習期間給予一些支持，我將盡力留在此間學會讀和寫，並努力學會官話及此處的方言。

當時，福林特請求東印度公司廣州管理會援手相助，並願意受僱為廣州的英國商人效力，條件是出資為他提供繼續學習漢語的機會，直到能熟練地掌握中文和廣州話。管理會主任奧里弗（Richard Oliver）被這位小夥子的精神和執著打動了。他徵求管理會其他兩個成員的意見，他們表示同意並送給詹姆斯．福林特聘銀一百五十十兩。此後發生的一切證明，這筆錢是那一時期英國商人在華投資中錢花得最是地方、最及時，也是花得最值的。福林特就此當上了東印度公司的第一個漢語翻譯學生。

「通事」洪任輝的出現，讓英國商人欣喜若狂

乾隆七年（一七四二年），英國艦隊指揮官環游世界時訪問廣州會見了兩廣總督，福林特作為一名

譯員出現在會談現場，他的翻譯令艦隊指揮官很滿意。乾隆十一年（一七四六年）的廣州貿易季節，倫敦東印度公司董事會在給本年廣州貿易大班委員會主席湯瑪斯・科爾的指令中，再次提到詹姆斯・福林特。董事會這次的指令更像是一紙委任狀：「我們已經指令詹姆斯・福林特乘『塔尼斯托克號』（Tanistock）前來，做我們全體大班的通事，並在事情需要時，協助辦理我們的業務，在你居留期內，必須招待（他）在我們的商館內，並准每船給他九十兩。」福林特已經正式被稱為「通事」（譯員）了。

福林特因為學會了漢語，再也不為除了接受商館的接濟而「找不到別的辦法謀生」而犯愁了。前面曾經說到過，現在無法查出誰是第一個學會漢語的英國人，福林特是有案可查並且是真正意義上的首位英國在華正式商務譯員，「是（東印度）公司第一位、也是長期以來唯一的一位通曉中文的雇員」。這是英國東印度公司在華貿易史上具有極大意義的一件事。在此之前，英國商人在華貿易中只能依賴清朝通事或者法國人和葡萄牙人以及一些傳教士。到了乾隆十五年（一七五〇年），福林特住在英國商人米西諾爾的廣州商館裡任通事，進入了高收入階層：「付福林特通事以公司的津貼，我們三船，每船九十兩，共兩百七十（兩），同上，預付交他的房屋租金兩百（兩）。」以這一年東印度公司來華船隻不少於十艘計，他的收入至少有九百兩。

不知何時，這個掌握了中文的英國人給自己起了個中國名字——「洪任輝」。在清朝官方的檔中，有時他又被誤稱為「洪任」或「洪仁輝」。英國東印度公司在中國第一次有了自己的中文譯員，很快就嘗到了甜頭，因為英國商人們第一次可以通過自己的喉舌和聲音向粵海關監督直截了當、不打折扣、不含糊其辭地提出自己的要求，從而打破了當時那種凡事必須通過行商和清朝通事稟報的規矩。不再擔心清朝通事傳話時，避重就輕，擅改語氣，偷換概念了。

乾隆十八年七月初六（一七五三年八月四日），洪任輝趁粵海關監督李永標丈量四艘英船之機，將由英公司本屆廣州貿易大班委員會擬寫的一分稟帖譯成漢文，繞過行商和清朝通事，徑直遞交給了粵海關監督李永標。這分漢譯稟帖實際上等於是向自乾隆十五年（一七五〇年）開始確定的清朝對外貿易所採用的保商制度開火。稟帖要求免去僱傭的通事和買辦們向官員們獻禮物的負擔，因為這些負擔最終都要轉嫁到英國商人的身上。這封漢字稟帖立即引起了清朝有關方面的強烈反響。一周以後，海關監督派人通告這艘英船的中國保商，命令立即查出並逮捕那個竟敢替英商大班起草中文請願書的傢伙。海關監督毫不隱諱自己對這個可惡傢伙的憎恨：「我們不知道自己應該怎麼辦，而他（那個起草稟呈的傢伙）卻知道要用什麼辦法來對付我們。」此時，清朝官員尚不知道「那個起草稟呈的傢伙」竟是一個英國人，因為以前從未發生過此類事情。

雖然洪任輝向粵海關監督李永標呈稟遭到拒絕，但是他和其他英國人並不甘心。乾隆十九年五月（一七五四年七月），洪任輝又來到海關衙門，求見李永標。由於李永標對求見不置可否，洪任輝和大班們便決定於六月初十（七月二十九日）集體前往總督衙門，要求和總督會談。上任不久的兩廣總督楊應琚尚不熟悉與夷人打交道的規矩，有點冒失地答應了這一請求。英國人除了準備好稟帖外，還讓洪任輝用中文準備了另一封信。三艘商船上的英國大班們在「自己的譯員」洪任輝的陪同下，拜見了總督大人。在會晤中，洪任輝遞上了那一封怨氣沖天的中文稟帖，當面向兩廣總督口頭解釋了英商在廣州所遭受的困難，特別強調了保商制度給英人造成的困難，要求給予廢除，並且要求允許英商直接向清朝官員交稅。由於此次會晤繞過了行商和清朝通事，兩廣總督對此很不適應，也無人可以商量，他便當場答應對英人提出的這些事務性問題將作出最後的規定。據英國商人的記載，這位剛升遷不久的兩廣總督給他們的印象是，他對來訪的英國人非常客氣，而且當他讀英國人的呈訴書後，英國人覺得他似乎並沒有弄清楚英人申訴的主要目的。這種反常態度引起了在場的英國商人們的懷疑，他們立即懷疑可能是洪任輝的翻譯出了問題。

不知兩廣總督是否故意裝傻，或是洪任輝把譯文翻錯了，因為洪任輝翻譯時，不敢找中國人幫助，以免走漏消息。英國人看出總督很可能壓根沒看懂稟帖上究竟在說什麼，也不知道這幫英國人來此究竟想要求什麼，因為總督最後仍向英國人打聽他們此來何干，究竟想要求什麼。可見此時洪任輝如無中國人幫助，在翻譯上還沒有太大的把握。

不管怎麼說，英國人還是極其感激自己的譯員洪任輝。英國商人正是通過他而不是通過清朝官方派給自己的行商、通事，直接與總督展開了史無前例的對話。據英國商人在記載中聲稱：「這在二十年來還是第一次。」而且此次會面的效果也出乎英國商人們的意料：

六月十五日（八月三日），總督派員通知英國大班，中國商人將以合理的條件和他們交易，如果英國人有冤要訴，可以自由地謁見總督。一個學會了漢語的英國人的價值很快就顯現出來，並日益受到英國商人的高度重視。洪任輝則趁勢利用自己在語言上的優勢，於充當東印度公司在華商人的通事之餘，還以散商的身分直接跟中國人做生意。乾隆十二年（一七四七年），他在廣州與江南婺源縣生員、茶商汪聖儀父子開始貿易，並提供每年三百二十兩的販茶資本。

真正顯露出洪任輝所發揮的不可替代的巨大作用的是另一件大事。

乾隆二十年四月二十二日（一七五五年五月二十二日），洪任輝與英商「哈德尼斯公爵號」與「格林芳號」商船到達定海。洪任輝對前來詢問來意的定海官員稱：「因祖上曾到此做過生意」、「聞得寧波交易公平」，要到寧波買絲、茶。他們得到了浙江官員的熱情接待，被安置在寧波船王、商人李元祚行中。洪任輝所稱的「祖上曾到此做過生意」，是指從康熙二十四年至乾隆元年（一六八五年至一七三六年），英船先後有八次，共計十五艘船前來寧波做過貿易。洪任輝等來寧波一事，浙江提督武進升向朝廷做了簡單的彙報。乾隆帝在審閱奏摺時，對外國商船造訪寧波進行貿易並未表示異議。

洪任輝因此在英國人心目中地位大升，正是因為他，才使自乾隆元年後自動中斷了若干年的英商船在寧波的貿易得以恢復。這一切更使英國人看到了洪任輝這位英國譯員在排除語言障礙方面的巨大作用。東印度公司廣州委員會的主席給予高度評價：「從我們在寧波的成就中，可以清楚地看到，我們的成功在於我們（的人）掌握了漢語，如果沒有福林特先生的幫助，就不會取得成功。」

英國商人哈利生（又譯作哈里遜）興奮地寫道：「一七四一年（乾隆六年）福林特先生的出現，給東印度公司帶來了一線希望。他開始學習漢語，後來對東印度公司給予了很大幫助。」

在洪任輝的幫助下，英國人與清朝擴大通商的願望似乎就要實現了，然而一場風暴卻很快襲來……

寧波之行首獲成功，卻引來乾隆一紙禁令

繼乾隆二十年（一七五五年）洪任輝成功進入寧波貿易之後，洪任輝第二年帶領商船再次來到寧波。當地官員認可了洪任輝的寧波貿易行為，同時奏報朝廷。英國人連續造訪寧波，開始引起朝廷的警覺。同年七月九日發給閩浙總督喀爾吉善的上諭裡寫道：「向來洋船進口，俱由廣東之澳門等處，其至浙江之寧波者甚少……今年乃多有專為貿易而至者。將來熟悉此路，進口船隻不免日增，是又成一市集之所在……國家綏遠通商，寧波原與澳門無異，但於此複又多一市場，恐積久留居內者益眾。海濱要地，殊非防微杜漸之道……蓋本地牙行及通事人等，因夷商入口得從中取利，往往有私為招致者。此輩因緣覓利無有已時；即巡邏兵役人等，亦樂於夷船進口抽肥獲利。在此時固不過小人逐利之常，然不加禁止，誠恐別滋事端，尤當時加體察。」之後，來自兩廣總督的一項報告提到，這年前來廣州貿易的外國商船較往年明顯減少。這更增加了乾隆帝對於寧波的憂慮。他在閏九月十日發給兩廣總督楊應琚的上諭裡寫道：「今思小人惟利是視。廣省海關設有監督專員；而寧波稅額較輕，稽查亦未能嚴密，恐將來赴浙之洋船日眾，則寧波又多一洋人市集之所，日久慮生他弊。著喀爾吉善會同楊應琚，照廣小海關現行則例，再為酌量加重（寧波稅額），俾至浙者獲利甚微，庶商船仍俱歸澳門一帶，而小人不得勾串滋事，且於稽查方便。其廣東洋船至浙省勾引夷商者，亦著兩省關會嚴加治罪。」乾隆二十二年正月八日（一七五七年二月二十五日），乾隆帝發給閩浙總督喀爾吉善的上諭裡寫道：「浙省寧波雖有海關，與廣省迥異。且浙民習俗易囂，洋商錯處，必致滋事。若不立法杜絕，恐將來到浙者眾，寧波又成一洋船市集之所。內地海疆緊要。」二月，乾隆帝再次發給兩廣總督楊應琚上諭，稱：「近年，奸牙勾串漁利，洋船至寧波者甚多。將來番船雲集，留住日久，將又成一粵省之澳門矣。於海疆重地、民風土俗均

有關係。」

這些諭旨表明，清政府開始擔心外國人頻來寧波這一「海濱要地」，「日久慮生他弊」，「別滋事端」；更懷疑通事乃至巡邏兵役人等會與外國人勾結串通，長此以往，會使寧波成為下一個澳門。同時他們還擔心外國人到寧波日眾，留住日久，民風會受到汙染，海防也會受到威脅；更擔心民夷雜處，易致滋事。於是乾隆二十二年十一月十日（一七五七年十二月二十日）給兩廣總督李侍堯的上諭裡寫道：

曉諭番商：將來只許在廣東收泊交易，不得再赴寧波。或再來，必押令原船返至廣；不准入浙江海口。如此辦理，則來浙番船永遠禁絕。不特浙省海防得以肅清，且與粵民生計並贛韶等關均有裨益。

同日，致閩浙總督楊應琚的上諭寫道：

傳諭楊應琚，令以己意曉諭番船：以該督前任廣東總督時兼管關務，深悉爾等情形。凡番船至廣，即嚴飭行，善為料理，並無與爾等不便之處。此該商等所素知。今經調任閩浙，在粵在浙均所管轄，原無分彼此。但此地向非洋船聚集之所，將來只許在廣東收泊交易，不得再赴寧波。如或再來，必令原船返至廣，不准入浙江海口，預令粵關傳諭該商等知悉。

根據這項禁令，來航貿易的船及外國人不得再前往廣州以外的海口城市從事貿易，從而重新規定了外國商人在中國的活動範圍，而頒布這項貿易禁令的直接原因是英國商人洪任輝引發的寧波貿易問題。同時官府開始盯上始作俑者的英國人洪任輝，不再將他僅僅看做是個外國通事而已。

洪任輝以及跟他一起學習漢語的見習生貝文·布朗特所搭載的「翁斯洛號」於乾隆二十二年十二月

八日（一七五八年一月十七日）迎來了舟山全部官員。這些官員通知他們明年不可再來，因總督已下令不准再接納他們。「翁斯洛號」駛抵澳門後，決定讓洪任輝和貝文留下。前山寨的軍民府立即派人查問，是誰擔保洪任輝留居澳門的。廣東總督也很快就向英國人發出書面命令：

本官憲知照並命令知縣督同書吏及有關人等同，前往澳門港口查察上述兩人（指布朗特和洪任輝），並將通知抄本交與彼輩及全體外國人等，俾彼等知悉：以後所有來船，必須駛來廣州口岸，並在該處選擇行商，進行正常貿易……現本官憲交與洪任輝書信一件，彼於返回歐洲後，通知全體外商，今後來船，一律不准駛往浙省口岸。

乾隆二十三年正月初九（一七五八年二月十六日），兩廣總督李侍堯召集在華外商，正式宣布今後只准在廣州一口進行貿易。此舉結束了康熙二十三年（一六八四年）開始的允許外商任選口岸貿易的合法地位。由洪任輝等人打通的貿易之路自此又被封死。

前有堵截後有追蹤，英國「四品官」告御狀

面臨一口通商政策的恢復，英國商人天真地認為這是清朝地方官吏所為，而北京朝廷並不知實情。因此英國人希望派人北上，設法直接與朝廷接觸，反映情況，以求轉寰。乾隆二十三年（一七五八年），洪任輝等遵從禁令，果然未去寧波。但是乾隆二十四年（一七五九年），根據東印度公司董事會指令並得到公班衙同意，五月十九日（六月十三日），洪任輝與其他十三名商人及水手從廣州外河啟程，向北航行，五月三十日（六月二十四日）駛抵定海外四礁島地方，遇上正在定海巡檢外洋的把總謝恩。受阻的洪任輝請求中方同意他們到寧波貿易。謝恩急忙把英國人的到來向上報。結果驚動了全浙大吏。巡撫下令，讓提督、總兵、道台前赴定海檢查英國「勝利號」（Success，一譯「成功號」）船所載

槍炮，並嚴飭禁止貿易，立行驅逐。

洪任輝的日記中記載道：「六月二十五日……下午有兩位軍官和一位文官從舟山來此，帶來總兵及知縣的命令，這是直接從省裡送來的，由於皇帝已下令不准任何船隻開來浙江，因為廣州是他們（歐洲人）居留的口岸，所以此口岸完全禁止與歐洲人貿易。我告訴他們，我是先乘這艘小船來，交一件稟帖給浙江總督及官員們，由他們轉奏皇上關於我們在廣州所受到的抑屈……但他們拒絕接受，並告訴我，它是無關緊要的，要我一定立即離開……我對他們說，我們頂著逆風返回廣州是不可能的，而且我們沒有供應品足以支援這個航程。他們說，他們亦無法幫助，因為他們不准我們在此地購辦，所以我們必須到別的地方購買，他們亦不准我們派小艇上岸取水。但他們可以讓那些開來各個島監視我們的每艘帆船送水給我們。經過多次堅持，他們答應收下我們的稟帖，並轉送總督。我從他們的態度和總兵給這幾位官員的命令看來是如此堅決，知道事情是難以挽回的。我認為最好的辦法是安然離開他們，因為我們的辯護理由難以反駁他們，而且惹起一點糾紛，就會對我們的天津之行不利，因為我準備如寧波一事無成時，就到該地去。我們被迫在當天黃昏時起錨，順著潮水開走。」

浙江方面對這個會講漢語的英國人說的話並不放心，總兵羅英笏命令守備陳兆龍率兵船尾隨「勝利號」，逼其南行。三天後，陳兆龍回報稱：英船確已南下。誰知洪任輝一見監視他們的清朝兵船返航遠去，便立刻轉舵，沿內海急駛天津。六月二十四日（七月十八日），洪任輝的船忽然出現在天津大沽口外白河口。他因此成為「第一個到天津的英國人」。洪任輝充分利用自己嫻熟的漢語與前來盤查的清朝官員進行耐心的對話，並付出數千兩銀子的賄賂，終於在六月二十七日（七月二十一日）說服清朝官員將一分中文寫成的控告信遞到了天津道那親阿、知府靈毓手中。

這兩個清朝大吏不敢耽擱，親赴河間府奏報直隸總督方觀承。方觀承接到洪任輝訴狀後，同樣也不敢擅自處理，用五百里火票將它迅速送京，並協同長蘆鹽政官著會銜再呈奏密摺，將所得到的情況飛報京師：

內有稍知官話者，一名洪任（洪任輝），口稱：「人、船俱是英吉利的，因有負屈之事特來呈訴，將我送到文官處，就明白了」等語。……隨後，據西洋人洪任供稱：「我一行十二人……我係英吉利四品官，向在廣東澳門做買賣，因行市（商）黎光華欠我本銀五萬兩不還，曾在官差衙門告過狀，不准。又在總督衙門告狀，也不准。又曾到浙海寧波海口呈訴，也不准。今奉本國公班衙派我來天津，要上京師伸冤」等語。及再詰問，惟稱：「我只會眼前這幾句官話，其餘都寫在呈子上了」。

洪任輝很懂中國人的心理，稱自己為「英吉利四品官」，「僭用」清朝官銜以嚇唬那些怕大官怕得要命的清朝官員。另外，他故意說自己漢語口語不好，無法面談，只得求助譯好的稟帖來說明自己的來意，以此逼迫清朝官員細讀他所遞交的稟帖。

乾隆仔細閱讀了洪任輝訴狀，並對此給予高度重視，認為此事「事關外夷，關係國體，務須澈底根究，以彰天朝憲典」。同時，乾隆皇帝對一個外國人學了幾句漢語，竟在天朝之國，直奔天子駕下告狀，感到十分氣惱。他認定其中必有「浙省奸牙潛為勾引，代夷商捏砌款跡，慫恿控告情事」。乾隆帝認為，查清這一點比查洪任輝上京控訴事件本身還值得深究，並指示一旦查出「此奸究之徒」後，「亦當即行正法示眾」，以杜後患。這種認為外國人有語言障礙，不會寫出這種呈狀的想法也為其他大臣所認同。例如，浙閩總督臣楊廷璋也認為：「伏查洪任所投呈詞，察其字跡語句，斷非番人所能為，必有內地奸徒為之串商、捉筆，冀遂奸謀。」乾隆當日即下諭旨選派他的親信、御前侍衛兼福州將軍新柱和愛新覺羅家族的近臣、滿籍官員給事中朝銓為欽差大臣，分別從福州和天津啟程星夜馳往廣州查辦英中貿易發生的重大爭執。接著，皇上又諭令他們「會同該督李侍堯秉公審訊」。乾隆二十四年七月初二（八月十二日），一向對英國大班們不理不睬、保持距離的兩廣總督李侍堯突然親自召見英國人，「他叫通事轉告，他禁止洪任輝再來廣州。如洪任輝擅自前來，將有很不愉快的結果，而我們亦將得到同樣的對待。他極感驚訝，洪任輝竟敢在皇上明令禁止寧波貿易之後，仍貿然前往。我們說，洪任輝是服從本公司的命令前往的，並非他擅自主張……他堅持要洪任輝在澳門等待，乘第一艘駛往歐洲的船回國。我們用盡各種辯詞來勸止他的獨斷命令，但他堅決不允」。洪任輝隨欽差大臣朝銓抵達廣州後，東印度公司廣州委員會前往「歡迎大臣並向他致敬，並乘機交給洪任輝一張紙條，內容是他離開之後我們全部工作的經過。他要留在城裡直到事情解決之後，現在不允許接見任何人。我們要求他堅持在審查時，准許我們管理會全體人員入城……我們稟求總督、將軍和大臣准許洪任輝返回商館，希望他們接見，以便我們向其申訴長期以來所受的委屈」。

告狀不成反被囚，惹來滔天大禍

英國人有點太天真了。欽差大臣此行並不是真的想瞭解英國商人在廣州受的什麼委屈。他們是想盡快地平息因洪任輝告禦狀而引發的政治震盪。欽差大臣們展開調查後，找到了清朝方面的幾個替死鬼，並對此做了處理。接著他們就來處理這個「外借遞呈之名，陰為試探之計」、「勾串內地奸民，代為列款，希圖違例別通海口」而闖下滔天大禍的英國人洪任輝。最初，負責調查此案的三位大臣新柱、朝銓、李侍堯等於乾隆二十四年九月初四（一七五九年十月二十四日）向皇上提出了一個相對溫和的方案，決定加強管束，但不採取懲前措施：

臣等查洪任輝在粵貿易年久，通曉漢語，（與）內地商民及通事、買辦熟識頗多，人亦巧詐，眾番人無不聽從伊言。但現在此案所控情節尚屬有因，似難坐以罪名……惟有密飭地方文武時刻稽查，嚴加防範。若伊安靜守法，仍聽照常貿易；如有交通內地奸民、干犯禁令之事，查拿懲究。

但皇帝卻在奏摺上朱批道：

即將洪任輝驅逐回國，則眾番商亦斷不敢萌往浙另開港路之心矣。

據這道朱批，洪任輝於八月初一（一七五九年九月二十一日）被釋放回英商館。之後總督令其立即離開中國。

九月二十六日（一七五九年十一月十五日），兩位欽差回京奏報整個事件的處理情況。洪任輝問題的處理因此發生驟變。「一七五九年十二月六日，在廣州的總督要見洪任輝……他叫洪任輝上前，他指著一道命令說，這是上諭，要把他放逐到澳門三年，期滿後即回英倫，永不得再來中國。這是對他前往寧波的懲罰，因為皇上早已明令不准船隻到該處貿易。」洪任輝被監禁在離澳門一英里遠的地方。禁止他與大班們進行書信往來。英國商館僅在乾隆二十五年（一七六〇年）收到過他唯一的信：「我被關在一幢像籠子似的四間小房子裡，全部門和窗都安上了鎖，每晚七時，敲過鑼和竹筒四五聲後，即行上鎖。早晨六時才開啟，有兩個人睡在室內，防我逃走……你們告訴醫生，我的腳浮腫很厲害，我不得不穿一雙大鞋，在腳跟的三四英寸皮上有色腫紋，在伸腳時非常疼痛」。直到乾隆二十七年九月（一七六二年十一月），他才被釋放，關了近三年。自從洪任輝被關押，廣州的英國商人們開始重新遭受語言障礙之苦。

這一場由一名英國譯員進津告狀所引發的揭露清朝封疆貪汙、行商保商制度弊端的重大事件，最終以海關監督李永標失察革職、兩名商人梟首流徙和洪任輝監禁三年、驅逐出境而結束。洪任輝告禦狀之舉，非但沒有達到增開口岸、取消通商限制的目的，隨之而來的是更嚴重的後果——導致清朝近八十年的閉關政策全面實施。

我們為什麼敬仰漢朝？

蔡偉

當電視連續劇《漢武大帝》在中國中央雷視台迅速竄升至收視率第一時，一個兩千年前既熟悉又陌生的王朝連同那位偉大君主，頓時成為坊間熱門的話題。因為在漢武帝文治武功的背後，是一個前所未有的強盛帝國冉冉升起的偉大歷史。

漢王朝是中國歷史上最偉大的朝代之一。漢王朝締造了中國歷史上數一數二的盛世，奠定了後世中國的疆域基礎和民族基礎，其文化和社會制度得到了長久的傳承，他的國號甚至成為了一個民族永遠的名字。

大漢帝國，奠定了後世中國的基礎

大漢王朝，漢武大帝，一個既熟悉又陌生的偉大王朝和那位偉大的君主。後人一句「秦皇漢武，略輸文采」，讓人對漢武帝產生了「雄才大略」和「好大喜功」這一對矛盾的印象。但在他的文治武功背後，卻是一個前所未有的強盛帝國冉冉升起的偉大歷史。

雖然在漢朝數百年後另一個同樣由華夏民族建立的偉大帝國大唐，在世界上似乎具有更為深遠的影響，但《帝國興替啟示錄．漢．白日薄西山》的作者、南京大學中文系教授徐興無指出：「作為一個全然由華夏文明自身孕育出來的偉大王朝，大漢帝國才在最深的層面影響了此後中國兩千年的全部歷史。」

漢帝國最重要的政治遺產之一就是郡縣制。雖然在秦朝已被正式推行，但郡縣制是在漢朝開始完善，並第一次真正紮下了根。這無疑是一種偉大的反封建革命。今天的西方國家認為，一個近代國家的標誌，就是沒有世襲，沒有宗法血緣，國家機器向全民開放。對於中國，這一制度早在兩千年前的漢帝國就已經開始完善。帝國的創立者高祖皇帝本身就是一介布衣，與此對應，試圖向漢朝皇帝兜售政治理想的諸子百家也大都出身寒門。這的確是史無前例。

在著有《漢武帝傳》的中國首都師範大學歷史系教授楊生明先生看來，漢朝的另一個偉大之處，在於他在四百多年的歷史上第一次形成了中華民族的概念，實現了中國歷史上第一次真正意義上的大一統。漢武帝收復了匈奴占領的秦朝故土，統一了兩越，其領土除了今天的西藏和東北部分區域外，幾乎包括現在中國領土的絕大部分，超過前朝秦朝一倍之多。儘管此後政治上的分裂和統一又反覆了多次，但以華夏文明為中心的文化整合運動始終沒有停止。

大漢帝國統治的頭兩百年也是中國歷史上詩歌、繪畫、音樂、哲學、文學和撰史空前繁榮的文化時期。中國的文官制度通過對人才才能和德行的考察，而不是以出身與地位來選擇用人。這一制度幾乎在兩千年後的今天仍然被採用。漢朝的理想雖然在幾百年後由於它的滅亡而暫時中斷，但是後來歷代的繼承者都敬仰漢代所創立的偉大傳統。

羅茲．墨菲在《亞洲史》中指出：「中國人在漢朝統治期間取得的領土和確立的政治和社會制度一直維持到二十世紀。中國人至今仍然稱自己為『漢人』，他們因自己是漢代首次確立的典型中國文化和帝國偉大傳統的繼承者而深感驕傲。事實上，漢朝之後的中國歷史，基本上由大漢帝國的成就所確定——從起源於有限的華北平原的商朝開始，中國政權和版圖到漢代時已經擴大到包括了現代中國邊界內的大部分地區。在這一時期，中國文明的傳統模式也已經確立，那就是在此後兩千年中一直堅持不敗的模式。」

這正是大漢王朝的光榮所在。它在兩千年的歷史深處俯視著它所形成、並一直延續至今的這個偉大民族。

大風起兮雲飛揚：帝國初年的艱難

漢高祖剛登基時，在當時首都洛陽南宮的一個慶功宴上，曾與手下功臣將領討論過得天下和項羽失天下的問題。在他看來，成功失敗，全在用人：「運籌帷幄，決勝千里，我不如張良；治理國家，安撫百姓，給前方運送軍糧，我比不上蕭何；統領百萬大軍，開戰就打勝仗，攻城就能拿下來，這一點我趕不上韓信。此三人乃天下豪傑。」

然而功臣在天下平定後面臨的「兔死狐悲」的命運，似乎永遠是一個終極問題。異姓王韓信、彭越、英布在劉邦的猜疑中先後被誅，淮南王英布被迫叛亂。當劉邦親率大軍擊敗英布後，邊境危機又接踵而至。漢朝雖然取強秦而代之，但國家的命運是否會和亡秦一樣，實在尚未可知。在返回首都長安路過故鄉沛縣時，劉邦在沛宮擺下盛大酒席，宴請故人親友和沛縣的父老鄉親。舊地重遊，回顧半生戎馬生涯的劉邦不禁擊築高歌：

大風起兮雲飛揚，
威加海內兮歸故鄉，
安得猛士兮守四方！

正如翦伯贊在《秦漢史》裡說：「當漢高祖削平天下、統一中原、得意洋洋、擊築高歌之時，四周諸種族已經把中原文化區域包圍得水瀉不通了……這些蠻族中，最成為中原種族之威脅的是北方的匈奴。因為它們具有強大的武裝，而又接近中原種族政權的中心。」

開國的漢朝國力羸弱，百業凋零。《史記・高祖功臣侯者年表》載：「大都名城散亡，戶口可得而數者十二三。」《資治通鑑》描述當時的狀況，甚至連天子出行都找不到四匹同樣顏色的馬。不過當過亭長的開國皇帝似乎能夠忍受這一點。這個中國歷史上第一個由平民通過暴力創建的王朝，從開始便表現出不凡的氣象。在接受群臣的建議後，高祖將首都從最初的洛陽遷往長安，依靠關中險要的形勢高屋建瓴，向東控制天下，從此無後顧之憂。之後漢高祖命故秦博士、儒生叔孫通制定朝廷禮儀，以確立天子威嚴。面對匈奴的威脅，以武力奪天下的漢高祖也決定還以顏色。

儘管今天的研究顯示，匈奴從人種學上不同於漢人，但在漢人看來，匈奴和漢人只是夷夏之別，這種思想在《左傳》中已有反映。在秦始皇的年代，甚至出現過一則「亡秦者胡」的讖語。這對於新科的漢朝同樣是個難題。自匈奴汗國崛起開始，中原政權此後兩千年間的外患幾乎全部來自北方。如何解決內憂和外患，決定著百廢待興的新王朝的存亡。

文景之治：韜光養晦的年代

漢文帝和其後的景帝在位數十年間，雖然漢王朝對匈奴採取防禦與和親並重的方針，但每次和親只能維持數年和平。漢朝邊境「斥侯望烽燧，不得安臥，將吏身被甲冑而睡」。大臣賈誼為此痛哭不已，建議漢文帝要「獵猛敵」，全力對付匈奴。大臣晁錯上書漢文帝陳述防禦匈奴的戰略「籌邊策」。晁錯認為，「有必勝之將，無必勝之民」。因此要「安邊境，立功名，在於良將，不可不擇」。

整個文景時代，漢朝通過郡國兵和屯田兵組成邊防部隊，防禦匈奴的進攻。通過遷徙內地人民充實邊疆、建築城邑、高城深壘、穩固邊境。採用晁錯的建議，「以夷制夷」——賜予歸附漢朝的胡、義渠、蠻夷部署以漢朝精良的武器，利用他們與匈奴類似的騎射能力和風俗習慣，會同邊境的漢朝部隊，共同守衛邊疆。面對匈奴的多次襲擊和大舉進攻，漢朝的策略雖然只能做到將匈奴「逐出塞即還，不能有所殺」，但還是保證了內地中原地區的安寧。

與此同時，文景兩代皇帝都採取了「順民之情，與之休息」的方針。不但獎勵農耕，宮廷還提倡節儉。半個多世紀農業文明的發展讓漢朝逐漸積累下巨大的財富，繁衍出眾多的人口。文景兩朝皇帝崇尚黃老哲學，以無為治理天下。對內減免嚴苛的稅收制度，對外採取容忍的外交策略。讓漢朝在建國初期內憂外患中得以安然度過，史稱「文景之治」的兩代朝廷，成為漢朝走向強盛前韜光養晦的年代。然而在匈奴的鐵騎威脅下，帝國開國年代一個錯誤的決策在多年後，卻險些在國家上升階段帶來致命的危機。

高祖當年為了穩定劉氏天下，分封同姓王以輔佐中央。然而血緣從來就不能避免為權力進行的殺戮。同姓諸侯王逐漸形成內部的割據狀態。賈誼在《治安策》中指出，如果不解決這種尾大不掉的局面，則必將「制大權，以逼天子」。漢文帝採取「剖分王國策」，將數個大國一分為數國。並任命自己的兒子劉武為梁王以控制中原。但這些策略卻適得其反，使諸侯王與帝國中央的積怨越來越深。當晁錯在景帝時提出《削藩策》以削除諸王的領地和實力時，最為強大的吳王劉濞終於聯合楚、趙、膠西、膠東、淄川、濟南等六個諸侯國，以「誅晁錯，清君側」為名發動叛亂。在任命當年為漢文帝所器重的周勃之子周亞夫為主將平定七國之亂後，漢帝國的中央集權得以維護。

選擇儒家：政治理想的尋求

然而儘管漢承秦制，但秦的敗亡卻是一個揮之不去的陰影和教訓。秦朝的敗亡表面在於暴政，深層的原因在於反傳統反封建的同時卻缺乏政治理想。短暫的秦帝國在用法家制度統一文字、錢幣和度量衡的時候，卻未能統一帝國內部遼闊土地上的文化。法家在摧毀了秦帝國精英文化的同時也試圖摧毀平民文化。《雲夢秦簡》記載了秦朝試圖統一全國風俗而遭至各地「父老」抵制的歷史。這些「父老」正是支持漢高祖劉邦起義的主要力量之一。他們類似西門豹在「河伯娶婦」中痛斥的愚民，卻是鄉間宗族的領袖人物。漢帝國明智地選擇了黃老和儒家思想較富人性的道德觀，使法家的嚴酷得到緩和。漢高祖劉邦甚至強調，政府存在的意義在於為民服務、不義的統治者理當喪失上天授權和民眾支持等觀念。建國初期的艱難終於得以度過，文化標準上的統一則最終避免了秦代招致的叛亂。

將大漢帝國內各種意識形態統一起來的正是漢武帝。他最終選擇了儒家。這是漢帝國一次長達七十多年的政治試驗，它早在漢高祖分封諸侯王時就已經開始。

法家的治理引發了「七國之亂」。漢景帝整治梁孝王，民間同情的卻是後者。法家和道家結合的黃老學說提倡「無為而治」，卻全然解決不了國家的內憂外患。在百廢待興的年代，儒家的治學方式迎合了社會在知識上的需求。儒學主動調整思想迎合武帝的作為（他曾當過膠東王，對於齊魯的儒家很瞭解），最終使得儒學中春秋公羊學派在朝廷中占據統治地位。

這絕非偶然。公羊派儒家宣揚「大一統」迎合了剛剛平定「七國之亂」、正在完善高度專制的中央集權的漢帝國；儒家提出的推恩令，削弱了諸侯國的勢力，維護了國內的安定，卻又不失仁義；「國君報九世甚至百世之仇」的思想，也合乎漢武帝反擊匈奴的需要。

至此漢帝國建立後的三大任務——發展生產、消除內憂、平息外患，三大戰略已完成了前兩項。平息外患匈奴，維護國家安全和領土完整的偉大責任，正等待一位具有雄才大略的領袖完成。

反擊匈奴：大漢雙星閃耀

《資治通鑑》記載漢景帝後三年國家的富足：「京師指錢累巨萬，貫朽而不可校；太倉之粟陳陳相因，充溢露積於外，至腐敗不可食」。功臣們乘牛車的時代早已成為過去。中央政府僅養在首都長安的馬就有四十萬匹之多。即便如此，漢武帝在即位後的十二年間，為未來對匈奴的反擊進行著各方面的準備也相當謹慎。

西元前一三三年漢武帝下達了開戰的命令。通過馬邑富豪聶壹，漢朝試圖誘使匈奴軍臣單于率十萬騎兵入漢境。漢武帝則派遣三十萬大軍在馬邑（今山西朔州）山谷埋伏，試圖誘敵深入予以殲滅。然而由於情報被軍臣單于發覺，馬邑之戰功敗垂成。漢匈五十多年的脆弱和平終於破裂，兩大強國的全面戰爭開始了。

馬邑之戰後四年（前一二九年），漢武帝派大將衛青、公孫敖、公孫賀、李廣分別從上谷（今河北懷來）、代郡（今河北蔚縣）、雲中（今內蒙古托克托）、雁門（今山西右玉）四路進擊匈奴。除了衛青搗毀匈奴的聖地龍城，其餘三支部隊都遭到失敗或者無功而返。兩年後匈奴入侵漢朝東北部的上谷、漁陽地區。漢武帝採用避實就虛的戰略，派衛青與李息從雲中沿黃河河套進行長距離大範圍的迂迴作戰。穿越單于本部和右賢王的領地，包圍白羊王與樓煩王的部隊並予以殲滅。

《史記．衛青傳》記載漢軍大獲全勝，並「全甲而還」。這一戰不但是軍事史上長途奔襲的偉大戰例，還一舉收復秦代版圖、水草豐美的河套地區，去除了匈奴威脅長安的前沿基地，並為漢帝國進擊匈奴提供了絕好的前進基地。漢帝國反擊河套之戰徹底改變了帝國六十多年來被動防守的作戰方針，從此陰山南麓的匈奴主力開始暴露在漢帝國的鐵騎面前。

衛青的第二次出擊目標是匈奴右賢王的王庭。他率領著由步兵、騎兵和戰車部隊組成的十萬大軍，再次以出乎意料的速度出現在匈奴人面前。正喝酒醉臥、毫無察覺的右賢王只帶著一名侍妾和數百人逃走，其下小王數十人和上萬名匈奴人為衛青俘獲。

歷史全然翻轉！過去是匈奴人主動犯邊，現在卻成了漢軍主動尋找匈奴的軍隊。右賢王被擊破，使得匈奴從遼河流域到天山阿爾泰山的廣闊領地被分割成兩段。匈奴鐵騎再也不是不可戰勝的了。當匈奴的騎兵於漢武帝元狩五年（前一二四年）再次進攻漢朝的代郡時，漢朝派遣大將軍衛青率領中將軍公孫敖（義渠胡人）、左將軍公孫賀、前將軍趙信（前匈奴小王）、右將軍蘇建（蘇武的父親）、後將軍李廣、強弩將軍李沮的強大陣容，率兵十餘萬主動攻擊匈奴單于本部主力部隊。此次戰役雖然雙方都有得失，但是漢朝的戰果更大。更重要的是，漢帝國另一顆偉大的將星冉冉升起：十八歲的霍去病隨衛青出征，僅率八百名騎兵，就斬殺匈奴兩千零二十八人，並且斬單于的祖父，俘獲單于的叔叔和相國。

漢帝國的三次勝利讓匈奴單于做了一個錯誤的決定。他接受投降的漢將趙信的建議：「撤軍到更北面的大漠深處，誘使漢朝軍隊前往，屆時遠征的漢軍人馬疲憊，匈奴可以一擊成功。」這一決策讓大漠以南的匈奴只剩下河西走廊的匈奴渾邪王和休屠王，以及東面的左賢王。此時張騫已經從西域歸漢，向漢武帝報告了西域各國的情況。一舉打通連接西域的河西走廊，聯合西域各國攻擊匈奴，成為第四次反擊匈奴的戰略目的。

霍去病在攻取河西走廊的戰役中終於一戰功成！他以驃騎將軍率精騎萬人從隴西出發，轉戰五個匈奴屬國，幾乎抓住單于的兒子。在與渾邪王、休屠王部遭遇後大獲全勝，殺死了匈奴的折蘭王、盧侯王，俘虜了渾邪王的兒子、相國、都尉和休屠王的祭天金人。匈奴在河西十分之七的軍力被一舉消滅，河西走廊從此被打通。同年霍去病再次遠征。他率軍深入大漠千里後突然南下，一舉擊破渾邪王、休屠王部，計俘虜五王、王母、單于閼氏、王子共五十九人，斬俘三萬多人。幾乎清除了河西走廊全部的匈奴勢力。此戰堪稱戰爭史上的奇蹟。史載匈奴歌謠當時唱道：「亡我祁連山，使我牲畜不繁息。失我焉支山，使我婦女無顏色」。

開通西域：文治武功的頂峰

河西之戰不僅斷絕了匈奴和南方羌族的聯繫，更重要的是打通了絲綢之路，開通了東西方的貿易通道。這的確是大漢帝國最偉大的功績之一。從一個搖搖欲墜的新生國家到武帝時代的文治武功，漢朝已全然成為一個偉大的帝國。數代人為之所困的匈奴邊患終於得到緩解。但帝國的澈底和平還沒有到來。

元狩三年秋（前一二二年），匈奴騎兵數萬人再次攻擊右北平地區，掠殺千餘人。漢武帝獲知趙信為匈奴單于獻計，試圖囤積精兵於漠北以待漢軍。於是命令衛青和霍去病率領前所未有的騎兵大軍，輔以數十萬步兵輜重部隊，深入匈奴深處尋找其主力部隊。匈奴俘虜錯誤的情報讓衛青而非霍去病與匈奴主力相遇。衛青用武剛車（一種有邊有蓋的古代戰車）結陣，同時派出兩翼騎兵衝擊匈奴騎兵。兩強相遇中，單于在漢帝國遠征大軍面前脫逃。這一戰衛青擊潰匈奴主力，並焚毀匈奴趙信城而還。

大漠以東，霍去病的五萬騎兵深入匈奴境內兩千餘里，與匈奴左賢王部隊相遇。年輕的漢朝將軍以此前中原軍隊前所未有的進攻精神，一舉俘獲匈奴七萬多人，並追擊左賢王至狼居胥山，封山而還。匈奴汗國即使在冒頓單于最強盛時，騎兵也不過三十萬人。此次漠北決戰徹底殲滅匈奴主力部隊，從此「匈奴遠遁，而幕南無王廷」。

強大的大漢帝國的建立，與之相輔相成的，便是匈奴汗國的衰亡。在張騫聯合西域各國攻擊匈奴後，匈奴汗國不但主力被漢帝國的軍隊摧毀，在西方勢力也被漢和烏孫聯軍擊敗，在東方也被新興烏桓部落擊敗，從而分裂為南北兩個汗國。西元前五十一年，南匈奴呼韓邪單于在北匈奴的攻擊下，率部歸附漢帝國，並前往長安朝覲。這一事件給西域各國以巨大的震撼，從前蹂躪西域各國的強大匈奴汗國竟被漢帝國征服，從此大漢帝國的聲威遠播西域。這一巨大影響體現在此後匈奴再次與漢朝開戰之後：西元前三十六年，在匈奴郅支單于殺漢使節八年後，漢帝國西域副校尉陳湯竟然能私自調發西域各國軍隊，契約漢朝屯墾部隊共四萬餘人，分兩路，越蔥嶺（帕米爾高原），穿大宛，過烏孫，至郅支城（今哈薩克斯坦江布林）下合圍匈奴，並斬郅支單于首級，傳送大漢帝國首都長安。這是一場結束西漢與匈奴百餘年戰爭的勝利，大漢帝國的威信從此在西域建立起來。正如陳湯在給皇帝的奏疏中指出，應該向天下各國表明：「犯我強漢者，雖遠必誅。」

第三篇
名人新事

至聖先師孔子也傳緋聞？
滿清乾隆皇帝是漢族後代？
翻新歷史人物，「英雄」亦或「梟雄」、
「聖人」亦或「罪人」恐僅一線之隔！

川島芳子詐死，隱居長春三十年？

劉昕

研究者李剛等人發現：三大最新出現的科學考證證據證明，從小看著長春市職業畫家張鈺長大的「方姥」很有可能就是川島芳子。中國研究者根據最新證據得出的這個結論，日本專家也認為，這個可能性是百分之九十九……

新聞背景

長春職業畫家張鈺去年透露一個大祕密：「姥爺臨終前告訴我，從小看著我長大的方姥就是川島芳子，方姥到一九七八年才去世。」並披露關於此事的諸多情況。

其間，張鈺、「方姥」故居鄰居、張鈺之母段續擎、愛新覺羅家族現族長愛新覺羅．德崇、川島芳子親妹妹金默玉各自表述過相同或相悖的證言。「方姥」遺物景泰藍獅子中的神祕篆字紙條、刻有英文字母「ＨＫ」的望遠鏡等引起社會各界高度關注，公安影像專家更鑑定「方姥」畫像與川島芳子為同一人。

二〇〇九年研究者李剛等人，在浙江某寺又發現疑似「方姥」的骨灰，並帶至日本進行ＤＮＡ檢測。

歷史謎案，雲開霧散？

從日本考證歸來的李剛等人認為，答案是肯定的：「張鈺所說的方姥，就是川島芳子！」李剛等表示，三大最新出現的科學考證證據，已確證張鈺姥爺段翔（化名）的遺言。

赴日考證，意在尋找科學證據，而最初並不順利。三月一日，段續擎、張鈺母女，中國研究者李剛、何景方等人，抵達日本東京。早在二月十一日，吉林省社科院研究員王慶祥，即受李剛委託，攜相關物證抵日，參與日方鑑定。

「最權威的方法是DNA檢測」，李剛說，在日方聯繫下，中日雙方針對從浙江找回的「方覺香居士骨灰」，進行DNA檢測，「二〇〇〇年，日本專家阿部由美子博士，取得愛新覺羅．憲東的四根頭髮，他是川島芳子同父同母的兄弟，這為DNA檢測提供了前提條件。」其後，日方多次實驗，但未在疑似「方姥」的「方覺香骨灰」中找到DNA元素。

「原因是這些骨灰已深度火化了」，李剛說，「日本九州的鑑定專家，研究了『方姥』可能接觸過的物品，比如密碼箱、望遠鏡、藥勺等，希望從中找到DNA元素，也沒成功，日方專家說是因為年代太久遠。」

指紋檢測，未找到「方姥」指紋

DNA檢測骨灰中未發現DNA元素，另一條科學驗證路徑，是指紋比對。李剛介紹，日方存有川島芳子的指紋，「他們希望在『方姥』留下的望遠鏡等物品中，找到可以對比的指紋」。

對此，記者曾專門諮詢公安部門專業技術人員。據稱，從技術層面看，指紋留在物體上後，如不經特殊保護，保留期一般不超半年，即使留在保存環境較好的玻璃等器物上，也很難超過兩年。

李剛坦言，並沒在張鈺提供的物品中，尋找到有價值的指紋，「日方正在檢測方姥看過的五本《紅樓夢》和《產婆學》等書。但在日本期間，我們聽段續擊說，方姥看書有時用鑷子翻頁，看來靠指紋檢測找出證據，也基本無望。」

據悉，日方專家亦鑑定了其他物件，但對「方姥是否真是川島芳子」並無決定性影響。

【新證一】刑場上的死者不是川島芳子

川島芳子被押期間所拍照片和行刑後照片，吉林省公安廳副調研員、省公安攝影協會祕書長台祿林以個人身分作出鑑定結論：兩張照片中並非同一人。

李剛介紹，針對這一結果，日方再次進行鑑定，「日本專家將行刑後的照片通過電腦製作，將人像立體化，進行骨骼分解，得出的鑑定結論是，被槍斃的死者不是川島芳子。」

【新證二】李香蘭：沒別的可能性

三月八日，中國研究者回國，張鈺一人留在日本東京，等待會見川島芳子生前密友——李香蘭（當年八十八歲）。

根據研究者提供的書面材料，三月十二日十八時，張鈺來到李香蘭住處。這場會見，李香蘭事先要求不能超過十五分鐘。雙方見面後，張鈺談起「方姥」的生活習慣，並介紹了「方姥」住房、茶室的布置。聽完這些介紹，李香蘭連聲說「是哥哥！」李香蘭對川島芳子的稱呼，一向是「哥哥」。

談話中，在場日本記者問李香蘭：「『方姥』會是川島芳子嗎？」

李香蘭回答：「沒別的可能性了。」

這場會見，實際花了四小時。

【新證三】筆跡鑑定為同一人所寫

張鈺說「方姥」曾為她畫過一幅墨版肖像畫，在這幅畫的下面，隱約有三個字：「姥留念」。研究者們表示，這是方姥留下的唯一筆跡。

吉林省收藏家協會創始組建人、知名古董鑑定家郭相武對筆跡進行了校對。「鑑定書畫真偽，最主要的一項是字跡鑑定。」郭相武表示，他對自己的鑑定結論有信心。

困難的是，「姥留念」三個字刻上後，有人似乎想隱藏什麼，又用墨水塗抹在字上，導致只有「念」字比較清晰。郭相武分析，塗抹字跡的人可能是作者本人，「也就是方姥」。

容易的是，川島芳子筆跡留存世上較多，這為筆跡比對提供了保障。郭相武選擇的主要比照對象，是川島芳子在獄中寫給其養父川島浪速的信。

郭相武比較發現，「念」字其上部的「人」，和川島芳子信中「今」字、「命」字上部的「人」，其書寫習慣一致，「這是一般作偽者想不到的，也是不可能做到的。」郭相武說。

由此，郭相武出具鑑定意見：從字跡看，為同一人所寫。日方也對兩者筆跡進行了鑑定，沒有得出結論。目前，中國研究者們採信了郭相武的結論。

【新證四】老照片中的第六人

這是一個最驚人、最讓人意想不到的發現！

日本考證期間，張鈺母女與研究者們參觀了松本市博物館。松本市是川島芳子年少時生活之地，該博物館留存著川島芳子的相關資料。館內，展有川島芳子多幅照片。段續擎表示這些照片很像方姥，在一幅合影照片前，段續擎突然指著照片中一個人說：「這人面貌很像我父親，越看越像。」

照片中共有六人，攝於天津東興樓，並無拍攝日期（注：史料載，川島芳子曾以東興樓為據點刺探情報）。

照片中五個人有署名：分別是川島芳子、孝子、小口敏治、藤澤藤雄氏、千鶴子。只有一人沒有署名，正是段續擎所指之人：一個二十歲上下，一身軍裝，面露微笑的年輕男子，站在川島芳子的身後。

研究者調查了署名五人的身分：孝子是個少女、千鶴子是川島芳子的祕書、一身西服的小口敏治是日本某企業人士、藤澤與「第六人」穿同樣軍裝，是個日本隨軍記者。

松本市館方經過調查，沒有查到「第六人」的任何相關資料。他真是段續擎的養父段翔嗎？

段翔的複雜身分

研究者們認為，段續擎所說的話，邏輯上成立。理由在於，川島芳子經營天津東興樓時期，生於一九一八年的段翔正好二十歲上下，當時在南滿鐵路工作。段續擎介紹，段翔會一口流利的日語，生前說過自己曾給滿洲國警察局局長當翻譯，「大約是一九五三年，父親帶我去過東興樓，當時我記得是棟兩層樓，對面有個飯店。父親說他在解放前，曾經來過這裡。」

「檔案表明，他還在國民黨軍隊當過差」，李剛說，早期他們曾詳細調查段翔的經歷，「因為他身分的複雜性，所以我們當時認為他有可能認識川島芳子，但沒有實質性證據。」

專家結論：確為段翔

發生這個意外插曲後，研究者回國後立刻忙起來。他們在從日本帶回的相關著作中，也找到了類似的照片。但這些能夠看到「第六人」的照片中，都缺少他的署名。

研究者將兩張照片交給台祿林，後者給出書面鑑定結論：通過視覺、面部比例關係、電子影像疊影技術等三種對比方式比對，A、B圖為同一人。A圖是神祕的「第六人」照片，B圖是段翔單人照片。

至此，研究者們得到又一個科學驗證：至少在川島芳子盤踞東興樓時，她與段翔兩人已見過面。至於二人當時的交情深淺，無從考證。

總結：百分之九十九還是百分之一百？

更大謎團恐永難解開，研究者認為，儘管沒有科學證據能直接證明「方姥」是川島芳子，但目前所掌握的材料已經足夠。根據最新證據，他們得出了這樣的推斷：

一、科學證據證明，川島芳子沒有死在刑場上。

二、科學證據證明，臨終留下遺言說「方姥」是川島芳子的段翔，確實認識川島芳子。

三、中國專家認為，「方姥」與川島芳子的筆跡相同。

上述三條推斷，加上前期報導過的種種如愛新覺羅．德崇等人證、藍獅中神祕紙條等物證，綜合分析，中國研究者們認為：「方姥」就是川島芳子。

「由於年代久遠，多數物品發生變化，同一物件又經多人轉手，況且『方姥』本人不留照片、不留筆跡，明顯在隱瞞身分，因此想找到更直接的科學證據，已經很難了。」

李剛說：「但在歷史、社會、人文方面的考證表明，我們的結論是有充分依據的。」

相比較而言，日方態度更為嚴謹，李剛稱：「日本權威專家認為，『方姥』是川島芳子的可能性是百分之九十九，這個百分之一，就差在沒有最直接的科學證據上。」

半年來，關注此事進展的人常問，到底何時有結論？

在筆者對張鈺母女及研究者李剛等人的調查與暗訪中，沒有發現明顯破綻。由於沒有DNA和指紋的鑑定結果，這件事理論上仍存在虛假的可能性，不過成本會高得離譜。

在研究者的邏輯鏈條上，涉及一系列人證、物證，從省內到省外，再到國外，任何一條斷了，都可能成為致命失誤。另外，涉及其中的人，究竟為什麼甘冒風險編織關於一個漢奸的謊言？筆者想不出理由。

若排除故意造假的可能性，那麼已經披露的這些人證、物證，應該可以讓大家得出一個結論。同時，一些暫不便公開報導的證據與分析，也在印證著中國研究者的結論。

一樁歷史懸案得已解開，另一些問號不斷閃現。如果研究者結論與歷史真相吻合，當年的國民黨政府中是誰放掉川島芳子？為什麼放？被槍決的女子又是誰？川島芳子隱居在長春新立城的三十年中，又在做什麼？這些問題，研究者們也無法解答。

更大的謎團，恐將永埋於歷史中。

姜太公釣魚是為了搞情報？

韓玉德

姜太公釣魚，願者上鉤，婦孺皆知。如今又有說法，說姜太公釣魚之意不在釣魚，而在於搞情報，《孫子兵法》也有提到姜太公「上智為間」，很有智慧，適合做國際間諜。事實是否如此呢？

姜太公的身世

誌怪體古典小說《封神榜》為姜太公的身世披上了一層神祕的面紗。那麼，他的祖先究竟是誰？

姜太公是四嶽，也就是伯夷之後。他的遠祖出自炎帝之妻、赤水之子聽訞（音同「堯」）一系。黃帝戰勝炎帝後，炎帝的後裔被降為諸侯。其中，有個分封的侯國叫四嶽，也叫太嶽。它的第一個封君，正是伯夷。具體來說，這個地方應該是在晉南，也就是霍太山地區，那座山現在叫呂梁山。之所以叫呂梁山，就是因為古代的呂國在這裡。

根據《史記．齊太公世家》記載，呂國受封的時間為虞夏之際，約在西元前二一二〇年至西元前二〇二七年之間。西周時期的太公只稱呂尚、呂望，而絕不稱姜尚、姜望。在先秦時期，人們的姓氏非常特別，姓與氏的社會功能不同。貴族的男子有「氏」，只有女的有「姓」。那麼，「氏」是怎麼來的呢？就是貴族分封的國家，以國為氏。既然姜太公氏呂，那他就應是呂國的後代，他的祖國應該是呂國，而不應該是其他國家。

姜太公的祖籍

姜太公的祖籍爭論頗多。有人說是河南南陽，還有人說是山東日照。姜太公的祖籍究竟在哪裡？

歷史上的呂國有好幾個，上面說的霍太山地區的呂國是歷史上的第一個呂國。後來，它遷徙了，一部分遷徙到現在的河南南陽；一部分東遷到達銅山地區，也就是現在的徐州地區，劉邦的皇后呂雉就出生在此；另外還有一部分則遷徙到現在的山東東部濱海地區，其具體位置，據史料記載，就是現在的日照地區。姜太公出生在商末，距呂國受封的虞夏時期已有一千多年歷史。其實早在夏、商交替之時，呂國的子孫後代因不斷繁衍，受封者已經很少了，大多數都已淪為庶人。姜太公一族便是這樣。所以即使是姜太公本人，也很難說清楚自己的祖籍是哪裡了。

荀子的書裡關於姜太公的記載是比較可靠的，他曾在《君道篇》裡說，周文王「舉太公於州人而用之……行年七十有二……」。這告訴我們，周文王即位以後起用了姜太公。姜太公此時是「州人」。這個「州」，就在現在安丘市的東北角。呂不韋也曾在《呂氏春秋．首時》裡說姜太公是「東夷之士」，即現在的日照、莒縣、安丘等地。事實上，與姜太公比較親近的那一支祖先，基本上也就在這個區域內活動。姜太公的祖輩居無定處，家裡又窮，所以雖然關於姜太公老家的說法各異，但卻都有可能，並不矛盾。

姜太公的享年

史書上說，姜太公高壽，各種說法中，最高的歲數為一三九歲。這個數字可信嗎？

關於姜太公年齡的推定，一直是一個很大的問題。之前相關的說法有數十種，究其原因，要從中國的歷史紀年開始講起。

中國的歷史紀年是從共和元年開始計算的，也就是在西元前八四一年，之前數千年的歷史紀年是一片空白。學者李學勤等人於前些年做出的夏商周斷代工程研究成果，為研究姜太公的年齡提供了一種可能。

現在，根據出土文物、天象等可以基本斷定，武王伐紂發生在西元前一〇四五年。後來筆者又推定了一個年代：帝辛（即殷紂王）三十年，即武王伐紂的那一年，為西元前一〇四五年。所以帝辛二十年，也就是文王元年，應為西元前一〇五五年。根據司馬遷的記載，這一年姜太公被文王提拔重用，當時姜太公正好七十二歲，由此便可得出姜太公出生於西元前一一二七年。

姜太公去世的那一年，時間比較確定，為周康王六年，即西元前一〇一五年。據此，可算出姜太公去世時應是一百一十二歲。

姜太公的釣魚之地

姜太公是否真的釣過魚？姜太公又是在哪裡釣魚的呢？

關於姜太公釣魚的地點，有很多種說法。有史料可查的，姜太公在日照釣過，在膠州也釣過。另外，姜太公也在河南釣過魚，主要是在河南的東北部釣。現在，這個地方屬於河南淇縣，在古代，它就是殷王朝的國都，即朝歌。姜太公沿著黃河岸邊釣魚。另外就是磻溪，即豐鎬地區，也就是現在的秦嶺一帶。不過，那時的秦嶺不同於現在的秦嶺。那時，秦嶺森林密布，可以說是江河縱橫。

姜太公入周前的生活狀況

姜太公入周是在他七十二歲的時候。那麼之前姜太公的生活狀況如何？

姜太公的前半生是在磨難坎坷中度過的，可謂一事無成。姜太公曾經入贅，用山東話說，就是「倒插門」，去做齊國人的女婿。但這個女婿不好當，到了五十歲後往往會被趕出來，也就是「出夫」了。姜太公就遭遇了「出夫」。這是因為當時贅婿的地位如同家奴，作用就是繁衍後代等。而姜太公胸懷大志，不可能去做家務，所以「出夫」是很有可能的。另外，姜太公還曾是「逐臣」。當時，在如今山東郯城的南部有個良國，姜太公就曾在那裡幹過。後來不行了，姜太公就被趕走了。

此外，姜太公到朝歌幹過很多工作，殺過豬，擺過攤，還幹過賓館裡的招待員，什麼樣的工作都幹過。姜太公的生存能力比較強。但姜太公做這些事，絕非是為了生存。比如姜太公跟紂王就多有聯繫，還多次見過紂王，但終因政見不合沒能留下來。

姜太公極有可能以職業掩護作間諜

有故事說，周文王為了邀請姜太公出山，曾親自為其拉車，並拉了八百零八步。真實情況是如何？這類故事很多，但真實性都沒法證明，當然也有傳說的成分。再說，創業帝王如果執意要用姜太公，為他拉拉車也未嘗不可。因為古代的帝王，特別是在他沒成氣候之前，什麼事都可能做出來。另外有一點，商朝的末年，全國也就幾百萬人，最多是一千萬人口，找個像姜太公這樣的人才不容易啊！

其實，在姜太公向紂王推行政治主張的時候，周文王正好給紂王當卿士（即宰相）。在此期間，姜太公去訪問，就認識了文王，兩人比較聊得來。也就是說，姜太公釣魚也好，做上面那些瑣事也罷，姜太公極有可能是以職業做掩護，就是做間諜，而且姜太公活動的地方都是在黃河旁的一些渡口周圍。這些地方流水較緩，距離較短，往來人員眾多，容易「搞情報」。所以包括《孫子兵法》裡也說姜太公是「上智為間」，就是有很高的智慧，做國際間諜。

後來文王被紂王抓了起來，關在羑里，也是姜太公設計放出來的。所以在周文王元年之前，兩人早就認識了，而且還達成了默契。

孔子的緋聞：「子見南子」經過

老夏

電影《孔子》從一開拍就引起了人們的廣泛關注，孔子和南子的「緋聞」更是引人討論。歷史上，關於孔子與衛靈公夫人南子的關係，歷代文人對此事津津樂道，讓人不由得產生很多遐想……

在歷史記載中，孔子身邊出現的女人並不多，但在為數不多的女人中，有一個人是在史書中被多次提到的，那就是衛靈公的夫人南子。在歷史上南子是個備受爭議的女人，以美貌和善弄權術聞名，由此「子見南子」便成為爭論已久的千古之謎。

會面引得子路不高興

孔子，名丘，字仲尼，春秋時魯國人，聖人也。

南子者，衛靈公夫人也，春秋時衛國最著名的美人。

孔子見南子的經過是這樣的：西元前四九六年，孔子五十六歲，剛剛辭去魯國「大司寇」職務，到了衛國做官，但是有人向衛靈公打小報告，說孔子的壞話，孔子害怕獲罪，辭官想到陳國去，在「匡」這個地方被誤作陽虎被抓，脫險後在一個叫「蒲」的地方待了一個多月，後又返回了衛國。

到衛國後，衛靈公夫人南子希望見見這位名人，孔子先是辭謝，後來就去拜見了南子。《史記》是這樣記載這件事的：「夫人在絺帷中。孔子入門，北面稽首。夫人自帷中再拜，環佩玉聲璆然。孔子曰，『吾鄉為弗見，見之禮答焉。』子路不說。孔子矢之曰，『予所不者，天厭之！天厭之！』」

譯成白話文：「南子在葛布做的帷帳中，孔子進去後，向北行禮，南子在帷帳中還禮，佩戴在身上的玉器相互撞擊發出清脆的聲音。孔子說，『我本來就不願見她，現在既然不得已見了，就得還她以禮。』子路不高興了。孔子馬上辯解說：『我如果做了什麼見不得人的事，讓上天殺了我吧！讓上天殺了我吧！』」

第一個疑點：司馬遷手下留情？

柏楊先生在《君子和小人》一文中對「子見南子」有過這樣幽默的描述：孔丘先生見了她，不知道搞了名堂沒有，歸來後身輕如燕，神色有異，被仲由先生看出苗頭，問了一句。做賊的人心情都虛，孔子先生當時面紅耳赤，賭起咒來曰：「天厭之，天厭之。」情急至此，可見事態嚴重。

按柏楊先生的描述，言下之意，似乎可以肯定孔先生見南子是發生過糗事的。

《史記》中的這段話，原本也看不出什麼問題來。奇怪的是，孔子見南子原本算不得一件大事，既沒有談政治，也沒有談六藝，會晤並沒有形成白皮書之類的東西，但是司馬遷卻用了大量的筆墨記載這件事，這本身就十分耐人尋味了。《史記》記載史實還是比較客觀的，相信司馬遷不會說假話，但是孔子是至聖先師，可能司馬遷還是手下留情了，有意避實就虛。這是第一個疑點。

第二個疑點：孔子見南子到底發生了什麼事情，子路會不高興？

是不是做了見不得人的事情呢？無據可靠，不得而知。不過孔子會見南子做出非禮的事情的可能性是很小的。雖然據朱熹注解說「南子有淫行」，但是孔子當時的年齡已經五十六歲，而且孔子作為一個客居衛國，首次進宮面見國君夫人的名人來說，借給孔子十個膽子也不敢胡來。

據朱熹分析，子路不高興是因為看不起南子的品行，認為南子行為不合禮教，而孔子居然去面見這樣的人，顯然有失身分。

第三個疑點：為什麼孔子要向子路發誓「天厭之！天厭之！」

按照孔子為人處世的原則和修養，會見了一個女人不必要也不會發這樣的毒誓吧？看來孔子面見南子後的確有了變化，連子路這樣的粗人也看得出來——即使沒有失魂落魄，大概也神魂顛倒了。一方面說明了南子的確美豔動人；另一方面，可以斷定孔子有些動心了。

另有一個佐證：過了一個多月，衛靈公和南子同車外出，讓孔子坐在第二輛車子裡跟隨，孔子自言自語地感歎出了一句名言：「吾未見好德如好色者也。」意思是，我還沒有看見過愛好道德像愛好美色一樣的人呢！後人注解說這句話是諷刺衛靈公的。可誰知道孔子是不是在自我感慨，自我傷懷呢？因為這句話也可以理解為連我孔丘也難以倖免啊！

朱熹為孔子見南子一事進行了深刻而巧妙的解釋。朱熹認為孔子見南子是不得已而見之，「蓋古者仕于其國，有見其小君之禮」。的確，「四方之君子不辱欲與寡君（國君）為兄弟者，必見寡小君（即國君夫人）……」意思是在這個國家做官的，有拜見國君夫人的禮節，所以孔子見南子是當時的禮節規定的，不得已而見之。

朱熹進一步替孔子辯解說：子路不高興是因為孔子會見的是一個淫亂之人，對孔子來說是一種恥辱。但是孔子是什麼樣的人啊？是至聖先師，朱熹說，「聖人道大德全，無可不可。其見惡人，固謂在我有可見之禮，則彼之不善，我何與焉。」意思是說孔子道德高尚，已循化境，見到品德不好的人，按照禮節應該會晤，雖然對方品德差些，但是絲毫不會影響到孔子的。言下之意，孔子好像得道高僧，「色即是空，空即是色」了。但是孔子擔心子路卻沒有這樣的智慧——「然此豈子路所能測哉？故重言以誓之，欲其姑信此而深思以得之也。」朱熹認為子路野人出身，智商有限，怎麼能夠想得這樣深刻呢？所以只好發下重誓，消除子路的懷疑，相信自己，並試圖引起子路的進一步思考。

不許聖人動凡心

由此可見，孔子見南子不是什麼大不了的事情，絕不像某些人認為的那麼齷齪下流，無非是講了一件男人看見美女有點心動的事情，因為孔子是聖人，做人難，即便是心中有一點點想法也會被好事者顛來倒去地說。

其實孔子見到美女而心動又有什麼可以指責的呢？「食色性也」，孔聖人也是凡人，也有七情六慾。但是壞就壞在「人非聖賢，孰能無過？」按照這個邏輯反推過來就是「凡是聖賢就不會有錯」，孔子聖人也，當然不能有一點點錯誤，哪怕想想也不行。

乾隆到底是不是海甯陳家的兒子？

歐陽勝

乾隆皇帝，姓愛新覺羅，名弘曆，是清王朝定鼎中原後的第四位皇帝。他在位六十年，勵精圖治，出現了為人們所津津樂道的「康乾盛世」。

然而在民間，乾隆皇帝的身世一直被人們傳得十分離奇……

離奇傳說

康熙五十年（一七一一年）八月十三日，雍親王府裡一片歡笑，這天家裡又添了一個小孩。同一天，海甯陳家也添了一個小孩。

這海甯陳家指的是浙江海寧的陳世倌家，人們俗稱他為陳閣老，在康熙年間曾入朝為官，並且和當時的皇四子雍親王胤禛的關係十分密切。當時，雍親王妃和陳世倌的夫人都懷有身孕。不久，兩家先後生了孩子，雍親王生了一個女孩，而陳家生了一個男孩。過了幾天，雍親王讓陳家把男孩抱入王府看看。王命難違，陳家只好把孩子送進王府。可等孩子再送出來時，陳家的胖小子竟變成了一個小丫頭。久在官場的陳閣老意識到此事性命攸關，不敢聲張，不久就辭官帶著全家回原籍去了。而那個被換入王府的男孩，就是後來的乾隆皇帝。隨著這個傳說的廣泛流傳，乾隆帝六次南巡甚至被說成是為了探望自己的親生父母。而那個雍正換出去的女兒，長大後嫁給了大學士蔣廷錫的兒子蔣溥。蔣家是江蘇常熟的大姓，雍正之女所住的那棟樓被後人稱為「公主樓」。

中國歷來就有俗文化壓倒嚴肅文化、演義小說埋沒正史的傳統。乾隆為海甯陳家之子的傳聞不斷被吸收到文藝作品中。一九二五年，上海出版了鴛鴦蝴蝶派大家許嘯天的一部《清宮十三朝演義》。書中說：乾隆原來是海甯陳閣老的兒子，被雍正用調包之計換來。乾隆長大後，從乳母嘴裡得知此事，便借南巡之名，去海寧探望親生父母。因陳閣老夫婦早已去世，乾隆只好到陳氏夫婦的墓前，用黃幔遮著，行做兒子的大禮。

後來，乾隆是海甯陳家之子的傳聞仍連續不斷地進入到文藝作品中，其中最有影響的就是金庸先生的《書劍恩仇錄》。金庸是浙江海寧人，從小便聽說乾隆是海甯陳家之子的傳聞，因此《書劍恩仇錄》緊緊圍繞乾隆身世這條線索展開。不但如此，金庸還在書中杜撰了陳世倌的三公子，也就是乾隆的親弟弟陳家洛。他在于萬亭去世以後繼任紅花會總舵主，共同成就恢復漢家天下的宏業；而熱戀陳家洛的香香公主則犧牲了自己的愛情，身侍乾隆，欲助陳家洛一臂之力，不幸失敗自刎，葬於「香塚」。

金庸先生在這部小說的後記中，老老實實地告訴廣大的讀者：「陳家洛這個人物是我杜撰的」，同時還聲明：「歷史學家孟森做過考據，認為乾隆是海甯陳家之子的傳說靠不住」。

史家考證

一般來說，凡是有影響的傳聞逸事，不管它怪誕荒唐到何種地步，總是有某種合理性和或多或少的歷史原因。那麼乾隆是海甯陳家之子這種說法，又有什麼根據呢？

首先，乾隆在位六十年中曾六次南巡，其中四次到海寧，而且每次都住在陳閣老家的私園——隅園中，並將「隅園」改為「安瀾園」。

其次，海甯陳家有清帝御賜的兩塊名曰「愛日堂」和「春暉堂」的堂匾。「愛日」也好，「春暉」也好，用的都是唐代詩人孟郊《遊子吟》一詩的典故。乾隆若不是陳家的兒子，談得上報答父母如春暉一般的深情嗎？

再次，乾隆的父親胤禛為皇子時，生育不繁。由於當時皇太子兩次被廢，儲位遲遲未定。出於爭儲的目的，胤禛有可能不擇手段地將女兒「調包」成兒子。以至於以後出現了這樣一種說法，雍正之所以能登上皇位，是因為康熙皇帝看到了胤禛的兒子弘曆（即後來的乾隆）頗有英雄氣概，有一代雄主之氣象，於是為了讓弘曆以後繼位，就把皇位傳給了胤禛。

第四，那個被換走的雍正女兒由陳家帶回海寧，長大後嫁給了當朝重臣、大學士蔣廷錫之子蔣溥。蔣溥也甚得皇上恩寵，官至大學士。當地人遂將蔣氏夫人所居之樓稱為「公主樓」。

最後，有清一代，海甯陳家科名最盛，名相迭出，寵榮無比。據傳，當年陳崇禮科舉及第之後蒙道光帝召對，得知他是陳世倌的後人，道光帝微微一笑說：「汝固海甯陳家也。」不久，陳崇禮即被擢升為鹽運使。若無雍正、乾隆和海甯陳家的這層關係，陳崇禮怎會受到如此眷顧？

更有野史傳說，乾隆自知自己不是滿族人，因此在宮中常常穿漢服，還問身邊的侍從自己是否像漢人。一位老臣趕緊跪下說：「對漢人來說，皇上確實像漢人；對滿人來說，則不像。」乾隆聽後很久沒有說話，而且此後也不再提起此事。

對於上述說法，金庸先生提到的那位歷史學家孟森先生分別援引史實加以批駁。

首先，來看一下海甯陳氏家族的歷史。海甯陳氏的先世為北方渤海高氏，後南遷到江南地區。陳家的真正發達在萬曆年間，其中，陳元成這一支，與傳聞中的「海甯陳家」關係最大。陳元成之孫陳詵官至刑部尚書。陳詵之子陳世倌在雍正當朝時已歷任巡撫，至乾隆六年以工部尚書授文淵閣大學士。他就是金庸在小說中所寫的乾隆生父。

陳世倌的侄子陳用敷官至巡撫，那已是乾隆中期以後的事了。據此，孟森先生明確指出，海甯陳家仕宦之盛，發端於明朝末年，到康熙和雍正時達到了頂峰。乾隆即位之前，陳氏為相者多已謝世，陳世倌尚存，卻未得到乾隆皇帝的格外關照。乾隆六年（一七四一年）升任內閣大學士的陳世倌，不久因起草諭旨出錯被革職。不僅如此，乾隆皇帝還當面斥責他「無參贊之能，多卑瑣之節，綸扉重地，實不稱職」。如此不留情面的苛斥，就是很普通的前朝老臣也很少受到，更不用說是傳聞中皇帝的生父了。

關於陳家的兩塊匾額「愛日堂」和「春暉堂」一事，孟森先生肯定確有其事，但這並不是乾隆所題寫，而是其祖父康熙皇帝書賜的。這兩方匾額與乾隆毫無關係，更談不上乾隆是陳家之子的證據了。

從乾隆出生的時間和當時的背景來看，其為雍正急欲抱養外姓之子為己子的說法也不合情理，且沒有根據。

按照皇帝家譜《玉牒》所記載，乾隆出生於康熙五十年八月，當時雍親王胤禛三十四歲，已先後生育了弘輝、弘盼、弘昀、弘時四個兒子（但前三子均夭折）。乾隆出生時弘時已經八歲，而且就在乾隆出生後三個月，雍親王又得了一個兒子弘晝，後來又陸續生育了弘瞻等四個兒子。在這種情況下，雍親王偷偷摸摸換一個漢人的兒子，於情於理都說不通。從另一方面來看，當時皇太子兩次被廢，且從此以後皇太子的儲位一直空缺，為爭奪儲位而進行的明爭暗鬥日趨白熱化。以雍親王的精明和謹慎，怎麼會在這個時候冒著給別人留下把柄的風險去抱一個漢人的孩子呢？再說，他又怎麼會知道自己一定會繼承大位，而陳家之子就一定會大富大貴呢？在這「一著不慎全盤皆輸」的微妙時刻，雍親王絕不會冒這個險。

另外，一個滿族旗人在《皇室見聞錄》中稱：「以雍正之英明，豈能任後宮以女易男？」因為按清朝皇室的規矩，皇孫誕生時，皇子要立即派王府裡的太監到皇宮的內奏事處口頭上報給皇上，然後再由宗人府專門寫摺子奏報，以備皇上為皇孫取名；若雍親王府當時已按時辰報生的是女兒，又怎麼能過了幾天再改為男孩呢？這從理論上來看也是說不過去的。

就算傳說是真的，乾隆是被雍正以女兒從海甯陳家換來的，那麼這位真正的金枝玉葉的下落也應該有所交代。據說這位公主後來嫁給了當朝重臣、大學士蔣廷錫之子蔣溥，蔣氏夫人所居之樓被稱為「公主樓」。但許多熟悉當地歷史的人，都不知道家鄉有座「公主樓」；就連蔣家後人，也都說不知道。由此我們可以肯定地說，這件事情為訛傳。

早在清軍入關時，曾對頑強抵抗的江南人民進行過大規模的屠殺，因此江南地區的反清情緒異常高漲。從康熙皇帝開始，清朝的統治者就採取了各種方法，如設立博學鴻詞科，徵調明朝遺民編修《明史》等，極力籠絡前朝，尤其是江南地區的文人士大夫。海甯陳家中科舉人數之多，是一個不爭的事實。這是和統治者重視科舉，極力籠絡南方世族，藉以消弭江浙一帶士大夫強烈的反清民族主義意識的政策有關。而到了乾隆時期，這種科舉之盛早已成為明日黃花。將此作為乾隆出自海甯陳家並眷顧陳家的根據，顯然是不能成立的。

六下江南

如此，支持乾隆是海甯陳家之子的幾條證據都被逐一批駁。現在只剩下最後一條，也是最重要的一條：乾隆六次南巡，四次到海寧，而且每次都住在陳氏的私園中，這是為什麼呢？

康熙皇帝曾六次南巡。一心想要效仿祖父的乾隆也有過六次南巡，並且前兩次和他的祖父康熙一樣，以浙江杭州為終點，還登上紹興會稽山祭禹陵而還，意在炫耀國力、安撫江南民心。從第三次南巡開始，乾隆連續四次都到了海寧，主要目的是視察耗費巨大的錢塘江海塘工程。

古代錢塘江口江流海潮的出入有南大門、中小門和北大門三個口門。如果海潮趨向北大門，則海寧一帶的海潮首當其衝；趨向南大門，則紹興一帶的海塘坐當其險；唯有主流走中小門，南北兩岸才少有海潮之災。從乾隆二十五年開始，海潮北趨，海寧一帶潮信告急。一旦海寧一帶的大堤被沖毀，那麼臨近的蘇州、杭州、嘉興、湖州，這些全國最富庶的地區將會被海水淹沒。因此乾隆皇帝從「海塘為越中第一保障」的認識出發，在乾隆二十七年第三次南巡之時，親臨海寧勘察。另一方面，海寧地方的地勢和土質都不是很好，在施工過程中存在著許多困難，負責的官員們在具體措施等問題上還有很大分歧。因此，乾隆每次南巡都要親往閱視，以便更好地做出決策。就這樣，在乾隆皇帝的督責之下海寧一帶修建起了耗資巨大的魚鱗石塘，成功地抵擋住了海潮的侵襲，對保護當地及附近地區的百姓、土地以及農業生產的安全起了非常大的作用。時至今日，經過了兩百多年的海水沖刷，這座石塘的某些地段依然完好，還在繼續發揮著作用。金庸先生小的時候，就曾在海甯乾隆皇帝所修的石塘邊露營、玩耍。由此可見，乾隆四度前往海寧，根本不是所謂的探望親生父母，而是要閱視和籌劃海寧的海塘工程。

那乾隆四到海寧勘察，總得有個合適的住所吧？

乾隆駐蹕的陳家私園名叫「隅園」，位於海寧縣城的西北角。而陳氏是康、雍、乾三朝宰輔，其隅園占地有百畝之廣，入門水闊雲寬，園內有百年古梅，南宋時期的老樹，風景宜人。在這偏僻的小縣城，確實是找不到另外一個比這「三朝宰相家」的私家園林更為體面的地方來迎接乾隆皇帝了。且在園中就可以聽到海潮的聲音，難怪乾隆皇帝四度駐蹕此園，流連盤桓了。

乾隆並不諱言駐蹕陳氏隅園是「喜其結構至佳」，心中念念不忘的卻是越中第一保障——海塘。所以在他初幸隅園之後，便賜名為「安瀾園」，以志此行在使海水永安其瀾。乾隆回京之後，在圓明園也仿造了一個安瀾園，而且還寫了一篇《安瀾園記》，願四海之內江河之瀾皆安，曲折地表達了他不忘民生疾苦這樣一個意思。

如果仔細檢查一下正史、野史以及其他同時代人所著的文集，就可發現，乾隆四次駐蹕在陳氏家園，但從未召見過這聲名顯赫的「三朝宰相」陳家的子孫，更談不上什麼「升堂垂詢家世」了。至於說他張黃幔偷祭死去的生身父母，則更是無稽之談。

乾隆出自海甯陳家，乃漢人之子，是一個流傳很久而且很有影響的傳聞。近年來某些休閒性質的小說和影視作品還仍然以此來媚俗，但是歷史學界早已澈底摒棄了這個傳聞，認為它等諸齊東野語，毫無根據。就連善於寫作清宮故事的高陽先生也說，乾隆絕不可能是海甯陳家之後。

可見故事本來就是故事，不能和歷史事實等同起來。

偶像皇帝宋仁宗

頤 禎

西元一〇六三年農曆三月，五十四歲的宋仁宗去世了。消息從皇宮傳到街市，開封街頭的一個小乞丐，起初一愣，接著竟放聲大哭，踉踉蹌蹌地往皇宮跑。誰知宮門外早就擠滿了人，襤褸的乞丐、斯文的書生、稚氣的小孩……哭作一團，披著白麻，燒著紙錢，給皇帝「送別」。第二天，焚燒紙錢的煙霧飄滿了城市上空，以至天日無光。這是怎麼回事呢？

宋仁宗去世的消息從大宋傳到大遼，剽悍的遼國君主也大吃一驚，衝上來抓住宋朝使者的手嚎啕痛哭道：「四十二年不識兵革矣。」一時之間，宋遼邊境的百姓遠近皆哭，可見受惠於他的不只是宋朝百姓。

從貧民到敵人，都捨不得他死——皇帝做到這個分上，可見是一個什麼樣的君王。晚明士大夫所稱讚的夏商周以後的賢明君王，只有三人：漢文帝、宋仁宗和明孝宗。就連心高氣傲、看誰都比自己差一大截的清朝乾隆皇帝，也不得不承認，平生最佩服的三個帝王，除了爺爺康熙和唐太宗，就是宋仁宗了。

爹不疼，娘不愛

宋仁宗出生時，那一聲嬰兒的啼哭，讓伸長脖子的文武百官們大大鬆了口氣，在他之前，所有的皇子都夭折了。於是他取名「受益」，五歲封慶國公，九歲立為太子，十三歲老爹一駕崩就改名趙禎，登基為帝。比起後世的九子奪嫡、你死我活，這傢伙的好命，足以讓歷代的皇子們嫉妒。但殊不知，宋仁宗的少年時光，卻過得異常艱難，他的糊塗老爹、那個簽下了「澶淵之盟」的宋真宗，竟然時刻擔心大臣們會利用太子架空自己。他越看兒子，越有「被害妄想症」，乾脆，我先下手為強吧！大臣們實在看不下去了：「陛下還有幾個兒子，能讓你想殺就殺？」這才讓真宗正視一個後果，殺了太子，就絕嗣了。

太子一條小命雖然保住，但父親的猜疑並沒緩解。彌留之際，真宗滿腦子都在想，這兒子不可信，只有把權力交給皇后。經過父親的「嚴防死守」，十三歲的少年趙禎即位之後，也沒過上什麼舒心日子，最大的考驗來自他的「母后」——章獻太后劉娥。

拜《狸貓換太子》的戲說所賜，人人都知道，宋仁宗的生母是李妃，而章獻太后正是戲中的壞人劉皇后。但事實上，章獻太后非但不是奸妃，反而聰慧敏捷，頗有政治頭腦。她理所當然地坐到了宋仁宗身後，垂簾聽政十一年。

權力的滋味，一旦嘗到，就不想放棄；更何況從深宮走上朝堂的聰穎女子，前朝就有一個武則天。章獻太后把皇袍披到身上，故意問大臣：「你說，武則天是個什麼樣的皇帝呀？」這個小動作讓氣氛緊張起來，太后和臣子開始了權力拉鋸。好笑的是，雙方打出的旗號都是「保護天子」。年少的趙禎，成了這兩派鬥爭中的擋箭牌，也成了他們互擲的矛，皇位之上如履薄冰。

如果趙禎只是個昏庸的草包，倒也罷了，日子混混也就過去了。但他偏偏在孩童之時，就能一眼洞穿父親的寵臣王若欽「實是奸邪」。這樣敏銳的孩子成了「夾心餅乾」，會有怎樣的內心煎熬？唯一能讓後世浮想聯翩的是，在這十一年裡，他苦練書法，一手「飛白體」練得極為神妙。或許練字就是練心。

也因此趙禎成了一個異數——從呂雉到慈禧，中國不乏女人掌權，在她們身邊長大的小皇帝，要不敏感怯懦，要不偏激殘暴。但趙禎卻有了對弱者的同情、對世事的寬仁。正是這一點，決定了北宋初年改革的走勢——高潮短暫，餘音很長。

短命的范仲淹新政

一〇三三年，宋仁宗親政。他太清楚自己接手的爛攤子，老爹當年愛面子、好排場，為了彌補在「澶淵之盟」當中受傷的自尊心，竟然一口氣把「五嶽」都封禪了。想當年，唐太宗想封禪一座華山，都因為太貴而作罷。可想而知，宋朝的國庫消耗到了何等地步。

宋仁宗的第一把火，就是抓經濟。對外平息戰爭，對內作風儉樸，從而扭轉了經濟頹勢，迎來了一個黃金發展時期。至此，他才騰出手來，尋覓合適的改革帶頭人。幾經斟酌，在群眾中呼聲很高的范仲淹，進入了視野。一〇四八年，宋仁宗宣布全新的「內閣名單」，調范仲淹回京，任參知政事（即宰相），與樞密副使富弼、韓琦一道主持朝政。

此時范仲淹從政已經二十八年，改革在他腦子裡醞釀已久，十大政策一揮而就——明黜陟、抑僥倖、精貢舉、擇官長、均公田、厚農桑、修武備、減徭役、覃恩信、重命令。宋仁宗當場拍板、准奏，全國執行。

但是僅僅一年零四個月後，范仲淹、富弼和韓琦相繼被調出京城，改革突然煞車。是宋仁宗不信任他嗎？不。歷朝歷代，改革者如商鞅車裂、張居正掘墳，比比皆是，但小范毫髮無損，「聖眷」不可謂不深。是政敵暗算他了嗎？也不盡然。學幾筆小范親信的字體、造一封逼仁宗退位的假信，這樣拙劣的政治伎倆，宋仁宗不會看不出。

問題只在於，操之過急。有次范仲淹審查一分官員名單，不稱職的都毫不客氣一筆勾銷。一旁的富弼看了不忍：「小范呀，你筆一勾，可害苦一家人。」范仲淹嚴肅地說：「不害一家苦，那就害了一路百姓苦。」富弼啞然了。不錯，官員是要嚴格選拔，可你只看一眼名單，又憑什麼認定他就是昏官呢？范仲淹是一個理想主義者，他言簡意賅地找到改革的目標，卻找不到複雜精細的實施辦法。面對那封假造的退位信，宋仁宗看到了潛在的危機，群臣惶惶，小范孤立，新政還怎麼執行？他果斷地叫停了。

史上文人「最好的時代」

范仲淹離去了，岳陽樓留下了他作為一個文人的絕唱：「先天下之憂而憂，後天下之樂而樂」。但宋仁宗不會離去，開封城延續著他的政治部署——文彥博，一個有些保守的大貴族，接替了小范的宰相職位。

這一次，宋仁宗選對了改革的領頭人。此後的十多年裡，文彥博以沉默而實幹的姿態，把宋仁宗的改革意圖，不動聲色地貫徹了下去。和他一道的是包拯、杜衍這批能臣。沒有口號、沒有激辯，小范的十大政策，一條條經過修改，變得可以操作了。

一〇五〇年前後，文彥博覺得，宋仁宗在四川試點多年的紙幣「交子」，向全國推廣的時機成熟了。陝西長安的官員「立功」心切，說乾脆廢止鐵錢，只用紙幣吧！此言一出，老百姓連忙拋售鐵錢、搶購貨物，長安經濟陷於混亂。緊急關頭，文彥博並沒有強制推行「交子」，而是拿出了自己家裡的絲綢，來到長安：「來來來，今日我賣絲綢，只收鐵錢。」一下子就穩定了民心。從那以後，朝廷再推廣「交子」，就沒有阻力了，因為百姓對主政者有了信任。

或許宋仁宗這種含蓄漸進的方式，錯過了大變革的時機，治不好國家的病根；又或許這種方式的成功，過分依賴他個人的寬仁魅力，而令後世之君難以效仿。但無論如何，新黨舊黨的爭議淡化了；日後改革的中心人物王安石提拔了；人才薈萃的高峰到來了——在「唐宋八大家」裡，除了唐代的韓愈、柳宗元，其他六人都活躍於仁宗時期。以至於林語堂說，這是中國文人「最好的時代」。

多年以後，激進的王安石改革失敗，宋神宗又恢復了祖父仁宗的溫和改良做法，遼國君主急忙召集將領：「不許再去邊界惹事，宋朝又回到了仁宗的路上」。遼國人或許不會懂得他們敬畏的這個宋朝皇帝，為什麼叫「仁宗」。仁，是儒家思想的核心追求；在中國歷史上，他是第一個被尊稱為「仁宗」的皇帝，並造就了北宋一世繁華。

誰是《紅樓夢》中秦可卿的原型？

劉心武

秦可卿，《紅樓夢》裡的一位神祕女性，卻牽引出康雍乾風雲突變的時局。她是養生堂裡抱來的野嬰，卻成了堂堂甯國府三代單傳的孫兒媳婦。曹雪芹為什麼如此安排？她第五回出場，十三回卻一命嗚呼，曹雪芹為什麼讓她如此早夭？

她死後，甯國府大力操辦葬禮，極盡奢華與浪費，秦可卿究竟是誰？為什麼要如此大興土木？《紅樓夢》裡為什麼會留下這些讓人捉摸不透的資訊？

秦可卿抱養之謎

在第八回的末尾，寶玉和秦鐘要到家塾去讀書，於是以這個為由頭，順便就提到了秦鐘和他姐姐秦可卿的出身。說秦業是現任工部營繕司，營繕司是一個很小的官，可能是管工程建設的。秦業為曹雪芹所設定的秦可卿養父的名字。

根據曹雪芹的話，秦業是一個小官，「年近七十，夫人早亡」。書裡面秦可卿出場的時候，大約應該是二十歲的樣子，那麼就說明秦業是在五十歲左右得到了她，因為當年無兒無女，便向養生堂抱了一個兒子和一個女兒，這就是秦可卿的來歷。

封建社會非常重視血脈相傳，就是今天的社會，很多人也還是很重視這個，何況曹雪芹所表現的那樣一個時代。

在秦業所生活的那個社會，按一般家族血緣延續的遊戲規則，如果他是一個五十歲上下的男子，沒有兒女的話，他要解決子嗣的問題，第一招就是續弦。當時實行一夫多妻，這樣繁衍自己後代不就好了嗎？根據《紅樓夢》後面的文字描寫，秦業有生育能力，後來他生了秦鐘，想延續子嗣的話，實在沒有必要到養生堂去抱養孩子。而且很古怪，一般到養生堂抱孩子，如果是為了延續子嗣應該抱男孩，而秦業一抱就抱了一男一女。照理說要有能力養兩個，抱兩個男孩雙保險，不就更可以延續秦姓嗎？他卻抱了個女兒，看來這個女兒是非抱不可的，恐怕也未必是他願意抱的。而且更古怪的是，最後兒子又死了，只剩一個女兒。要延續子嗣的話，再去抱一個兒子不就好了？很奇怪，他就只養這個女兒，不再抱兒子了。

另外，在當時社會，如果自己實在生不出兒子，還可以從兄弟或堂兄那裡過繼來一個兒子。這種延續家族血脈的方式在那個時代，從上到下都很流行，實行起來非常方便，除非你親兄弟堂兄弟全沒有，但是在小說裡，曹雪芹分明寫到，秦鐘死後，賈寶玉聞訊奔喪，「來至秦鐘門首，悄無一人，遂蜂擁至內室，唬的秦鐘的兩個遠房嬸母並幾個兄弟都藏之不迭」，可見秦業若是要從秦氏宗族過繼一個兒子，是很現成的事。可是秦業既不納妾也不過繼，偏要到養生堂裡抱孩子，抱來一兒一女以後，卻又不認真養那個兒子，倒是把心思全用在了養那個女兒上頭。這真是奇事一樁。

從養生堂抱來的這個女兒，秦業很喜歡，小名喚可兒，可兒在過去的語言裡面，就表示可愛的意思。在曹雪芹寫到這句話的時候，下面就有脂硯齋的批評，就是「出名」，意思是秦氏開始出現名字了，可兒便是秦可卿了。下面又說，是「秉刀斧之筆，具菩薩之心，亦甚准矣」，就好像有什麼隱情。刀斧是用來砍削東西的，這就是說，她指出作者寫這個人物，是用大刀大斧砍去很多真相，刀斧砍的是什麼啊？又說「具菩薩之心」，「菩薩之心」就是不忍之心，慈悲之心，顯然是不忍心寫出真相來。

有一個結論，就是賈蓉的妻子千萬不能亂娶，甯國府的血脈已經到了三世單傳的危機時刻了，娶媳婦一定要娶一個門當戶對的，門不當戶不對的話也得比賈府的門第還要高，而且要保證能給賈蓉生兒子，也就是給甯國公這一支傳續後代。可是僅僅因為營繕郎跟賈家有點瓜葛，就去把他抱養的養生堂的女兒，許給了賈蓉，還不是小老婆，而是娶為正室。所以這一段話實在是每句都古怪。

秦可卿出身之謎

所以我猜測，秦可卿這個原型，她真實的出身不僅不寒微，而且還高於賈府。

我不是胡亂地猜測，而是根據書裡面描寫所下的結論。第五回，秦可卿正式出場，帶賈寶玉去午睡。她先帶他到賈珍和尤氏的那個正房，這是正確的，因為賈寶玉是和賈珍、尤氏一輩的，所以要先到一個正房去。結果這個正房掛了一幅《燃藜圖》，《燃藜圖》是一幅勸人好好讀書做學問的圖畫。賈寶玉一看就不喜歡，說不能在這兒，於是秦可卿就把賈寶玉帶到她自己的臥室。這當然相當出格了，因為賈寶玉是她的叔叔，侄兒媳婦把叔叔帶到自己的臥室去午睡，這實在是有點悖於封建禮教的規定。所以書裡面有提到一個嬤嬤說怎麼這樣安排啊？但是秦可卿氣派很大，滿不在乎地說：「他能多大，就講究這個了？」就硬把賈寶玉帶到她的臥室。

於是《紅樓夢》文本裡面就出現了一段非常奇特的文字，就是對秦可卿臥室的描寫。秦可卿的臥室，首先它是掛有唐伯虎的《海棠春睡圖》，《海棠春睡圖》畫的是楊貴妃喝醉酒以後，像海棠花一樣美麗的情景，賈寶玉喜歡。在秦可卿的臥室裡面，還有一副秦太虛的對聯，寫的是「嫩寒鎖夢因春冷，芳氣襲人是酒香」。賈寶玉說這裡好，我就在這兒午睡。然後他環顧這個臥室，不得了！哪裡是僅僅有唐伯虎的畫和秦太虛的對聯呢？是什麼樣的陳設呢？「案上設著武則天當日鏡室中設的寶鏡」，「一邊還擺著飛燕立著舞過的金盤，盤內還盛著安祿山擲過傷了太真乳的木瓜」。這裡說的木瓜應該不是真正植物的木瓜，而是一個用玉石仿製的木瓜，是很貴重的東西。「上面設著壽昌公主於含章殿下臥的榻，懸的是同昌公主製的聯珠帳」。以前的紅學界對這一段描寫的解釋，說這是誇張的寫法，主要是為了表現秦可卿的生活很奢靡，而且她本人很淫蕩。這些表現她生活奢靡的描寫，當然說得通，但說它完全是為了暗示秦可卿生活很淫蕩，卻不太說得通。武則天、或趙飛燕、或安祿山、或楊太真，你說，他們都帶有某種淫蕩性，但是壽昌公主和同昌公主的故事裡面沒有什麼淫蕩的內容。這裡要特別注意，武則天當過女皇帝，飛燕是一個愛妃，楊太真也是一個愛妃，安祿山是後來篡權，一度當過皇帝的人。作者不僅寫到了皇帝那樣的人物，也寫到兩個公主，那麼這些誇張的暗示性符碼究竟在隱喻什麼？我想，它實際上應該是在影射秦可卿的血統高貴到帝王家公主的地步。

《紅樓夢》的整體風格從頭到尾，以寫室內的陳設而言，一律採取寫實的辦法，幾乎沒有例外——唯一一處例外，就是寫秦可卿的臥室陳設，極度誇張，無法復原。怎麼復原呢？哪兒找這些東西去啊？這就說明他有他的苦心，別的陳設也許無非是烘托氣氛，展示一下人物的性格而已。寫秦可卿的臥房陳設，聳人聽聞，就是故意要讓讀者大吃一驚。他的目的就是暗示我們秦可卿實際上的血統。

但是秦可卿她自己忽然得了病，到了第十三回，她就一命嗚呼了。在臨死以前，秦可卿有一個大的行為，就是她死前去給王熙鳳托夢，這是小說裡面一個極重要的情節，值得我們仔細研究。她這個托夢也是非同小可，托夢的內容很豐富。首先是理論指導，完全是居高臨下，她哪裡是什麼養生堂抱來的棄嬰？哪裡是阮囊羞澀、沒見過大世面的小官吏家裡養大的一個女兒啊？她說了：「常言：『月滿則虧，水滿則溢』；有道是『登高必跌重』。如今我們家赫赫揚揚，已將百載，一日倘若樂極悲生，若應了那句『樹倒猢猻散』的俗語，豈不虛稱了一世的詩書舊族！」她告訴王熙鳳，我死了以後，你們賈府應該怎麼辦。你說，她多厲害！

然後她就提供具體的實踐方案。她輩分比王熙鳳低，但是口氣極大。大意是說，你們現在還沒有垮掉，趕緊在祖墳旁邊多置一些地畝，一是把宗族的祠堂設在那兒，這樣就可以世代香火不絕。另外，可以把家塾設在那兒，這樣以後不管怎麼樣，家裡的這些子弟還可以通過讀書、科舉去謀求一個發展。如果不是一個有著豐富的政治經驗，出身於一個非常高貴的家庭的女性，她是不可能想到這些的。

而且，她還能夠預言禍福！她知道賈家在她死以後，會發生什麼樣的事情。首先她預言一件好事：「眼見不日有一件非常喜事，真是烈火烹油，鮮花著錦之盛。」指的是什麼？就是賈元春晉封為皇妃。

但是她也很坦率地向王熙鳳預言了賈家的禍。她最後念了兩句話驚心動魄！叫做「三春去後諸芳盡，各自須尋各自門」。如果秦可卿的出身非常寒微，她不可能說出這些話來。

在秦可卿死後的喪事裡，有一些細節更能夠印證我這樣的一個判斷。比如，她所用的棺木，是薛家裡面存下來的木料，這個木料當時還沒有做成棺木，乃是潢海鐵網山上出產的一種檣木。這個木料原來是義忠親王老千歲訂的貨。清朝在康熙那一朝，曾經冊立過太子，而且明確地告示天下，在他眾多的兒子裡，太子就是唯一被指定的皇位繼承人，因此曹雪芹筆下的「義忠親王老千歲」，就是暗喻康熙立的太子胤礽。這個太子很不幸的是被兩立兩廢，也就是最終壞了事，沒能當成皇帝。康熙死了以後，繼承他皇位的是他的第四個兒子，就是雍正皇帝。為什麼這個人後來沒把這個棺木拿去做棺材呢？這個人後來「壞了事」。他沒用，別的人也都不大敢輕易地取用。總而言之，這個檣木是這樣的人物才能使用的，秦可卿死了以後，就理直氣壯地，甚至可以說是名正言順地睡進了本來是給義忠親王老千歲所留的珍貴木料——檣木製成的棺材裡面。你說，秦可卿她應該是什麼樣的出身？

甯國府的一個重孫媳婦，賈蓉連爵位都沒有，就是皇宮裡面的衛兵。這麼一個人死了，何至於驚動皇帝，驚動皇宮呢？書裡面寫得很怪，忽然就有大明宮掌宮內相戴權親來上祭——大家知道，曹雪芹給一個人物取名字，往往都是隨手諧音，有所寓意。「戴權」，它的諧音就是大權，就是宮裡面太監的總管，大太監，權力最大的一個太監。如果沒有皇帝的批准，他能來嗎？一路鳴鑼而來，什麼氣派啊？說到這兒，秦可卿的真實出身，也就是說，這個人物的生活原型已經呼之欲出了。

秦可卿原型大揭祕

我層層剝筍般地分析，終於得出一個結論，就是秦可卿的真實出身，應該說是極其高貴，很可能來自於宮中，是皇族的血脈。她應該很小的時候就被隱藏到甯國府，作為童養媳，精心地加以培養，並且與她的真實的背景家庭，也還一直有著聯繫。《紅樓夢》描寫的社會背景，就是清代康熙、雍正、乾隆三朝，重點寫的是乾隆朝，「當今」這個「日」，和潛在的敵對政治勢力「月」，構成了緊張的「雙懸日月照乾隆」的形勢。在真實的生活中，就是被康熙兩立兩廢的太子胤礽，和胤礽的嫡長子弘晳，他們那一派勢力，總慫著要顛覆乾隆，取而代之，而秦可卿這個人物的生活原型，顯然與其中的一股，有著密切的聯繫。

書中第七回薛姨媽派周瑞家的送宮花，賈府裡的其他小姐、媳婦，對宮花的態度都或者平淡、或者調侃甚至挑剔，但恰恰在這一回，有一首回前詩，透露出在所有這些接受宮花的人裡，有一位惜花人，她跟宮花有一種特殊的「相逢」關係，這個人「家住江南姓本秦」。秦可卿既然本屬宮中的人，宮花送到她手中，是她跟宮花喜相逢，那她有什麼不能公開她的真實血統、真實身分的呢？可見這裡面有不能公開的隱情，而且事關重大。

《紅樓夢》第十回，秦可卿突然病了，她月經失調，內分泌紊亂，吃不下睡不好，人消耗得瘦弱不堪，用今天的臨床醫學的觀點來衡量，應該是神經系統的毛病，心理上的病症，主要表現為焦慮、抑鬱。她為什麼好端端地突然就焦慮、抑鬱了？宗族的老祖宗賈母對她不是挺好嗎？她婆婆對她也很好啊！連榮國府的王熙鳳都對她那樣的百般呵護，上上下下的人對她都很好，怎麼就焦慮起來了呢？然後就寫到因為病了就要看病，那麼當時是怎麼給她看病呢？三、四個人一日輪流著，倒有四、五遍來看脈，很離奇，哪有這麼看病的，這不折騰死人嗎？說弄得一日換四、五遍衣服，坐起來看大夫，每看一次大夫就要換一套衣裳，這很古怪。得病得的怪，看病的方式也很古怪。

最後就來了一個張友士，《紅樓夢》的人名都是採取諧音、暗喻的命名方式，有的時候一個人的名字就諧一個意思，有的時候是幾個人的名字合起來諧一個意思，「張友士」顯然他諧的是「有事」這兩個字的音。那麼這個姓張的，他有什麼事呢？第十回回目當中寫的是「張太醫論病細窮源」，但是在第十回正文裡面又明明告訴你，他的身分，公開身分不是太醫，他有事，他就忽然以這個太醫的身分跑到賈府，到甯國府來了。他有事，他有什麼事？他論病細窮源，論的什麼病？窮的什麼源？

仔細研究《紅樓夢》的文本，我就感覺到秦可卿這個角色的原型不但是皇族的成員，而且應該是皇族當中不得意的那一個支脈的成員。她是一個身分上具有某種陰謀色彩的人物，她在皇族和賈家之間具有某種紅娘的作用，具有某種媒介的作用；她得病突然焦慮和抑鬱，並不是因為賈家的人對她不好，而是因為某個她自己的背景方面傳來的重要消息，這應該是一個勝負未定，而且還很可能會暫時失利的、不祥的資訊。

太醫，只有皇帝能夠設太醫院，那裡面的大夫才能夠叫太醫。在現實生活當中，擅立內務府七司，設置了一個系列和皇帝完全一樣的宮廷般的機構的不是別人，就是弘晳。這個人就是廢太子的兒子，他當然也可以設立一個機構，給自己看病，就叫太醫院。因此從生活的真實到藝術的真實，曹雪芹就構思出了這麼一個角色，這位張友士就應該是來自於這個系統的一個人物。

以太醫身分出現的張友士，在給秦可卿把了脈看完病後，還開列了一帖長長的藥方。這個藥方子曹雪芹在來回調整文本的時候，其他的藥方子都刪除了，始終沒有把它刪除，究竟這個藥方子有沒有深意？它究竟傳遞著什麼樣的資訊？

我們都知道曹雪芹他有一個慣常的寫作方式，就是通過諧音，還有所謂拆字法，來進行隱喻。我研究這個藥方，還不成熟，我只說藥方裡面的頭幾味藥。人參、白朮、雲苓、熟地、歸身。我認為，實際上這個藥方，應該是秦可卿真實的背景家族，跟她與甯國府進行祕密聯絡時，亮出的一個密語單子。賈蓉在他看完病以後就問他，我們這個病人能不能好？張友士說人病到這個地步，非一朝一夕的症候：「依小弟看來，今年一冬是不相干的，總是過了春分就可望痊癒了。」這都是一些黑話。

這個藥方的頭一句如果要用諧音的方式來解釋的話，人參、白朮，按我的思路，應該代表著她的父母；如果父母不在了，那就代表她的兄嫂；人參，這個參，可以理解成天上的星星，人已經化為星辰了，高高在上，我覺得可以理解為是象徵長輩；白朮，作為一味中藥，朮的讀音應該是ㄓㄨˊ，但是曹雪芹從南方來到北京，他還保留著不少江南人的發音習慣，吳語裡ㄓㄨˊ和「宿」的發音很接近，因此「白朮」作為黑話，也可以理解成「白宿」，「宿」也有星辰的意思，白晝的星辰。

如果說理解頭兩味藥的諧音轉義比較費勁，那麼下面我把第三味藥的兩個字拆開，與前後兩味藥連成句子，那意思就很直白了——人參白朮雲；苓熟地歸身。意思就是她的父母說，也即命令她，在關鍵時刻，在她生長的熟悉的地方，結束她的生命。為什麼？在皇族的權力鬥爭當中，她的家庭做出了一個很恐怖的決定，讓她犧牲自己，延緩雙方搏鬥的時機以求一逞，所以她後來淫喪天香樓，畫粱春盡落香塵。她的病，原來是政治病，她的死，原來是政治原因。

為什麼張友士說「今年一冬是不相干的」，為什麼「總是過了春分就可望痊癒了？」清朝皇帝有一種很重要的活動，就是春秋兩季木蘭的圍獵，在木蘭秋獵的時候，特別是在春天比較小規模狩獵的時候，是反對派最容易下手來顛覆皇權的。因此給她看病的人，實際上就是她的家族派來的一個密探來跟她透露，這一冬雙方可能都按兵不動；春天那一次皇帝的狩獵如果這方面準備得充分的話，就有可能把皇帝殺掉。突發事變以後，這一派就可以掌握政權。

因此我們就可以知道，秦可卿的原型應該是一個不幸的公主。她的家族如果登上皇位，她就是正兒八經的公主。而她的家族經過幾次向皇位的衝擊以後，都沒有得逞，因此給她傳遞了一個很糟糕的資訊，就是在必要時候讓她顧全大局，自盡而死，以為緩兵之計。這就是秦可卿這個角色在小說裡面，她的尷尬處境；她的原型，在生活裡面也應該是類似的，處於很困難的境地。

我的結論就是：曹雪芹所寫的秦可卿這個角色是有生活原型的。這個角色的生活原型，就是康熙朝兩立兩廢的太子所生下的一個女兒。這個女兒應該是在他第二次被廢的關鍵時刻落生的，所以在那個時候，為了避免這個女兒也跟他一起被圈禁起來，就偷運出宮，托曹家照應。在曹雪芹寫《紅樓夢》的時候，這個生活原型使他不能夠迴避，他覺得應該寫下來，於是就塑造了一個秦可卿的形象。

慈禧太后為《中國不高興》「作序」

魏劍美

多年後，神州大地上雖然沒有了洋鬼子的耀武揚威，但對我天朝的不恭卻是眾所周知的。於是又有一批好漢站出來對洋人大喊「中國不高興」。慈禧太后地下有知，欣喜若狂，趕忙翻找出她老人家一百零九年前擬好的「宣戰聖諭」來，給這批「愛國志士」們作為書的序言……

光緒二十六年（一九〇〇年），隨著民族主義者發起的義和團運動迅速發展，全國上下掀起一股痛殺「洋毛子」乃至於與「洋毛子」打交道的「二毛子」、「三毛子」的轟轟烈烈的群眾運動。革命形勢一片大好，慈禧太后審時度勢，已察覺到了這些。

於是慈禧太后連續四次召王公大臣、六部九卿商議對帝國主義的決一死戰。沒想到竟然有右派分子居然反對開戰，置民族大義於不顧，簡直是「痛恨中國，痛恨中國強大，痛恨一切批評西方和美國的聲音」、「看到『愛國』這樣的字眼，哪怕聞到『愛國』的氣息」、「就要神經病發作」，真是甘心做西方列強的走狗。有感於此，慈禧太后憤而痛斥這些「滿奸」「漢奸」，大義凜然地宣稱：「我為江山社稷，不得已而宣戰」，於是強令會議通通過宣戰。慈禧太后「中國可以說不」的姿態，大大鼓舞了左派們的鬥志，義和團諸好漢殺氣更盛，大喊著「中國不高興」，將所能找到的洋人無論男女老幼、好壞忠奸均痛快殺之，連與「洋」字沾邊的「電報局」、「鐵路」等全部清除之。真正是揚眉吐氣大快人心。好漢們乘勝追擊，又猛攻外交使館，不管什麼「國際慣例」，中國人別的沒有，就是有脾氣。

對於人民群眾的愛國正義行動，慈禧太后給予了大力鼓舞大力支持。一九〇〇年六月二十一日（光緒二十六年五月二十五日），慈禧太后以光緒帝的名義頒布宣戰上諭，又諭各省督撫集「義民」成團，以禦外侮；隨後發米兩萬石給義和團，讓民團領用軍械，賞銀十萬兩。

轟轟烈烈的愛國戰爭終於如星火燎原，只可惜的是「刀槍不入」的神話和「宣戰聖諭」最終都沒有抵禦住八國聯軍的槍炮。但這又有什麼要緊呢？雖然最後還是免不了生靈塗炭、割地賠款，最重要的是我們已經對洋人說「不」了，已經表達了我們的「不高興」，並且還給了那些「在洋人面前做精神侏儒」的家奴們以「響亮的耳光」。

多年後，神州大地上雖然沒有了洋鬼子的耀武揚威，但對我天朝的不恭卻是眾所周知的。於是又有一批好漢站出來對洋人大喊「中國不高興」。慈禧太后地下有知，欣喜若狂，趕忙翻找出她老人家一百零九年前擬好的「宣戰聖諭」來，給這批「愛國志士」們作為書的序言。全文如下：

我朝（清）二百數十年，深仁厚澤，凡遠人來中國者，列祖列宗，罔不待以懷柔。迨道光、咸豐年間，俯准彼等互市，並乞在中國傳教。朝廷以其勸人為善，勉允所請。初亦就我範圍，詎三十年來，恃中國仁厚，一意拊循，乃益肆囂張，欺淩中國家，侵犯我土地，蹂躪我人民，勒索我財物。朝廷稍加遷就，彼等負其兇橫，日甚一日，無所不至。小則欺壓平民，大則侮慢神聖。中國赤子，仇怒鬱結，人人欲得而甘心。此義勇焚燒教堂、屠殺教民所由來也。朝廷仍不開釁，如前保護者，恐傷我人民耳。故再降旨申禁，保衛使館，加恤教民。故前日有拳民教民，皆我赤子之諭。原為民教解釋宿嫌，朝廷柔服遠人，至矣盡矣。

乃彼等不知感激，反肆要脅，昨天複公然有杜士立照會，令我退出大沽口炮臺，歸彼看管，否則以力襲取。危詞恫喝，意在肆其猖獗，震動畿輔。平日交鄰之道，我未嘗失禮於彼，彼自稱教化之國，乃無禮橫行。專恃兵堅利器，自取決裂如此乎？

朕臨禦將三十年，待百姓如子孫，百姓亦待朕如天帝。況慈聖中興宇宙，思德所被，浹髓淪肌，祖宗憑依，神祇感格，人人忠憤，曠代所無。朕令涕淚以告先廟，慷慨以誓師徒，與其苟且圖存，貽羞萬古，孰若大張撻伐，一決雌雄？連日召見大小臣工，詢謀僉同。

近畿及山東等省，義兵同日不期而集者，不下數十萬人，至於五尺童子，亦能執干戈以衛社稷。彼尚詐謀，我恃天理；彼憑悍力，我恃人心。無論中國忠信甲冑，禮義幹櫓，人人敢死；即土地廣有二十餘省，人民多至四百餘兆，何難翦彼兇焰，張國之威？其有同仇敵愾，陷陣衝鋒，抑或仗義捐資，助益餉項，朝廷不惜破格懋賞，獎勵忠烈；苟其自外生成，臨陣退縮，甘心從逆，竟做漢奸，即刻嚴誅，決無寬貸。爾普天臣庶，其各懷忠義之心，共泄神人之憤，朕有厚望焉！

果然是大氣滂薄，對外足以威懾洋夷，對內足以嚇呆「帝國主義的走狗」。算得上絕妙好辭！不過歷史事實有點掃興：當初慈禧太后和她的幕僚們大義凜然地對敵宣戰，然而戰事一啟即不堪一擊，此時她想到的不是如何接著「說不」和表達「不高興」，而是立馬將義和團出賣，說是被他們脅迫所致，鼓勵洋大人大殺亂黨，並承諾幫著他們來殺。她是這樣說的，也是這樣做的，義和團「亂黨」又成了她的刀下鬼。

兵馬俑的主人不是秦始皇？

吳 波

二○○九年六月十三日，秦始皇陵兵馬俑一號坑開始第三次大規模發掘，再次引起全世界的關注和討論。古建築學專家陳景元《兵馬俑真相》一書出版，書中系統論證並得出結論：兵馬俑根本不是秦始皇的！

「兵馬俑定性太草率」

陳景元告訴記者，兵馬俑屬於秦始皇陪葬坑的考古定性一直未向外界公布，直到一九八一年，在外界不斷追問下，才有人發表文章介紹秦俑「定性」的來由。文章宣稱，有一位叫袁仲一的考古學家憑著廣博的歷史知識，猛然地想到：一本古書上記載著秦始皇來到工地進行視察，當場下令宰相李斯將陵墓範圍向外擴展「三百丈」。經過他們鑽探測量，發現西楊村出土陶俑的地點，正好在這「三百丈」內。

陳表示：「我找到那『古書』的各種版本裡根本沒有『三百丈』的字樣；退一步說，即便有『三百丈』的記載，也是毫無意義的。因為秦漢的一尺，只有現在的二十三公分，『三百丈』折合成現在的尺寸，只有六百九十公尺，西楊村距秦始皇陵中心接近兩公里，怎麼可能在『三百丈』範圍內？

「秦俑正式『定性』多年後，俑坑裡發現了五件刻有呂不韋名字的銅戈，袁先生等人就毫不遲疑地說：呂不韋是秦始皇的宰相，戈的出現，當然代表著俑坑的建造年代。

「按照袁先生說法，俑坑由宰相李斯負責修建，為什麼坑內沒有發現『李斯戈』？秦始皇是個孝子，呂不韋是他生父，豈有以生父的名號去為兒子陪葬的道理？另外，淤泥層猶如年輪，從對淤泥層計算的結果看，俑坑自建成到焚毀前存續的時間至少為四十年至五十年。《一號坑發掘報告》第兩百五十八頁上寫著『三年呂不韋戈』就出土在淤泥層的表面之上！」

「阿房宮不是秦始皇所建」

七十二歲的陳景元告訴記者：「我研究阿房殿數十年，已寫出幾十萬字的論證專注，阿房宮並不是秦始皇新建的。」陳認為，阿房宮「三百里」讓人驚訝，如果包括後花園，其面積有現在上海市那麼大。首先，《史記》等史料記載的以「兩年或者十年時間」，要去建造周圍「三百里」的阿房宮，使之成為一座世界上規模最大的帝王宮殿，只要稍有一點理性或者建築常識的人就知道不可能。

其次，伐木是宮殿建設的最大難題。《漢書．賈山傳》記載「阿房宮之殿，高數十仞」，秦漢時期，五尺六寸為仞，一尺為零點二三公尺，可見阿房宮內的木柱既粗又高。正如王仲言《慈寧殿賦》中說的那樣，它是「千年之產、萬年之材」。生木建造宮殿後果不堪設想，因此根據建築材料推斷，阿房宮並不屬於秦始皇那個年代。

阿房宮考古隊隊長李毓芳在對阿房宮遺址進行五年的考古挖掘之後，除找到一個高大的夯土台基外，沒有發現一點有如瓦當之類的秦代建築痕跡，也沒有發現任何一點被燒毀後留下來的炭跡、灰燼、紅土和結土塊等。為此李先生認為，所謂阿房宮工程，在兩年的時間中，台基上的木結構宮殿根本沒有時間進行施工建設，因此阿房宮充其量只是一處半調子的工地而已。

對話陳景元

■ 出土青銅兵器不屬於秦朝

廣州日報：在俑坑裡面出土了很多的青銅兵器，有的光澤如新，而你有什麼理由認為，這些青銅兵器只是一種過時的武器呢？

陳景元：鐵劍長度可達一百五十公分以上，鋼鐵兵器能夠削鐵如泥，誰先進、誰落後，難道秦始皇都分辨不出來嗎？秦始皇陵附近出土的銅御手俑，劍長為六十點二四公分，以二分之一比例製作，它的原型尺寸，應該是一百二十點四八公分，既然俑坑九十一公分銅劍長度是極限尺寸，那麼御手所佩之劍，毫無疑問肯定就是一把鋼鐵之劍了。

秦始皇統一中國，下令收繳全國所有銅制兵器，鑄造成十二個各重三十四萬斤的銅人，這是全國數百萬軍隊原來使用過的兵器。所以在秦王朝，誰繼續擁有青銅製造的兵器，誰就是一種嚴重違抗君命的犯上行為。從《史記・刺客列傳》荊軻刺秦王有關史料記載中，可以發現：秦國朝宮正殿的擎天大柱，都是採用青銅材料澆鑄而成的，這就充分地說明了秦王朝的眾多冶銅作坊，早就已經轉產為非軍事的各種用途了。

■ 兵馬彩俑與秦服飾不符

廣州日報：秦兵馬俑博物館名譽館長、秦俑考古隊原隊長袁仲一的觀點是秦代「尚黑」制度，只在重要慶典活動、喪葬禮儀上，穿黑色的衣服。專家劉占成的觀點是秦軍的服裝由農家自備，顏色很難統一。你是怎麼去看待秦王朝「衣尚黑」的問題？

陳景元：袁先生一直強調，秦俑是秦始皇的陪葬坑，難道不是最重要的喪葬禮儀嗎？難道不正是必須穿黑衣的關鍵時刻嗎？況且一國之君去世了，難道全體的軍人，還要穿著五顏六色的彩服，前去參加各種悼念活動？說秦朝軍隊服裝由農家自備，是對雲夢秦簡「家書」的曲解。野戰軍南征北戰，服役幾十年，居無定所，讓家人怎麼郵寄？難道秦始皇有財力去塑造秦俑的彩色服裝，而無錢去給作戰部隊發放真的軍需品？

秦俑的服裝，以紅色、紫色居多，這是楚人「尚赤」精神的再現，與秦王朝「尚黑」制度完全對著幹，在俑坑服色，沒有絲毫「尚黑」體現的情況下，有什麼資格去鼓吹這是一支秦王朝「尚黑」的軍隊？不可一世的秦始皇，發出「尚黑令」後，居然沒有人出來回應，並且還穿著紅綠彩服為自己來陪葬，這難道合乎邏輯嗎？

■「兵馬俑屬於一個女人」

陳景元：「在《史記．正義》及《陝西通志》、《臨潼縣誌》等史料中，都有『驪山：在雍州新豐縣南十六里；秦始皇陵：在雍州新豐縣西南十里；秦宣太后陵：在雍州新豐縣南十四里』的記載。雍州新豐縣的縣城，在今臨潼縣新豐鎮的東北不遠處。根據上述明確的方位和里程，很容易就能找到的秦宣太后陵，就在秦始皇陵的東側偏南、距驪山山腳約一公里處的西楊村、下和村一帶，也就是人們現在所熟知的秦俑坑附近。

同時，人們在秦俑坑裡發現了最直接的證據。不少秦俑的頭頂，梳有苗裔楚人特有、偏於一側的歪髻；秦俑的服色五顏六色，非常鮮豔，與秦王朝的尚黑制度有顯著差別。此外，在陶俑身上還刻有一個『芈』字，與當年發掘的阿房宮『北司』遺址中的『芈』字相似。阿房宮由秦惠文王始建，而宣太后芈氏即是秦惠文王的妃子。更重要的是，在俑坑底部存有厚厚的、可分為十四層的淤泥層。從歷史上臨潼大暴雨的頻率及旱、澇交替的規律和特點看，要形成這麼厚的淤泥，至少需要四十年以上。如果俑坑確實毀於秦末，由此往前推移幾十年，加上建坑所需的時間，那麼俑坑的主人，只能推移到秦宣太后這邊來了！」

陳景元表示，秦宣太后，姓芈，本是楚國的顯赫王族，後嫁於秦惠文王。她在秦國統治了四十一年之久，是中國歷史上第一個真正掌權治國的女國君，甚至有人稱她為兩千多年前的「慈禧太后」。她完全有條件、有資格修建豪奢大墓及陪葬坑。

■ 秦宣太后建兵馬俑

廣州日報：袁仲一先生認為，陶俑身上的陶文是一個完整的字，經過辨認後，它應該是「脾」字，而且還是一位工匠的名字，不可能是秦宣太后的名字。你有什麼確鑿、可靠的材料，能夠判讀出它一定就是「芈月」兩個字？

陳景元：袁仲一將陶俑身上的那個字，讀為「脾」字，並沒有一絲一毫的根據，因為各種古文字的書寫中，「脾」的字形是很多的，與所有的古文和那個陶文都沒有任何相近之處。將陶文只認定為工匠的名字是一種猜測和想像，因為整個俑坑只有一個這種陶文，難道這位工匠做完一件陶俑後，就「下崗」了？陶俑身上刻有「咸陽」、「咸陽令」，難道這些也都是工匠們的名字？

「芈、月」的判讀，有眾多古文字學上確鑿的依據，而且在阿房宮遺址上也有相同的字，所以俑坑和阿房宮都和一位芈姓人物有著直接的關係。應該說，這一種認定的方法，是非常嚴謹、可靠、準確的。文字到底能不能拆開判讀？這是有關獨體字、合體字最基本的常識問題。秦俑館研究室主任張文立教授一九八四年就曾經公開發表文章，認為我將陶俑身上的文字判讀為「芈、月」兩字是非常正確的。

廣州日報：袁仲一認為，驪山北麓地區，從未發現有其他人大型墓葬的記載，而從俑坑的規模來看，只有秦始皇才有這一種魄力、財力去進行修建，所以秦俑坑不可能是秦宣太后的陪葬坑。為什麼你幾十年來一直堅持認為，秦宣太后芈氏的陵墓位置坐落在秦始皇陵東側的不遠處？

陳景元：在《史記・正義》、《括地誌》、《西安府誌》、《陝西通誌》、《臨潼縣誌》等史料中，明確地記載著「秦宣太后陵在雍州櫟的認定新豐縣南十四里，秦始皇陵在雍州新豐縣西南十里，驪山在雍州新豐縣南十六里」。這些材料有共同起算點，有準確里程數字。人們能夠輕而易舉地找到秦宣太后陵的位置，恰好就在西楊至下和村附近。

袁仲一認為秦宣太后陵，在西安市洪慶地區，洪慶歷史上屬於咸寧縣，而在《咸甯縣誌》、《西安府志》、《陝西通志》中，是找不到秦宣太后陵任何文字記載的，所以秦宣太后葬在洪慶，並沒有任何的史料依據。秦始皇連年征戰，財源枯竭，是短命的王朝，哪有強大國力可言。秦宣太后執掌朝政四十一年，社會安定，有財力搞任何的工程建設，因此兵馬俑真正的主人屬於兩千多年前的一個女人。

圍繞兵馬俑的學術之爭

■「呂不韋戈」能不能說明俑坑是秦始皇時期建造的？

袁仲一：「兵馬俑」是秦始皇陵的陪葬品結論，是在多種、大量考古證據的基礎上做出的。在俑坑之中，有多達二十三件帶有秦始皇明確紀年的銅兵器。兵器上面刻有呂不韋的名字，而呂不韋是秦始皇的丞相。這些兵器在俑坑內出土，由於晚期的器物，不可能出現在早期的墓葬中，這是考古學的基本知識，有了這「呂不韋戈」，就可以證明俑坑是秦始皇時期建造的，絕對不可能是早於呂不韋幾十年的秦宣太后建造的。

陳景元：從已經正式發表的《考古發掘報告》上看，俑坑內出土的真正有秦始皇明確紀年的兵器，只有五件刻有「呂不韋」字樣的戈，另外有十六件銅鈹上面，根本就沒有秦始皇紀年的痕跡，因為銅鈹上刻有「寺工」的字樣，袁仲一堅持認為「寺工」最早出現於秦始皇二年，那是秦始皇時期中央主造兵器的官署，所以即使沒有刻著「呂不韋」的名字、而只有「寺工」銘刻的銅鈹，也應該是秦始皇時期的紀年兵器。

其實，有「寺工」銘文的器物並不少見，漢代出土的器物中，「寺工」兩字出現的頻率是很多的。而且在秦始皇二年之前，「寺工」的陶文也已經存在了，一九九五年在西安未央區一個古代灰坑中，發現泥封上刻有「寺工丞璽」字樣，由於它和秦昭王時期「加邊欄」的印式相同，而被考古界認定是秦國早年的器物。在江蘇儀征出土戰國後期的銅鈹之上，也刻有「寺工」兩個字。由此可見，「寺工」並不是秦始皇時期特有的。

■ 俑坑內物品風格一致能不能證明是秦始皇陵的陪葬品？

袁仲一：俑坑磚的大小、紋飾、陶文，陶俑的髮型、風格、製造工藝，陶馬的造型、種類，俑坑的戰車、系駕方法，俑坑的構築方法、隔牆、坑頂棚木，陶俑腳踏板上的人名、字樣等，都與秦始皇陵園內其他地方出土磚、陶俑、銅馬、銅車等是完全一致的，這就證明它們統統是秦始皇陵的一部分陪葬品。

陳景元：幾千年來人人都要「入土為安」，有限的風水寶地早就已經「人滿為患」了，在同一塊土地上，那種墓中墓、墓壓墓、墓擠墓現象，歷來都是不可避免的。《漢書》記載：成帝修建昌陵「發民墳墓，積以萬數。」《後漢書》記載：「順帝作陵，多壞吏塚。中山簡王焉修塚塋，平夷吏人塚墓以千數。」《晉書》記載：「曜葬其父，發掘古塚以千百數。」在秦始皇陵圈占土地時，難道就不曾去壓占他人的墓地？

幾十年來，在驪山北麓廣大地區，不論發現什麼文物，不管阿貓阿狗，不分真馬假馬，不看木車銅車，都被裝進秦始皇陵考古發現的大籮筐之中。袁仲一羅列的秦始皇陪葬品，幾乎沒有一件是經過嚴格、科學的考古論證後加以確認的。比如，銅車、銅馬雖然出土在秦始皇陵封土邊上，稱它為秦始皇的御用安車，但與帝王駕六馬的制度相悖，銅御手的佩劍原型是一百二十公分，而俑坑銅劍只有九十一公分，它們之間根本是不可比的。

第四篇
個人隱私

西施與范蠡曾私訂終身，兩人育有愛的結晶？
丁夫人至死都不把曹操放在眼裡，所為何來？
袁世凱與朝鮮明成皇后有段不可告人的私情？
情愛世界有如霧裡看花，
為古人增添幾分耐人尋味的色彩。

溥儀和他的五個女人

蔡文軒

民國初年，名存實亡的末代皇帝溥儀在遺老們的操縱下，迎娶了婉容為「皇后」，文繡為「皇妃」。後來又迎娶了譚玉玲、李玉琴、李淑賢……

這些女子是如何被娶進來的，溥儀與她們之間有著怎樣的情感經歷呢？

在中國漫長的封建社會中，先後出現了兩百一十九位「真龍天子」。這些人間帝王都有權廣置「後宮佳麗」。這些皇后皇妃大多是被汙辱、被踐踏和被玩弄者，她們的下場是悲慘的。中國最後一個皇帝——愛新覺羅．溥儀，也有他的皇后和皇妃。但是在特定的歷史條件下，隨著時代的變遷和末代皇帝的新生，這些皇后皇妃有著不同的命運：有的悲慘地死去；有的在新社會中得到了重生；有的真正成了幸福的妻子。

可悲的皇后——婉容

婉容是紫禁城內最後一個擁有皇后地位的女性。西元一九二二年十二月一日，溥儀娶了一后一妃。皇后叫郭布羅．婉容，淑妃就是文繡。婉容的曾祖父曾任清代吉林將軍。

婉容冊封皇后時年方十七。她長得很美，杏眼玉肌，黑髮如雲，亭亭玉立，姿色迷人，而且是百裡挑一的才女。但是溥儀一開始並沒有選中她，原因是溥儀選皇后時並未見到真人，是用照片代替的。因為那時的照相技術不佳，溥儀自己回憶說，在我看來，四張照片都是一個模樣，實在分不出美醜來。他便不假思索地在文繡照片上用筆劃了個圈。但是溥儀之母——端康太妃不滿意，溥儀又順從地在婉容的照片上畫了一下，結果立婉容為后，文繡為妃，從此決定了兩人的命運。

據說溥儀對他圈選的皇后還是挺喜歡的。婉容未入宮時，常常接到來自養心殿的電話，皇上與她絮絮長談。可是婉容入宮的頭一天就和皇上鬧了彆扭。按舊例，於大婚前一日進宮的淑妃，要對皇后行跪迎之禮。因溥儀常看新書，多少受到人權平等說的薰染，免去了這項禮節。這下可惹怒了皇后。洞房花燭夜，婉容竟「拒絕」皇上入房。溥儀只得在養心殿冷冷清清獨宿了一夜。

婉容在紫禁城中生活了近兩年。她很時尚，喜愛騎馬和吃西餐，還跟美國人學英語。她經常用英文和皇上通信。溥儀給她取了個英國名字——伊莉莎白。最初幾年，溥儀與婉容的關係還好，後來婉容和文繡的矛盾日益加深，兩人常由猜疑而生事，溥儀不得不常常當她們的和事佬。婉容比較霸道，自恃是皇后，總存心排擠文繡。溥儀為了減少紛擾，有許多夜晚，既不去儲秀宮，也不去重華宮，只在自己的養心殿中。

溥儀失去了皇帝身分，被逐出宮後，婉容在一九二五年隨溥儀到了天津，在日租界的張園裡過著豪華的生活。婉容常常以「濟貧」為手段，把自己打扮成救世善人。一九三一年江淮大水時，婉容獻出一串珍珠救災，一時傳為美談，京、津、滬的報紙紛紛刊出「皇后」玉照和那串閃亮的珍珠。九一八事變後，溥儀在日本帝國主義的誘騙下，偷偷潛入東北，當了傀儡——滿洲國皇帝。婉容也在日本女間諜川島芳子的慫恿下去了大連。後來又到長春，住在滿洲國政府的緝熙樓中，成了執政夫人。

婉容的居室鋪有地毯，四壁用帶有素色花紋圖案的金黃色彩綢裱鑲，玻璃窗上安著紗和綢的幾層窗簾，整個布置富麗、典雅。但是她很快發現原來自己鑽進了鳥籠，她在宮中的一舉一動都受到日本侍女的監視和告密。她想設法逃走，沒能走成，在「滿洲」過了漫長而又黑暗的十四年。這時的溥儀對婉容越來越反感，由於婉容擠走了文繡，溥儀怪婉容不好，很少和她說話，也很少到婉容的臥室去。無限的空虛、冷漠和寂寥在婉容的內心鬱結成疾，日子一久，便得了精神失常的疾病。

後來，溥儀發現了婉容和隨侍私通有孕，非常氣惱。婉容跪在溥儀面前，淚流滿面地哀求他，希望能承認這個無罪的嬰兒，但溥儀堅決不答應。這個沒有取得出生權利的女嬰兒，生下來只半個小時便被送進內廷的鍋爐裡燒化了。婉容這時還以為孩子已被送到宮外找人撫養。從此婉容被打入冷宮。她的神經病越犯越重，菸癮越來越大。昔日美貌絕倫的皇后變成了骨瘦如柴、披頭散髮的「活鬼」。

婉容在政治和生活的地獄中，掙扎了漫長的十四年。到了一九四六年，隨著日本人的投降，溥儀被蘇聯紅軍俘虜，婉容也被解放軍轉移到吉林延吉的監獄，在那裡，婉容孤苦伶仃地結束了她的一生。婉容死時身邊沒有一個親人。那些當年受她皇恩潤澤，享受榮華富貴的親友，沒有人照看她，也沒有人去尋找她的屍骨。

文繡和「妃革命」

文繡是中國歷史上第一個敢於向封建皇帝提出離婚並訴諸法院獲得成功的皇妃，從而擺脫了婉容那樣的悲慘命運。

文繡進宮那年尚不滿十四歲，還是一個天真爛漫的少女。但她一踏進那高大的圍牆，便失去了一切自由。她在一篇短文中，把自己比作「悲鳴宛轉」、「奄奄待斃」的「哀怨鹿」。皇后婉容欺侮文繡，皇帝總是偏袒皇后。有一天，文繡獨自外出，回來後在院子裡吐了一口唾沫，湊巧婉容正坐在旁邊，便生了疑心。皇后要求皇帝對文繡當面斥責，文繡蒙受此不白之冤，感到十分委屈。從此，婉容和文繡之間的疙瘩便愈結愈深，以致發展到水火不相容的地步。

文繡在外貌上確實不如婉容美麗，橢圓形的臉稍胖，眉毛濃重，眼睛缺乏神采，口角較大。但論思想卻遠遠超過婉容，她追求自由，也很有勇氣。一九三一年八月二十六日，文繡在妹妹文珊的陪伴下，帶一名隨身太監出外「散心」。出門後，就指令司機一直開向國民飯店。進房坐定後，文珊正色告訴太監說：「你先回去吧！淑妃留在這兒了，還要向法院控告皇上哪！」被此話震驚的太監，雙腿長跪哀請淑妃回宮。文繡態度堅決，從袖中出示三封信，讓他轉告皇上。太監還想哀求，只聽房門一響，三位西裝革履的律師走進室內，太監只好登車而去。

文繡的出走，猶如向封建統治階級甩出了一枚炸彈，震盪了平津。溥儀焦急萬分，召集遺老商議如何處理這件醜事。最後決定委託律師出面，爭取和解，但因雙方堅持己見，差距太大，未能達成協定。

文繡出走，是在當時封建勢力核心人物頭上動了一把土，不能不激怒那頑固存在的舊世界。封建禮教的衛道士們如黑雲壓城般向這位不願再當皇妃的青年女子壓了過去。打前陣的不是別人，卻正是文繡的族兄文綺！這位族兄在信中寫道：「惠心二妹鑒：頃聞汝將與遜帝請求離異，不勝駭詫。此等事件，豈是我守舊人家所可行者？我家受清室厚恩二百餘載，我祖我宗四代官至一品。且漫雲遜帝對汝並無虐待之事，即果然虐待，在汝亦應耐死忍受，以報清室之恩德。今竟出此，吾妹吾妹，汝實糊塗萬分，荒謬萬分矣！」

然而文繡並不屈服，她給文綺回覆了一信：「文綺族兄大鑒：妹與兄不同父，不同祖，素無來往，妹入宮九載未曾與兄相見一次，今我兄竟肯以族兄關係，不顧中華民國刑法第二百九十九條及三百二十五條之規定，而在各報紙上公然教妹耐死。又公然誹謗三妹，如此忠勇殊堪欽佩。查民國憲法第六條，民國國民無男女、種族、宗教、階級之區別，在法律上一律平等。妹因九年獨居，未受過平等待遇，故委託律師商榷別居辦法，此不過要求遜帝根據民國法律施以人道之待遇，不使父母遺體受法外凌辱致死而已。不料我族兄竟一再誣妹逃亡也、離異也、詐財也……理合函請我兄嗣後多讀法律書，向謹言慎行上作工夫，以免觸犯民國法律，是為至盼……」

這封信寫得有理有據，何等痛快。當時有人把淑妃出走叫做「妃革命」。溥儀雖然採取多種辦法調解，文繡斷然拒絕，堅決向天津地方法院提出了訴狀。文繡硬了，溥儀也就軟了，讓「皇帝」在法庭相見，簡直是要他的命。經過雙方律師兩個月的磋商，終於簽字和解，雙方協定完全脫離關係。溥儀給文繡五萬五千元的生活費。文繡永不再嫁。雙方互不損害名譽。

後來文繡用這筆經律師、中間人和家人剋扣後所餘甚少的贍養費辦了一所小學，親身任教，終身未嫁，直到一九五〇年因病去世。她是中國歷史上第一個當過教師的皇妃。

貴妃譚玉齡之死

一九三七年，溥儀為了表示對婉容的懲罰，也為了有個必不可少的擺設，另選了一名犧牲品譚玉齡。譚玉齡那年只有十七歲，正在北京的中學堂念書。按祖制規定，清朝皇帝的妻妾分為皇后、皇貴妃、貴妃、妃、嬪、貴人、常在、答應八個等級。玉齡被冊封為「祥貴人」，是皇帝的第六等妻子。

溥儀很喜歡攝影，有人曾根據宮中散落的照片進行統計。據說數千張照片中，皇后婉容露臉的只有八張，而譚玉齡的卻有三十三張之多，可見溥儀愛情之所在。溥儀確實很喜歡譚玉齡，直到這位皇帝成為公民後，還將玉齡的照片貼身攜帶。

當年，譚玉齡在宮中，溥儀雖能常常看她，卻仍是不能讓她擺脫寂寞。溥儀便允許幾名「宮廷學生」的妻子進宮來陪她。毓嵣之妻楊景竹便是親身陪過譚玉齡的。據她回憶說，譚玉齡一百六十公分左右的個頭，體態苗條，在那五官端正的凸形臉上，只見長長睫毛下，有雙不大不小的眼睛忽閃忽閃的，頭髮是用電棒捲燙出的大卷，雙耳都戴著玉墜，穿一身蘋果綠顏色的絲絨旗袍，這一些更顯出她裸露在外的臉部以及手臂皮膚的白嫩與細膩。

從楊景竹的回憶錄中，還可以看出，譚玉齡是一個心地善良、性格溫柔的女子，不擺皇妃架子，禮貌待客，對下人十分和氣。溥儀有時受了日本人的氣後，回到寢宮心情煩悶而又暴躁，往往無緣無故地對譚玉齡大發脾氣，有一次甚至把「祥貴人」身上穿的旗袍撕得粉碎。對此譚玉齡不僅能夠忍耐，而且還寬慰丈夫，使他心平氣和下來。但溥儀沒有想到，過了七年如漆似膠的日子後，二十四歲的譚玉齡卻一命嗚呼。

關於譚玉齡的死，至今還是個謎。當時在宮廷中的毓嵣回憶說，溥儀的第三個妻子叫譚玉齡（初封「祥貴人」，死後封「明賢貴妃」），身患膀胱炎，引起急症。經吉岡（日本人）推薦滿鐵醫院小野寺院長前來治療。據說小野寺來時和吉岡在內廷候見室談了一個小時的話，然後進入內廷緝熙樓的玉齡寢室內診治。不料，經注射後不到天明即死去。人們都說玉齡之死是吉岡所下的毒手。因為早在婉容精神失常以後，吉岡就向溥儀提議選一個日本女人入宮。溥儀推說已在北京選好，不久即將接來，這就是譚玉齡。吉岡當時雖然不滿，但也不便過分干涉。恰好玉齡有病，遂下此毒手。

譚玉齡是否確是吉岡所害，眾說紛紜，沒有更多的證據，溥儀對此也深表懷疑。

「福」貴人最終得福

譚玉齡死後，吉岡向溥儀又提前議，並給溥儀找來不少日本女人的相片，讓溥儀選擇。溥儀害怕自己的私生活會讓日本人知道，便推託說：「譚玉齡屍骨未寒，暫時不想結婚。」後來，在六十多張滿洲國中、小學校的女學生照片中，溥儀選中了李玉琴。

李玉琴當時才十五歲，從照片上可以看出她的天真、單純和幼稚，這正是溥儀所需要的。李玉琴因此被冊封為「福貴人」。溥儀看著胖呼呼的玉琴說：「以後遇到什麼不吉利的事情，用你的福就可以克住了。」然而李玉琴真的有「福」嗎？後來，當她接近退休時，當上了長春市政協委員，有自己溫暖的家庭，這可以說她是幸福的，但在過去幾十年中，她走的卻是一段十分曲折的路！

李玉琴出身貧苦，入宮以後，常常被人看不起。溥儀為了控制她，首先訂出了讓她永遠不能翻身的二十一條，主要內容是：必須無條件地遵守清王朝的祖制；一切言行都要順從溥儀，即使和父母通信也要先得到批准；必須忠實地伺候溥儀一輩子，思想上偶然起了不該起的念頭，也要立即請罪；不許回家和親人見面，不許私蓄一分錢，不許打聽外事，不許愁眉苦臉等等。溥儀讓她親手抄寫「筆據」，在佛前立誓後焚燒，讓她終生為自己承擔義務。溥儀高興時就讓李玉琴唱歌給他聽，或是做體操給他看，不高興時就斥責她，用掃帚打她，發完脾氣還要捧出「二十一條」不許愁眉苦臉，強迫她破涕為笑。

日本投降以後，隨著「滿洲帝國」的垮臺，李玉琴生活在潰逃、流亡和動盪的日子裡。那時溥儀已到了蘇聯。一九四六年解放長春以後，李玉琴回到了娘家，由於娘家人的堅持，又把她送到了天津溥儀的族兄溥修家裡居住。溥修是個頑固的清室遺老，他禁錮李玉琴如同囚犯一樣。李玉琴在這個封建家庭裡生活了五年，做飯洗衣，如同奴僕，還常常挨餓。天津解放後，玉琴要求出去工作，溥修卻說什麼：「餓死事小，失節事大。」李玉琴只好靠織毛衣度日。

李玉琴因為是貧農出身，雖然在同德殿裡逐漸變得滿足、嬌懶，但她在思想感情上和滿族貴族仍然不一樣，在新社會的影響和政府的幫助下，她參加了掃盲班，以後又回到了東北，參加了工作，並於一九五七年和溥儀離了婚。當時的溥儀正在撫順接受改造。李玉琴離婚後和當時在長春廣播電臺的一個工作人員結了婚，重新建立起幸福美滿的家庭。

愛人、妻子李淑賢

溥儀得到特赦後，他的個人生活發生了新的變化。一九六二年，他又結婚了，對方就是李淑賢。結婚那年，李淑賢是個三十七歲的大姑娘。她是杭州人，從小失去父母。當時她是北京朝陽區關廂醫院的護士。婚後，兩人相親相愛，幾乎達到不能分離的地步。溥儀曾向李淑賢說：「以前我在宮中時，根本不懂夫妻之間應有的相互關係，妻子是我的玩物和擺設，高興了就去玩一會兒，不高興就幾天不理。我是從來不知愛情為何物的，只是遇見你，才曉得人世間還有這樣甜蜜的東西存在。」

溥儀無微不至地關心妻子，一九六三年夏季北京暴雨如注，公共交通一時受阻，溥儀下班後，急忙從家中取了一把傘，冒雨趟水去接李淑賢。他等了半天，不見李淑賢的人影，只得往回走。突然，他發現路上有個沒上蓋的水道口，溥儀生怕妻子路過那裡踩了進去，於是，就在那裡直挺挺地守了好一會兒。

溥儀和李淑賢在一起幸福地生活了五年。一九六七年十月七日，溥儀因患腎癌而逝世。溥儀逝世時，正處於「文革」期間，李淑賢在周總理和政協的關懷下，生活一直很好。

袁世凱與朝鮮明成王后的一段私情

陶然雨庭

袁世凱，一個影響中國近現代史的梟雄。在他為人所知、沉浮榮辱的政治人生背後，其實也有著不為人知的那個時代平常人的生活。袁世凱一生有一妻九妾，但他在任大清國駐朝鮮總理交涉通商事宜的全權代表期間，還與朝鮮明成王后的有過一段私情，這究竟是怎沒回事呢？

曾在中國熱播的韓國歷史大戲《明成王后》以正劇的形式塑造了一位韓國國母閔妃的一生，但是該片應該是故意漏掉了一段戀情，那就是明成王后與袁世凱的一段感情。

一八八二年，袁世凱隨淮軍將領吳長慶進駐朝鮮，當時袁世凱二十三歲，年輕英俊，一點也不像後來的矮胖子。在吳長慶一八八五年去世後，袁世凱升任為大清國駐朝鮮總理交涉通商事宜的全權代表。袁世凱設計幫助韓王和王妃明成王后也就是閔氏除掉政敵大院君，得到了朝鮮最高統治者的賞識，當時執掌朝鮮大權的其實是閔妃，她聽從袁世凱建議，組建義勇團，並任用袁世凱為練兵大使，使義勇團成為維護閔妃統治集團統治的重要力量。

當時閔妃美貌無比，有世界第一美女之稱。她感激袁世凱幫其除掉大敵，又仰慕袁世凱的風采，有意以身相許。袁世凱也是一人不甘寂寞，兩人隨即私通了。但為了不引人懷疑，閔妃想出一條計策，將其妹妹碧蟬介紹許配給袁世凱。碧蟬雖姿色不如其姐姐，但也是傾國之貌，且立志非英雄不嫁。在王妃的鼓惑下，同意了這門婚事。過門之後。閔妃幾乎每天都借探望妹妹之名來袁世凱家，不久便被其妹發現，碧蟬知道之後氣憤無比，向袁世凱曉以厲害，袁世凱也擔心與一國之母私通之事暴露之後會影響甚大，便又按照碧蟬的方法，從河南帶回自己的一個姨太太，謊稱正室，主持家務，閔妃對此恨之入骨，便聯合那個姨太太一起算計碧蟬進行報復。

後來日軍開始進攻朝鮮，袁世凱回國，隨同帶上了曾經侍奉過閔妃和他的兩個婢女，回國之後，袁世凱不知出於何種原因，將兩個婢女也收為側室，並按年齡大小分別成為二、四兩姨太太，碧蟬僅排為第三，原想成為正室的碧蟬還得經常受到大姨太太的打罵，終日鬱鬱寡歡，喜怒無常，袁世凱自認有愧於她，也就隨著她，對她的待遇比其他幾位姨太太要特殊一些。

大院君攝政

閔妃在袁世凱的幫助下控制了政權，那麼她到底是如何成為王后，又是如何與大院君開始權力角逐的呢？

閔妃是高宗的王妃，大院君是高宗的生父。閔妃的生存年代，弄權經歷及歷史地位酷似中國清末的慈禧太后。而大院君與中國清末恭親王奕訢在許多方面有著相當多的近似處，但在對外部世界的認識方面，大院君與奕訢二人卻大相徑庭。奕訢是以經辦洋務著稱，而大院君卻以閉關鎖國而聞名。

閔妃降生時，自一三九二年建立的李朝已有國四百六十年，盡顯末世景象。此時西教開始傳入，在李朝占統治地位的程朱理學受到衝擊，新舊思想展開了激烈鬥爭。而且此時的李朝同中國清末愛新覺羅氏一樣，王室虛弱到連兒子也生不出的地步，在長達五十年間，王宮中未聞嬰兒啼哭聲。這種情況被王族出身的李罡應（即大院君）看在眼裡，他心中難免暗暗盤算。

我們再來看看男主角大院君的真實情況。李罡應天分很高，但年輕時名聲不佳。在他青年時代，為在王室勢力傾軋中求得自保，他故意裝作胸無大志，浪蕩不羈的樣子，整日「竹杖芒鞋」，與市井無賴交相治遊。一八六三年哲宗國王去世，無嗣，儲位出空。李罡應立即顯示其非凡本色。他暗中結交各派勢力，頻頻展開「公關」活動，終於使其子——十二歲的李熙入承大統，他就是朝鮮王朝第二十六代王：高宗。於是李罡應自然而然地入朝攝政。按制，以旁系入承大統的國王之生父得號大院君，因此前他已有興宣君名號，故歷史上稱之為興宣大院君。

大院君執政後立即使出強烈手段。他改組政府，消除控制政權的戚族勢力，打擊黨爭，加強王權。由於當時西方殖民勢力已進入東亞，中國、日本先後被迫開國，面對此複雜局面，他採取了一個封建專制主義者所必然採取的傳統對策：閉關鎖國。對叩門的西方勢力他一律視為「洋擾」，堅決打擊，經「明治維新」開始對外擴張的日本，他視之為「洋倭同類」。

大院君這種強硬的對內對外政策使他的政治對手們開始勾結起來。這其中最為棘手的便是閔妃集團。

閔妃進宮

一八六六年，高宗即位已三年，他雖然仍是一個童稚未脫的十五歲少年，但在王室看來卻已到大婚的年齡。執政的大院君根據多年來外戚專政的教訓，提出王妃候選人的苛刻條件，即其本家須人丁蕭條，無外戚專政之慮，候選人本身要溫順賢淑，無干預政務之心。這樣一來，眾多的豪門閨秀便被劃到了圈外，因為豪門望族哪家男人不是三妻四妾，兒孫滿堂？

尋來覓去，他的視線盯住了妻家遠支的一個孤女。這位姑娘年方二八，是大院君的閔氏夫人遠支族人閔致祿的女兒。閔家原本是望族，但此時已經沒落。一八五一年農曆九月廿五日，閔致祿在四面透風的草房裡得一女，這是他的獨生女兒。女兒八歲時，閔致祿在貧寒中撒手人寰。窮人的孩子早當家，孤苦零丁的閔氏女為生活所迫，很小年紀便到京城幾家親戚家走動求助，自然對世態炎涼有著刻骨銘心的體會。這種處境造就了她機巧多思，從容處事的本領。這多少有點像大院君，也可能就是她進入大院君視野後立即被選中的原因。然而，其中也隱伏著二人難以相容的宿命結局。

一八六六年三月，朝鮮國王大婚，閔氏女正式成為王妃，這年她十六歲，高宗十五歲。

王后奪權

入宮最初三年，閔妃嚴守國母儀制，克盡為媳孝道，很得翁婆滿意。但令她不安的是，她的小丈夫對她有點敬而遠之，而對另一個女人李尚宮卻顯示出情竇初開的少男熱情。於是妻妾爭寵的好戲開始了。帝王家的後宮爭寵總是彌漫著血腥味。

在當時的朝鮮王宮，圍繞在國王身邊的，有機會得到寵幸的女人，除去其正職妻子王妃外，還有名目繁多的副職、副副職，色彩繽紛一大片。這些女人在名份上不能與王妃爭位，但只要得到國王喜歡，便可以晉級。如果肚子爭氣，能產龍子，而更幸運的是她兒子被選為王位接班人冊封為世子，那麼母以子貴，有朝一日她可能會成為後宮大腕——王大妃。

閔妃內心產生了隱隱的危機感。但她從小練就的遇事泰然自若的功夫使她從來不把內心的憂慮和忌恨掛在臉上。她埋頭讀書，排遣內心的鬱悶，她將《春秋左傳》及其他一些帝王治世經典讀得爛熟於心，為日後弄權御國打下了基礎。

閔妃埋頭讀書，國王和李尚宮一對青春男女打得火熱，不久便有了享樂的結晶：李氏得子。這是一八六八年四月的事。

高宗國王高興得手舞足蹈，其父大院君更是滿臉喜色溢於言表。因為長孫出世，在大院君看來，這是王族血脈複旺，國祚延綿的顯示。於是在一片歡呼聲中，這個嬰兒被賜號完和君，未來的東宮世子即此嬰無疑。

這對閔妃是一個沉重打擊。熟讀本朝故事的閔妃，每每想起那些成為宮廷陰謀的犧牲品的女人，就不禁驚出一身冷汗。要想把握住自己的命運，自己手中就要有決定命運的權力。而此時大權在握，一言九鼎的大院君因得庶孫而歡喜若狂的情景刺激著閔妃，她暗下決心，為了自己的未來，為了懦弱丈夫的王位，她一定要奪權。為此她開始悄悄地行動了。

她組織自己的人馬，不動聲色地把閔氏子弟安插到政府各個部門，再拉籠大院君的親舊部下，又結交清議尋找「槍手」。當時儒林中不乏對大院君鐵腕統治不滿的人，如名震一方的巨儒崔益鉉等，就經常縱論大院君之失。閔妃立即指使親族前往聯絡。

這樣，一度被大院君視為後宮小女子的閔妃，就在他毫無察覺的情況下組織起了一支強大的反對派勢力。

一八七一年閔妃終於得子，她興奮異常，認為這下可有以嫡奪庶、清除頭上陰影的機會了。誰知此嬰兒一連數日大便不暢，大院君進山參醫治，服藥三天後竟然夭折，這使閔妃的期望頓時化作了清煙。她痛不欲生，更加堅定地認為這是大院君有意所為，遂暗中切齒。

此時朝鮮王朝正經歷著空前的內憂外患。北方天災，邊民外逃；美國武裝商船入侵被民燒毀，揚言報復，派艦來攻；德國人潛入朝鮮企圖盜掘大院君父南延君墓未果；民間有人煽動造反；國家糧倉失火，損失慘重。更為危險的是，日本明治維新後向外擴張，「征韓論」甚囂塵上。

閔妃認為條件成熟了，開始出擊。她首先離間國王父子關係，說服二十歲的高宗臨朝親政，然後鼓動言官臣僚上疏彈劾大院君，在朝野掀起一股強勁的倒大院君風潮。

大院君被這突如其來的波濤打得不知所措，一時難以找到說得過去的理由阻止業已成年的國王親政，遂被迫隱退雲峴宮私邸。這樣，大院君苦心經營了十年的政權，竟突然被尚是小女子的兒媳顛覆了。是年一八七三年，閔妃二十三歲。

丁夫人為何令曹操抱憾終生？

招福

以曹操之威，十個男人有九個要心生畏懼，可世上偏偏就出了一個丁夫人，敢把這個男人不放在眼裡。直到曹操臨終的時候，還對丁夫人牽掛懷念，難以釋懷。這究竟是怎麼回事呢？

曹操是個英雄，也是個不折不扣的浪蕩子——少年時他最大的人生樂趣，就是擠在人群前頭，看別人的新娘子。到後來他自己長大成人，就更是過不了美人關，姬妾眾多。他眾多的姬妾一共為他生下了二十五個兒子以及更多的女兒。

然而曹操的嫡妻丁夫人卻一直沒有生育，反倒是他的長妾劉夫人為他生下了長子曹昂與長女清河公主，還有曹鑠。

還在兒女幼小的時候，劉夫人便英年早逝，臨終的時候，她把自己的兒女都託付給了丁夫人，請求正室能夠收養自己的孩子。丁夫人答應了劉姬的請求，更從此將三個兒女視若己出、親自撫養長大。尤其在長子曹昂身上，更傾注了她幾乎全部的心血和希望。曹昂也沒有辜負嫡母的期望，不但孝順，而且清秀儒雅，文武雙全，十九歲便被舉為孝廉，並成為聲名遠揚的少年將領。

曹操的妻妾，出身千奇百怪，丁夫人出自平民良家，卞夫人出自娼家，還有一位尹夫人更絕，原來是東漢末代何太后的侄媳婦——自從丈夫死在董卓之亂以後，尹氏便帶著幼子何宴生活，雖然已為人母，尹氏的美貌仍令曹操著迷，很快便變著法子將她納為妾室。曹操本想將隨母進入曹家的何宴收為養子，但是何宴年紀雖小，卻認為自己的「何」姓身分高於「曹」姓，堅決不肯改姓。

曹操愛屋及烏，不與小孩兒計較。何宴長大後，以相貌俊美、風致怡人聞名，人稱「傅粉何郎」。曹操大概是覺得肥水不能流外人田，便把自己的女兒金鄉公主嫁了給他。於是尹氏不但成了金鄉公主的庶母，更成了金鄉公主的婆婆。

作為出身良家的嫡妻，不用說，丁夫人對丈夫的貪花好色十分不滿，加上她性格倔強剛烈，夫妻間便不免時有彆扭。但是恐怕丁夫人怎麼都沒有想到，丈夫不但是吃著碗裡看著鍋裡，還要去別人桌上夾一筷子。

建安二年（一九七年）初，曹操率軍討伐南陽張繡。張繡不敵投降。本來這是一件好事，沒想到曹操一見張繡寡居的嬸母姿色出眾，便忘乎所以，立即把她據為己有。張繡被迫投降，本來就心有不甘，如今曹操居然要做自己的便宜大伯，他更是憤恨之極，率舊部夜襲中軍大營。

曹軍被打了個措手不及，一直被趕到舞陰（河南泌陽）。在混戰中，曹操身負箭傷，而他的長子、丁夫人的心頭肉曹昂，更被亂兵射殺。據說曹操之所以能夠死裡逃生，全虧了他的坐騎「絕影」神駿，而「絕影」正是曹昂讓給父親的。

消息傳來，丁夫人痛不欲生。當她弄明白張繡反叛的原因之後，更在哀傷之餘，恨透了曹操：這個老不羞，全不知為父之責，年輕的兒子尚且在軍中獨居，死老頭卻自顧自地尋開心，還因此把兒子給害死了。

第二年，曹操再次圍攻張繡，並且再次獲勝。在官渡之戰前夕，張繡再次率部投降，曹操正是聚積兵力準備與袁紹決戰的關鍵時候，聞訊大喜，對張繡既往不咎，封為揚武將軍。

丁夫人可不管什麼大戰不大戰，她聽說曹操居然寬恕張繡並納張家女人為妾，簡直新仇舊恨一起湧上心頭，對這個老「登徒子」痛恨到了極點，哭罵道：「你害死了我的兒子，居然對他連一點思念追悔之意都沒有！」

從此後，無論曹操怎麼辯解怎麼獻殷勤，丁夫人都沒有好臉色給他，當面痛罵，背後痛哭，弄得曹操左右不是人，在姬妾兒女奴婢面前顏面掃地。

曹操雖然對丁夫人和曹昂心懷愧疚，但是終於也忍耐不住，下令將丁夫人送回娘家。他原以為丁夫人在曹府過慣了錦衣玉食的生活，返回娘家必然難耐清貧，很快就會回心轉意。可是沒料到丁夫人卻泰然自若地在娘家紡紗織布，對曹操屢次派去的使者連看都不屑看一眼。

這時的曹操已是睥睨天下，堂堂曹府裡居然沒有正室夫人，令人議論紛紛。一段時間以後，曹操終於先忍不住了，親自帶著侍從人馬，去丁家迎接妻子。丁家人聽說闊女婿來了，簡直如雷轟頂，連忙讓丁夫人出來迎接丈夫。誰知丁夫人恍如未聞，自顧自織布如故。曹操不見妻子出迎，只得自己走到織室去找她，撫著她的背請求：「你就不能回頭看看我，與我同車返回王宮嗎？」

丁夫人既不回頭，更不答話。曹操等候良久，只得退出織室。侍從請曹操上馬，曹操卻猶豫著再次走到織室的窗外，再次請求妻子回心轉意：「真的再也不肯原諒我了嗎？」丁夫人仍然置若罔聞，手裡的梭子一線不錯地照織不誤。曹操只得長嘆一聲：「看來真是下了決心與我分手了。」終於狠下心離開了丁家。

回到魏王宮，曹操派人傳話，既然自己已經無法挽回丁夫人之心，也不想耽誤丁夫人了，任憑她改嫁他人。丁夫人不把曹操當一回事，丁家的父兄可學不了她，他們怕曹操得很，唯恐曹操哪天改變主意找自己的麻煩。丁夫人此後也就一直沒能改嫁得了。

後來曹操也一直沒有忘記丁夫人，屢屢借卞夫人（曹丕的母親，曹操之妾，後來成為魏王后）的名義邀請丁夫人返回王宮赴宴。卞夫人知道丈夫的心思，總是把與丈夫並排的嫡妻座位留給丁夫人，自己退居妾位。丁夫人在做嫡妻的時候，並沒有給過卞夫人什麼好臉色，卞夫人能夠這樣厚待，頗令丁夫人有些過意不去，說：「我已經是離異之人，夫人何必如此呢？」

不過丁夫人的客氣話只對卞夫人說，對旁邊眼巴巴看著自己的曹操，她卻一如既往地面無表情。幾年後，丁夫人在娘家靜靜地去世了。曹操對丁夫人的去世非常痛心，感慨自己再無贖罪機會。卞夫人體察丈夫的內心，主動提出由自己操辦丁夫人的喪事。曹操點頭應允，並親自為她選擇了墓地，將她安葬在許昌城南。

若干年後，曹操自己也走到了人生的盡頭，臨終的時候，他仍然對丁夫人離異之事難以釋懷，嘆息道：「我這一生最放不下的人就是丁夫人，對她始終未曾當真負心，可是做錯了事卻難以挽回以致決裂。假如人死後當真有靈魂，我在陰世裡遇到昂兒，如果他問我：『我的母親在哪裡？』我該如何回答呢？」

曹操為什麼一生不敢稱帝？

李國文

曹操是中國歷史上頗受爭議的一個人物，他的一生戎馬倥傯、刀光劍影，歷經無數次的征戰殺伐，最終達到了權力的頂峰。然而，有一個問題始終困擾著世人：此時的曹操，可以說離皇位只有一步之遙，他可以輕鬆地廢掉小皇帝並取而代之，可是為什麼在二十五年的時間裡，直到去世，曹操始終沒有跨越這一步呢？

曹操一生未稱帝，死前不久，孫權因為奪荊州、殺關羽，與蜀漢交惡，不得不向曹操示好。遣使上書，建議他「早正大位」，曹操說：「是兒欲使吾居爐火上耶！」這句話在史書上大書特書，用以說明曹操一生不敢染指皇帝二字的心態。

有心稱帝，但時機未到

其實曹操不是不想當皇帝，只是前車之鑑，使他不敢登上皇位罷了。

漢獻帝劉協這一生，過得十分窩囊，先是董卓擅權，後是曹操當國，他只是一個傀儡，見到董卓也好，見到曹操也好，都如芒刺在背，戰慄不安。但話說回來，若無董卓，他當不上皇帝，若無曹操，說不定他早已被那幾個兵匪頭子李傕、郭汜之流結束了性命。可是江山坐穩了，大權旁落，他不甘心做一個符號式的統治者，成為曹操手下的一個高級俘虜。於是便要搞復辟了。這也是歷史上所有失去皇位和虛有皇位的人，忍不住要嘗試的一種危險遊戲。

最高權力，也是最高的欲望和誘惑，對漢獻帝來說，當然想完整地得到它，而舊政權的維護者，前如受衣帶詔的董承、王子服，和伏完、穆順之輩，後如許都暴亂的耿紀、韋晃之流，他們甚至要比劉協更熱衷於推翻曹操的統治。因為皇帝作為一個高級俘虜，尚可得到優禮有加的待遇，而等而下之的舊政權的既得利益者，則是明日黃花，自然連做夢也想恢復失去的王國，因而這些失去得更多的臣下，復辟之心甚於帝王是不言而喻的。

所以擁有最高權力，卻又不是九五之尊的曹操，對於任何覬覦這份至高無上權力的人，總是格殺勿論，瘋狂鎮壓的。正因為他自己無法得到這份崇尊之位，別人若想得到，他一定是要與之拚命的。因此他的內心充滿了矛盾。正如他給行軍時擬的口令「雞肋」一樣，吃，吃不下去；吐，又吐不出來。他一方面把自己的女兒曹節下嫁給漢獻帝，除了政治上的籠絡外，不能說曹操對於這個儘管是符號的皇帝，未必敢太不恭敬。但另一方面，又根本不每日朝見，履行一個臣子的義務。

一方面，他不斷地在詩文中表露自己，如在「山不厭高，海不厭深。周公吐哺，天下歸心」中，雖是對於周公的褒揚，實際也是在自況；如在「周西伯昌，懷此聖德。三分天下，而有其二。修奉貢獻，臣節不墜」中，對於西伯始終以臣事殷的讚美，其實也是在自我表揚。另一方面，卻又根本不把比自己小二十六歲的獻帝放在眼裡，動不動跑去發一頓脾氣。嚇得劉協戰戰兢兢，向他懇求：「君若能相輔，則厚；不爾，幸垂恩相舍。」那意思說，你高抬貴手，放我一條生路得了。

儘管漢獻帝拱手要把這個皇帝位置讓給他，恨不能請他曹操馬上履位，但曹操始終不稱帝，只為王，這是他誅黃巾起兵以來數十年的既定方針。後來人稱他為奸雄，曹操一生，最奸之舉，莫過於不奪帝位，而擁帝權，既撈取名聲，又得到實惠了。

他在《讓縣自明本志令》裡說得很透澈：「身為宰相，人臣之貴已極，意望已過矣。今孤言此，若為自大，欲人言盡，故無諱耳。設使國家無有孤，不知當幾人稱帝，幾人稱王。」所以他不當，誰也別妄想。

董卓的前車之鑑

如果他要當皇帝的話，從山東進軍洛陽時就可以把獻帝廢了。曹操一輩子不敢行此事，就是因為有董卓的例子在。他知道，在漢末天下大亂，群雄蜂起的時候，挾天子以令諸侯，要比他稱帝討伐，更加名正言順，得天應人些。他若廢帝自立，第一，諸侯會聯合起來反對他；第二，即使能用武力逐個消滅地方割據勢力，他也無法使整個士族階層服貼。這就是他所比喻的爐火，也是他作為一個政治家的高謀遠略。一旦他登上帝位，這些人馬上會成為他的對立面。儘管他殺掉了這個階層的許多頭面人物，如孔融，崔琰，但整個階層，他是不敢小視的。其實他未必不想過一過皇帝癮，可是一看手下的首席謀士，最忠心耿耿的荀彧、荀攸叔侄，連他稱王都持反對態度，他只好抑制這個欲望，因此誰要是碰他這個痛處，絕對是嚴懲不貸的。

通常人到了晚年，慢慢地失去自我感覺，便要糊塗昏聵，貪大樹功，倒行逆施，這是一點也不奇怪的事。但是孫權拍曹操馬屁，要他即位承大統，他一笑拒之。一直保持清醒到最後一刻，這確實是不容易的。

但到了他兒子曹丕手裡，新的一代人，對於漢王朝往日的威儀，已不放在眼裡，只是死狗一條。與其輔主為臣，不如篡漢自立。在諸侯大部順服，士族基本歸心的客觀情勢下，舊的君臣框架，已成形式，漢祚的延續，已根本毫無意義，所以取而代之，也是歷史的必然。若不是曹操數十年的營造，澈底改變了原有的士族階層，由仕漢的大多數，蛻變為仕魏的大多數，曹丕是無法坐上皇帝之位，而圓了他父親一生未完之夢的。

因此，那些攫取權力的人，若是欲望超過了罔顧現實狀況的程度，冷靜下來，有曹操的一份清醒，也許不至於碰壁。

中國第一美人西施與范蠡的情愛祕史

朱大可

早在春秋時代的《莊子》一書中，就有了關於美女西施的記載，而平常被我們稱為四大美女之一的戰國時代的西施又是誰？她是怎樣一步步走向四大美女行列的呢？

春秋時期吳越爭霸戰的關鍵人物西施，作為來自越國的一件美麗而輕盈的禮物，被國際外交陰謀和間諜戰推到了前臺。她看起來像是個純潔無邪的間諜，手中沒有沾染敵人的鮮血，同時又極其出色地完成了使命。在民間傳說中，西施後來與情人范蠡一同歸隱，泛舟五湖。

這樣的美好結局是不是大眾一廂情願的想像呢？

西施一號和西施二號

與楊貴妃、王昭君、貂嬋並列為中國古代四大美女的西施，早在先秦就已經聲名昭著。管子、莊子、墨子、孟子和韓非子等思想家，都在其著述中多次提及這個非凡的尤物，對她的美貌讚不絕口，可見她不是個虛構的人物。

但西施與吳越爭霸戰爭的關係，實在是疑竇叢生，充滿了玄機。管子（管仲）活動的時代（？至前六四五年），比勾踐滅吳（前四七三年）還早了近兩百年，卻已知道西施的存在，豈不是一件怪事？他在《管子》裡評價說：「毛嬙、西施，天下之美人也。」這一跨越時空的古怪現象，在邏輯上只有一個解釋，那就是存在著兩個截然不同的西施：西施一號出現在管子年代甚至更早，而西施二號則出現在兩百年後的越國。

春秋時代的西施一號，在莊周那裡有一些片斷性敘述。其中最有名的當推「東施效顰」的故事，它描述西施有心口疼的毛病，時常以手捧心，面帶憂戚，反而顯得更加美豔動人，到了「沉魚落雁」的地步。另一個叫做「東施」的女人，非但長相醜陋，而且萬分愚蠢，誤以為那是扮靚的妙法，也扮出心口疼的樣子，結果變得愈發醜陋，成為鄉民的笑柄（《莊子．天運》）。但關於西施一號的身世，先秦的史學家卻未作任何深入的記載。

戰國時代西施二號的身世，更是撲朔迷離。《吳越春秋》記載，為了向吳王夫差進行「性賄賂」，越王勾踐派使者在本國遍訪美人，最後在諸暨苧蘿山找到兩個賣柴的女人，天生麗質，貌若仙女。這個使者就是范蠡，他用前代著名美人「西施」的名字去重新命名他所遇到的鄉間美女，藉此完成了政治包裝的第一步。從此，賣柴女悄然死去，而一個嶄新的西施經過范蠡的「複製」，「重生」於吳越江湖，並且註定要成為滅絕吳國的美豔殺手。

儘管諸暨村姑竊取了前朝美女「西施」的名號，但她賣柴的形象仍然過於粗鄙。唐宋以來，世人多傾向於想像她是一名浣紗女，即從事織物洗滌的女工。王維的《西施詠》向我們表明了唐代知識界的立場：「當時浣紗伴，莫得同車歸。持謝鄰家子，效顰安可希。」明代梁辰魚的《浣紗記》也支持這種敘事，它敘述西施二號本為浣紗女，和范蠡在溪邊邂逅，眉黛含春，梨花帶雨，范蠡一見鍾情，不能自拔。此後越國危急，范蠡出於愛國大義，將西施進獻給吳王夫差。浣紗不僅是一種美女的柔軟職業，而且也是西施和范蠡定情的信物。溪水和麗紗構成了美女「誕生」的優雅場景，其間清晰地浮現著西施的倩影。但西施和范蠡的關係，卻始終是曖昧不清的懸謎。

西施與范蠡的隱祕愛情

當年吳國大兵侵入，即將滅絕越國時，越王勾踐感到深深的絕望，他本打算殺死妻子，焚毀財寶，然後用兵器自殺成仁。據官方的《史記．越王勾踐世家》記載，大夫文種勸阻了他的自毀之舉，並且勸告說：「吳國的太宰伯嚭貪婪成性，不妨誘之以利。」勾踐看見一線政治生機，便備下美女和大量珍寶，派文種帶去交結伯嚭，結果吳王在伯嚭的勸說下收兵回國，給了越國休養生息、捲土重來的契機。

司馬遷的著述雖然提到了美女，卻無姓無名，跟范蠡和夫差也沒有直接關聯。《越絕書》沿襲《史記》的說法，也認為獻美是文種所為，但卻明確指出了被獻者的姓名：「越乃飾美女西施、鄭旦，使大夫文種獻之於吳王。」

而東漢民間史學家趙曄的《吳越春秋》，其觀點則與此截然不同。它暗示越國的相國范蠡才是該事件的主謀。他下令讓兩位村姑穿上羅緞錦衣，學習優雅步態和歌舞技巧，以期把她們改造成合乎宮廷禮儀的貴婦。但它也刻意疏漏了一個重大細節：在此期間曾經發生過一段危險的插曲，那就是主持女諜訓練的范蠡本人，不僅偷偷愛上西施二號，而且違反朝綱，擅自與之私通，兩人雙雙墜入情網，差點釀成驚天大禍。

范蠡先是在「土城」和「都巷」兩處宮台開設訓練課程，對西施二號和鄭旦進行「素質教育」，繼而奉命把她們送往吳國。為了延宕日期，范蠡藉口要對她們作進一步培訓，大膽放慢了行程。據說從會稽到蘇州，短短兩三百里的路途，美女護送隊竟然走了整整三年，卻始終沒有到達目的地。《漢唐地理書鈔》所輯《吳地記》甚至揭露說，他們在路上還生了個兒子，到達現今嘉興南部一百里處時，這個嬰兒剛滿周歲，能夠開口說話，於是路邊的亭子被當地民眾叫做「語兒亭」，以見證這個祕密愛情的結晶。

范蠡與西施二號的私情無疑是在極度機密的情況下展開的。一旦走漏風聲，他們將同時面臨來自吳越兩個方面的殺身之禍。在這段長達三年的浪漫時光裡，范蠡的焦慮想必與日俱增。他必須承受一個無法規避的事實——把心愛的女人獻給仇敵夫差。他在最後期限的逼近中感到了絞索的抽緊。他的無奈和愁苦隱藏在歷史的深處，彷彿在為這場雪恥復國的遊戲增加價值籌碼。

但范蠡和西施的愛情終於走到了盡頭。三年之後，在吳國的都城，范蠡隱忍著巨大的痛楚，心如刀割、面帶微笑地把西施二號和鄭旦一起交給夫差，美人西施心中也一樣充滿了生離死別的哀傷。她是一件美麗而輕盈的禮物，被國際外交陰謀和間諜戰推到了前臺。她的悲慘命運，從與范蠡相遇的那刻就已經註定。

情欲政治學的傑作

夫差不顧伍子胥的警告和反對，狂喜地接受了這兩個來自越國的尤物，並且發出了心滿意足的讚揚：越國進獻這樣的美女，是勾踐對吳國盡忠的表現（《吳越春秋．勾踐陰謀外傳》）。他開始盡其可能地寵幸她們，表現出對女色的狂熱愛好。所有這一切都沒有出乎越國領導人的意料。

《史記》和《越絕書》都指出，離間計的主要執行者，實際上不是西施，而是吳國的大臣伯嚭。他在接受了勾踐的大量賄賂之後，轉而成為一個卑劣的內奸，開始施展渾身解數，力阻伍子胥的護國計謀，在每一個環節上都與之相左，又挑唆夫差與伍子胥的關係，令他們君臣反目，直到伍子胥被夫差賜死為止。伍子胥被逼自殺，是吳國轉向澈底敗落的標誌，並為勾踐的反擊奠定了堅實的基礎。在司馬遷看來，勾踐的「銀彈」政策，才是吳國消亡的主要原因。

而在「銀彈說」之外，「肉彈說」聲音似乎更為嘹亮，它促使我們對情欲政治學的歷史價值作出必要的判斷。「粉色肉彈」西施和鄭旦的偉大使命，就是千方百計離間吳王與伍子胥的關係，化解夫差對越國的警惕，並以性愛消磨他的體力與戰爭意志。《吳越春秋》稱，文種當年向越王進獻破吳九術，第四條就是派遣美女「以惑其心而亂其謀」。西施二號和鄭旦進入吳國的宮殿，「性賄賂」就開始逐步產生功效，觸發了吳國走向衰敗的先機。這是中國情欲政治學的一個古代範例，它表明，早在春秋戰國時期，性已經成為政治陰謀的重要環節。

但奇怪的是，勾踐沒有命令他的女諜使用毒藥之類的謀殺手段。這是另一個令人費解的疑點。直到夫差生命的最後一刻，西施都沒有向他下手。她看起來像是個純潔無邪的間諜，手中沒有沾染敵人的鮮血，同時又極其出色地完成使命，幫助勾踐把夫差送進了地獄。

《史記》進一步描述勾踐按文種之計，大量收購吳國糧食，使之糧庫空虛，又贈送鑲嵌黃金白玉的欄杆，攛掇夫差打造豪華宮殿，消耗吳國人力物力，如此等等。夫差果然中計，大興土木，修葺姑蘇台行宮供西施和鄭旦居住。《越絕書》稱，那座豪華的「情欲之殿」，需花費三年收集建材，又費五年時間加以打造，僅高度就達到兩百里（疑為廣度之訛）。落成典禮之後，夫差便長期在那裡耽留，日夜沉湎女色，置朝政於不顧，吳國就此變得日益衰微。肉彈策略獲得了出乎意料的奇效。

西施的生死之謎

吳國被滅絕之後，西施二號重新回到范蠡身邊，兩人一起泛舟五湖而去。這個以喜劇告終的傳說，比較符合中國民眾的心願，因此成為蔓延最廣的傳說，漂浮在優美的歷史風景之中。

西施的真切下落，應當與范蠡有密切關係。反觀他的蹤跡，倒是相當清晰，沒有多少可懷疑的地方。《史記．越王勾踐世家》記載，范蠡認為勾踐的為人，是可與之同赴患難，卻無法共用安樂。因此他向勾踐辭職，在遭拒之後他收拾細軟悄然逃走，乘舟浮海前往齊國領地，同時更改姓名，自稱「鴟夷子皮」，在齊國海邊開墾耕地，艱苦創業，父子倆治下大宗產業，沒有多少時間，就積貯了數十萬銀兩。接著，他又拒絕齊國人的高官厚祿，散盡家財，隨身攜帶少量珍稀寶物，悠閒自在地離去，在一個叫做「陶」的地方定居下來，自號「陶朱公」，過上了閑雲野鶴的生活。但司馬遷的敘述，隻字未提包括西施在內的任何女人。人們只能假定西施就隱藏在他身後，成了他的空氣和呼吸。

勾踐後悔未能及時下手，放走了相國范蠡，便立即下令捕殺大夫文種，以免夜長夢多，由此徹底剪除了越國的兩大功臣。而另一方面，他又在遠郊封了一塊名叫「苦竹城」的狹長土地，賜給流亡者范蠡的兒子，藉此向世人擺出「公正無私」的姿態。勾踐的偽善和心機，遠在吳王夫差之上。

然而，隨著疑古風氣的蔓延，「西施被殺說」近年來變得甚囂塵上。一些學者援引《吳越春秋》的記載「吳亡後，越浮西施於江，令隨鴟夷以終」，來證明西施的悲劇下場。這裡的「鴟夷」，指的是一種皮革製成的袋子，整句話的意思是，吳國滅亡後，越王把西施投入江裡，讓她隨著裝她的皮囊一起漂浮著消失。西施在吳亡後被自己的祖國所殺，乃是民間史學家的基本判斷。

西施二號被殺害的情形，與伍子胥之死有著驚人的相似。《吳越春秋．夫差內傳》記載說，吳王夫差賜死伍子胥之後，又「取子胥屍，盛以鴟夷之器，投之於江中。」所以民間給伍子胥起了一個「鴟夷子」的別名，藉此暗示他的悲劇性歸宿。

我們不知道范蠡此時所持的立場。我們只能假定他滿腹隱衷而無法言說，無力為西施公開抗辯，更不敢動用權力展開營救，只好眼睜睜看著越國女英雄、自己的祕密情人慘遭殺害。有人認為范蠡之所以自號「鴟夷子皮」，乃是為了紀念壯烈蒙難的西施，的確是一種合乎情理的推斷，而「子皮」很可能就是西施二號的真正本名，「皮囊裡的子皮」這個名字，隱含著范蠡的無限傷痛和恨憾。在逃出勾踐的勢力範圍之後，他才有了公開悼念西施的凜然勇氣。

在西施被殺的鐵幕後面

儘管西施被殺已經成為世人的共識，但對殺她的原因，卻很少有人問津。而這才真正是本文需要探查的核心。

據《越絕書．越絕卷》第十二記載，早在范蠡進獻西施和鄭旦時，伍子胥就向吳王發出嚴厲警告，說萬萬不能接受這樣的禮物，這兩個女人就是危及社稷的妖女，與妹喜、妲己和褒姒一脈相承，必定會給國家帶來嚴重危害。而好色的夫差對此置若罔聞。

許多年後，越王反攻獲勝，在余杭山逮捕了吳王及其部屬，不無諷刺地當面數落夫差的三大過失，說他不該放越國一條生路，更不該殺害伍子胥，並聽信「讒諛之徒」的鬼話，說完便賜寶劍給夫差，逼迫其在十天後刎頸自裁。耐人尋味的是，為了向世人表明自己憎恨一切「讒諛之徒」，勾踐下令殺掉了曾經為他立下汗馬功勞的伯嚭。基於同樣的邏輯，我們可以這樣推斷，勾踐秉承伍子胥的觀點，認為西施是亡國妖姬，所以儘管她功勳卓著，仍須堅決執行死刑，澈底終結其生命，以免越國步了吳國的後塵。

這無疑是殺害西施的最冠冕堂皇的理由。但勾踐之所以大開殺戒，還有一個更為隱祕的原因，那就是他可能已經得到范蠡與西施私通的情報，並且為此妒恨交集。西施之死是勾踐向其舊部的一次血腥挑釁：雖然你已經逃走，但我可以輕易地殺掉你的女人！

與西施同時代的墨子，為此在《墨子．親士》文集裡發出了深切的感慨：「西施之沈，其美也。」意思是說，西施之所以被淹死，只是因為她的美麗啊。墨子言猶未盡，在「美」的感嘆背後隱藏著某種深長的意味。是的，這個為國捐軀的美人，第一次捐出了美豔的情色，第二次捐出了美豔的生命。她是男權專制主義的最美麗的祭品。

作為一位罕見的情色烈士，西施二號生前是國家的工具和玩物，而後又被人以國家利益的名義處死，但死亡消解了一切道德難題。她在死後成了眾口皆碑的美人。她的容貌掩蓋了幕後的政治陰謀。在關於西施的敘事中，既沒有關於她的悲劇，也沒有關於她的喜劇。她的生命被世人抽空，成了一個純粹的符碼，高懸於中國大眾美學的潮流之上，彷彿是一面超越了所有意識形態的旗幟。

西施二號的戰友鄭旦，其下場或許更為可悲，除了一個似是而非的名字，沒有留下任何可資查詢的檔案。我們只知道她跟西施一起被發現、訓練和改造，並一起被送進姑蘇台，成為越王的間諜和吳王的寵妃。她一直低調地生活在西施的陰影裡，在這場波瀾起伏的政治戲劇中，她扮演了一個卑微的配角，用以襯托西施的悲壯與偉大。但她的結局卻可能跟西施完全一樣，儘管功勳卓著，卻無法擺脫死亡的命運。她在西施敘事裡的作用，應當跟小青在白蛇傳裡的作用相似，卻比小青更加微小和卑賤。

中國第一美人及其女伴的傳奇，就此落下了沉重的帷幕。

最奢華的沐浴：慈禧洗澡全過程

金　易、沈義羚

中國是個講究沐浴的古國，沐浴歷史悠久，早在三千多年前，就有甲骨文記載的「沐浴」內容。古代皇帝祭天拜祖、僧人誦經念佛之前，也要先沐浴，這是個定俗表示心潔崇敬。梁實秋在《雅舍菁華．洗澡》中亦記載：「中國人一向是把洗澡當作一件大事的。自古就有沐浴而朝，齋戒沐浴以祀上帝的說法。」由此可見，從古到今，洗澡其實都是一件大事。慈禧洗澡被視為最奢華的沐浴。慈禧洗澡有什麼樣的程序？又奢華到了何種程度？

且聽在儲秀宮裡當差，伺候慈禧的宮女榮兒（慈禧喚她「榮」）如怨如訴地傾吐。

時間

「洗澡，這也和時令有密切聯繫。天熱，洗得勤點，差不多夏天要天天洗，冬天隔兩三天洗一回，都是在晚上，宮裡白天沒有洗澡的。

洗澡沒有固定的時間，隨時聽老太后的吩咐，一般大約在傳晚膳後一個多小時，在宮門上鎖以前。因為需要太監抬澡盆、擔水，連洗澡用的毛巾、香皂、爽身香水都由太監捧兩個托盤送來。太監把東西放下就走開，不許在寢宮逗留。司沐的四個宮女全都穿一樣的衣著，一樣的打扮，連辮根、辮穗全一樣。由掌事者領著向上請跪安，這叫『告進』，算是當差開始。在老太后屋裡當差，不管幹多髒的活，頭上腳下要打扮得乾淨俐落，所以這四個宮女，也是新鞋新襪。太監把澡盆等送到廊子底下，托盤由宮女接過來，屋內鋪好油布，抬進澡盆注入溫水，然後請老太后寬衣。」

用具

「這裡須要說明兩件東西。一是老太后坐的洗澡用的矮椅子，一是銀澡盆。

老太后坐的是一尺來高的矮椅子。這個椅子很特別，四條腿很粗壯，共有八條小龍附在腿子上，每條腿兩條龍，一條龍向下爬，一條龍向上爬。最奇特的是活動的椅子背，既能拿下來，又能向左或向右轉，即椅子背可以換位置。因為椅背上兩面都有插榫，像門上的插關一樣，把椅子背放入插榫裡，用開關一扣緊，就很牢靠了。椅子很寬，但不長，為了老太後坐著安全，兩邊站人又方便，這是專為給老太后洗澡用而設計製作的。我記不十分清楚了，彷彿椅子下面還有個橫托板，是為了放腳用的。

另一樣東西是銀澡盆。老太后洗澡用兩個澡盆，是兩個木胎鑲銀的澡盆，並不十分大，直徑大約不到裁尺（清朝用的尺有兩種，一種是步尺，一種是裁尺，步尺大，裁尺小）的三尺，也是斗形的，和洗腳的盆差不多，也是用銀片剪裁，用銀鉚釘包鑲的，外形像個大腰子，為了使老太后靠近澡盆，中間凹進一塊。空盆抬著覺得很輕。由外表看兩個澡盆一模一樣，但盆底有暗記，熟練的宮女們用手一摸就能覺察得出來。要切記：一個是洗上身用的，一個是洗下身用的，不可混淆。

最使人驚奇的是托盤裡整齊陳列的毛巾，規規矩矩疊起來，二十五條一疊，四疊整整一百條，像小山似的擺在那裡。每條都是用黃絲線繡的金龍，一疊是一種姿勢：有矯首的，有回頭望月的，有戲珠的，有噴水的。毛巾邊上是黃金線鎖的萬字不到頭的花邊，非常美麗精緻。再加上熨燙整齊，由紫紅色木托盤來襯托，特別華麗顯眼。

老太后換上淺灰色的睡褲，自己解開上身的紐袢，坐在椅子上，等候四個侍女給洗上身。」

過程

「要明確地說句話：這是老太后用第一個銀澡盆洗上身，與其說是洗澡不如說是擦澡。

四個宮女站在老太后的左右兩旁開始工作了。伺候老太后可不是件容易的事，要迅速、要準確、要從容，這必須有熟練的工夫。四個宮女分四面站開後，由一個宮女帶頭，另三個完全看帶頭宮女的眉眼行事。由帶頭的宮女取來半疊毛巾，浸在水裡，浸透了以後，先撈出四條來，雙手用力擰乾，分發給其他三個宮女，然後一齊打開毛巾，平鋪在手掌上輕輕地緩慢地給老太后擦胸、擦背、擦兩腋、擦雙臂。四個宮女各有各的部位，擦完再換毛巾，如此要換六、七次。據說這樣擦最重要，把毛孔眼都擦張開，好讓身體輕鬆。

光說屋裡不行，還有等候在寢室外面的宮女，這是幹粗活的，悄悄地靜候著屋裡的暗號。她們伺候的時間長了，也會估計時間了。聽到裡面輕輕地一拍，就進來四個人，低頭請過安後一句話也不說，先把使過的濕毛巾收拾乾淨，給澡盆換水添水，做活都輕巧俐落。

第二步是擦香皂，多用宮裡御制的玫瑰香皂。把香皂塗滿了毛巾後，四個人一齊動起手來。總是撈起一條毛巾擰乾後塗香皂，擦完身體後扔下一條，再取再擦，手法又迅速又有次序。難得的是鴉雀無聲，四個人相互配合，全憑眼睛說話。最困難的是給老太后擦胸的宮女，要憋著氣工作，不能把氣吹向老太后的臉，這非有嚴格的訓練不可。

第三步是擦淨身子。擦完香皂以後，四名宮女放下手裡的毛巾，又由托盤裡拿來新的一疊毛巾，浸在水裡，浸過三、四分鐘以後撈出，擰得比較濕一些，輕輕地給老太后擦淨身上的香皂沫。這要仔細擦，如果擦不乾淨，留有香皂的餘沫在身上，待睡覺以後，皮膚會發燥、發癢，老太后就會大發脾氣。

然後用香水。夏天多用耐冬花露，秋冬則用玫瑰花露，需大量地用。用潔白的純絲綿約巴掌大小的塊，輕輕地在身上拍，拍得要均勻，要注意乳房下、骨頭縫、脊樑溝，這些地方容易積存香皂沫，將來也容易發癢。

最後，四個宮女每人用一條乾毛巾，再把上身各部位輕拂一遍，然後取一件偏衫給太后穿在身上。這是純白綢子做的，只胸口繡一朵大紅花，沒領，短袖，上面鬆鬆的幾個紐袢，彷彿是起現在背心的作用。外面再罩上繡花的睡衣，上身的沐浴才算完了。

應該特別說清楚的，澡盆裡的水要永遠保持乾淨，把毛巾浸透以後，撈出來就再也不許回盆裡蘸水了，毛巾是用完一條扔下一條，所以洗完上身需用五、六十條毛巾，而水依然是乾乾淨淨的。澡盆裡的水是隨時舀出一些，又隨時添入一些熱的，來保持溫度，這是幹粗活宮女的差事。

候在廊子下面，專聽消息的幹粗活的宮女，聽到裡面的暗號，魚貫地進來，先把洗上身的澡盆和用過的毛巾收拾乾淨，抬走，再重新抬進另外一隻浴盆來。冷眼看這只盆和方才抬出去的一模一樣，但老太后一眼就看得出來是洗下身的。洗下身的工具絕對不能用來洗上身。這是老太后的天經地義：上身是天，下身是地，地永遠不能蓋過天去；上身是清，下身是濁，清濁永遠也不能相混淆——我聽老太后這樣念道過，道理我也說不清楚。等洗下身浴盆抬進來的時候，老太后的下身已經赤裸了，坐在浴椅上等候著別人來伺候，大致和洗上身同樣的費事。等把腳擦完了以後，老太后換上軟胎、敞口、矮幫的逍遙屐，這是用大紅緞子做的專為老太后燕居時穿的鞋。做法和以前做布襪子相似，雙層軟底對齊在一起，上邊蒙上一層薄膈臂，白綢子裡，外罩大紅緞子面，繡花，真像我們旗下姑娘出閣時，踩轎用的紅繡花鞋。因為老太后年事已高，為了使老太后宴居時又暖和又舒適又吉祥，所以做這種鞋。

等老太后穿好鞋離開洗澡椅子以後，洗澡就算完畢。但我還要讚美幾句，油布上很少淋上水點，這不能不說宮女們工作小心謹慎和高超的技術了。」

浴後

「室裡只留下司浴的兩個宮女了，廊下也只留幹粗活的兩個人，其餘的道過『吉祥』後都退下去了。司浴的兩個宮女重新給老太后舀水洗臉、浸手。與其說是洗不如說是熨，老太后用很長的時間在額頭、兩頰熱敷。說這樣能把抬頭紋的痕跡熨開，七十歲的人了，臉上只略顯皺紋，身上的肉皮像年輕人似的白嫩，兩手非常細膩圓潤。這大概和她的駐顏術有關係。

老太后除了喜愛自己的頭髮以外，也特別喜愛自己的指甲。大概都看過老太后留下的影像（指美國女畫家卡爾所畫的像）吧，手指甲有多麼長！尤其是大拇指、無名指和小手指上的。養這樣長的指甲非常不容易，每天晚上臨睡前要洗、浸，有時要校正。冬天指甲脆，更要加意保護。

司沐的宮女留下兩個，給太后洗完臉、浸完手和臂以後，就要為她刷洗和浸泡指甲了。用圓圓的比茶杯大一點的玉碗盛上熱水，挨著次序先把指甲泡軟，校正直了（因為長指甲易彎），不端正的地方用小銼銼端正，再用小刷子把指甲裡外刷一遍，然後用翎子管吸上指甲油塗抹均勻了，最後給戴上黃綾子做的指甲套。這些指甲套都是按照手指的粗細，指甲的長短精心做的，可以說都是藝術品。老太后自己有一個小盒，保存著一套專門修理指甲的工具：小刀、小剪、小銼、小刷子，還有長鉤針、翎子管、田螺盒式的指甲油瓶，一律白銀色，據說都是外國進貢的。指甲又分為片指甲和筒指甲，大拇指屬片指甲，修大拇指時要修成馬蜂肚子形，片大好看。無名指、小手指屬筒指甲，要修成半圓的筒子形。指甲講厚、硬、亮、韌，這是身體健壯的表現。就怕指甲變質，起黃斑，若有跡象就要用藥治了。老太后有專盛指甲的匣，對剪下的指甲非常珍惜。

最讓人奇怪的是老太后的睡衣睡褲。睡衣的前後襟和兩肩到袖口都繡有極鮮豔的牡丹花。說句眼皮子淺的話，就是大家閨秀的嫁衣也沒有那樣漂亮。兩條褲腿由褲腰到褲腳繡的也滿是大紅花。旗人一般的穿戴，有三十丟紅、四十丟綠的說法。三十歲開外的人就不要穿大紅的了，四十歲開外的人就不要穿大綠的了，要給後輩兒媳婦、姑娘們留份兒。可老太后快七十歲的人了，睡覺還要穿大紅繡花睡衣，真不知道是什麼講究。睡覺躺在被窩裡還穿花衣服給誰看呀，又是個老寡婦。

老太后是那樣愛美的人，年輕時又是色冠六宮，由頭上戴的、身上穿的、腳底下踩的，沒有一處不講究。旗人穿旗袍跟漢人穿裙子不一樣，腳是明顯地露在外面的。她的腳當然是底平趾斂了，現在老了，無須對腳進行控制了，所以晚上睡覺兩隻腳赤裸著，不再穿睡襪之類的東西。老太后日理萬機，不管有多複雜的大事，只要頭一沾枕頭，一會就酣然入睡，在門外值夜當差的人都能聽到老太后的鼾聲。

我沒有伺候過老太后洗腳和洗澡。宮裡的事是不關己事不開口，好多的事都是憑眼睛看，靠耳朵聽得來的。從來也沒有人傳授過，所以全是一知半解。一開始我是小尼姑跟著大尼姑走，人家燒香我跟著燒香，人家拜佛我跟著拜佛。問一句為什麼，也許就問出毛病來，最輕是吃白眼挨申斥：『就怕把你當啞巴賣了！』『欠用火筷子把你舌頭擰下來！』何必自討沒趣討這樣的罵呢？後來當了侍寢，又當了掌事的，就不得不留心了。李蓮英時常向侍寢的宮女問老太后的貴體情況，有時太醫院的人也求老太監向姑娘們問老太后福體如何，這時我才知道宮女、太監、太醫院的人都互相通氣。李蓮英也借著這些關係向各處賣人情。我記得民國初年，有一家浴池向我問老太后洗澡用的藥方，我說，老太后洗腳確實用藥，而且經常變化；洗澡，我沒看見過用藥，因為老太后洗一次澡要用五、六十條毛巾，用完的毛巾都是雪白雪白的，不變色，用過藥的毛巾則會變色。所以我的觀察是洗澡不用藥。但不久市面上御用的洗澡藥就出現了。我猜那是假的。

老太后洗澡確實是分上下身，而且分得非常嚴格，這並不是為了講衛生，而是迷信。據說上身乾淨，下身髒，上身代表紅運，下身代表黑運，決不能讓黑運壓紅運。老太后是一輩子萬事亨通走紅運的，哪能讓黑運壓下去呢？這樣的事，老太后是確信不疑的！我們是底下人，不敢估量老太后的心，大概因為牡丹是秀冠群芳即花中之王吧！所以老太后才喜歡它，睡衣要穿繡著大紅牡丹的，至老不衰。老太后確有天下第一人的思想，使的用的東西，都要自己占天下的獨一份，她自認沒有人比她更高貴的了。」

老宮女這樣為我絮絮地談些往事，我聽了不禁低頭沉思，中國人硬把人的身體分為上下兩半截，大概是起源於宋代的理學家吧？根據所謂太極圖說，太極生兩儀，上浮者為天，下沉者為地，就把這種說法硬往人的身體上套，於是把人身分成兩半截，上身為天、下身為地，天尊地卑，因此，洗澡也要分上下身了。不過理學家們還不至於墮落到迷信的地步，他們自認為是仲尼之徒，還遵守著孔老夫子的「子不語怪、力、亂、神」的教導，對於神仙怪異的事，採取迴避不談的態度。但一旦傳到宮裡頭，這裡是

格格想和丈夫同房先要賄賂保姆

陳 冬

清朝皇帝的女兒格格之地位與阿哥的地位不可同日而語，這是封建社會重男輕女思想的反映，皇室也不例外。翻開清宮醫案，披閱清代史書，可以發現這樣一個現象，清代的格格們極少有生兒育女者，並且十之有九得了相思病而死亡，因為她們總是見不到自己的丈夫——駙馬。

原來格格們出生後，一般都由乳母餵乳照料，難得與生母見上一面，自出生至婚配，母女見面次數屈指可數。尤其甚者，每當格格出嫁，都由皇帝賜給專門府第，駙馬只能住在府第外舍，格格不召，駙馬不能與公主同床共枕。但格格召一次駙馬要費很大的周折，要花許多銀錢賄賂管家婆保姆，才能如願以償。如果格格不賄賂保姆，即使格格宣召，保姆必尋找藉口多方阻攔，甚至責以恥笑。

作為封建社會的青年女性，格格們本來懦弱、羞澀，哪敢為此據理力爭，只好聽任保姆擺布。即使進宮拜見母親，格格們也羞於啟齒。由於長期不能與駙馬團聚，格格們生兒育女的機會甚少。自清初至道光二百年間，數以百計的格格的命運大抵如此，唯有道光的大格格與駙馬符珍衝破了保姆的藩籬，得到了夫妻團圓的權利。

據史書記載，道光帝的大格格剛婚配的時候，宣召駙馬符珍入宮同居，被保姆攔住，以致一年多時間大格格不能與駙馬相見。大格格只好隱忍不言。一天，大格格進宮拜見道光皇帝，含著淚水跪在父皇面前說：「父皇究竟將臣女嫁給哪個人了？」道光驚詫地問道：「難道符珍不是你的夫婿嗎？」大格格說：「符珍是什麼樣子，臣女已嫁給他一年了，還從未見過一面。」道光問道：「為何不能見面？」大格格回答說：「保姆不讓臣女與符珍見面。」道光氣憤地說：「豈有此理！你們夫妻間的事，保姆怎麼能管呢，你可以自己做主嘛！」大格格得了父皇的這句聖旨如獲至寶，回到府中立即將保姆訓斥一頓，遂自己做主隨時召見駙馬符珍。日後夫妻感情甚篤，先後生子女八人。此事有清以來獨此一樁，深受時人稱道和同情，皆稱大格格為女中豪傑。

唐朝小偷揭出的一樁驚天「婚外情」

越楚

時有聞某小偷光顧官員宅第盜得鉅款，東窗事發後便揭出一個貪官。真不知這類小偷是偷盜有罪呢，還是揭貪有功？諸如此類的趣事，在中國古代亦不鮮見。在大唐貞觀年間，甚至於還發生過一樁由小偷「偷」出的著名「婚外情」，一度令大唐朝野震驚萬分。

這樁「婚外情」的男女主角便是玄奘高足辯機和尚與李世民第十七女高陽公主。這樁公主與僧人間纏綿悱惻的「婚外情」，在《新唐書．諸帝公主》及《資治通鑑》中記載較詳盡：

會御史劾盜，得浮屠辯機金寶神枕，自言主所賜。初，浮屠廬主之封地，會主與遺愛獵，見而悅之，具帳其廬，與之亂，更以二女子從遺愛，私餉億計。至是，浮屠殊死，殺奴婢十餘（《新唐書．諸帝公主》）

會御史劾盜，得浮屠辯機寶枕，云主所賜。主與辯機私通，餉遺億計，更以二女子侍遺愛。太宗怒，腰斬辯機，殺奴婢十餘（《資治通鑑》第一九九卷）

二書所記大致相符，從中不難看出事件的基本梗概：

大唐貞觀末年，長安「捕快」抓獲一無名小偷，在繳獲的贓物中發現一只鑲金飾銀的玉枕，識貨的一瞧即知是宮中珍物，便轉呈御史台審理。經一番審訊，小偷招供玉枕是自己潛入弘福寺某沙門房中盜得。這個沙門正是玄奘高足辯機和尚，偷盜案發時，辯機正在弘福寺翻譯玄奘從印度帶回的經書。御史台召辯機訊問，辯機不得不坦白是高陽公主所賞。公主將自己的玉枕贈予和尚，人們便猜出了事由的大概。

經過反覆調查，很快就證實了這一猜想。高陽公主作為李世民「政治聯姻」的一枚棋子，被迫下嫁宰相房玄齡次子房遺愛。高陽並不喜歡一介武夫的房遺愛，在婚後不久的一次狩獵中，高陽偶遇辯機即一見鍾情，並在辯機的草庵中有了肌膚之親。而身為夫婿的房遺愛則甘願替他們守門，高陽亦投桃報李，轉贈自己的兩名侍女及無以計數的財物給丈夫，意思是咱倆各玩各的吧，誰也甭管誰！「高辯戀」先後持續八、九年之久。

真相大白後，唐太宗李世民盛怒，下詔將辯機處以極刑——腰斬，並殺死知情不報的高陽奴婢十餘人，終結了這段多多少少讓後人感到值得同情的婚外戀情。

其實，按理辯機本不該被處以極刑。受李唐北方胡人血統的影響，唐朝本來是歷代性觀念相對開放的時期，李世民納弟媳為妃，李治封庶母武則天為自己的皇后，李隆基更是奪兒媳楊玉環為貴妃，太平公主則在丈夫眼鼻子底下公然包養男寵。那麼李世民為何不能容忍高陽與辯機，並採取最嚴厲的手段懲治辯機呢？結論大抵離不開那「政治聯姻」，李世民必須犧牲高陽與辯機以撫慰重臣房玄齡父子。這正是高陽的悲哀與辯機的不幸。

辯機死後，極度傷心的高陽曾說：「辯機是我的真愛！」高陽從此仇恨李世民，「帝崩無哀容」（《新唐書．諸帝公主》），直至李世民駕崩時，她仍是面無一絲悲傷。也許是愛屋及烏，至唐高宗時，高陽公開納智勖等三個僧人為面首，後智勖慫恿高陽發動宮廷政變，高陽終被賜死。

潘玉良：從「雛妓」到蜚聲海外的女畫家

李夢然

潘玉良是誰？知道的人並不多，也許僅僅是從鞏俐主演的電影《畫魂》和李嘉欣主演的電視劇《畫魂》才對潘玉良有所瞭解。那麼真實的潘玉良到底是一個什麼樣的女子？她究竟有著怎樣的人生傳奇故事，為何在她去世很多年以後，她的畫作還依然受到人們的關注？

潘玉良（一八九五年至一九七七年），原名楊秀清，又名張玉良，後隨夫姓，改名潘玉良，江蘇鎮江人，生於揚州，中國著名女畫家、雕塑家。

從孤兒到雛妓到小妾到畫家，再到中國高等學府的教授——世界藝壇的著名藝術家，這都是潘玉良。她是民國初期一位叫人難以置信的奇女子。

影視劇裡的潘玉良都由傾城美女演繹，多是小橋流水或者水榭庭院一般的東方韻致。歷史上的潘玉良卻沒有這般想像的香豔，也全然不是水做的女子。她的人生究竟是怎樣的呢？

身世淒涼，性格倔強

從很多寫她的文字裡知道，她生於貧民家庭，當雛妓是因為她一歲時喪父，兩歲時死了姐姐，到了八歲時母親也不幸離世。失去了生存支柱，她被舅舅收養。在她十三歲那年，為償還賭債，舅舅把她賣給了蕪湖城裡的怡春院。在妓院四年之中，她因拒絕接客，曾逃跑、毀容、上吊數回，這命運直至在後來被一個叫潘贊化的男人逆轉。

除了在妓院學習過吹拉彈唱的技藝，學唱過京戲裡的老生，她沒有受過基本的文化教育。自幼淪落風塵，是糾纏了她一輩子的傷痛。

四年青樓女子的生活，卻並不讓她風情萬種，她甚至沒有一般女子的嬌媚可人。她後來的同班同學、老畫家劉葦（倪貽德夫人）說，有一次她們在杭州山上寫生，潘玉良到雷峰塔牆圈裡方便，這時一夥兒男同學過來了，劉葦喊潘玉良快出來。潘玉良蹲在裡面說：「誰怕他們！他們管得著我撒尿嗎？」在上海美專任教時，有人出言不遜，被她賞以耳光。看她的自畫像，和她留下來的照片大體是一致的：獅子鼻、厚嘴唇，平庸的相貌。

潘贊化，像山一樣的男人救了她

在她的傳奇中，有兩個男人不可忽略。這兩個男人對於潘玉良，一個像山，一個像水，這個像山一樣的男人就是潘贊化。不過她卻不是因為千媚百態，或者花枝招展而進入潘贊化的視野。

不是愛風塵，似被前緣誤。
花落花開自有時，總賴東君主。
去也終須去，住也如何住？
若得山花插滿頭，莫問奴歸處。

這是一曲古調的《蔔運算元》，潘玉良在輕撥琵琶為蕪湖新上任的海關監督潘贊化彈唱的時候，才十七歲。她並不知道這個畢業於日本早稻田大學、追隨孫中山先生參加過辛亥革命的桐城才子，會像天意一樣在這一天改寫她的一生。此時她叫陳秀清，當地鄉紳富豪為了討好潘贊化，從怡春院選了她來弦歌助興。

潘贊化看著她，像看著淒怨悲涼的風在這弦歌中彌漫，像憂傷的陽光慢慢地灑遍自己。這個長她十二歲、又有了妻兒的男人，用他可能的一切方式開始愛護她。一九一三年，由陳獨秀先生證婚，他們結成了夫妻。新婚之夜，玉良改姓潘，叫潘玉良。

因為自己的一刻一縷的感受和心情，為中國增添了一名世界性的藝術家，這無論是在最初的偶遇中，還是在後來他們一起或近或遠、或喧嘩或寧靜穿越的時光裡，都恐怕也是潘贊化先生所意外的。據記載，潘贊化本人在外形上端莊渾厚，是一個開明的知識份子，一個革命者，參加過蔡鍔將軍的護國軍，討伐袁世凱時任旅長。他還是陳獨秀先生的老友，主張男女平等。

潘贊化是一個正直的、有同情心的，並有能力去呵護女人的男人。也許他早期對潘玉良的救助和支助，更可能是出於一種信仰和道義。但是他為潘玉良所做的種種，就是放在幾十年過去了的今天，也是要讓人肅然敬佩的。

學成報國

陽光似乎在一夜之間照亮了潘玉良的生活。婚後不久，潘玉良隨丈夫告別了傷心之地，來到上海，安置了新居，開始了嶄新的生活，她像春暖花開時節的雛燕，迎著明媚的春光，要學著飛向天空。

潘贊化為她請了老師教她識字。陳獨秀當年發現了潘玉良的繪畫天賦，還慫恿潘贊化讓潘玉良出去學畫；鄰居洪野先生也發現了她的繪畫天賦，在給此時忙於商務在外地的潘贊化的信中欣喜地寫道：「……我高興地向您宣布，我已正式收閣下的夫人做我的學生，免費教授美術……她在美術的感覺上已顯示出驚人的敏銳和少有的接受能力。」

一九一八年，在丈夫和老師的鼓勵下，潘玉良報考了上海美術專科學校，面對眾多參加考試的考生，她從容不迫地揮動著畫筆，順利地完成了答卷。洪野老師告訴她，她的成績是最好的。可是在放榜的那一天，她找遍名單也沒見到自己的名字。原來是學校因為畫模特兒一事已經引起了一次風潮，不敢再接受一個出身青樓的女子。最終還是藝術選擇了她，校長劉海粟親自送來錄取通知書向她表示祝賀。

畢業後，潘贊化先生從上海把她送到法國繼續深造。一九二一年，潘玉良滿懷憧憬地踏出了求學歐洲的第一步。到法國後，先進入法國里昂中法大學學法語，兩個月後又考入里昂國立美術專科學校學習油畫。一九二三年，她考取巴黎國立美術學院，師從達昂．西蒙教授。這期間，她與徐悲鴻、邱代明同班，在巴黎的凱旋門，在波光粼粼的塞納河上留下了她的足跡和身影。兩年後，她的繪畫天賦得到羅馬國立美術學院繪畫系主任康洛馬蒂教授的賞識，直接升入該系三年級學習，成為該院的第一位中國女畫家。藝術之都羅馬，它以規模宏大的古代建築和豐富的藝術珍藏著稱於世界。在這裡，她成了高級學術權威鐘斯教授的免費學生。油畫專業畢業後，潘玉良又正式考入了鐘斯教授所授課的雕塑班。

一九二八年，潘玉良學成回國，相繼在上海美專西畫系、南京中央大學藝術系任教，與王濟遠、龐薰琴、徐悲鴻等名家共事。這期間，為了拓展自己的藝術視野，她在黃山、廬山、揚子江等地的峰巔峽谷寫生，風餐露宿。在從事美術教學和研究的同時她筆耕不輟，先後舉辦了五次個人畫展，並出版了《潘玉良油畫集》，受到廣泛好評，被譽為「中國西洋畫中第一流人物」。

客居巴黎遇知己

一九三七年，潘玉良再次出國離鄉重渡西洋，因為潘贊化的原配夫人與她不能相容，不願讓丈夫為難的潘玉良借參加巴黎舉辦的「萬國博覽會」和舉辦自己個人畫展的機會再赴歐洲，此後就客居巴黎。

在巴黎有一個人，在她有限的生活圈子裡，以他幾十年如一日的真誠成為她極特別的知己。這就是那個像水一樣的男人王守義。王守義出生於河北高陽縣農村，為人善良，富有同情心。他於一九二〇年去法國勤工儉學，後來在巴黎開中餐館。潘玉良在她的後半生與王守義相依為命。

她再到法國時，正值歐戰前夕，局勢緊張，許多留法習畫者正紛紛離去。戰爭時期，不僅生活不安定，繪畫工具、材料也十分缺乏，一般的畫展活動也不能如期進行，潘玉良境況窘迫，王守義的接濟使她有了安定的生活保障。

王守義還是潘玉良從事繪畫和雕塑時的助手、追隨者，或者仰慕者。他懂得欣賞潘玉良的品德和才情。無論是輝煌的時刻，還是落魄的歲月，王守義總是默默地陪伴和幫助她。在她的孤獨和寂寞裡注入了很多的溫暖。這是潘玉良的一種幸福和幸運。

清苦、自卑、晚年淒涼

在巴黎學畫時，由於戰亂，她一度有四個月的時間沒有接到家信和津貼，忍饑挨餓幾近失明。為了多臨摹一些大師們的作品，她極少在星期天休息。天還沒亮，她就起來，帶上畫具，到羅浮宮去。常常是口乾舌燥，腹痛噁心，饑不擇食地啃一塊冷麵包。第一次赴歐洲留學，是潘贊化為她申請了一個官費留學資格，她考取並得到了安徽省政府的雙份津貼。而此之前，作為上海美專唯一的女生，後來又被好事者打聽到她是青樓出身，所要面對的流言蜚語漫天飛舞，其內心的苦楚也是可以想見。

潘玉良的晚年很淒涼。巴黎是高消費的城市，她為人忠厚誠實，沒有代理商代理出售作品，她更不會經營宣傳「推銷」自己，歷年賣畫極少。到了晚年，年老體衰，靠社會補助金維持生計。一九七七年七月二十二日，在貧病交迫之中，默默地離開人世。

能找到的她所有的照片，或者她的自畫像裡沒有見過她燦爛地笑著的。而以她生前就有的影響和成就，她該是可以如此驕傲地笑的。有一張潘玉良於一九三一年五月在天津拍攝的照片，是當時記者採訪時拍攝的。看過後就不能釋懷。潘玉良作為中央美術學院教授隨徐悲鴻夫婦來到天津，當時她已是大畫家，照片當中的潘玉良卻沒有姹紫嫣紅的歡愉，顯然的孤寂和憂鬱隔著時空，依然流露著苦澀。她就是在這樣的內心世界裡活了一輩子。

先為雛妓，後為小妾，她的內心其實一直自卑、敏感、怯懦、孤獨。在她的靜物畫裡，盛開與凋謝的花朵是她經常描繪的題材。也許她是刻意的，畫裡有她對生命過程的詮釋，也有她後來對命運莫測的宿命理解。

蜚聲海內外，巴黎市長親自授獎

古今中外的經傳中，潘玉良以不可代替的藝術史上的位置，成為了一個非常特殊的典型。由於她與眾不同的經歷和性格，使她成為二十世紀中國最為突兀，也最具代表性的女性藝術家。她的傳奇色彩，隔了半個世紀，縱橫交錯地展示在了我們的今天。

在那樣的一個戰亂年代裡，她隻身兩次遠渡重洋，在異國他鄉的巴黎從事藝術活動達五十多個春秋。在這段身處異鄉的經歷中，作為外國人眼中有藝術天分的中國人，她的作品曾多次入選法國具有代表性的沙龍展覽，並在美國、英國、義大利、比利時、盧森堡等國舉辦過個人畫展，曾榮獲法國金像獎、比利時金質獎章和銀盾獎、義大利羅馬國際藝術金盾獎等二十多個獎項。她一生最大的榮譽是一九五九年九月巴黎大學將其設立的多爾烈獎頒給了這個中國女子，這是巴黎大學歷史上破天荒的第一次。巴黎市市長親自主持授獎儀式，把銀盾、獎章、獎狀和一小星形佩章授給了她。

除此，潘玉良還是一位雕塑家，她創作的雕塑《格魯賽頭像》、《蒙德梭魯頭像》，分別為巴黎尚拿士其博物館和法國國立教育學院收藏。專家們說，她的油畫作品融合中西，色彩線條互相依存，用筆俊逸灑脫，氣韻生動，賦色濃豔，雍容華貴，別有趣味。她的繪畫有雕塑感，她的雕塑又有繪畫的渾厚。

堅韌、豪爽、自愛、愛國

潘玉良極其要強。她因為青樓女子的經歷一意要證明自己，也一意要在男權社會裡揚眉吐氣。這是女性的一種自愛，也是弱者的一種堅韌，這樣的堅韌和自愛潛移默化，是她一生的自我定位。認識潘玉良的人回憶說，在巴黎她有「三不」女士的稱號：一生堅持不入外國國籍，不戀愛，不和任何畫商簽訂契約，努力做一個獨立的人。

旅法畫家賀慕群曾這樣回憶他印象中的潘玉良：「僑居巴黎後，我和潘玉良常有來往，在藝術上和生活上都曾得到她的指導和幫助。潘玉良生活並不富裕，但是生性豪爽樂於助人。她常留短髮，喜喝酒，不拘細節，說話時聲音很大，氣勢不讓鬚眉，頗有男子氣度。晚年時住在蒙巴拿斯附近的一條小街，她住在頂樓，住房兼畫室，生活清苦，但是勤於作畫，有時候一天到晚在家作畫，一天都不出來。一九五四年，法國曾拍過一部記錄片《蒙巴納斯人》，介紹這個地區文化名人，其中就有潘玉良，她是片中唯一的一個東方人。」

在潘玉良事業的鼎盛時期，日本軍國主義發動了侵華戰爭。面臨著亡國滅種之災，不願做亡國奴的人們，掀起了大規模的救亡運動。潘玉良以極大的熱情投身於當時美術界義展義賣活動，發表講話，譴責一些「知名人士」遠離現實、話多畫少。結果受到一些無恥之徒「妓女不能玷汙象牙之塔」等讒言汙語的誹謗攻擊。潘玉良不為所動，還之以加倍的努力投身藝術創作和社會活動。

潘玉良在風雨磨難中就這麼經歷過來了。然而在這經歷裡，我們體悟著她的滄桑卻又不能解語的，是她所付出的艱辛和所經歷的坎坷。從一個沒有受過最基本教育的青樓女子成為蜚聲世界藝壇的藝術家，潘玉良所走過的每一步，都是在以最拚命的方式邁出。其中滋味，也就只有她自己的心能體悟。

從雛妓到著名畫家，她在中國近現代畫史裡一枝獨秀。二〇〇七年八月十六日，北京首都博物館展出了潘玉良的兩百幅精彩畫作，在京城引起了不小的轟動。這就是至今仍被人們記憶著的傳奇女子潘玉良。

唐德宗的自救：挽救大唐帝國的一份檢討書

韓小博、浥忱

皇帝們一般從不認錯，但是偶有例外，也寫檢討書。這是他們被逼到了牆角的自救行為。這種檢討書有個官方的說法——罪己詔。那麼唐德宗是在什麼情形下寫檢討書的呢？

《罪己詔》是古代帝王反省罪己的御用文書，大多是在階級矛盾異常尖銳，國家處於危難之時頒發的。唐德宗李適頒發的是中國歷史上比較著名的一道皇帝《罪己詔》，其辭痛切沉鬱、其情摯誠感人。尤為可貴的是，以往的皇帝通常是在面對重大天災時、出於對「天譴」的敬畏才不得不下詔罪己，其辭往往流於形式，其情亦難免作態之嫌。而李適此詔則純粹面對人事，是對自己所作所為的深刻反省和強烈譴責，因而雖是由翰林學士陸贄草詔，但德宗李適的深切懺悔之狀依然溢於言表，據說這篇詔書下達之後，「四方人心大悅」……

中國古代的皇帝們都愛亂認親戚，明明姓王姓劉，偏偏說自己和姓張的玉皇大帝是一家，美其名曰「天子」。既然是天的兒子，繼承了神的基因，自然就不會犯錯，所以皇帝們一般從不認錯，即使是殺了親爹的大錯。但是個別皇帝偶爾也會認錯，寫個檢討書，這倒不是因為他們誠實，否認自己和玉皇大帝有血緣關係，而是他們被逼到了牆角的自救行為。這種檢討書有個官方的說法——罪己詔。據說歷史最早的罪己詔是商朝開國國君商湯寫的，比較出名的說法是「禹湯罪己，其興也勃焉；桀紂罪人，其亡也忽焉」。那麼罪己詔的作用有多大呢？讓我們來看看唐朝的一份罪己詔，正是這一份百十號字的檢討書挽救了行將滅亡的大唐帝國。

李適在戰火的洗禮中迅速成長

故事的主角叫李適，他的曾爺爺是大名鼎鼎的唐明皇，他的爺爺是斬殺楊國忠、收復長安城的唐肅宗李亨，他的母親是歷史上被假冒次數最多的太后——唐代宗睿真沈皇后，算起來他也是出身名人家庭。然而名人家庭的光環卻沒有帶給他多少幸福，相反，他的人生一直被造反者的陰影籠罩著。

天寶元年（七四二年）四月十九日，李適出生於長安的皇宮中。他不僅是父親的長子，還是爺爺、時為太子的李亨的長孫，而父親又是爺爺的長子，這意味著他一出生就註定了自己是大唐帝國未來的皇帝。李適的童年正處於唐朝最最繁榮昌盛的時期，當時全國人口一路高漲到六千萬，達到了以前朝代從未有過的高峰。在這種背景下，李適的童年還是很幸福的。然而他的人生剛剛踏入青春發育期，少年時代還沒走完第一步，西元七五五年，把大唐攪成一鍋大湯的安史之亂爆發了，那年他才十四歲。叛軍先破潼關，再破長安，倉皇出逃的唐明皇老爺子十分狼狽，走時連自己曾經最愛的梅妃都沒帶，只帶了楊貴妃一個老婆就一路南奔了。當時撇在長安的一干李姓宗室和女眷十分眾多，其中就包括李適的生母沈氏。從此，他們一個原本幸福的雙親家庭變成了單親家庭，再也沒能團圓過。

李適跟著父親、爺爺一路顛沛，多年間輾轉許多地方，直到父親唐代宗繼位，安史之亂還未平息。戰火中接受洗禮的李適迅速成長，曾被父親任命為天下兵馬大元帥，同郭子儀、李光弼等名將並肩與史思明父子展開最後的大決戰，並最終取勝。此後他官拜尚書令，受賜鐵券。而他的父親唐代宗也不是省油的燈，巧妙借助宦官之間的矛盾，剷除了權傾朝野的大太監李輔國。外亂平定，宦官集團又被壓制，唐朝貌似迎來了安史之亂後重新崛起的千載良機，但只是貌似而已。

李適即位，一片雄心變成灰心

大曆十四年（七七九年）五月，唐代宗病逝，李適以皇太子身分接任皇位，是為唐德宗。初登大寶的李適回想自己失去的母愛、少年時期的顛沛之苦，決心大幹一場，重整大唐帝國的雄風。他在政治上實施多項改革，雷厲風行，大有老祖宗唐太宗的風骨。然而這時的唐朝早已陰陽失調多年，是唐明皇、李林輔、楊國忠、安祿山、李輔國等多位破壞天才嘔心瀝血的結果，一兩盒救心丸也就治治標，根本不能澈底解決問題。李適的措施看似果敢，但也只是下了一兩盒救心丸而已。而且他本人又是個摳門鬼，最終導致了他的一片雄心變成了灰心。

安史之亂之所以會爆發，和當時地方藩鎮勢力的膨脹有很大關係。李適對症下藥，在政治上做了一些動作後，把注意力轉向了削藩，企圖把藩鎮首腦——節度使們手裡的權力收回到中央。時機很快送上了門。自安史之亂後，地方上的節度使們很多成了土皇帝，漸漸地，節度使死後將職位和領地傳給子孫成了不成文的規矩，連中央都不能干涉。李適決定改掉節度使們的臭毛病，讓他們知道誰才是真正的皇帝。建中二年（七八一年），河北成德鎮節度使李寶臣死去，他的兒子李惟岳上表請求繼承成德鎮的土地和權力。李適一口回絕，堅決要自己任命新的節度使。

慣例一旦養成，就很難改變。如果這次李適收回了成德鎮，下次就是山南鎮、淄青鎮。於是魏博節度使田悅、淄青節度使李正己、山南節度使梁崇義幾個土皇帝便武裝聯合起來，和李惟岳一起向朝廷示威。李適早就料到會有這一手，於是他採取了以藩制藩的策略，利用各藩鎮之間的矛盾，拉攏幽州節度使等人攻擊叛軍。這一招開始非常好用，先是淄青鎮的李正己病死，他的兒子李納不堪重擊，被打得大敗。接著挑頭的李惟岳集團發生內訌，本人被部將王武俊殺死，成德鎮的大將張忠和投降，並被德宗任命為新的成德節度使。四路叛軍，最後只有田悅在魏州負隅頑抗。打了一段時間，節度使們漸漸聰明起來，他們之間相互廝殺，等於是幫了中央政府的大忙，到時候好一個個收拾。於是建中三年（七八二年）底，盧龍節度使朱滔挑頭自立為冀王，接著成德王武俊稱趙王、淄青李納稱齊王、魏博田悅稱魏王。這幾個王深知孤掌難鳴的道理，於是聯合起來組成造反集團，一致向唐德宗開戰。李適還沒有喘口氣，汝南節度使李希烈也跟著起哄，竟自立為楚帝，公開與大唐決裂。戰局由此陡轉直下。危急之下，李適開始全國總動員，召集全國可以調動的兵力先打出頭鳥——李希烈。

一時間，戰火從河北一直燒到河南，也燒到了東都洛陽。其實當官的和當皇帝的鬧得再凶，也不關當兵的事，他們所要的只是有肉吃，有錢花。可是關鍵時候，李適偏偏玩起了摳門兒。建中四年（七八三年）十月，調往淮西前線平叛的涇原兵馬途經長安時，從軍官到士兵，都以為可以領到很多很多的賞錢，然後腰纏金銀珠寶上戰場。然而李適壓根沒把這些士兵當人看，按乞丐的待遇打發。結果滿心歡喜的數萬涇原兵不僅工資沒領著，吃的伙食都很差，沒有肉也就算了，連米都是糙米，嚼起來塞牙。士兵們一下火了，覺得自己這麼賣命，連工錢都拿不上，想要造反！頃刻間，平叛大軍變成了造反大軍，「涇師之變」由此爆發。由於事發突然，李適半點準備都沒有，慌忙下令緊急調撥二十大車金銀財寶犒勞這幫士兵。該大方的時候不大方，事後大方已經太遲了，叛軍不僅要了二十車珠寶，還要拿下李適的人頭。沒辦法，李適只好帶著一家老小跑出了長安，逃到奉天（今陝西乾縣）。涇原兵反之後，決定回應朱滔，就擁立朱滔的兄長朱泚為皇帝，國號大秦（後改為漢）。朱泚為了讓自己的大秦取代大唐，立即帶兵圍攻奉天，搞得李適就像活到了世界盡頭。

李適向全國人民公開檢討

眼看大唐江山就要毀在自己手裡，李適決定低聲下氣一次。他以當初拒絕李惟岳同樣的堅決，接受了翰林學士陸贄的建議，向全國人民公開檢討。這份檢討書的名字就叫《罪己大赦詔》。在這份著名的檢討書中，李適本著懲前毖後、治病救己的指導思想，認真回顧了自己的錯誤，而且敢用重詞，譬如「天譴於上而朕不悟，人怨於下而朕不知……上累於祖宗，下負於黎庶」等等。同時為了顯示自我批評不是表面文章，他還赦免了除稱帝的朱泚之外的所有叛亂將領，並指出國家現在這副混亂的樣子，責任不在別人，「罪實在予」。這份檢討書因為態度誠懇，居然感動了很多叛軍，「士卒皆感泣」。很快，叛亂人員王武俊、李納、田悅主動取消王號，上表謝罪。當年七月，李晟打敗朱泚一舉收復長安，李適終於得以重返長安。國家局勢也很快穩定下來。

此後，遭受削藩失敗打擊的李適心灰意冷，對地方的土皇帝們也開始聽之任之。從此唐朝藩鎮割據持續惡化，直到唐憲宗李純時候才稍有好轉。

清末轟動朝野的一樁官場花案

甄光俊、方兆麟

轟動一時的慶王府貝子載振包買女藝人楊翠喜一案，看上去似乎是個花案，是載振給朝廷丟了臉，實則是有很深的政治背景，是一次官場權力之爭，這個案子也成為「丁未政潮」的導火線……

民國初年，一支名為《楊翠喜》的新編敘事性廣東樂曲問世，很快便風靡南北各地，新月唱片公司不失時機地將其灌製成唱片在中國發行，加速了它的廣泛流行。這支樂曲之所以迅疾走紅，不單單因為它的曲調委婉哀怨，如訴如泣，更重要的原因是，這支樂曲的創作素材，取之於此前不久曝光的一樁官場花案——慶王府貝子銜御前大臣載振違反清宮禁忌，光緒三十二年（一九〇六年）私匿天津戲曲女藝人楊翠喜於金屋，御史趙啟霖聯契約僚岑春煊上奏朝廷，要求彈劾，由此引出令朝野譁然的官場花案——原來，楊翠喜是這場花案裡遭受迫害的女子的實姓真名。

楊翠喜其人

楊翠喜，光緒十四年（一八八八年）生於天津西郊楊柳青一戶農家，祖籍直隸東安。她本不姓楊，也不叫翠喜，人們只記得她的乳名叫丫頭。她有一兄一弟，一家五口租種別人家幾畝旱田過活，丫頭十歲那年，她父親得了癆症，經常吐血，到處借錢買藥治病也不見好轉。一家人失去了支柱，窘境可想而知。

一九〇〇年，楊柳青一帶先旱後澇，到秋天，丫頭家租種的幾畝薄地顆粒未收，莫說地租無力歸還，就是一家人的糊口稀粥，也無著落。為了活命，丫頭的母親領著十二歲的丫頭離開家鄉，打算出關去東北逃荒。常言說禍不單行，丫頭母女沿途乞討，剛走到百十里外的蘆台，母親由於長途跋涉和忍饑受寒，突然下身浮腫，再難往前行走一步。萬般無奈，狠心將女兒典押給當地一戶人家，說好日後加倍花錢來贖人。

母親用這筆錢僱傭一個腳夫，好歹回到楊柳青老家。東摘西借，好不容易把贖女兒的錢湊足，央求親戚到蘆台贖人，誰知丫頭已被那戶人家轉賣到天津。那戶人家死活不肯說出丫頭在天津的下落。母親聞訊後，趴在炕上哭得死去活來。那個年月，誰家的黃花少女一旦被賣，那算是掉進了火坑，一輩子不會得好，做媽的能不心痛？可一個農家婦女，身落異鄉又舉目無親，在走投無路的情況下，她不這麼做，又有什麼活路可走呢？

丫頭被蘆台那戶人家賣到天津城裡白家胡同的楊茂尊家。楊茂尊專以買賣人口為業，他慣於在災荒年到農村趁火打劫，花不了幾個錢把破產農戶的女孩子買到天津，自己先把姑娘們的身子占有，教給她們賣笑營生的方法，然後逼迫她們接客為娼，成為他的搖錢樹，或將她們轉賣他人，得一筆大錢。凡是他花錢買來的女孩子，必須改隨楊姓，由他起名排字，千方百計不讓姑娘們的家裡人打聽到下落。丫頭被賣到楊家之前，楊家已有兩個更名改姓的女孩子，大些的叫楊翠鳳，小些的叫楊翠紅，丫頭排行第三，改名叫楊翠喜。翠喜和翠紅、翠鳳一樣，從一踏進楊家的大門，就開始過著非人的生活。

彼時，在直隸北京、天津發祥的河北梆子紅及大江南北。南迄福建、上海，北至哈爾濱、海參崴，無處不盛行河北梆子。天津的妓院窯主們，眼見梆子腔走紅，紛紛延聘藝人到青樓教姑娘們學唱。爾後，許多青樓女子改妓為優或優妓兼營，梆子女演員之風隨即盛行開來。凡是女藝人登臺唱梆子的戲園子，生意必定興旺，老闆收入異常豐厚。奉天（瀋陽）、濟南、蘇州等地的戲園也爭相到天津邀約女角，女角的身價陡然驟增。楊茂尊眼見女戲子比賣笑生意紅火，經與天仙茶園股東兼教習的陳國璧協商，決定把翠鳳、翠紅、翠喜三人同時轉賣到天仙茶園學戲。此後，三姐妹變窯為伶，成了河北梆子早期女演員之一。

天仙茶園股東陳國璧，從小喜歡練功，孔武有力，曾於光緒初年進京應試武舉，因在北京與皇族後裔發生械鬥，闖禍後連夜逃回天津，在城裡隱居了一陣，風波漸漸平息，遂入股天仙茶園，後成獨家股東，兼教武功。翠鳳、翠紅、翠喜三姐妹進班之後，在他鞭抽棍打的嚴厲管教下，藝事進步很快。剛一登臺露演，就很引人矚目。一九〇三年，大姐翠鳳被直隸候補道北洋陸軍統制段芝貴花錢買走，新鮮了一陣之後，又被段芝貴送給他的乾爹袁世凱。二姐翠紅也沒在戲臺上唱多久，就被天津某商戶買去做妾，從此息影舞臺。唯獨翠喜，因為年輕貌美，而且唱戲有人緣，除唱戲所得外，單是別人的額外饋贈，也極為可觀。陳國璧把她視為取之不盡的聚寶盆，無論誰出多大的價錢，也不肯把她出手。

楊翠喜生性聰穎、機敏，在戲班裡學演花旦，很快就學會《拾玉鐲》、《錯中錯》、《青雲下書》、《珍珠衫》、《喜榮歸》、《殺狗》等一大批劇碼。在侯家後（地名）的協盛園初登舞臺，因為身長玉立，走起臺步有弱柳迎風之姿，扮出戲來有沉魚落雁之貌；開口歌唱雖然嗓音不是多麼出眾，但她敢於作戲，表情細膩、真切，所以大受看客青睞。特別是那些紳商富賈、大吏豪客，常專為她到茶園來捧場。連名士李叔同也與她交誼深厚，耐心為她指點藝事。

如此種種，促成楊翠喜很快成為天津戲曲舞臺上的女魁。大觀、福仙、景春、會芳等茶園，不惜重金邀聘主演，一般月獲包銀千元左右。於此可見她身價之昂貴。

轉眼之間，翠喜在天仙班已經度過六年笑在臉上、苦在心裡的女伶生涯。一九〇六年，十八歲的她已經出落得花朵一般。那些紈絝子弟和達官貴人，就像追香逐豔的浪蝶飛蜂，翠喜在哪兒演戲，他們總要趕到哪兒去看。寫詩捧場的、往臺上拋金銀首飾的、厚著臉皮找到後臺遞送請柬的，無日不有。楊翠喜儘管討厭這一套，但她又敢得罪哪個？她靠這些人吃飯，靠這些人的勢力作藝，哪個她也惹不起。

皇親載振「倒口袋」

光緒三十二年（一九〇六年），慶親王奕劻的長子載振貝子，以御前大臣、農工商部尚書銜，奉旨到奉天考察政務，徐世昌陪同前往，天津巡警總辦段芝貴為隨員，行前通知直隸總督衙門將在天津稍事停留。載振是光緒皇帝的遠房兄弟，其父奕劻係慈禧的心腹朝臣，以親貴執掌國政。由於這些關係，使他得以飛黃騰達——十四歲獲頭品頂戴，十九歲封為二等鎮國將軍，後加貝子銜。光緒二十八年（一九〇二年），被委任大清國賀英皇加冕典禮專使，出訪英國，然後又赴法國、比利時、美國、日本等國訪問。回國後歷任商部尚書、御前大臣、農工商部尚書等顯職。載振此次途經天津，與慶親王奕劻有特殊關係的直隸總督袁世凱全力以赴，載振剛一到天津，袁世凱就在總督衙門設宴為其接風洗塵，殷勤款待。老於世故的段芝貴，對載振這個酒色之徒瞭若指掌，為投其所好，特意安排載振去天仙茶園看名角楊翠喜的表演。事前段再三叮囑翠喜拿出看家本事，把載振伺候好，並在開戲前領著翠喜到客廳拜見載振。載振一見楊翠喜有傾國傾城之貌，頓時如癡如醉，目不轉睛地盯著她看，早把自己的身分忘到九霄雲外，連說：「秀色可餐，名不虛傳。」說罷，外癡內黠地直視著翠喜問：「今天給貝子爺唱哪齣啊？⋯⋯」段芝貴催促翠喜將戲帖雙手遞上：「請貝子爺點一齣。」載振將戲帖接在手裡，草草地看了一下上面的戲目，頭一抬，挑起眼皮又斜著兩眼望著翠喜說：「就唱《賣胭脂》吧。」《賣胭脂》是一齣因格調低下而聲名狼藉的小旦、小生戲，演的是落第書生郭懷假借買胭脂之名，調戲胭脂店少女的事，載振偏偏就點了這一齣。

楊翠喜在臺上表演，載振看得心裡奇癢難耐，靈魂也隨著演員的表情動作飛出軀殼，附著在翠喜那婀娜多姿的身上。其形其態醜不堪言。散了戲，段芝貴又把翠喜送到載振的酒席宴前，載振一把將翠喜拉了過去，按坐在自己身邊。明是讓翠喜為貝子爺敬酒，載振卻向翠喜大獻殷勤，把個青春女子灌得天旋地轉。載振又借酒裝憨，似醉非醉地纏住翠喜不放。段芝貴心領神會，悄悄安排翠喜於是夜在載振身邊侍寢。

載振被楊翠喜豔容傾倒，一連幾日偕翠喜於左右，焉然待如夫人似的在大庭廣眾下招搖，他本想在天津盡情享樂幾天，奈何身負朝廷使命非出關不可，最後還是和翠喜分手，怏怏不樂地離開了天津。

載振在天津為楊翠喜而失態，正中段芝貴下懷，他心裡非常得意，預感到升官的階梯就要搭設起來了。他在載振走後，立即約來與楊翠喜私交甚密的鹽商王益孫，央求王出面與翠喜的領主陳國璧商議，用「倒口袋」的方式贖買楊翠喜。按當時官府規定，朝廷命官不准私蓄優妓，但以非官方的名義贖買優妓，然後暗地裡倒給政府官員則無人追究。用此種方式買優妓為妾者時有所聞，天津民眾稱之為「倒口袋」。

當初陳國璧從楊茂尊手裡贖買楊翠喜，白銀不過五十兩，而今王益孫向他開口討價，他並不打算真賣，又不便回駁，便以大洋三千塊開價作為搪塞，豈料王益孫竟滿口答應。待他得知王益孫係為段芝貴「倒口袋」，更是後悔不迭。遂將翠喜藏匿在金家窯的女傭家中。王益孫前來領人時，陳改口楊翠喜的身價非大洋一萬兩千塊不可。幾經討價還價，終以大洋八千元成交。楊翠喜被贖出後，段芝貴又破費銀元五千塊，為翠喜購置珠翠頭面和考究的服裝。經過精心調教，於次年三月，以為慶親王奕劻祝壽之機，把翠喜祕密送到北京，獻給了貝子載振。

載振意外得到朝思暮想的美人楊翠喜，對買美獻美的段芝貴感恩戴德。他乞求其父奕劻擢升段芝貴以為答報。奕劻身為執掌國政的朝廷重臣，竟然縱容其子，於同年四月十二日，將布政使署理黑龍江巡撫之職授予段芝貴，一筆骯髒的交易就這樣做成了。

官場博弈

有道是「沒有不透風的牆」。沒出幾天，以畫仕女享名於世的畫家張瘦虎，得悉段芝貴獻美、載振賣官的內情，出於對官場腐敗的憤憤不平，當即以「愁父」署名，繪製了一幀小中堂諷刺畫，題名《升官圖》。畫面端坐一纏足女郎，二郎腿一搭一蹺；一清裝官員跪倒在女人石榴裙下，覬覦女人腳下的花翎頂戴，作叩頭謝恩狀。明眼人一看便知畫面上那位女人酷似女藝人楊翠喜，那清裝官員自然就是段芝貴了。此畫告成，投寄天津《醒俗畫報》，社長吳子洲恐因此招惹是非，未予刊用，畫家又將畫稿張掛在文美齋南紙局。於是畫中所諷刺段芝貴獻美賄官、載振金屋藏匿女伶的事流傳開來，並且很快傳到朝廷內部，由此引出一場不大不小的官場風波，就連慈禧太后也為此事大傷腦筋。

本來，像載振這樣挾妓作狎冶遊之事，在朝廷中實不罕見，雖屬違禁，人們總是睜一隻眼閉一隻眼，並不深究。然而事情發生在貝子載振身上，情況就不同了。因為當時朝廷內部宗派鬥爭異常激烈，慶親王奕劻與袁世凱勾結，排除異己，爭奪權勢，早為大臣岑春煊等人所憎惡，雙方都瞪起眼睛尋找對方要害之處，伺機打擊。

清廷御史趙啟霖（字芷蓀）首先發難。光緒三十三年（一九〇七年）三月二十五日他以段芝貴花巨金買歌姬敬獻載振賄謀黑龍江巡撫為由，寫了一份《段芝貴夤緣親貴，物議沸騰折》呈報朝廷，彈劾了段芝貴。緊接著，郵傳部尚書岑春煊單獨進宮謁見慈禧。此公在八國聯軍進犯北京、慈禧出逃西北時護駕有功，而被慈禧看重。如今他在慈禧面前密奏，支持趙啟霖打擊奕劻、袁世凱一夥，使朝野大嘩。慈禧為了平息輿論，派醇親王載灃（宣統皇帝之父）和大學士孫家鼐到天津調查事實經過。但未等查明結果，朝廷即頒諭，撤去段芝貴布政使銜，毋庸署理黑龍江巡撫，以程德全暫行署理。此舉是想將大事化小，小事化了。

趙啟霖發疏劾段，早有人向載振通風報信。載振雖有後臺，聞訊後也吃驚不小。他一面在北京加緊運動朝中要人，一面差遣親信從通州乘船走水路，連夜將楊翠喜祕密退回天津。袁世凱在天津的表弟張鎮芳按照袁的授意，多方疏通，將楊翠喜轉贈鹽商王益孫，以掩人耳目。先決條件是訂立一張置翠喜為妾的文契，寫明日期為光緒三十一年（一九〇五年）六月，用意在於表明早在載振奉旨出關途經天津一年多以前，楊翠喜已為王家的外宅妾。王益孫早與翠喜有情，如今分文不花就能白白得到這位令多少豪紳大吏垂涎的名優，自然一切照辦不誤。諸事安排妥當，孫家鼐才派出查辦委員參領恩志、內閣侍讀潤昌一行來到天津，在下榻的利順德飯店傳訊天津巡警探訪隊長、知府楊以德，以及王益孫、陳國璧等人。楊以德與段芝貴本是莫逆之交，王益孫、陳國璧等人也早被買通，這些人串通一氣，編造了偽證，其中竟然還有楊翠喜本人的口供。恩志、潤昌按照這些人的偽證，回京複奏。在北京，載灃、孫家鼐本來早就與奕劻父子狼狽為奸，在調查載振藏匿楊翠喜事件中更是官官相護。經過一番弄虛作假，於同年四月五日向慈禧轉奏了所謂的調查結果。慈禧當即指令光緒皇帝頒下詔書，載振沒有受到處理，反把奏請彈劾載振的御史趙啟霖革了職。

就這樣，御史趙啟霖以參奏不實、汙蔑權貴的罪名，被革去職務。載振因名聲益加狼藉，自知難服同僚，於是轉天向朝廷自請開缺。朝廷為此下旨稱：「載振自在內廷當差以來，素稱謹慎。朝廷以其才識穩練，特簡商部尚書，並補授御前大臣。茲據奏陳請開差缺，情詞懇摯，出於至誠。並據慶親王奕劻面奏，再三籲懇，具見謙畏之忱。不得不勉如所請。載振著准予開去御前大臣、領侍衛內大臣、農工商部尚書等缺及一切差使，以示曲體……」

光緒諭旨頒發後，朝野上下掀起軒然大波。四月十八日御史江春霖具章指出楊翠喜供詞和載灃、孫家鼐的結論都是欺人之談。奏章條理清晰，論證確切，充滿凜然正氣，使朝廷如坐針氈。都御史陸寶忠和御史趙炳麟也先後上奏，為趙啟霖申白、營救。載灃、奕劻一夥人代朝廷批復：「趙啟霖誣衊親貴重臣，既經查明失實，自應予以懲儆。」趙啟霖為彈劾載振上奏朝廷，丟了頭上的烏紗。最終，一個御前大臣和一個賄賂到手的巡撫，到底還是被罷免，總算沒白付出代價。事過多年後，著名文人張伯駒（其父張鎮芳係袁世凱的表弟，曾參與段芝貴獻美賄官事）寫有這樣一首詩：「買贈佳人金屋嬌，封疆擢任氣何豪。啟霖多事煞風景，卻上彈章拆鳳巢。」就是對這件事實的濃縮紀錄。

可憐風塵女

趙啟霖被罷官後，在京師強大輿論壓力下，僅僅兩個多月，又於六月初七官復原職；載振則避居天津。辛亥革命推翻清朝封建統治後，載振父子寓居天津慶王府（現重慶道），載振幸乘父蔭，被遜帝溥儀加恩承襲為慶親王，坐擁厚資，將大量款項存入滙豐銀行，過起奢侈的富翁生活。而那位被撤去巡撫之職的段芝貴，在辛亥革命以後，因為和袁世凱的舊關係，在北京政府當了拱衛軍總司令，還先後擔任過察哈爾和湖北兩省的都督。

轟動一時的載振包買楊翠喜案看上去似乎是個花案，是載振給朝廷丟了臉，其實這裡有很深的政治背景，是一次官場權力之爭，這個案子成為「丁未政潮」的導火線。在這個案子中先有趙啟霖、載振、段芝貴在朝廷獲咎，後在奕劻、袁世凱的密謀策劃下，又將其政敵岑春煊、瞿鴻禨等人趕出朝廷，其餘黨余肇康、汪康年受到嚴厲處置。袁世凱在這次風潮平息後也請假養病，不久調任軍機大臣，明升暗降，削弱了其在北洋的權力。

最不幸的是那位無端受害的戲曲女演員楊翠喜。她從北京偷偷被送回天津，直接成為鹽商家裡的小妾。王益孫在住宅前院為楊翠喜另建房三間，並帶私家戲樓，為防止世人口舌，他不准翠喜出屋一步，但准其在戲樓裡唱戲過癮。儘管如此，翠喜依然每日如同坐監，由於心情鬱悶，這位大得時譽的河北梆子第一代女演員，不足三十歲即早早地離開了人間。所遺二子，下落不詳。

第五篇
真相還原

「空城計」早被看穿，司馬懿故意放孔明一馬？
雍正設立的「特務機關」就是傳說中的血滴子？
身世之謎：代父從軍的花木蘭，其實不姓「花」？
還原廣為人知的歷史真相，古代聖賢恐怕也只是一介平民。

血滴子與雍正特務政治的真相

佚名

在清代十三個王朝中，雍正是一位施行恐怖、苛嚴政治的強權統治者，關於他的流言蜚語在民間廣為流傳。而在當時最流行的通俗小說中，有一個被頻頻使用的藝術形象——「血滴子」。「血滴子」究竟出自何處，它與特務政治的真相又是什麼呢？

據史書記載，西元一七三五年八月二十日，雍正還在處理政務，晚上得病，次日凌晨即死亡。由於死亡非常突然，於是在官場民間，便產生了種種猜想和傳說。民間流傳最廣的就是呂四娘報仇削取了雍正首級。

雍正年間，湖南秀才曾靜因不滿清廷統治，上書陝西總督岳鐘祺（岳飛的後裔）策動反清。事後，雍正就此事大做文章，對案犯嚴加審訊，廣肆株連，由此引出浙江文士呂留良文字獄案。曾靜等人鋃鐺入獄，後被滿門抄斬，呂留良一家也未能倖免。呂留良之孫女呂四娘因在安徽乳娘家中，倖免於難。年僅十三歲的呂四娘秉性剛強，得知其全家祖孫三代慘遭殺害，悲憤填膺，當即刺破手指，血書「不殺雍正，死不瞑目」八個大字。於是隻身北上京城，決心替全家報仇。途中巧逢高僧甘鳳池，四娘拜之為師。甘授呂四娘飛簷走壁及刀劍武藝。

之後，呂四娘輾轉進京，設計潛入乾清宮（皇帝聽政，接見臣僚及外夷使節之處），刺殺雍正，削下頭顱，提首級而去。民間又盛傳雍正大葬時只得以金鑄頭代之，葬於河北省易州泰陵地宮。

關於「血滴子」和「粘桿處」

小說是有事實的「影子」。在文人筆下雍正被刻畫成精諳武藝、神通廣大的陰謀家，他的手下豢養了一批技藝絕倫的俠客力士，操持著一種名曰「血滴子」的殺人利器，能取敵人的首級於千里之外。同時「血滴子」也是祕密殺手的代稱。據傳，雍正的八弟「阿其那」（允祀）、九弟「塞思黑」（允禟）都是為「血滴子」所殺。顯然，此類荒誕不經的描寫不能作為信史。然而雍正確實是以處於弱勢的政治力量在奪儲鬥爭中取勝的。他能登上寶座，除了本人工於心計和有一套政治手腕外，還得力於他有一個訓練有素的情報組織，這個組織便是「粘桿處」。

顧名思義，「粘桿處」是一個專事粘蟬捉蜻蜓、釣魚的服務組織。雍正還是皇子時，位於北京城東北新橋附近的府邸內院，長有一些高大的樹木，每逢盛夏初秋，繁茂枝葉中有鳴蟬聒噪，喜靜畏暑的胤禛便命門客家丁操桿捕蟬。康熙四十八年，胤禛從「多羅貝勒」晉升為「和碩雍親王」，其時康熙眾多皇子間的角逐也到了白熱化的階段。胤禛表面上與世無爭，暗地裡卻制定綱領，加緊了爭儲的步伐。他招募江湖武功高手，訓練家丁隊伍，這支隊伍的任務是四處刺探情報，剷除異己。

雍正登上皇位後，為了鞏固專制統治，也為了酬謝黨羽，在內務府之下設立了「粘桿處」機關。「粘桿處」的首領名「粘桿侍衛」，是由有功勳的大特務擔任。他們大多是雍正藩邸舊人，官居高位，權勢很大。粘桿處的一般成員名「粘桿拜唐阿」，統稱「粘桿拜唐」，由小特務充任。他們都是內務府包衣人，屬末入流，薪水不高，但每天跟隨雍正左右，炙手可熱。

可見「粘桿處」表面上是伺候皇室玩耍的服務機關，實則是一個特務組織。小說中所謂的「血滴子」大約指的就是「粘桿處」的這些人。不難推想，雍正是把政敵比作魚、蟬、蜻蜓一樣的小動物來撒網捕捉、加以控制的。

「粘桿處」雖屬內務府系統，總部卻設在雍親王府。雍正三年，胤禛降旨雍親王府改為雍和宮，定為「龍潛禁地」。但奇怪的是改制後的行宮並未改覆黃色琉璃瓦，殿頂仍覆綠色琉璃瓦。有人認為，雍和宮雖為皇帝行宮，但曾經有一條專供特務人員祕密來往的通道。雍和宮其實是一個森嚴的特務衙署，為了不致祕密外洩，才改府為宮。還有一種傳說：在雍和宮已找不到任何地下通道的痕跡了，很可能是雍正的兒子乾隆為了消除其父留下的不良遺跡，改雍和宮為喇嘛廟時，加以澈底翻修，將之平毀無痕。

「粘桿處」在紫禁城內還設一個分部，御花園堆秀山「御景亭」是他們值班觀望的崗亭。山下門洞前擺著四條黑漆大板凳，無論白天黑夜，都有四名「粘桿衛士」和四名「粘桿拜唐」坐在上面。雍正交辦的任務，由值班人員迅速送往雍和宮，再由雍和宮總部發布命令派人辦理。雍正去世後，乾隆皇帝繼續利用「粘桿處」控制京內外和外省大臣的活動，直到乾隆死後，「粘桿處」的特務活動才逐漸廢弛。

別出心裁的密折制度

告密，為君子所不齒，因為這是不正當的手段。可是在雍正麾下互相告密卻是官員的常課，被視為本職工作的一部分。雍正二年，封疆大吏浙閩總督覺羅保、山西巡撫諾瑠、江蘇布政使鄂爾泰、雲南巡撫揚名時突然遭到皇帝嚴厲的斥責，緊接著宣布停止他們給皇帝上奏的權利。作為一個封建官僚，除了降罪撤職，再也沒有什麼比被剝奪其參政言事的權利更為嚴重了。

為何事得罪？可以參見雍正七年給鄂爾泰的侄子鄂昌的一段批示：「密之一字，最緊要，不可令一人知，即汝叔鄂爾泰不必令知。」原來覺羅保們是因為向外人透露給皇帝奏章的內容被懲罰的。這種不得讓第三者知道的奏章，不是題本、奏本，而是雍正朝的一種特殊的文書制度——奏摺。

古代臣對君的報告名目繁多，常用的有章、表、議、疏、啟、書、記、箚子、封事等。清代沿襲前明制度，用題本和奏本兩種形式。題本是較正式的報告，由通政司轉送內閣申請擬旨，再呈送皇帝，手續繁複，又易洩密。奏本不用印，手續較簡，但也要做公文旅行，毫無機密可言。奏摺的要旨就在一個「密」字，它由皇上親拆親行，任何第三者都無權拆看，有很強的保密性。因此，雍正登基的第十四天，便下了一道收繳前朝密折的諭旨，使密折逐步形成了一種固定的文書制度。在雍正欽定的規章裡，從繕折、裝匣、傳遞、批閱、發回本人，再繳進宮中，都有一定的程式，不允許紊亂。按照密折的內容，分別規定用素紙、黃紙、黃綾面紙、白綾面紙四種繕寫，並使用統一規格的封套。密折須本人親筆，臣工繕寫完後，加以封套、固封，裝入特製的折匣，用宮廷鎖匠特製的銅鎖鎖住，坊間鎖匠配製的鑰匙是絕對打不開密折匣的。密折派專人送達。

給皇帝上密折是一種特權更是一種榮譽。現存最早的奏摺是康熙三十二年的奏摺。當時有資格上奏的只有由中央派到地方上的常設官員，他們大多是皇帝家臣。如江甯、蘇州織造……。終康熙一朝密奏者只有百餘人。而雍正朝卻多達一千一百多名，逐步擴大到各省督撫、藩、臬、提、鎮等。何等官職才有資格密奏，誰也說不清。與其說依品級，不如說視與皇帝的關係而定。到了雍正後期，甚至連知府、同知副將等一些微職也可特許准奏。

上密折是特權，有權力就有義務，臣子們在洋洋得意於自己恩寵的同時，不知不覺中把前程也付之於這一奏摺了。奏摺的內容千殊萬別，上自軍國重務，下至身邊瑣事，無所不包。雍正朝的密折不但用來陳事，還用來薦人。雍正於官員的登用、黜陟極為留意，他曾一再透露：「朕惟治天下之道，首重用人。」雍正考察地方的吏治，著重點是對地方的官吏的檢查。他給官員授權，允許越境奏事；可以越級監視，上下牽制，這種方法使雍正瞭解了很多的情況。諸如地方政事的好壞，官員中誰認真負責，誰搪塞敷衍。也使為官者人人震懾，不敢輕蹈法網。但是雍正很講究體制，他不允許下級超越職權。他一再告誡臣子：「今許汝密折奏事，切毋籍此挾制上司，而失屬官之體。」

密折作為君臣間的私人通訊，可以無話不談；臣下獻議，皇帝先睹為快，可以通達下情，直接批上自己的意見；國家有所舉措，臣下有不同看法，也可以婉轉諫勸。奏摺制只是一種文書制度。它雖是無形的，但比之某個官衙的設置所產生的影響，卻遠遠超出一般的衙門的興廢。楊啟樵先生在《雍正帝及其密折制度研究》一書中認為：密折制是雍正推行專制政治的有效手段。之一，皇帝可以直接處理庶務，強化其權力；之二，有效地控制了官員，使他們互相牽制，效忠於皇上。密折制度牽涉到君臣間的權力的分配，是官僚政治的重大改革。

情報網的由來

在雍正朝每一個具有奏摺資格的人都有權向皇帝密告自己的同僚、下級甚至上司；同時在他監視別人的過程中，自己也被置於別人的監視中。雍正並不忌諱談到告密，他標榜自己「朕勵精圖治，耳目甚廣」。從現存的資料分析得知，他的耳目觸角遍及全國各地。有以奏摺制度為依託的明線，又有由特務所織成的若干暗線。一切都是無形卻又很制度化。其情報網組織的人員，一為科道言官和寫奏摺的官員；二為雍正所培養的一批御前侍衛；三為通過各種管道推薦給各省督撫的書記、長隨等。

探究雍正情報網的設立，起因有三端：一是政體上的原因。清代以族國立制，皇帝是臣子的最高主子。家臣效忠主子是天經地義的事。所以官員以取得與皇帝進行私人通信的資格為榮。二是受當時的政治形勢所迫，這是直接的原因。康熙朝的儲位之爭在雍正初年的延續，造成了雍正瞭解民間動向的迫切性，也增加了他嚴格控制官僚們思想行為的自覺性。三可說是集權的需要，這是最本質的原因。楊啟樵在《雍正帝及其密折制度研究》一書中指出：「君主專政時代，人君深居九重，與外界隔閡，政事則委諸大臣，但又恐所托非人，為非作歹，貽誤蒼生，甚或生覬覦之心，危及江山，因此不得不廣布耳目，以周知庶務，通達下情。」按照他的觀點，高高在上的皇帝並非高枕無憂。在他們的潛意識中都有一種危機感，生怕臣子不忠，生怕佞臣篡權，對每一點星星之火都要防微杜漸，隨時撲滅，以免失去控制，形成燎原之勢。歷代的特務機關都是在這種情形下產生的，諸如「詔獄」、「大誰何」、「麗竟門」、「不良人」、「侍衛司獄」、「內軍巡院」等。最有名的當推明代的「廠衛」，其荼毒臣民的殘酷和恐怖令人談虎色變。歷史的經驗值得注意，公開的任用特務，不得人心，且目標太大，成事不足，敗事有餘；但下情不能不周知，耳目不能沒有。有此殷鑑，雍正所建立的情報網才有更多的創意。

雍正情報網監控的主要對象是臣子。雍正以為用人得宜則地方獲治，此乃敷政寧人的根本所在。所以他有一個基本信念，那就是對官員要不時體訪，防其改節。他的用人政策有三個要旨：廣採輿論、時加訪察和乾綱獨斷。以廣東省的官箴為例，略見一斑。廣州提督王紹緒系寵臣鄂爾泰所薦，雍正也曾予以「明敏穩妥」的考語，但他疑惑王紹緒「偏於養柔，恐不能克勝現任」，因此命廣州將軍石禮哈「留心探聽，便中據實奏聞」。石禮哈對王紹緒不錯，說他「念念不忘聖恩，志潔行清，勤於辦事」。雍正仍不放心，再向兩廣總督孔毓徇、署理廣東巡撫傅泰調查，直到再一次證實王紹緒操守極好，這才甘休。為了一名提督的任用，他不惜勞動眾人。又如傅泰，不但監視王紹緒，還訪察過廣東布政使王士俊、廣東按察使婁儼。照此說傅泰所得的寵信應該是很高的，但是傅泰又何嘗不受他人監視？從《朱批諭旨》可知，王士俊和廣東總督郝玉麟都負有密報傅泰行止的使命。

由此，一省大小官員均在互相監督之中。將軍和總督可以密報提督、巡撫；提督、巡撫對總督，也要按皇帝的要求提供所需要的情報。章學誠在研究《朱批諭旨》時說：「彼時以督撫之威嚴，至不能彈一執法縣令、詿誤之吏，但使操持可信，大吏雖欲擠之死，而皇覽能燭其微。愚嘗讀《朱批諭旨》，而嘆當時清節孤直之臣遭逢如此，雖使感激殺身，亦不足為報也。」所嘆者正是封建政治尊卑統屬，督察參劾均有定制，而雍正卻隨心所欲地混亂上下次序。一方面皇權得到了最大限度的鞏固，另一方面臣子們卻處在被愚弄的境地中。

雍正的耳目還有一類是發往督撫處試用候補的侍衛，如雍正曾派遣十個御前侍衛到川陝總督年羹堯處學習軍事。這些侍衛賦有瞭解該地官民情況的職責，同時身負監視封疆大吏行止的密務，應該隨時隨地向皇帝密報年羹堯的表現。但他們被年羹堯恩威並重收買下來，給雍正的密折中充滿了對年羹堯肉麻的吹捧。做皇帝的得不到任何真實情況，非常惱火。當年羹堯獲罪時，他在給侍衛的朱批中連斥「卑鄙」，令他們不必再回京。

在文人筆記和小說中，有許多對密訪人員的記載和描寫。有些情況因資料本身語焉不詳已弄不清楚了，但有一批人在為雍正幹密訪的勾當則是千真萬確的。趙翼在《簷曝雜記》中述及官僚王雲錦元旦在家裡與親朋好友打葉子牌，不知怎麼丟了一張。第二天上朝，雍正詢問他新年假期做了些什麼。他從實回奏，雍正點頭稱是，說他細事不欺君，不愧為狀元郎，隨手從袖中把那張丟失的葉子牌掏了出來。王雲錦驚駭有如五體投地。這樣的說法近乎三國演義，不實的成分很多，但是雍正用耳目以獲取真實情況卻是事實。

有一利必有一弊。雍正要求親信和非親信、瞭解或不甚瞭解的官員都互相監督。文員武弁、上下級之間、中央派員和地方官員交互進行。文武不同途，這樣互察已超出了正常的範圍。上級監督下級，本是應有職責；但密訪密奏，不是正常考核。特別是下級彙報上級、屬員彙報主官更是極不正常。這種不正常的手段必然會招致朝臣們的非議。雍正去世後不到一個月，原監察御史謝世濟和伯爵欽拜就大聲疾呼取消密折制，他們聲淚俱下歷數密報的弊端：「小人多以此說害君子，首告者不知主名，被告者無由申訴；上下相忌，君臣相疑。」他們在《論開言路之疏》中提出：「欲收開言路之利，且先除開言路之弊。」儘管新一代君主乾隆對於他們的發難不以為然，繼續把密折當作法寶相襲相沿。然而這位新皇帝對於那種訓練特務、派遣耳目的手段也感到過於兇殘了。為了替父親重塑形象，掩蓋其敗政；更為了給自己留下好的口碑，從此他再沒有大張旗鼓地強調要強化情報網、並重用那些專事密報的耳目。

雍正賜死年羹堯真相

金滿樓

關於雍正為何殺年羹堯，史學界向來有爭論。有人說是因為年羹堯想造反，又有人說年羹堯當年參與了雍正與諸兄弟的皇位之爭，雍正這樣做是殺人滅口。歷史上的年羹堯究竟是一個什麼樣的人？又是什麼原因導致雍正要下決心除掉這個自己曾經倚為心腹的寵臣呢？

凡看過電視連續劇《雍正王朝》的朋友，都一定會對年羹堯留下深刻印象。這位顯赫一時的年大將軍曾經屢立戰功、威鎮西陲，滿朝文武無不服其神勇，同時也得到雍正帝的特殊寵遇，可謂春風得意。但是不久之後，風雲驟變，彈劾奏章連篇累牘，各種打擊接踵而至，直至被雍正帝削官奪爵，列大罪九十二條，賜自盡。一個曾經叱吒風雲的大將軍最終落此下場，實在令人扼腕嘆息。

兩朝重臣，一家榮寵

年羹堯，字亮工，號雙峰，漢軍鑲黃旗人，父親年遐齡曾做過工部侍郎、湖北巡撫，哥哥年希堯也曾做過工部侍郎。這些還屬平常，關鍵是年羹堯的妹妹是胤禛的側福晉，雍正即位後被封為貴妃。如此說來，年羹堯還是雍正的大舅子。不過年羹堯雖說是標準的皇親國戚，但他本人還是有真本事的。他後來雖然以軍功著稱，但他年輕的時候卻是中過進士（康熙三十九年），並且還做過翰林院的檢討，這是很不容易的。

因為妹妹的這層關係，年羹堯和雍正的關係自然大不一般，在官場上也是一帆風順，先做四川巡撫，後升為四川總督，康熙六十年（一七二一年）又做上了川陝總督。康熙死後，雍正命他與接替撫遠大將軍胤禵的延信共同執掌西北軍務。由此，年羹堯成為雍正即位後的左膀右臂，備受恩寵。

雍正元年（一七二三年）十月，青海和碩特蒙古部首領羅卜藏丹津趁撫遠大將軍胤禵回京之際發動叛亂，妄圖控制青藏地區，使得本已經平靜的西北局勢再起波瀾。羅卜藏丹津的叛亂，對於剛剛上位的雍正是個不小的考驗。當然雍正也可以像大多數建國者一樣，利用這個機會把當時對他篡位的質疑給轉移開。於是雍正便命年羹堯接任撫遠大將軍坐鎮西寧，指揮平叛，許勝不許敗，以幫助他穩固皇位。

年羹堯也算爭氣。經過充分的作戰準備，在雍正二年（一七二四年）初，年羹堯下令諸將「分道深入，搗其巢穴。」在短短的半個月內，各路大軍躍進千里，將叛軍打得落花流水。特別是四川提督岳鐘琪（當時雍正封其為奮威將軍）更是表現神勇，他率軍一路狂追，直搗敵穴，匪首羅卜藏丹津倉皇之下，化裝成女人才得以逃脫。最後，羅卜藏丹津領著兩百多殘兵敗將投奔了準噶爾部的策妄阿拉布坦，從此一蹶不振。

由此，「年大將軍」之威名，大江南北，人盡皆知。

對於年羹堯的功勞（不僅僅是戰功，關鍵還是對雍正初期穩固其皇位的貢獻），雍正是看在眼裡的。他曾極為肉麻地對年羹堯說：「朕實不知如何疼你，方有顏對天地神明也。西寧危急之時，即一折一字恐朕心煩驚駭，委屈設法，間以閑字，爾此等用心愛我處，朕皆體得。總之你待朕之意，朕全曉得就是矣。所以你此一番心，感邀上蒼，如是應朕，方知我君臣非泛泛無因而來者也，朕實慶倖之至。」

雍正對此時的年羹堯可謂是聖眷正濃，幾乎有過火之嫌。譬如有一次賜給年羹堯荔枝，為了保證新鮮，雍正特令驛站必須在六日內快馬送到（從京師到西安），這難免讓人想起當年唐明皇「一騎紅塵妃子笑」的典故。至於其他的賞賜，如奇寶珍玩、珍饈美味更是隔三差五地就送到年羹堯的軍中。除此之外，年羹堯的家人有什麼事情，雍正也是關懷備至，噓寒問暖，連年羹堯的妹妹年貴妃和外甥福惠（八歲夭折）的身體狀況，雍正也常常在下發給年羹堯的手諭中特意告知。

雍正曾語重心長地跟年羹堯說：「朕要是不做一個出色的皇帝，就對不起你如此對朕；但你要是不做英武超群的大臣，那也不能回報朕對你的知遇之恩。但願我們兩個能給後人做千古榜樣。」他還常念叨說，如果朝中多幾個像年羹堯這樣的大臣，那大清帝國還愁不強大？年羹堯聽雍正這麼推心置腹，那還不滿心歡喜？

此時的年羹堯，志得意滿，完全處於一種被奉承被恩寵的自我陶醉中，進而做出了許多超越本分的事情，最終招致雍正的警覺和忌恨，以致家破人亡。

盛極而衰，身敗名裂

年羹堯失寵的導火線是雍正二年十月第二次的進京陛見。在赴京途中，他令都統范時捷、直隸總督李維鈞等跪道迎送。到京時，黃韁紫騮，郊迎的王公以下官員跪接，年羹堯安然坐在馬上行過，看都不看一眼。王公大臣下馬向他問候，他也只是點點頭而已。更有甚者，他在雍正面前，態度竟也十分驕橫，「無人臣禮」。年進京不久，雍正獎賞軍功，京中傳言這是接受了年羹堯的請求；又說整治阿靈阿（皇八子胤禩集團的成員）等人，也是聽了年的話。這些話大大刺傷了雍正的自尊心。

年羹堯結束陛見回任後，接到了雍正的諭旨，上面有一段論述功臣保全名節的話：「凡人臣圖功易，成功難；成功易，守功難；守功易，終功難。……若倚功造過，必致反恩為仇，此從來人情常有者。」在這個朱諭中，雍正改變了過去嘉獎稱讚的語調，警告年羹堯要慎重自持，此後年羹堯的處境便急轉直下。

分析年羹堯失寵獲罪的原因，大致有以下幾點：

第一，擅作威福。年羹堯自恃功高，驕橫跋扈之風日甚一日。他在官場往來中趾高氣揚、氣勢凌人：贈送給屬下官員物件，「令北向叩頭謝恩」；發給總督、將軍的文書，本屬平行公文，卻擅稱「令諭」，把同官視為下屬；甚至蒙古札薩克郡王額附阿寶見他，也要行跪拜禮。

對於朝廷派來的御前侍衛，理應優待，但年羹堯把他們留在身邊當作「前後導引，執鞭墜鐙」的奴僕使用。按照清代的制度，凡上諭到達地方，地方大員必須迎詔，行三跪九叩大禮，跪請聖安，但雍正的恩詔兩次到西寧，年羹堯竟「不行宣讀曉諭」。

更有甚者，他曾向雍正進呈其出資刻印的《陸宣公奏議》，雍正打算親自撰寫序言，尚未寫出，年羹堯自己竟擬出一篇，並要雍正帝認可。年羹堯在雍正面前也行止失儀，「御前箕坐，無人臣禮」，雍正心中頗為不快。

第二，結黨營私。當時在文武官員的選任上，凡是年羹堯所保舉之人，吏、兵二部一律優先錄用，號稱「年選」。他還排斥異己，任用私人，形成了一個以他為首，以陝甘四川官員為骨幹，包括其他地區官員在內的小集團。小說《兒女英雄傳》所寫紀縣唐實指年羹堯，說他是經略七省的大將軍，「他那裡雄兵十萬，甲士千員，猛將如雲，謀臣似雨」。這些都是藝術上的誇張，與實際情形有很大的出入，但也說明年羹堯的勢力之大。

許多混跡官場的拍馬鑽營之輩眼見年羹堯勢頭正勁、權力日益膨脹，遂競相奔走其門。而年羹堯也是個注重培植私人勢力的人，每有肥缺美差必定安插其私人親信，「異己者屏斥，趨赴者薦拔」。比如他彈劾直隸巡撫趙之垣「庸劣紈絝」、「斷不可令為巡撫」，而舉薦其私人李維鈞。趙之垣因此而丟官，於是轉而投靠年羹堯門下，先後送給他價值達二十萬兩之巨的珠寶。年羹堯就借雍正二年進京之機，特地將趙帶到北京，「再四懇求引見」，力保其人可用。遭年羹堯參劾降職的江蘇按察使葛繼孔也兩次送上各種珍貴古玩，年羹堯於是答應日後對他「留心照看」。此外，年羹堯還借用兵之機，虛冒軍功，使其未出籍的家奴桑成鼎、魏之耀分別當上了直隸道員和署理副將的官職。

第三，貪斂財富。年羹堯貪贓受賄、侵蝕錢糧，累計達數百萬兩之多。而在雍正朝初年，整頓吏治、懲治貪贓枉法是一項重要改革措施。在這種節骨眼上，雍正是不會輕易放過年羹堯的。

雍正對年羹堯的懲處是分步逐漸進行的。第一步是在雍正二年十一月年羹堯陛見離京前後，此時雍正已作出決定，要打擊年羹堯。年羹堯離京後接到的那份朱諭就是對他的暗示。

第二步是給有關官員打招呼。一是雍正的親信，要求他們要與年羹堯劃清界限，揭發年的劣跡，以爭取保全自身；一是年羹堯不喜歡的人，使他們知道皇帝要整治年羹堯了，讓他們站穩立場；一是與年羹堯關係一般的人，讓他們提高警惕，疏遠和擺脫年羹堯，不要站錯了隊。這就為公開處治年羹堯做好了準備。

第三步把矛頭直接指向年羹堯，將其調離西安老巢。

到了三年正月，雍正對年羹堯的不滿開始公開化。年羹堯指使陝西巡撫胡期恒參奏陝西驛道金南瑛一事，雍正說這是年任用私人、亂結朋黨的做法，不予准奏。

年羹堯曾經參劾四川巡撫蔡珽威逼所屬知府蔣興仁致死，蔡珽因此被罷官，經審訊後定為斬監候；而年羹堯的親信王景灝得以出任四川巡撫。這時雍正已經暗下決心要打擊年羹堯，蔡珽被押到北京後，雍正不同意刑部把他監禁起來，反而特地召見他。蔡珽陳述了自己在任時因對抗年羹堯而遭誣陷的情況，又上奏了年羹堯「貪暴」的種種情形。雍正於是傳諭說：「蔡珽是年羹堯參奏的，若把他繩之以法，人們一定會認為是朕聽了年羹堯的話才殺他的。這樣就讓年羹堯操持了朝廷威福之柄。」因此雍正不僅沒有給蔡珽治罪，而且升任他作了左都御史，成為對付年羹堯的得力工具。

雍正三年三月，出現了「日月合璧，五星聯珠」的所謂「祥瑞」，群臣稱賀，年羹堯也上賀表稱頌雍正夙興夜寐，勵精圖治。但表中字跡潦草，又一時疏忽把「朝乾夕惕」誤寫為「夕惕朝乾」。雍正抓住這個把柄借題發揮，說年羹堯本來不是一個辦事粗心的人，這次是故意不把「朝乾夕惕」四個字「歸之於朕耳」。並認為這是他「自恃己功，顯露不敬之意」，所以對他在青海立的戰功，「亦在朕許與不許之」」。接著雍正更換了四川和陝西的官員，先將年羹堯的親信甘肅巡撫胡期恒革職，署理四川提督納泰調回京，使其不能在任所作亂。四月，解除年羹堯川陝總督職，命他交出撫遠大將軍印，調任杭州將軍。

最後一步是勒令年羹堯自裁。年羹堯調職後，內外官員更加看清形勢，紛紛揭發其罪狀。雍正以從群臣所請為名，盡削年羹堯官職，並於當年九月下令捕拿年羹堯押送北京會審。十二月，朝廷議政大臣向雍正提交審判結果，給年羹堯開列九十二條大罪，請求立正典刑。其罪狀分別是：大逆罪五條，欺罔罪九條，僭越罪十六條，狂悖罪十三條，專擅罪六條，忌刻罪六條，殘忍罪四條，貪婪罪十八條，侵蝕罪十五條。

雍正說，這九十二條中應服極刑及立斬的就有三十多條，但念及年羹堯功勳卓著、名噪一時，「年大將軍」的威名舉國皆知，如果對其加以刑誅，恐怕天下人心不服，自己也難免要背上心狠手辣、殺戮功臣的惡名，於是表示開恩，賜其獄中自裁。年羹堯父兄族中任官者俱革職，嫡親子孫發遣邊地充軍，家產抄沒入官。叱吒一時的年大將軍以身敗名裂、家破人亡告終。

電視劇《雍正王朝》中，年羹堯失勢後，估計到雍正不會放過自己，可能最終難逃一死，所以給其貼身家人巨額銀票，讓他帶著兩個懷孕的蒙古小妾遠走高飛、隱藏民間，以延續年家的香火。這個情節是不符合歷史事實的，因為這時的年羹堯不僅不是沒有子嗣，而且還不止一個兒子。《雍正王朝》還有一段劇情說，年羹堯是在雍正的另一寵臣李衛的監視之下於杭州的城門洞裡自盡的，也不準確，實際上他是死於北京。

關於雍正為何殺年羹堯，史學界向來有爭論。有人說是因為年想造反，又有人說年羹堯當年參與了雍正與諸兄弟的皇位之爭，雍正這樣做是殺人滅口。我們不妨分析一下這些說法：

犯上謀反，難成定讞

有一種觀點認為年羹堯的死是因為他想自立為皇帝。乾隆時學者蕭奭在《永憲錄》中提到，年羹堯與靜一道人、占象人鄒魯都曾商談過圖謀不軌的事。有的學者也持此說，認為「羹堯妄想做皇帝，最難令人君忍受，所以難逃一死」。而《清代軼聞》一書則記載了年羹堯失寵被奪兵權後，「當時其幕客有勸其叛者，年默然久之，夜觀天象，浩然長嘆曰：不諧矣。始改就臣節」。說明年確有稱帝之心，只因「事不諧」，方作罷「就臣節」。其實這種說法是沒有充分依據的。

在封建時代最注重名分，君臣大義是不可違背的，做臣子的就要恪守為臣之道，不要做超越本分的事情。

年羹堯的所作所為的確引起了雍正的極度不滿和某種猜疑。年羹堯本來就職高權重，又妄自尊大、違法亂紀、不守臣道，招來群臣的側目和皇帝的不滿與猜疑也是不可避免的。雍正是個自尊心很強的人，又喜歡表現自己，年羹堯的居功擅權將使皇帝落個受人支配的惡名，這是雍正所不能容忍的，也是雍正最痛恨的。雍正並沒有懼怕年羹堯之意，他一步一步地整治年羹堯，而年也只能俯首就範，一點也沒有反抗甚至防衛的能力，只有幻想雍正能看著舊日的情分而法外施恩。所以他是反叛不了的。雍正曾說：「朕之不防年羹堯，非不為也，實有所不必也。」至於年羹堯圖謀不軌之事，明顯是給年羅織的罪名，既不能表示年要造反，也不能說明雍正真相信他要謀反。

從年羹堯來看，他一直也是忠於雍正的，甚至到了最後關頭也一直對雍正抱有很大幻想。

在被革川陝總督赴杭州將軍任上的途中，年羹堯幻想雍正會改變決定，因而逗留在江蘇儀征，觀望不前。結果這反使雍正非常惱怒，他在年羹堯調任杭州將軍所上的謝恩折上這樣批道：「看此光景，你並不知感悔。上蒼在上，朕若負你，天誅地滅；你若負朕，不知上蒼如何發落你也！……你這光景，是顧你臣節、不管朕之君道行事，總是譏諷文章、口是心非口氣，加朕以聽讒言、怪功臣之名。朕亦只得顧朕君道，而管不得你臣節也。只得天下後世，朕先占一個是字了。」雍正的這段朱批實際上已經十分清楚地發出了一個信號：他決心已定，必將最終除掉年羹堯。

直至年羹堯接到自裁的諭令，他也一直遲遲不肯動手，還在幻想雍正會下旨赦免他。但雍正已經下定決心，認為使其免遭凌遲酷刑、自裁以全名節已屬格外開恩，所以他應該「雖死亦當感涕」，因此年羹堯生路已絕。一個想要謀反的大臣怎麼會對皇帝有這種不切實際的幻想呢？雍正在給年羹堯的最後諭令上說：「爾自盡後，稍有含冤之意，則佛書所謂永墮地獄者，雖萬劫不能消汝罪孽也。」在永訣之時，雍正還用佛家說教，讓年心悅誠服，死而不敢怨皇帝。

殺人滅口，事出有因

還有一種觀點認為，年羹堯參與了雍正奪位的活動，雍正帝即位後反遭猜忌以至被殺。不只是稗官野史，一些學者也持這種看法。據說，康熙帝原已指定皇十四子胤禵繼位，雍正帝矯詔奪位，年羹堯也曾參與其中。他受雍正帝指使，擁兵威懾在四川的皇十四子胤禵，使其無法興兵爭位。雍正帝登基之初，對年羹堯大加恩賞，實際上是欲擒故縱，待時機成熟，即羅織罪名，卸磨殺驢，處死年羹堯這個知情之人。有人不同意此說，主要理由是雍正帝繼位時，年羹堯遠在西北，並未參與矯詔奪位，亦未必知曉其中內情。但客觀上講，當時年羹堯在其任內確有阻斷胤禵起兵東進的作用。

關於雍正帝篡改遺詔奪取皇位的情況，許多著述都進行了闡釋，閻崇年先生的《正說清朝十二帝》也有系統歸納，此不贅言。各家說法，見仁見智，莫衷一是。雍正即位一事，確實疑點很多。而他即位後，又先後處置了原來最為得力的助手年羹堯和隆科多，讓人更不禁要懷疑這是做賊心虛、殺人滅口。當然這只能算是合理推定，尚無鐵證作為支撐，所以這種懷疑套句俗語說就是：「事出有因，查無實據。」

我們暫且拋開雍正決心除掉年羹堯的真正動因不說，從年羹堯自身而言，他的死確實有點咎由自取。他自恃功高，妄自尊大，擅作威福，絲毫不知謙遜自保，不守為臣之道，做出超越臣子本分的事情，已為輿論所不容；而且他植黨營私，貪贓受賄，「公行不法，全無忌憚」，為國法所不容，也為雍正所忌恨。這就犯了功臣之大忌，勢必難得善終。所以《清史稿》上說，隆、年二人憑藉權勢，無複顧忌，罔作威福，即於覆滅，古聖所誡。

其實唐朝並不以肥胖為美

丁啟陣

唐朝人審視女性「以肥胖為美」的說法，相沿已久，流傳至廣。人們之所以認為唐朝女人以胖為美，依據主要有楊貴妃的體態以及唐代宮廷繪畫和仕女畫中的女子形象等。有專家在經過一番考證之後，斷言唐朝人審美的確是以肥胖為美的，並且指出了唐朝人以胖為美的若干原因。

唐朝經濟繁榮，人們有條件吃飽穿暖，保持健康豐滿的體格；唐朝文化開放，相容並包，心寬體胖；唐朝皇族身上的鮮卑血統，使他們天生喜愛健碩體魄的女性……頭頭是道，言之鑿鑿。實際上，這種說法是不準確的。

「簪花仕女」身材纖瘦

人們之所以認為唐朝女人以胖為美，依據主要有楊貴妃的體態以及唐代宮廷繪畫和仕女畫中的女子形象等。

其實，只要仔細看一下唐朝著名畫家閻立本的《步輦圖》和周昉的《簪花仕女圖》，不難發現，畫中的宮女、仕女，根本說不上肥胖。《步輦圖》中的九個宮女，簇擁著李世民緩緩而行，有抬輦子的，有打傘蓋的，有舉扇子的。看起來都有一把子力氣，絕非弱不禁風的病態美女。但是看她們的身材，實在都是相當纖瘦的。《簪花仕女圖》中的女子大約是身分較為高貴、年齡稍大一些的緣故，身形略顯豐滿，但站立姿態無不娉婷嫋娜，輕盈如春風拂柳。毫無疑問，她們的身材完全可以用「苗條」一詞來形容。

楊貴妃並非因胖受寵

至於楊貴妃，文獻中有體胖懼熱的記載。例如，《開元天寶遺事》說她「素有肉體，至夏苦熱」。但是楊貴妃的「素有肉體」，絕沒到今天人們所說的肥胖程度。頂多就是有點肌肉而已，也就是《楊太真外傳》上所說的「微有肌也」。一個擅長舞蹈（《霓裳羽衣舞》是她的代表作）的人，平常肯定少不了肢體運動，有點肌肉是很正常的。楊貴妃的懼熱，其實不是因為她肥胖，而是因為她體質如此。《開元天寶遺事》記載，楊貴妃「每宿酒初消，多苦肺熱」，常於凌晨獨自去後花園吮吸花露，滋潤咽喉。為了潤肺，楊貴妃夏天每日要在口中含一塊清涼的玉魚。

沒有任何歷史文獻記載可以表明，楊貴妃受到唐明皇的寵愛，是因為她的肥胖或者說豐滿。實際情況是，唐明皇對楊貴妃身上的肌肉並不欣賞。《楊太真外傳》上說，有一次唐明皇在百花院便殿看《漢成帝內傳》，楊貴妃看見後，問他看什麼書。唐明皇笑著說：「不要問，知道了你會心裡難受的。」楊貴妃搶過書，看到書上寫著：「漢成帝獲飛燕，身輕欲不勝風。恐其飄翥，帝為造水晶盤，令宮人掌之而歌舞……」這時唐明皇就開她玩笑，說：「你就比她禁得起風吹。」楊貴妃不服，十分自信地表示，自己的《霓裳羽衣舞》超過了趙飛燕。

李白供奉翰林期間，奉旨所寫的《清平調詞》三首，歌詠楊貴妃的美麗和當時宮廷生活。其中第二首專寫楊貴妃之美，詩曰：「一枝紅豔露凝香，雲雨巫山枉斷腸。借問漢宮誰得似？可憐飛燕倚新妝。」

詩中將楊貴妃比作牡丹，比作趙飛燕。如果楊貴妃真的是肥胖之人，跟趙飛燕可以構成肥瘦兩極鮮明的對照，那麼這種比擬就是嘲諷，就是忤逆了。很可能，楊貴妃本人也是欣賞趙飛燕，並且願意別人把自己比作趙飛燕的。據說楊貴妃有「肥婢」的外號，這很可能是嫉妒、憎恨她的人（譬如梅妃）對她的一種咒罵。由此可見，當時人決不以肥胖為美。

「環肥燕瘦」始於蘇東坡

「環肥燕瘦」的說法，始於宋代文豪蘇東坡。蘇東坡《孫莘老求墨妙亭詩》有這樣兩句：「短長肥瘦各有態，玉環飛燕誰敢憎！」蘇東坡之所以把楊貴妃與趙飛燕當作肥瘦美的典型，有三種可能的原因：一、東坡先生自己體胖，欣賞一切肥胖的東西，包括書法、身材，拉出楊貴妃作為友軍，以壯門面；二、東坡先生效法陶淵明，好讀書不求甚解，誤把楊貴妃當作胖妞；三、東坡先生故意開玩笑，篡改典故，考進士的時候，上古聖賢的話他都敢杜撰，冤枉一下楊貴妃自然不在話下。因為蘇東坡文名顯赫，影響深遠，「環肥燕瘦」遂成家喻戶曉的「歷史知識」。

可以肯定，唐朝人的美女標準中，也是有苗條一項的。《次柳氏舊聞》、《唐語林》等文獻記載，唐明皇的兒子肅宗李亨還是太子的時候，被李林甫誣陷，處境危險，愁得他鬚髮皆白，遠離一切聲色娛樂，日子過得十分悽惶。唐明皇得知後，讓高力士派京兆尹（首都長安市長），「選人間女子細長白者五人，將以賜太子」。可見，玄宗時代選美標準也跟今天一樣：身形苗條，身材高挑，皮膚白皙。

詩僧貫休的兩句詩，也可以證明唐人不以肥胖為美：為人無貴賤，莫學雞狗肥（《白雪歌》）。意思就是：人無論貴賤，都不應該養成肥胖的樣子。換言之，唐朝人的榮恥觀念中，有「以苗條細瘦為榮，以肥胖碩大為恥」一條。可見唐朝人不但不以肥胖為美，簡直是極端憎恨肥胖的。

說唐朝人不以肥胖為美，還可以從唐詩中「細腰」、「窈窕」等詞語的使用情況，得到有力的印證。唐詩中，「細腰」、「窈窕」都是用來形容美女的。

「空城計」內幕：司馬懿為何故意放諸葛亮一馬？

韓　撲

「空城計」故事讓人納悶的是：一向以能征善戰且老謀深算著稱的司馬懿為什麼竟中了諸葛亮的「空城計」？這背後究竟隱藏著什麼不為人道的玄機？

漏洞百出的「空城計」

《三國演義》中，諸葛亮首次北伐受挫，安排各路人馬退回漢中，正待自己抽身之際，不料司馬懿大軍突然出現在城外幾十里處，諸葛亮急中生智，兵行險招，玩了一手「空城計」，把司馬懿嚇跑了。

在正史中，孔明見街亭敗績，北伐受挫，戰局已經對己不利，於是迅速撤回漢中，並沒有再空耗軍力。而曹魏方面，大都督曹真見已經打退蜀漢，也沒有苦追。當時，司馬懿更是遠在宛城一線，根本不可能出現在街亭或西城。《三國演義》為了貶低曹真，並強調司馬懿是諸葛亮的最大對手，硬是把司馬懿移位到了街亭前線。其實司馬懿是在後來才頂替曹真出現在蜀漢前線的。

「空城計」有其說法來源。《三國志．諸葛亮傳》的注裡，記有一段郭沖講的小故事：「亮屯於陽平，遣魏延諸軍並兵東下，亮惟留萬人守城。晉宣帝（司馬懿）率二十萬眾拒亮，而與延軍錯道，徑至前，當亮六十里所，偵候白宣帝說亮在城中兵少力弱。亮亦知宣帝垂至，已與相逼，欲前赴延軍，相去又遠，回跡反追，勢不相及，將士失色，莫知其計。亮意氣自若，敕軍中皆臥旗息鼓，不得妄出庵幔，又令大開四城門，埽地卻灑。宣帝常謂亮持重，而猥見勢弱，疑其有伏兵，於是引軍北趣山。明日蝕時，亮謂參佐拊手大笑曰：『司馬懿必謂吾怯，將有強伏，循山走矣。』候邏還白，如亮所言。宣帝後知，深以為恨。」史學界稱其為「郭沖三事」，後邊還有郭沖的「四事」和「五事」。這個郭沖是諸葛亮的粉絲，他講的故事都是盲目推重孔明的。這一段「郭沖三事」的情節，更是於史不符、於理不合，十分荒謬。

對於《三國演義》中的「空城計」，現在人都明白，司馬懿派幾個神射手過去射諸葛亮，或者派一個小隊過去火力偵察一下，或者乾脆圍城不動，立即就可以拆穿諸葛亮的把戲。光看見諸葛亮「搬個琴，擺個香爐，召兩個小孩子，在城樓上唱卡拉OK」（易中天語），老謀深算的司馬懿絕對不會愚蠢和膽怯到「扭頭就跑」的地步。

這事情肯定是虛構的。問題是羅貫中為什麼要這樣虛構呢？

養寇自重

《三國演義》中司馬懿的這個舉動，符合了他的身分與目的。他這次出兵，在曹真和郭淮看來，並不是幫他們，而是來搶功勞的。司馬懿此前在上庸幹掉孟達，已經立了首功；到街亭就破了馬謖，並先郭淮一步，取了列柳城，這次頭功也被他得了；如果在西城縣，司馬懿又撈到一個大的，拿下了諸葛亮，他就算全功了。

拿到全功看似非常完美，問題是以後的仗還怎麼打？司馬懿功高震主，又搶了曹真的全部功勞，曹氏能放過他嗎？

司馬懿剛剛從被貶的狀態中恢復，立即立下全功，曹氏將沒法安置他，他的下場可想而知。所以他需要諸葛亮繼續存在下去，就像《三國演義》中諸葛亮特地在華容道放過曹操一樣，這是一種權術。司馬需要在與諸葛的對壘中，進一步鞏固自己的地位，培植勢力，而不是一上來就跟草包曹真爭功，那樣只會再次闖禍。

因此，《三國演義》中「空城計」之後的章節，感覺到曹真對自己不滿的司馬懿，處處讓著功勞給曹真，自己則一再謹慎謙抑，勝則不求全勝，只要一步步小勝；敗則避免大敗，實力必須保全——司馬懿其實是把諸葛亮當成了自己棋盤中的一顆小棋子而已。

為將者，眼觀六路，耳聽八方。按正常的戰爭邏輯分析，出動十五萬大軍，前後方圓百里之內的虛實，都在大軍哨探耳目的監視之下，否則司馬懿敢到處亂撞嗎？何況司馬懿根本就是隻非常狡猾的老狐狸。諸葛亮城中的虛實，應該都在司馬懿的算度之中。

所以兵臨城下時，他「止住三軍，自飛馬遠遠望之」，是在看孔明耍猴戲的醜態，心裡笑他。次子司馬昭初生牛犢，不明進退的祕要，偏要替老爸點破。司馬懿嫌他年少輕狂，所以才要「教訓」一番。諸葛亮見司馬懿竟被自己「嚇退」，也覺意外，硬撐著得意炫耀一下。

在羅貫中筆下，這樣用心的細節，前後一定會有相似的小故事照應一下，作為提醒。前面諸葛亮一戰而擒夏侯楙，卻不殺他，而是放了他，成全他「戴罪立功」，繼續瞎指揮，那是因為諸葛看透了夏侯。如今空城之下，司馬放過諸葛，讓他繼續帶兵（諸葛若被幹掉，蜀漢統帥必然換成魏延，因為當時蔣琬太年輕，姜維也還是無名鼠輩），這是因為司馬已經透過馬謖和孟達的下場，看透了諸葛。

《三國演義》對諸葛亮搞掉孟達，也有明筆表現。歷史上，孟達錯判形勢，在給諸葛亮的信中，說司馬懿將起宛洛之兵對付自己，不過宛洛在千里之外，鞭長莫及，自己有充分時間準備叛亂。而《三國演義》中，這封信變成了諸葛亮寫給孟達的，擺明是孔明在促使孟達誤判形勢。更妙的是，這二人的書信往來，被司馬懿截獲了，當時司馬的表現是「感嘆不已」，它對於孔明因小失大，因私廢公的做法，已經有了清晰的認識。

後面，司馬懿做了兩件事，一是在陳倉布置了郝昭，算定諸葛亮會來（正史上卻是曹真的功勞）；二是回到朝廷，向曹睿奏道：「今蜀兵見在漢中，未盡剿滅，臣乞天下之兵並力收川，以報陛下。」這是在要軍權，立刻便被曹魏嫡系的尚書孫資制止了，稱只要曹魏謹守邊境，讓敵人「自相殘害」，吳、蜀可以不戰而敗。

曹睿「大悟」，馬上就威脅性地問司馬懿：「此論如何？」司馬懿的野心被看穿，只好說：「此乃公論易安之理也。」此後，他就再沒有提過類似的要求，而且一直在裝孫子示弱、保持實力。

司馬懿和諸葛亮的默契

總之，羅貫中在「空城計」前後所塑造的諸葛與司馬的策略對比，可以讓我們感受到這二人的性格所帶來的不同人生選擇：一個是強出頭，一個是有意示弱。諸葛亮在蜀漢內部是強勢，在對曹魏時，蜀漢卻是弱勢；司馬懿在曹魏內部是弱勢，但曹魏對蜀漢卻是強勢。司馬不愁勝仗，卻擔憂自己的處境；諸葛不愁自己的地位，卻缺少勝仗為國家打開局面。相比之下，司馬懿的處境更難一些，所以他的應對也顯得更聰明，對後人更有借鑒意義。

像司馬懿這樣特地放對手一馬，以作為自己要脅軍權籌碼的，在戰史上也多有案例，其主角也無一例外，都是野心家，比如桓溫、劉裕、安祿山那樣的人。

丘處機勸誡成吉思汗真相

金點強

金庸先生在《射雕英雄傳》中講述過這樣一件事情：暮年成吉思汗年老體衰，他聞聽「全真七子」之一的丘處機有養生長壽祕訣，便派人下詔請丘處機前往汗帳，想向他討教長生之術。丘處機欣然應命，率領門徒不遠萬里前往西域大雪山，向成吉思汗進諫治國之本。歷史果真如此嗎？

在小說中，為了突出郭靖的大俠形象，金庸將丘處機的「西行」處理得並不突出。然而在真實的歷史中，丘處機師徒這一路卻頗不平凡。他們歷經磨難，甚至付出生命，最終得以面勸成吉思汗體恤百姓，解救萬千黎民蒼生。可以說丘處機的貢獻恐怕要比郭靖大得多。

被傳活了三百歲

丘處機生於一一四八年，山東人，自號「長春子」，曾拜全真教創始人王重陽為師，是著名的「全真七子」之一。一二一七年，他成為全真教第五任掌門。當時，由於戰亂紛繁、民生疾苦，很多人為尋找心靈寄託紛紛加入全真教，全真教在北方聲名大振。而年屆七旬的丘處機鶴髮童顏、碧眼方瞳，於是外界紛紛傳說他精通「長生不老之術」和「治天下之術」。這些傳言也傳到了率軍西征花剌子模國的成吉思汗耳朵裡。此時的大汗已是耳順之年，感到精力日衰、老之將至，身邊人又向他進言，丘處機行年三百餘歲，肯定有長生之術。這樣的神仙應該趕緊請來。於是一二一九年，成吉思汗寫下一封言詞謙虛、懇切的詔書，派劉仲祿前去邀請丘處機。

起初，接到詔書的丘處機頗感為難，全真教一向主張清心寡欲、清靜無為，不希望與亂世的政治有任何瓜葛。為此，他曾先後拒絕過金和南宋的邀請。但丘處機審時度勢，認為蒙古統治者很有可能一統天下。為了全真教的發展，他最終決定應詔。同時他也想借機為民請命，勸蒙古大汗少殺無辜。

弟子命喪西行途中

一二一九年臘月，丘處機帶領尹志平、李志常等十八位弟子從山東啟程西行。次年二月二十日，他們抵達當時蒙古統治下的燕京（今北京），當地官吏、士庶、僧道紛紛前往盧溝橋迎接這位大汗請來的神仙。而求丘處機題字簽名的平民更是絡繹不絕，他們希望有了丘處機的墨寶做護身符，就能免受蒙古大軍的燒殺搶掠。

此時，率軍西征的成吉思汗卻越行越遠，丘處機眼見在燕京見不到成吉思汗，便上書《陳情表》表明自己年事已高，並無治國才能，盼望能等大汗東返後陛見。劉仲祿以為丘處機是在講條件，就建議選一些漂亮女孩隨行，沒想到這一下子激怒了丘處機。劉仲祿慌忙派人將情況告知大汗。成吉思汗則再次下詔懇切催促丘處機西行。一二二一年二月八日，丘處機不顧年邁體衰，踏上萬里征途，向塞北高原挺進，開始了一年多的西行之旅。

當丘處機到達成吉思汗四弟斡辰的駐地貝加爾湖時，斡辰也想向他請教延年益壽之事。沒曾想，正當丘處機準備向他講授之時，突然風雪大作，斡辰大驚，認為是自己想搶在大汗哥哥前面得知長生祕術引起了天怒，於是只好作罷。

西行途中的艱苦更不必說，他們時常要受到沙塵暴、流沙的襲擾。艱難的時候，車子陷到流沙裡，馬兒停滯不前，人想挪動一步都很困難。丘處機的隨行弟子之一趙九古甚至病死於西行路上。

相處一載，神仙傳道

一二二二年初夏，丘處機終於到達了大雪山（今阿富汗興都庫什山），見到了成吉思汗。成吉思汗見丘處機果真是仙風道骨，十分高興，便開門見山地向他討要長生之術和長生不老藥。丘處機顯然早有心理準備，他說：「世界上只有衛生之道，而無長生之藥。」短命之人皆因「不懂衛生之道。」而衛生之道以「清心寡欲為要」，即「一要清除雜念，二要減少私欲，三要保持心地寧靜。」

在後來二人朝夕相處的日子裡，丘處機還不斷以身邊小事來勸誡成吉思汗。一次，成吉思汗打獵射殺一隻野豬時突然馬失前蹄，但野豬卻不敢撲向成吉思汗。事後，丘處機便入諫說：「上天有好生之德，陛下現在聖壽已高，應該少出去打獵。墜馬，正是上天告誡陛下。而野豬不敢靠近，是上天在保護著陛下。」成吉思汗對此十分信服，告訴左右人說：「只要是神仙的勸告，以後都照做。」成吉思汗過橋時，橋一下子被雷劈斷了。丘處機便說，這是上天在警告不孝順父母的蒙古人。於是成吉思汗就詔告國人，聽從神仙的指示，要盡孝道。丘處機還多次勸導成吉思汗，治理天下之術以「敬天愛民」為本，應該體恤百姓疾苦，保護黎民生命。

雖然丘處機開出的這些「祕方」並非成吉思汗真正所需，也沒有完全得到他的認可，但還是在一定程度上減輕了蒙古統治者對漢人的殘酷殺戮。康熙帝曾對此讚道：「一言止殺，始知濟世有奇功。」

解救數萬黎民百姓

到一二二三年春，丘處機已在成吉思汗身邊待了一個年頭。由於不適應高原氣候，加上思念故土，丘處機決定東歸。三月，大汗依依不捨地與丘處機辭別，並賜給他許多金銀財寶，卻遭到謝絕。於是成吉思汗下詔免除全真教徒的賦稅，並派人率騎兵五千護送他返鄉。

歸心似箭的丘處機僅用了四個月就走完了來時的路。成吉思汗也傳來聖旨，詢問他歸途是否順利、現在住得合不合適，並說：「朕常念神仙，神仙勿忘朕！」後來，成吉思汗又賜給丘處機虎符璽書，並命燕京行省將原金朝的御花園賞給全真教建造宮觀。從此，丘處機得以弘揚全真教、廣建道觀，掌管天下道教，取得了相當於蒙古國國師的地位。憑著虎符璽書，丘處機還解救了大批中原人，使兩三萬被蒙古掠奪為奴的人重獲自由。

一二二七年，丘處機病死，時年七十九歲。他死後，弟子李志常編撰《長春真人西遊記》，記述了這段不平凡的旅程。由於丘處機的足跡遍及今蒙古、吉爾吉斯斯坦、哈薩克斯坦、烏茲別克斯坦、阿富汗等國，該書也成為後人研究十三世紀中亞歷史與文化的第一手資料，並相繼有俄文、法文、英文譯本問世。

揭密：楊乃武與小白菜案實情

王策來

發生在清代同治、光緒年間的「楊乃武與小白菜」一案，是晚清四大奇案之首。當時鬧得朝野聳動、家喻戶曉。上個世紀九〇年代，陶慧敏主演的電視劇版《楊乃武與小白菜》更是讓這個故事婦孺皆知，後來這個故事又推出了新的版本。霍思燕扮演的新「小白菜」從逆來順受的傳統女性變成了一個勇於追求愛情、抗爭命運的「新女性」。影視藝術形式的「楊乃武與小白菜」已廣為人知。然而歷史上這一冤案的事實真相卻鮮為人知，到底「楊乃武與小白菜案」的實際案情是怎樣的呢？

姿色出眾的畢秀姑，人稱小白菜，其夫患病而死，卻被縣令劉錫彤誣為與楊乃武通姦謀殺，並且施用酷刑逼供，屈打成招。但是由於楊乃武家人不斷上告，又加上朝廷政治鬥爭的機遇，楊乃武、小白菜得以昭雪。楊乃武、小白菜是小人物，牽出的社會背景卻是紛繁複雜，引發出的案件情節跌宕起伏，所以楊乃武、小白菜的故事流傳至今仍然耐人尋味。

楊乃武、小白菜與葛品連

楊乃武於道光十六年（一八三六年）生於浙江省余杭縣城內（今浙江省杭州市余杭區余杭鎮）一個小康之家，自幼勤奮好學，為人正直。楊乃武結過三次婚，首為吳氏，次為大楊詹氏，後死於難產。繼娶小楊詹氏，即案發時之妻，後直至終老。

小白菜本名畢生姑，乳名阿生，小楊乃武十五歲，其父畢承祥，後來一些文藝作品中稱她為畢秀姑。小白菜八歲時隨母再嫁到余杭縣城，其母嫁給喻敬天為妻，小白菜稱喻為繼父。與楊乃武是鄰居，與葛品連也是鄰居。葛品連之父葛奉來，早年死亡。葛品連之母也是帶子再嫁給沈體仁為妻，沈體仁則是葛品連的繼父。小白菜十一歲時，經其母喻王氏與葛品連之母沈喻氏訂明，將小白菜嫁給葛品連為妻。葛品連成年後由繼父將其薦至豆腐店當夥計。小白菜十六歲時，葛品連便想將小白菜娶過門。小白菜與葛品連於同治十一年三月初四成親，小白菜即為葛畢氏。

此時，楊乃武正好在澄清巷口新造樓房三間。造房時由沈體仁監工，得知楊乃武還有新房多餘出租，就告訴了葛品連之母沈喻氏，沈喻氏通過趙蘭榮，向楊乃武租了樓房一間給小白菜夫婦居住，每月租金八百文，楊乃武和小白菜就在同一樓房內居住。葛品連仍在豆腐店幫夥，由於早上起得很早，有時晚上就宿在店中。小白菜一人在家，閑來無事，經常去楊乃武家中走走，有時就在楊乃武家與楊乃武同桌吃飯。小白菜還學起誦經，因識字不多，就請楊乃武教。開始，大楊詹氏還在，小白菜與楊乃武來往頻繁不至被人非議。同治十一年九月初八日，大楊詹氏因難產去世，整座樓房有時就只剩楊乃武和小白菜兩人。小白菜仍和以前一樣，不避嫌疑，與楊乃武來往甚密。後來有關楊乃武和小白菜有姦情的流言街坊鄰里都知道了。小白菜夫婦在楊乃武處住了一年以後，楊乃武提出要求把房租增至每月一千文。小白菜夫婦覺得難以承受，就另行租了太平巷王心培隔壁的房子居住。

大楊詹氏死後三個月，楊乃武和小楊詹氏即詹彩鳳結了婚。次年八月，楊乃武參加癸酉科鄉試，中了浙江省第一〇四名舉人。

案情發端

同治十二年十月九日，在豆腐店幫夥的葛品連因身體不適回家，途中數次嘔吐。大約早飯也未吃，便在糕點店買了粉團吃。到了家門口，還嘔吐不止。到家後就躺到了床上，他自以為又得了流火疾，便要小白菜去買桂圓和東洋參煎服。葛品連服用後並未見好，病情反而更為沉重。午後，葛品連病情沉重。延至申時，葛品連便死了。

葛品連死後的第二天晚上，屍體的口、鼻內竟流出血水。葛品連的義母馮許氏見後懷疑葛品連是中毒而死，便與沈喻氏等眾親友商議，請求官府前來驗屍，以驗明葛品連是否中毒致死。如為中毒而死，則請查根究底。此事告知了地保王林，當晚便請人寫好了呈詞。次日一大早，在地保王林的陪伴下，沈喻氏便向縣衙提交了要求驗屍的呈詞。

知縣初訊

余杭縣知縣劉錫彤，時已年近七十。劉錫彤接下呈詞，正準備與仵作沈祥及門丁沈彩泉等前去勘驗，恰好生員陳竹山來衙為劉知縣診病。陳竹山與劉錫彤關係密切，常來常往。於是一邊診病一邊就談起了即將去勘驗的事。陳竹山得知是為葛品連驗明死因，就把他在走街串巷時所聽說的有關楊乃武和小白菜之間的傳聞告知了劉錫彤，還說街坊鄰居都認為葛品連之死是楊乃武和小白菜因奸謀毒所致。

之後，劉錫彤帶著仵作沈祥及門丁沈彩泉來到了葛品連停屍處。仵作沈祥驗得葛品連屍身仰面作淡青色，口、鼻內有淡血水流出，身上起有大泡十餘個。但用銀針刺探喉部卻呈青黑色，擦之不去，不似砒毒之徵，心下疑惑。於是只是向知縣稟報說是中毒身死，卻未報何毒致死。劉錫彤也未問。沈彩泉問沈祥，沈祥說可能是生煙土中毒致死。沈彩泉說不可能是生煙土，服生煙土皆為自服，是自殺，不是他殺，肯定是砒毒致死。沈祥不服，便與沈彩泉爭執了起來。本來試毒的銀針應該用皂角水多次擦洗，結果也都忘了。劉錫彤惑於陳竹山之言，竟相信了沈彩泉的話，認為葛品連是砒霜中毒而死。當即將小白菜叫來訊問，問她「毒從何來？」小白菜答「不知」。劉錫彤即將小白菜帶回縣衙審問。

劉錫彤將小白菜帶回縣衙後，對其進行嚴刑拷打。據當年《申報》載，小白菜受的刑是「燒紅鐵絲刺乳，錫龍滾水澆背」。酷刑之下，小白菜作了與楊乃武系因姦情而謀害親夫葛品連致死的供述。

小白菜作完口供後，已是次日凌晨三更，劉錫彤一得到小白菜的供詞，立即派一王姓書辦並帶民壯阮德等前往抓捕楊乃武。阮德和書辦將楊乃武強行帶到縣衙。楊乃武半夜三更平白無故被強行帶至縣衙，窩了一肚子的火。當知縣訊問時，不但否認與小白菜因奸謀毒之事，還以粗暴的態度頂撞劉錫彤，使劉錫彤大為惱火。楊乃武得知小白菜的供認說是初五交給其砒霜。於是托人要求岳母本家親友為其作證，證明其初五日在南鄉除靈立繼，初六日才回余杭城內，意在否定小白菜供認的初五日交砒霜的事實。楊乃武岳父的乾兄弟監生吳玉琨、楊乃武岳父之侄詹善政、楊乃武的堂兄增生楊恭治及沈兆行、馮殿貴等人即按此要求向余杭知縣遞交了公稟。

由於楊乃武有舉人身分，系天子門生，不能用刑。劉錫彤束手無策，無法獲取定案的口供。次日，便呈報杭州知府，要求革去楊乃武的舉人身分。杭州知府陳魯又通過浙江巡撫楊昌浚向朝廷具題。同治皇帝在楊昌浚的具題上親批：「楊乃武著革去舉人，其因奸謀死本夫情由，著該撫審擬。」

杭州府再審

葛品連死後第十天，即同治十二年十月二十日，劉錫彤便將楊乃武和小白菜及全案卷宗解至杭州府。但楊恭治、吳玉琨、詹善政等人為楊乃武所作的初六日才回余杭城內的公稟卻被劉錫彤壓下了，沒有隨卷宗上呈杭州知府。

此時楊乃武革去舉人的御批已下，知府陳魯便動用大刑，楊乃武熬刑不過，只得承認與小白菜因奸謀毒之事。當陳魯追問砒霜來源時，楊乃武便編造了從杭州辦完中舉手續回余杭的途中，在本已熟識的倉前鎮愛仁堂藥店「錢寶生」處以毒鼠為名購得的。陳魯得到這一口供，以為案情已經大白，便叫劉錫彤將錢寶生的證詞取來。

「錢寶生」來到縣衙後，說自己不叫錢寶生，叫錢鹿鳴，又名錢坦，也沒有賣砒霜給楊乃武。劉錫彤對錢坦軟硬兼施，並表示不會追究其賣砒霜的罪責，也不會把他送到杭州府作證，並給錢坦寫了書面保證。錢坦後來同意按劉錫彤的意思作證。

陳魯得到「錢寶生」的證詞，又有楊乃武和小白菜的供認，就認為鐵證如山，可以定罪判刑。同治十二年十一月初六日，杭州知府陳魯作出判決，以因奸謀殺親夫罪處小白菜凌遲之刑，以授意謀害他人親夫處楊乃武斬立決，上報浙江按察使。

浙江按察使蒯賀蓀，開始覺得案有可疑。因為楊乃武乃是個舉人，他自己也是個舉人。他不太相信一個舉人會為一個女子而拋棄自己的前程不說，還得賠上自己的性命。於是他找來劉錫彤，詢及本案的經過情況，是否有不正常的情況。這劉錫彤向按察使拍胸脯保證，說此案鐵證如山，絕無冤屈。蒯賀蓀見此，也就放心了。遂將案件按照杭州知府的意見上報浙江巡撫楊昌濬。

在此期間，楊乃武在獄中，書寫了關於自己是被屈打成招的申訴材料，由其妻小楊詹氏即詹彩鳳向杭州各衙門申訴，但沒有引起浙江巡撫及臬司等地方官員的重視。

到北京告「御狀」

同治十三年四月，楊乃武之姐葉楊氏隨帶楊乃武岳母家的長工王廷南、王阿木，從上海乘輪船到北京，經在京的同鄉京官指點，向都察院遞交由楊乃武所寫的申訴材料。事先商定由王廷南進都察院遞交，臨進都察院前，王廷南說自己目力不濟，要王阿木進去遞交。這王阿木就說自己是王廷南。這樣，王阿木就被當作王廷南遞解回浙江杭州。

都察院接受了楊乃武的呈詞後，就下文給浙江巡撫，要求復審此案。楊昌濬將此案交杭州知府陳魯復審，結果當然只能維持原來的判決。

由於楊乃武之妻小楊詹氏多次在杭州各衙門鳴冤叫屈，杭州城內大街小巷傳言紛紛。此事引起了當時紅極一時的紅頂商人、江南藥王胡雪巖的關注。楊乃武之妻得到了胡雪巖的資助，有了再次進京的經濟能力。同治十三年九月，楊乃武之妻詹彩鳳隨帶其娘家幫工姚士法，攜帶楊乃武的呈控材料去北京，向步軍統領衙門遞交了這一材料。步軍統領衙門將楊乃武的申訴情況上奏皇上，皇上諭旨，將此案交浙江巡撫楊昌濬督同臬司親提嚴訊。但楊昌濬並未親提嚴訊，而是將此案交給剛到任的湖州知府錫光以及紹興知府龔嘉俊、富陽知縣許嘉德、黃岩知縣陳寶善共同審理此案。湖州知府錫光參與幾次審理後，即找了個藉口不再參與審理，不知原因何在。後來主要由龔太守審理此案，但不久便遇到同治皇帝駕崩等國家大事，又碰上全國性的考試，所以此案一拖再拖結不了案。

刑部大審

由於案件久拖不決，社會影響又大，刑部給事中王書瑞上奏要求重審此案。兩宮皇太后命浙江學政胡瑞瀾復審。胡官居學政，雖通學術，卻不諳刑名，難以勝任，兼之素與楊昌浚相熟，也未能推翻原判。

此後，該案又經歷重重周折，送達刑部。刑部在審查案卷過程中發現了一些疑點。

浙江籍的京官也非常關心家鄉這一轟動全國大案的審理情況。他們經綜合各方面的情況分析判斷，認為本案是一起冤案。於是他們聯名向都察院提交呈狀，根據刑部提出的前述案中疑點，又增加了他們聽聞來自家鄉的消息。都察院接到呈詞後，即向兩宮皇太后、皇上奏請。兩宮皇太后竟批准了都察院的奏請。

刑部接下此案後，便調集本案的有關證人及楊乃武和小白菜進京。由於當時本案的主要證人錢坦已死，刑部也無法依靠證人的證詞和人犯的口供定案。雖然在審理時發現楊乃武和小白菜都受過酷刑，與楊昌浚具題、胡瑞瀾上奏中所說的並無刑訊一節顯有不符，且楊乃武和小白菜也都推翻了原先因奸謀毒的供述，但刑部認為僅憑這些也難以定案。在審問進京人證的過程中，刑部官員發現余杭縣令劉錫彤所勘驗的葛品連中毒身死的屍體勘驗結論值得懷疑。於是經請得旨意，將葛品連的屍棺運至北京，重新勘驗葛品連的死因。

光緒二年十二月九日，刑部在北京海會寺開棺驗屍。由於此案影響很大，所以前來觀看開棺驗屍的人非常多。經仵作荀義、連順喝報，驗得葛品連周身大小骨殖均呈黃白色，確屬無毒因病而死。在場的劉錫彤以及原驗仵作沈祥也都不得不認可了這一鑑定結論。刑部官員還訊問劉錫彤、沈祥原驗情況，兩人承認，原驗時，試毒銀針並未按要求用皂角水反覆擦洗，不符合朝廷規定的檢驗要求；沈祥向劉錫彤只報服毒而死，卻未報何毒致死等等。

據此可見，楊乃武和小白菜的確冤枉。他們原來所作「因奸謀毒」的有罪供述顯然均為虛假。於是刑部上奏皇上，革去了劉錫彤知縣之職。其他相關審理官員也各自因審理不利而遭受處罰。楊昌濬、胡瑞瀾、陳魯等皆被革職，劉錫彤則被從重處罰，發往黑龍江效力贖罪，且不准收贖。沈祥被判杖八十並徒刑二年，沈彩泉被判杖一百並流二千里。楊乃武、小白菜冤屈被洗刷，但亦被處杖八十與杖一百。至此，案件審結，其時為光緒三年二月十六日，案件審理全過程歷時約四年。

楊乃武回到余杭後，曾去上海《申報》做過事，不久仍回余杭，以種桑養蠶度日。於一九一四年病故，享年七十四歲。小白菜回到余杭後，終因親友無靠，衣食無著，真的入庵做了尼姑，法名慧定。小白菜於一九三〇年圓寂，享年七十五歲。

代父從軍花木蘭的真相：其實她不姓「花」

人們熟悉的《木蘭詩》究竟是什麼時代的產物，木蘭為什麼姓花，她的家鄉究竟在哪裡？

韓 撲

中學課文裡選的民歌《木蘭詩》，很多人成年後仍能背誦，可是細勘詩句，卻總感覺味道很怪。因為這是一首很雜糅的詩歌，詩句的後面似乎藏著不同時代的聲音。南北朝時代落日的餘暉，令木蘭從軍征戰的故事，留下長長短短的暗影，一直投射到當代人的書卷旁邊。

《木蘭詩》的自相矛盾

翻開《木蘭詩》的原文，可以看到裡邊的時代符號錯綜糾纏，這裡先列幾個關鍵字出來：

機杼：木蘭在家裡織布，後文還有「出郭相扶將」，說明木蘭的家是在城市範圍內的。這個關鍵字說明木蘭家過著漢人的生產方式，至少是漢化的鮮卑人。

昨夜：這個有意思了，為什麼朝廷要在夜間把出征名冊通知到戶呢？按照我們的生活常識，不應該是白天張大榜公布嗎？這恐怕就是北方遊牧民族的遺習了。北方部落，白天出去放牧，夜裡才回到部落，所以大事軍務，都在夜間通告到戶。北魏鮮卑人入中原不久，還應該保持著這一遺習。

軍書：即兵冊。北朝時，世兵制過渡到府兵制，軍戶、士家世代出兵員，父退子繼，戶口也與民戶不同，平時生產、訓練，戰時出征。北朝和隋初時，這樣的家庭，社會地位低於民戶，但高於奴婢。隋煬帝時，軍戶編入民籍，差別消失。

可汗、天子：詩句裡邊上一句「可汗」（「可汗大點兵」），下一句「天子」（「歸來見天子」），指的都是同一人，就是皇帝，遊牧民族稱其為「可汗」，漢族稱其為「天子」。這樣混亂的稱呼，應當是因為北魏孝文帝開始強制漢化，不說漢語就不許當公務員，而民間趕緊改口，但改口不久，時時仍要冒出一點「口音」的緣故。據考，一直到隋代，有些鮮卑族的軍戶還是時有口音的。

市鞍馬：這一段非常奇異。木蘭去掃街，買了一大堆裝備回來。怪了，為國出征，難道要自帶裝備？唐代以前，世兵或府兵由國家提供裝備、補給，而從唐代起，府兵要自帶裝備、補給，所以這一段的描寫背景不會早於唐代初期。至於裡邊東南西北各買一樣的寫法，叫做互文，形容木蘭掃街，跑了很大一圈，很認真地置辦裝備，為後文木蘭能夠作戰立功進行鋪墊。

十二：文中三次出現十二，軍書是十二卷，策勳是十二轉，出征居然也是十二年。這顯然是約數。古人習慣以虛數入詩，如三、九、十、十二、千、萬等，但十二用得這樣頻繁，說明隋唐之際，十二是比較被習慣入詩的一個流行的數字。

黑山：不是遼寧的黑山。有考據稱，這裡的黑山即「殺虎山」，在今內蒙古自治區呼和浩特市東南百里。

燕山：也不是北京的燕山，而是「燕然山」，即今蒙古人民共和國境內的杭愛山。「殺虎山」和「燕然山」一帶，都是北魏與柔然間大戰的著名戰場。

策勳：隋開皇初年，採後周之制，置上柱國以下十一等，以酬勳勞。「十二級」的戎勳制度確立於唐高祖武德七年。這又是唐朝時候的事情了。

花黃：即額黃、眉間黃。這種妝扮起源於北周。原來北周宣帝宇文斌禁止天下婦女施粉黛，除了嬪妃宮女，都得「黃眉墨妝」。這說明《木蘭詩》產生年代不能早於北周宣帝末年。但到唐時花黃已不流行了。

紅妝：姐姐歡迎妹妹，「當戶理紅妝」。紅妝是胭脂，屬於施粉黛之列，說明這個姐姐又是唐朝人。

這麼一分析，就澈底糊塗了：怎麼一會兒是這一朝，一會兒是那一代？所以歷代人就《木蘭詩》產生的年代眾說紛紜，各執一詞。說它是北魏時創作的，舉黑山、燕山的例子；說是唐朝創作的，就舉策勳、紅妝的例子。

創作過程的時代真相

作為後人，筆者對這些考據精深的古人，也只好禮貌地說一句：你們一開始就搞錯了。

不要忘了，《木蘭詩》是一首民歌。最早在南陳時，有個和尚叫智匠，編了一本《古今樂錄》，「歌辭有《木蘭》一曲」。劉宋朝郭茂倩編《樂府詩集》，在《木蘭詩》的注解中稱「不知起於何代」，意思是沒有確切的創作年代。

北朝同一時期的民歌開頭用起興手法，往往異曲同詞，如《折楊柳》中有一首，前面六句是：「敕敕何力力，女子當窗織。不聞機杼聲，唯聞女嘆息。問女何所思？問女何所憶？」《木蘭詩》開頭的起興，顯然與《折楊柳》同源，再加上詩中的一些關鍵字和細節，可以證明，《木蘭詩》的雛形產生於北朝是無疑的；到南朝梁陳之時曲辭流傳到南方，得到記載和整理；到唐朝，有一個叫韋元甫的朔方節度使，在民間又得到這首已經流變了很多年的民歌，再次整理潤色出來，很可能還參照了《古今樂錄》的版本，於是才有了《木蘭詩》最終的版本。

現代人的歌詞裡唱「東邊牧馬，西邊放羊」，那麼真實的生活裡就不到西邊牧馬，不在東邊放羊了嗎？這個跟「開我東閣門，坐我西閣床。脫我戰時袍，著我舊時裳。當窗理雲鬢，對鏡貼花黃」一樣，也都是互文，是趣味化的鋪陳。北朝，是性情奔放的年代，女人牧馬、放羊、打仗，都是很厲害的，絲毫不讓鬚眉。所以木蘭的故事，應該是有很多的個案為其衍生的素材。

民歌體裁作品的產生、流傳、變化和整理完成，一般都要經歷過一個很長的發酵時間，不可能一蹴而就。《木蘭詩》之中雜糅了各個時代的印記，正是這一文學規律的極好注解。

木蘭的「姓」從哪裡來

現在說木蘭，就是「花木蘭」。其實在歷史上很長時間內，她並不姓「花」。因為詩裡沒有提到她的姓，所以《大明一統志》中說，木蘭姓朱；《大清一統志》則說木蘭姓魏。我們現在的說法來自徐渭徐文長，他的《四聲猿傳奇》一口咬定木蘭姓花。此說隨著清代戲曲的興盛而在民間得以廣泛流行，甚至還敷衍出了木蘭的阿爺叫花弧，紅妝的阿姊叫花木蓮，磨刀的弟弟叫花雄，母親是花袁氏。其實這都是後人附會的，準確地說，是編的。那麼，木蘭是哪裡人呢？

這個問題本來沒有意義，但在眼下這個連沙和尚都已經被找到故里的時代，木蘭的故鄉在何處，確實很可能影響所在地的旅遊經濟，乃至投資項目，所以這個問題不僅有意義，意義還很迫切。

過去的說法有：

元朝劉廷直撰《木蘭碑》，稱木蘭是直棣完縣人，《完縣誌》後來的相應記載也支援這種說法。

河南《商丘縣誌》明確記載，木蘭為商丘人（還有後代和祠堂呢！），連木蘭生日都有，是農曆四月初八。

姚瑩《康輶紀行》稱木蘭是甘肅武威人。

《大清一統志》又以為，木蘭為潁州譙郡城東魏村人（今安徽亳州市譙城區），這個落實到村一級了，而且也有祠堂。

現在要讓我說，木蘭當然是東北人！（這當然只是個玩笑罷了。不過也有不是玩笑的成分，木蘭是鮮卑人，鮮卑人的故土，則正是在東北。）

東方「福爾摩斯」狄仁傑的真臉譜

孫彥博

中國中央電視台熱播的大戲《神探狄仁傑》，案件撲朔迷離，情節跌宕起伏。畫面中狄仁傑鎮定自若，深邃的眼神審視現場，人命官司正朝著他的推斷一步步水落石出，所有人的心思都跟著他到了案發現場……

他真的有如此之神嗎？多年為官的他，能夠觸及皇室威權而不倒，這究竟是什麼原因呢？

現在大多數中國人對狄仁傑的認識，有很大一部分源自荷蘭的漢學大師高羅佩博士對狄仁傑的描述。他的偵探小說《狄公案》發行一百多萬冊，並被譯成多種外文出版。由此人們大多知道了狄仁傑是破案高手，卻很少注意到他的為官之道。歷史上女性掌權通常多疑而嗜殺，而武則天作為歷史上唯一稱帝的女性更是其中的典型人物。高處不勝寒，在這樣一位女皇的身邊，狄仁傑能多年身處高位而不衰，他自然有其獨到之處。

生而大丈夫

唐高宗儀鳳年間（六七六年至六七九年），年近不惑的狄仁傑升任大理丞，一年之內判決了大量的積壓案件，涉及一萬七千餘人，無冤訴者，一時名聲大振，成為朝野推崇備至的斷案如神、懲奸除惡的大法官。狄公斷案如神莫如說他從來就沒有「三思而後行」，沒有忌憚那涉案其中的官紳名流。他因斷案出名，那是「果」，而狄仁傑的直諫，他的忠君之道才是「因」，真正保全了他。

儀鳳元年（六七六年），武衛大將軍權善才誤砍昭陵柏樹，唐高宗大怒，命令賜死。狄仁傑奏罪不當死，唐高宗疾言厲色地說：「善才斫陵上樹，是使我不孝，必須殺之！」狄仁傑神色不變，據法說理：「犯言直諫，自古以為難。臣以為遇桀、紂則難，通堯、舜則易。今法不至死而陛下特殺之，是法不信於人也，人何措其手足！今陛下以昭陵一株柏殺一將軍，千載之後，謂陛下為何主？此臣不敢奉制殺善才，陷陛下於不道。」終於迫使唐高宗改變了主意，赦免了權善才的死罪。

不久，狄仁傑被唐高宗任命為侍御史，負責審判案件，糾劾百官。調露元年（六七九年），司農卿韋弘機建宿羽、高山、上陽等宮，寬敞壯麗。狄仁傑上奏章彈劾韋弘機引導皇帝追求奢侈，韋弘機因此被免職。左司郎中王本立「恃恩用事，朝廷畏之」。狄仁傑毫不留情地揭露其為非作歹的罪行，請求交付法司審理。唐高宗想寬容包庇王本立，狄仁傑以身護法：「國家雖乏英才，豈少本立輩！陛下何惜罪人以虧王法。必欲曲赦本立，請棄臣於無人之境，為忠貞將來之戒！」王本立最終被定罪，朝廷肅然。後來狄仁傑官遷度支郎中，唐高宗準備巡幸汾陽宮，以狄仁傑為知頓使，先行布置中途食宿之所。并州長史李沖玄以「道出妒女祠」，徵發數萬人別開御道。狄仁傑說：「天子之行，千乘萬騎，風伯清塵，雨師灑道，何妒女之害耶？」俱令作罷，免除了並州數萬人的勞役。唐高宗聞之讚嘆說「真大丈夫矣」！

順應時變，大周良相

武則天垂拱二年（六八六年），狄仁傑出任寧州（今甘肅寧縣、正甯一帶）刺史。其時，寧州為各民族雜居之地，狄仁傑注意妥善處理少數民族與漢族的關係，「撫和戎夏，內外相安，人得安心」，郡人為他建碑頌德。是年，御史郭翰巡察隴右，甯州歌狄刺史者盈路，郭翰返朝後上表舉薦，狄仁傑升為冬官（工部）侍郎，充江南巡撫使。到任之後狄仁傑針對當時吳、楚多淫祠的弊俗，奏請焚毀祠廟一千七百餘所，唯留夏禹、吳太伯、季劄、伍員四祠，減輕了江南人民的負擔。垂拱四年（六八八年），博州刺史琅琊王李沖起兵反對武則天當政，豫州刺史越王李貞起兵回應，武則天平定了這次宗室叛亂後，派狄仁傑出任豫州刺史。

當時，受越王株連的有六、七百人在監，籍沒者多達五千人。狄仁傑深知大多數黎民百姓都是被迫在越王軍中服役的，因此上疏武則天：「此輩咸非本心，伏望哀其詿誤。」武則天聽從了他的建議，特赦了這批死囚，改殺為流，安撫了百姓，穩定了豫州的局勢。其時，平定越王李貞的是宰相張光弼，將士恃功，大肆勒索。狄仁傑沒有答應，反而怒斥張光弼殺戮降卒，以邀戰功。他說「亂河南者，一越王貞耳。今一貞死而萬貞生……明公董戎三十萬，平一亂臣，不戢兵鋒，縱兵暴橫，無罪之人，肝腦塗地……但恐冤聲騰沸，上徹於天。如得上方斬馬劍加於君頸，雖死如歸。」狄仁傑義正辭嚴，張光弼無言可對，但懷恨在心，還朝後奏狄仁傑出言不遜。狄仁傑被貶為複州（今湖北沔陽西南）刺史，入為洛州司馬。

但是狄仁傑的才幹與名望已經逐漸得到武則天的讚賞和信任。天授二年（六九一年）九月，狄仁傑被任命為地官（戶部）侍郎、同鳳閣（中書省）鸞台（門下省）平章事，開始了他的宰相生涯。身居要職，狄仁傑謹慎自持。一日，武則天對他說：「卿在汝南，甚有善政，卿欲知譖卿者乎？」狄仁傑謝曰：「陛下以臣為過，臣當改之；陛下明臣無過，臣之幸也。臣不知譖者，並為善友。臣請不知。」武則天對他坦蕩豁達的胸懷深為嘆服。

久視元年（七〇〇年），狄仁傑升為內史（中書令）。這年夏天，武則天到三陽宮避暑，有胡僧邀請她觀看安葬舍利（佛骨），奉佛教為國教的武則天答應了。狄仁傑跪於馬前攔奏道：「佛者，夷狄之神，不足以屈天下之主。彼胡僧詭詐，直欲邀致萬乘所宜臨也。」武則天遂中道而還。是年秋天，武則天欲造浮屠大像，預計費用多達數百萬，宮不能足，於是詔令天下僧尼日施一錢以助。狄仁傑上疏諫曰：「如來設教，以慈悲為主。豈欲勞人，以在虛飾？比來水旱不節，當今邊境未寧。若費官財，又盡人力，一隅有難，將何以救之？」武則天接受了他的建議免去其役。

興復皇室，大唐功臣

狄仁傑一生中最重要的活動是興復李唐皇室。這個活動，分為兩步，第一步是將被囚禁在房州的李顯迎回洛陽，然後把他推上儲君位置。這一步，在狄仁傑活著的時候，便已成功了。第二步是將李顯推上帝位，這一步在狄仁傑死後，才得以實現。

狄仁傑要實現他的想法，首要的一條就是要設法對武則天施加影響，改變她對兩個兒子的看法，使李顯與李旦兄弟能夠擺脫被囚禁的地位。但在他與武則天建立相當緊密的信任之前，要想對武則天施加影響是不可能的。武則天延載三年（六九六年）五月以後，狄仁傑逐漸獲得了這種信任。

獲得信任以後，狄仁傑不露聲色地展開了興復李唐皇室的活動。這個活動分兩步進行，一是利用別人；一是他親自出馬，雙管齊下。這個時候，武則天養了兩個男寵，張易之與張昌宗。這兩個人是嫡姓兄弟，原來地位不高，因為備受武則天寵愛，旬日之間，貴震天下。武承嗣極力想接近他們，以謀求太子位置，狄仁傑也接近他們，以實現自己的計畫。二張兄弟有一種不自安的心理：他們現在的地位是如此優越，又來得如此容易。他們擔心，有朝一日，不幸的事情會發生，他們將喪失一切，乃至於自己的生命。

於是他們向狄仁傑請教「自安之術」。狄仁傑告訴他們，只有一個方法，可以長保富貴，這便是勸武則天將李顯迎回洛陽，並立為太子，二張如能立此奇功，一旦武則天去世，繼承帝位的便是李顯，二張有了迎立之功，任何災難也就不會降臨到他們頭上了。二張採納了狄仁傑的意見。

狄仁傑又用與武則天接觸的機會，多方勸說武則天。一次，武則天帶著一種不安的情緒，和近臣們談起了她的一個夢，她夢見一隻大而美麗的鸚鵡，可是它的兩個翅膀全折斷了。武則天要求近臣們對這個夢做出解釋。在一段沉默之後，狄仁傑說話了：「臣以為，那只大而美麗的鸚鵡就是陛下自己，因為陛下姓武。」這個解釋是有根據的，因為武則天常將鸚鵡來擬比自己。「兩翅，就是陛下的兩個兒子。」狄仁傑指的是李顯與李旦。「現在他們都處於被囚禁的地位，這就是兩翅折斷的意思。沒有翅膀的鸚鵡不能飛翔，陛下起用王子，鸚鵡就能飛翔了。」

聖曆元年（六九八年），武則天的侄兒武承嗣、武三思數次使人遊說太后，請立為太子。武則天猶豫不決。狄仁傑以政治家的深謀遠慮，勸說武則天順應民心，複立廬陵王李顯。當時大臣李昭德等也曾勸武則天迎立李顯，但沒有為武則天接受。對武則天瞭解透澈、洞燭機微的狄仁傑從母子親情的角度從容地勸說她：「立子，則千秋萬歲後配饗太廟，承繼無窮；立侄，則未聞侄為天子而附姑於廟者也。」武則天說：「此朕家事，卿勿預知。」狄仁傑沉著而鄭重地回答：「王者以四海為家。四海之內，孰非皇土？何者不為陛下家事！君為元首，臣為股肱，義同一體。況臣位備宰相，豈得不預知乎？」最終武則天感悟，接受了狄仁傑的意見，親自迎接廬陵王李顯回宮，立為皇嗣，唐祚得以維繫。

梁國公

在狄仁傑為相的幾年中，武則天對他的信任與重用是群臣莫及的，她常稱狄仁傑為「國老」而不名。狄仁傑喜歡面引廷爭，武則天「每屈意從之」。狄仁傑曾多次以年老告退，武則天不許，入見，常阻止其拜。武則天曾告誡朝中官吏：「自非軍國大事，勿以煩公。」久視元年（七〇〇年），狄仁傑病故，朝野淒慟，武則天哭泣著說「朝堂空也」。贈文昌右丞，諡曰文惠。唐中宗繼位，追贈司空。唐睿宗又封之為梁國公。

末代皇儲口述：溥儀立嗣的隱祕內幕

愛新覺羅．毓嵒

末代皇帝溥儀被俘，在蘇聯期間卻鄭重立嗣，溥儀的侄子愛新覺羅．毓嵒，作為祕儲皇子，又是溥儀的心腹之一，從滿洲國開始，追隨溥儀十年，洞悉末代皇帝心態，親歷歷史更迭。溥儀為什麼要立愛新覺羅．毓嵒為嗣，在當時的那種情況下又是怎樣立嗣的呢？

大約在一九五〇年春季，蘇聯當局又將我們這幾個人從士兵管理所，重新調回了伯力第四十五收容所。我又與溥儀重新見了面。他見到我後，非常高興，連連叫著我的名字，親熱地說：「這麼長時間沒見著你，還挺想你呢！」

「我也很想您呀！也許咱們又能住在一起了。」

這話倒並非毫無根據，因為我一回到這裡就聽說，還要我與溥儀住在一間屋內。

事實果然如此，沒過幾天，我和溥儀同住於二樓的一間屋裡。

當時，張紹紀（滿洲國國務院總理張景惠之子）仍然和他住在一起。看得出來，溥儀對他的戒心比以前還大，與他的關係顯得很疏遠。我回來了，溥儀自然喜出望外，因為他是將我當作不隔心的自己人。

還有使溥儀更高興的事。一天，我趁著屋內沒有人的時候，悄悄地拿出了我在士兵收容所，用三百盧布贖回的那塊溥儀當初送給別人的白金手錶。溥儀瞅出了送到自己手中的錶，就是他戴過多年的那塊白金手錶時，極為興奮，拿在手裡反覆賞玩。或許溥儀認為，這表現了我對他的「忠心」，從此對我更加信任。

而我的任務依舊沒有變，仍然像從前那樣每天為溥儀拿飯，洗衣服，整理床鋪等等。於是我又複歸成了他非正式的「服務員」。自從溥儀到蘇聯以後，每次理髮都是讓我用剪子給他剪短些就行了。不知是出於防備日本人加害於他，或其他的什麼心理，他從不願意讓理髮室的日本士兵為他理髮。

蘇方按其所長，將我們重新分了工。在收容所裡全然沒有了過去滿洲國宮廷的等級界限，唯有溥儀，仍每天不幹活兒，被蘇方靜靜地養在收容所裡頭。

在此前後，蘇聯當局已經開始了遣返日本低級戰俘。這時，處理日本高級戰俘之事，顯然也已迫在眉睫了。聞此，溥儀就又慌了神，他雖然多次向蘇聯政府催促關於要求留居蘇聯的答覆，但一直杳無音訊。他唯一求得精神解脫的就是，每天吃過晚飯後便一次又一次地誦經念咒，乞求神佛保佑，而且一再地搖著他那枚銅錢，占卜打卦。

由於留居蘇聯音訊全無，他好像覺得被蘇聯送回中國已經成為定局，難以避免，也就認定回國後必死無疑，目前只是臨死前的喘息。在這種心態下，溥儀不得不考慮到根本不存在的「後事」。倘若一旦不妙，真要是逃脫不了見「上帝」的命運，自己連一個兒子也沒有，那麼誰能承繼「香火」呢？誰能繼續秉承他一直夢寐以求的復辟「大清帝國」的宿願？

想來想去，他根據當時的形勢分析，以為很快將被送回中國了，於是就在一九五〇年六、七月間的一天傍晚，大約七、八點鐘，向我宣布了關於「立嗣」之事。

以往，我們那間房子裡一共住著四個人。除了溥儀和我以外，還住著我的七弟毓嶦和張紹紀。偏巧，那天其他的人都不在，房內只有溥儀和我二人。

「我今天要和你說點兒心裡話。」當時，溥儀親密地拽著我坐在一個角落裡，表情顯得異乎尋常。我看出他有事要對我講，便對他小聲地說：「您如果有什麼話，儘管吩咐我。」

但我始終沒料到，他竟然說出了使我大為驚訝的一番話來。「唉，你對我一貫盡忠效力，尤其在這患難之際，仍然對我忠心不貳，始終為我效勞，太不容易了！」溥儀兩眼望著我，發出了由衷的感慨。

「前幾次，我想留居蘇聯，你能捨家隨我一起要求留在蘇聯，實在是列祖列宗的好後代！」

溥儀說到這裡，似乎動了感情，眼睛裡閃射出一種激動的目光。他湊近了些，面對面地對我一句一頓地說道：「所以我決定，從現在起，立你作為我的『皇子』！」聽到這裡，我大大地吃了一驚。因為事先我一點也不知道他這個主意。「皇上」立「嗣」，自古以來就是一件特大的國事。多少人曾為皇上立「嗣」這種事，自相殘殺，死無葬身之地……而我在瞬間，竟然成了中國最後一個皇帝的繼子，簡直不可想像！我看著溥儀那一副十分認真的樣子，根本不像是在與我開玩笑。

「毓嵒，」溥儀極為鄭重其事地對我說：「你現在就跟著我，向列祖列宗行禮！」於是，我跟隨著他伏在地上，面朝黑皮箱，向心目中的「列祖列宗」行了三跪九叩的大禮。然後我又按照他的要求，轉身向溥儀行了三跪九叩之禮。「坐下吧。」溥儀讓我重新坐下後，又對我囑咐說：「你以後要對我更加盡忠盡孝。要和我一樣，念念不忘恢復大清皇朝的基業！」

此時，我已經被他這個突然「立嗣」的舉動弄得惶恐不安，只會連聲說著：「是，是，皇阿瑪！」「君臣」變成了「父子」。他是退了位的「皇帝」，我是敗落的王爺的後代，而他竟讓我繼承他那個實際已經不復存的「皇位」。

在溥儀長期的「恩威並施」的教育之下，我早已經逐漸地成為了他的忠實「奴僕」。對於他的意圖和旨意，我是說一不二地執行，絕無半點虛假。無怪乎，有人在背後罵我是溥儀的「馬屁精」。而事實的確如此。只要是有人說了溥儀的壞話或者是做了對溥儀不利的事情，我總是要趕緊去向溥儀彙報。對此，溥儀是非常滿意的。我的信條是：以「君辱臣死」為己任。也許是溥儀看出了我的這一點，他才對我格外信任。

據我所知，這也就是溥儀之所以在看到申請留居蘇聯希望不大，被遣送回中國前夕，看中我並將我「立嗣」為他的繼承人——皇子的主要緣故之一。過了很久，我才知道，關於「立嗣」之事，溥儀早已醞釀了很長時間。最初，溥儀看中的是毓嵣而不是我。從頭腦的靈活程度以及接人待物而言，他在每一方面都是略勝我一籌的。然而隨著時光的流逝，毓嵣變得越來越不聽溥儀的話，甚至在某些方面公然違抗溥儀的旨意。所以溥儀對他極為不滿。

「順我者昌，逆我者亡。」這是溥儀待人的一貫作法。在戰犯收容所內，他不敢明目張膽地這樣聲稱，但是他的骨子裡仍舊是「依然故我」。按照這一條原則，溥儀與戰犯收容所內的幾位愛新覺羅家族成員，幾經磋商，最後「立嗣」的物件，自然而然地選定了我。

溥儀被引渡回國真相

程遠行

末代皇帝溥儀等人被引渡回國的這段歷史，被拍成電影、電視劇，有的電影虛構溥儀在廁所上吊自殺；有的電視劇說農民集體批鬥了溥儀。歷史的真相究竟如何？老一代外交家王炳南和喬冠華的祕書程遠行先生揭開了這個歷史謎團……

關於末代皇帝溥儀等人被引渡回國的這段歷史，特別是溥儀在引渡入境前後和火車上的表現和言論，知道的當事人極少極少。

二十世紀八〇年代初，我因工作關係，在全國人大常委會開會的時候，和全國人大常委會委員溥傑（溥儀的胞弟）常常見面。我們經常議論這段引渡溥儀的歷史。當時我們有一個共同的想法，認為這段歷史非寫不可，一是為了歷史的需要，二是我們的年齡已不年輕。寫出這段引渡事件，也已經是一件事不宜遲的急案了。特別是在八〇年代，社會上有關皇帝的宣傳熱，有些過頭，有些失真。為此，我們很有必要將溥儀這段被引渡回國的歷史寫出來，真實地向讀者作個介紹，以免再以訛傳訛。

滿洲國大臣被嚇得尿褲子？

滿洲國各大臣和將領在被引渡回國過程中，精神上是有些緊張、有些害怕。據某大臣事後說，當時他們不知道中國共產黨會怎麼處理他們，是像對待地主那樣，先批鬥、後槍斃，還是被發配到邊陲流放，心裡都沒有底。他們帶著重重疑慮，從蘇聯火車下來後，就四處觀察，走了一百多公尺的步行路程，並沒有看出有什麼異常，反而在心裡增加了幾分安全感。他們看到的是，在車軌之外二十多公尺外，站了幾個人，有一個蘇聯押送代表蘇軍中校，有兩個穿中山裝的中共人員，還有在中國列車車廂門前的一個列車員。所見到的中國人，都看不出有什麼敵意。這和當年日本關東軍押送犯人的情景完全不同。

然而，在某電視劇裡，卻把這些大臣、將領們描寫得像膽小如鼠的草包。其中還傳說有這麼一段故事，有一個滿洲國大臣一登上中國的火車，就嚇得直哆嗦，還沒等找到座位，就嚇得尿了褲子，還大聲地向持槍的解放軍報告說，他尿褲子了！

編制這類聳人聽聞的所謂歷史故事，無非是要博得觀眾一笑。可作者想沒想到，活著的那些當事人，看了這一電視，會有什麼反應。一位大臣說：「我們是有罪，應以法論處，何必如此醜化我們呢？與其這樣醜化我們，還不如一槍斃了我們，不更痛快！」

其實這些人當中有文有武，雖說他們並不都是有覺悟的人，但也都不是一群大字不識的草包。雖說他們在懵懵懂懂地摸著石頭過河，但他們都不是一群一文不值的傻瓜，其中有的人也很有學問。因此還不至於在吉凶未卜的情況下，先嚇得尿了褲子。

再者，這些大臣、將領雖然在滿洲國時代，做了多年養尊處優的高官，養成了驕奢淫逸的習氣，但他們大都是些經過風浪、碰過驚險的綠林好漢。他們有的人出身行武，有的人出身土匪、紅鬍子，有的人本身就是老一代東北軍的軍閥。他們都是些不怕死、玩過命的山大王。這些人怕什麼？什麼也不怕！什麼死亡風險啦，什麼萬炮齊轟啦，這些玩意兒對這些人來說，是小菜一碟，有何可懼？他們有的人雖然沒有動過刀，沒有動過槍，也沒有什麼「轟轟烈烈」歷史經歷，但他們都不是省油的燈，而是一些出賣過老祖宗、出賣過人格靈魂、出賣過國家資源的老油條。他們都是一些遇事不慌、老謀深算的「老狐狸」，這一類的人物怎能在被移交回國的過程中，流露出窩窩囊囊、貪生怕死的樣子呢？

我和溥傑均在現場都沒看到、也沒聽到有誰受嚇而尿褲子的事，所以那些人純粹是瞎掰。

溥儀在廁所上吊自殺？

尤其是在某部電影裡，虛構了末代皇帝廁所自殺的場景，讓人無法忍受。所虛構的故事是這樣：時間是這批俘虜被引渡的路上，溥儀戴著一副深色眼鏡，穿著一身黑色西裝，手裡提著一個中型皮箱，步調沉重地走進了一個寬大的廁所。當溥儀走進去後，廁所裡傳出了一聲喊叫：「皇上上吊自殺了！」接著有幾個滿洲國大臣，也陸續走進廁所，有些人也慌慌忙忙地在廁所門前進進出出，一場混亂。在這一片混亂的氣氛中，有個大臣說出了皇上自殺的原因，說什麼「皇上本想留在蘇聯，不想回國。今天既然已經被押了回來，他就以死不從」。

這個故事弄得很玄虛。究竟溥儀上吊了沒有？自殺身亡了沒有？是怎麼又活了過來？誰也弄不明白；各大臣在廁所跑進跑出，是在幹什麼？是進去看熱鬧，還是去救人？誰也弄不清楚。

這故事給人一個總括印象是，溥儀出自對新中國不瞭解、不放心，對蘇聯把他引渡回國不滿，而走進廁所上吊自殺的。換句話說，新中國這場引渡，把溥儀的小命差點給斷送了。

這種推斷式的故事，對執行引渡使命的人來說，頗有壓力。

事實上，根本就沒發生過溥儀上吊自殺的事情。

溥儀這個人不是一個有膽量、有勇氣、敢於自殺的人。如果他因為皇位旁落，或是皇座完蛋而感到前景無望，就想自殺的話，那麼他這一生恐怕早就死過幾次了。他在年近半百的時候，又被俘虜到了蘇聯，一些不如意的事情，接連發生，一些自殺的理由，不斷出現，可他都挺了過來。這次被押送回國，誰也沒逼他，誰也沒惹他。他卻要上吊自殺。誰相信？這位末代皇帝也是經歷過風雨的人物。他面對這一嶄新的客觀形勢，情況還沒弄清楚，就先步入黃泉，用意何在？

如果說溥儀出自「怕」或出自「懼」，而想了斷自己，這也太低估了這位敢於出賣老祖宗，敢於向日本軍國主義集團投靠，敢於坐上滿洲國皇帝寶座的溥儀了。

溥儀此人的思想，在改造之前，就其根源和體系說來，是屬於帝王將相、唯我獨尊的範疇。他自認為是神仙下凡，是真龍天子，他的話就是法律，他的一舉一動都是天意。天下人誰也不能傷害他，誰也不敢傷害他。他本人也不容許受人欺辱，更不會遇到一點點挫折就想駕崩歸天的人。

假如溥儀真要自殺，他也下不了這個手。他沒有這個勇氣，因為他連個蒼蠅都不敢打。既不敢殺生，何敢滅己呢？況且他要自殺，也對不住他愛新覺羅的老祖宗啊！因為愛氏老祖宗給他的使命是要支撐住老祖宗給他留下的江山——大清國。祖傳的「家業」被推翻的大趨勢，他也奈何不得，但這好端端地「家業」落到人家手裡，他怎麼會甘心呢？怎麼會俯首聽命呢？因此他不管處在何時何地，他滿腦子裡想的是「復辟」，想的是收回失去的江山，想的是恢復他的皇位。有人硬說，溥儀在引渡過程中絕望得想上吊自殺。這不是他當時的思想，不是他的本意。因為他真的就這樣窩窩囊囊地一死，還有什麼臉面，歸天去見他的列祖列宗？

如果溥儀上吊發生在蘇聯境內廁所裡，但蘇聯押送代表根本沒談及此事；如果是發生在綏芬河車站廁所裡，那就更是一個虛構的故事，因為在綏芬河火車站裡，還沒有一個像樣的廁所，更沒有像故事裡描寫的那種高水準、規格高的大廁所。況且在蘇中雙方移交戰俘的時候，我們已明確下令限制，這批戰俘從蘇聯火車下來，嚴格按照指定路線，步行兩百公尺的路程，走上中國火車的最後一節車廂。在這中間，不准許任何俘虜去火車站上廁所。

溥儀剛坐上中國火車時，急切想摸摸車上的情況，以窺測火車的去向。他曾問過廁所是在前邊，還是在後邊。實際上，他是以上廁所為名，走過去看看有什麼反應，車廂裡有什麼「動靜」。他走到這節車廂的前頭，轉了一陣，也沒上廁所，就又回到了自己的座位。一兩天的旅途，溥儀也去過幾次廁所，沒出現有任何找機會自殺的跡象。

溥儀怕死，他不想死是一貫的。不想死對他來說不難。只要不自殺就不會死。但是如果軍事法庭一旦判他死刑，或者是把他交給農民批鬥，就難逃一死。這兩種死，都是他無法抗拒、無法挽救的。這也是溥儀最擔心的事。於是溥儀在登上中國火車之後，就千方百計地想從各方面瞭解中共對他的態度，是把他先送進法庭，或是先交給農民批鬥，還是網開一面。他希望從押送人員嘴裡得到的是可以不死的資訊。因為他不想死，他要力爭活著。

火車離開綏芬河不久，溥儀在車廂裡悠閒的時候，偶爾聽到有人低聲說：「上邊來了！」他很高興，似乎回到中國，又有人稱他「皇上」了。同時他看到幾個大臣們又說又笑，嘻嘻哈哈，還和中共的押運兵（小王）聊得很熟。當小王走開之後，這幾個大臣更是談笑風生，比在蘇聯打麻將的時候還坦然、還自在。這一氣氛對溥儀的影響不小，好像他和死神也拉開了不少距離。接著他的情緒也有了變化，膽子也壯了起來。

溥儀從車廂廁所回來之後，主動找陸曦談了一次話。這次談話，使溥儀多少也摸到了一點底。至少他知道，在火車上會平安無事。於是他便採取了走一步、看一步的辦法，先吃好、再睡好，醒了以後再說。因此溥儀被押送到撫順的路上，想自殺的念頭都不會有的。

農民集體批鬥溥儀？

某電視劇裡還有這麼一段故事。在靠近火車的一個大月臺上，有一大群農民，有的手持鋤頭，有的拿著扁擔、鐵鍬，還有的拿著紅纓槍，呼呼啦啦地擁了上來。為首的農民頭目，還「哇啦哇啦」地嚷著什麼，農民們也在喊些什麼。

當火車進站之後，農民們頓時靜了下來，似乎要看看火車裡都是些什麼人？

火車門一開，下來的竟是溥儀和幾個滿洲國的大臣。就在這一片寂靜的火車站上，突然爆發出一陣農民們的吼喊聲。為首的農民大叫一聲：「他就是皇帝，他就是皇帝，就是他！」他這麼一叫，農民們跟著就七嘴八舌地喊了起來。有人喊：「就是他！沒錯，就是他！」有人喊：「打死他！打死他！」還有幾個手持鐵鍬的農民擠到了火車門口，大喊大叫：「我要殺了這個狗皇帝！」

溥儀面對這種鬥爭場面，很害怕，似乎死期已經來臨，有些不知所措。有的大臣被嚇得直哆嗦。火車門口，已有持槍大兵在把持，沒有退路。兩旁的軍警虎視眈眈地在盯著他們。怎麼辦？想逃無處逃，想躲無處躲。對面的這些手持農具的貧雇農，似乎真的要把溥儀等人就地正法。

以上這段驚心動魄批鬥溥儀的故事，是援引溥儀擔心自己會被農民批鬥致死的心態編出來的。其目的是讓人們看到，溥儀在農民面前是個罪人；也可看到農民的覺悟高，有一種捨得一身剮、敢把皇帝拉下馬的革命氣概，有一種要把這真龍天子批倒批臭、再踏上幾千隻腳的造反精神。同時也是為了嚇唬嚇唬溥儀。似乎將「文革」時的批鬥場面，搬到了上世紀五〇年代。

我們認為編此故事的上述兩個目的，已經達到了「不錯效果」。

溥傑和我作為這段歷史的當事人、見證人，只能提供一些歷史事實和有關情況來說明上述批鬥溥儀的故事是假的、是編出來的。

新中國剛剛成立，全國各大行政區還沒撤銷。東北人民政府在中央人民政府領導下，負責處理引渡這批戰俘的工作。對這批戰俘的移交和押送工作，東北人民政府公安部、鐵道部作出了專門部署。從綏芬河到瀋陽沿線各大火車站，對這一特殊專列，必須提供方便，保證順利通過。各站內的治安必須做到外鬆內緊、絕對保密、不讓群眾知道情況。因此這列戰俘車所通過的各火車站，不僅農民、群眾不知道火車裡坐的是什麼人，就連許多車站的工作人員、包括車站負責人也都不知道溥儀就在這列火車上。

既然沿途各站沒有什麼人知道這列火車裡有溥儀，那麼火車月臺上批鬥溥儀的故事，只能是子虛烏有。

慈禧西逃前是如何處死珍妃的？

金易、沈義羚

有關光緒最寵愛的珍妃被慈禧處死的原因，歷來是眾說紛紜，莫衷一是。一種說法認為珍妃是因為支持光緒進行戊戌變法而觸怒了慈禧太后；另外一種說法則是珍妃多次違反宮闈禁忌，賣官受賄；還有一種說法認為光緒皇帝對她情有獨鍾，冷落了慈禧的親外甥女隆裕皇后。

究竟哪一種說法更為準確？珍妃之死還有沒有其他原因？下面就通過一位伺候慈禧的老宮女的回憶，來清晰地再現那段不堪回首的歷史……

慈禧西行之前

「（慈禧）逃跑是在光緒二十六年，即庚子年七月二十一日（一九〇〇年八月十五日）的早晨，也就是俗話說——鬧義和團的那一年。」老宮女一邊回憶，一邊慢慢地說，「雖然這事已經過了四十多年，大致我還能記得。」

回憶如下：

我記得，頭一天，那是七月二十日的下午，睡醒午覺的時候——我相信記得很清楚。老太后在屋子裡睡午覺，宮裡靜悄悄的，像往常一樣，沒有任何出逃的跡象。這天正巧是我當差。

在宮裡頭我們只知道腳尖前的一點小事，其他大事絲毫也不知道。老太后有好多天不到園子裡去了，和往常不大一樣。到二十日前兩三天，聽小太監告訴我們，得力的太監在順貞門裡，御花園兩邊都扛著槍戒備起來了。問為什麼，誰也不說。我們也風聞外頭鬧二毛子（教民），但誰也不清楚是怎麼回事。小娟子（那時她是宮裡掌事的）暗地裡囑咐我，這幾天要格外留神，看老太后整天板著臉，一絲笑容也沒有，嘴角向左邊歪得更厲害了，這是心裡頭憋著氣的象徵，不定幾時爆炸。當侍女的，都提心吊膽，小心侍候，免得碰到點子上自找倒楣。

那一天下午，我和往常一樣，陪侍在寢宮裡，背靠寢宮的西牆坐在金磚的地上，面對著門口。這是侍寢的規矩。老太后頭朝西睡，我離老太后的龍床也就只有二尺遠。在老太后寢宮裡當差是不許人沒有樣子的，要恭恭敬敬地盤著腿，眯著眼，伸著耳朵，凝神屏氣地傾聽著帳子裡的聲音。

突然，老太后坐起來了，撩開帳子。平常撩帳子的事是侍女負責的，今天很意外，嚇了我一跳。我趕緊拍暗號，招呼其他的人。老太后匆匆洗完臉，菸也沒吸，一杯奉上的水鎮鳳梨也沒吃，一聲沒吩咐，逕自走出了樂壽堂，就往北走，我匆忙地跟著。我心裡有點發毛，急忙暗地裡去通知小娟子。小娟子也跑來了，我們跟隨太后走到西廊子中間，老太后說：「你們不用伺候。」這是老太后午睡醒來的第一句話。我們眼看著老太后自個往北走，快下臺階的時候，見有個太監請跪安，和老太后說話。這個太監也沒陪著老太后走，他背向著我們，瞧著老太后單身進了頤和軒。

農曆七月的天氣，午後悶熱悶熱的，大約有半個多時辰，老太后由頤和軒出來了，鐵青著臉皮，一句話也不說。我們是在廊子上迎老太后回來的。其實就在這一天、這個時候、這個地點，老太后賜死了珍妃，她讓人把珍妃推到頤和軒後邊井裡去了。我們當時並不知道，晚上便有人偷偷地傳說。後來雖然知道了，我們更不敢多說一句話。

時間悄悄地流逝，人世不斷地喧騰。經過改朝換代，到了民國初年，我們說話都沒有什麼忌諱的時候，有一年正月，崔玉貴到我家來串門，閒談起這件事，他還有些憤憤不平，說老太后對他虧心，耍鬼花樣。

太監二總管崔玉貴

崔玉貴，我們叫他崔回事的，不稱崔總管，免得和李蓮英李總管之名重複。他在辛丑回鑾以後，被攆出宮，一直住在鼓樓後邊一個廟裡。廟裡住著好多出宮的太監。他覺得在這裡住著方便，不受拘束。

這也就是崔玉貴為人還不錯的證明——他當過二總管，如果當初他虧待了太監，決不敢在這裡住，舌頭底下壓死人，大傢伙罵也把他罵跑了，但他能在太監堆裡住下去，足見他的人緣很好。他一直沒有家眷，過著單身生活，所以也沒有牽掛。經常的活動是早起練武，鍛煉自己的身子。

我那時住在北池子孟公府，桂公爺（桂祥，老太后的娘家兄弟）住在大方家胡同西口裡頭。崔玉貴是桂公爺的乾兒子，也就是隆裕皇后的乾兄弟，所以他在宮裡很紅，因為有桂公爺做靠山。他到桂公爺家來來往往，要經過我們兩家門口。崔玉貴是個戀舊的人，民國以來，過年過節都到桂公爺家裡照個面，雖然桂公爺不在世了，但他不願意落下個「人在人情在，人死兩丟開」的話柄。為了表示不忘舊，他常是先直接到桂公爺家去，由大方家胡同出來時就溜達溜達。他是練武的人，不愛坐車。他順路先到奶子府劉家，歇歇腿兒，就來到我家，這是他的必經之路。也常在我家吃便飯，他和老劉（劉太監，我的「丈夫」）從前都一起伺候過光緒爺（戊戌前，老太后派崔去監視過光緒），又都是冀南的小同鄉（崔是河間人，劉是甯晉人），人不親土親，再說，同是一個籠子裡出來的，坐在一起也有話說。他飯量大，嘴饞，又是北方人，愛吃山東菜，四十多歲的人了，一大盤紅燒海參小蹄膀，吃得盤光碗淨，然後抹抹嘴唇，笑著說：「我又可以三天不吃飯了。」接著跟老劉拉起鄉談來，說：「咱們冀南不是有句俗話嘛，叫吃一席，飽一集，一集是五天，我說三天還說少了呢！」老劉說：「您當過壽膳房總管，什麼好的沒吃過。」他說：「那時吃著揪心，這時吃著舒心。」

他是個爽快人，辦事講究乾淨俐落，也有些搶陽鬥勝的味兒，好逞能露臉。當時在宮裡年紀又輕，所以宮裡的小太監背後管他叫小羅成。但他是個陽面上的人，絕不使陰損壞。因此太監都怕他，但不提防他。他也比較有骨氣，他和李蓮英面和心不和，自從被攆出宮以後，他從沒求過李蓮英。就是他的徒弟，有名的小德張，可以說是他一手提拔起來的，在隆裕時代紅得發紫，他也從不開口。用他自己的話說，「時運不濟，抱著胳臂一忍，誰也不求」，很有冀南人的倔勁。他常到後門橋估衣店裡去喝茶。這家估衣店是專收買宮裡東西的，掌櫃的把他當聖人看待，但他從來也不花他們的錢。從後門橋往東南，不太遠，就是大佛寺，榮壽公主的府就在那兒，內裡熟人很多，但他從不登她的門。

崔玉貴也確實是好樣的：將近五十歲的人了，腰不塌，背不駝，臉膛紅撲撲的，兩個太陽穴鼓著，跟其他的太監就是不一樣。他常在嘴邊上的話：「我活著就活個痛快！」別的太監到四十歲開外早成了彎勾大蝦米啦！他對自己管得很嚴，不吸菸不喝酒，左手經常握著一個淺紅瑪瑙的鼻煙壺，右手拇指上套著個翡翠扳指。他說：「用這扳指管著我，免得我右手管閒事。」練武的人能管住自己的手，是很不容易的。

親歷者的回憶

我在這裡再添幾句閒話。當太監的妻子是很不容易的，因為太監心毒，沒度量，嫉妒心最強，又心眼多，而且盡歪心眼。老劉平常絕不讓我跟男人說話，更不許我上街，也不許我走親戚串街坊。我就像在盒子裡生活一樣，只有崔玉貴來了，我們能坐在一起談談話。一來是他知道我們底細，二來老劉佩服他。我們倆都尊敬地叫他崔大叔，他也大馬金刀地叫我侄媳婦。就這樣，我們談起了老太后出走前後的事。

他憤憤地把鼻煙壺往桌子上一拍，說：「老太后虧心。那時候累得我腳不沾地。外頭鬧二毛子，第一件事是把護衛內宮的事交給我了。我黑夜白天得不到覺睡，萬一有了疏忽，我是掉腦袋的罪。第二件事，我是內廷回事的頭兒，外頭又亂糟糟，一天叫起（召見大臣）不知有多少遍。外頭軍機處的事，我要奏上去，裡頭的話我要傳出去，我又是老太后的耳朵，又是老太后的嘴，裡裡外外地跑，一件事砸了鍋，腦袋就得搬家，越忙越得沉住氣，一個人能多大的精氣神？七月二十日那天中午，我想乘著老太后傳膳的機會，傳完膳老太后有片刻漱口吸菸的時間，就在這時候請膳牌子最合適（膳牌子是在太后或皇上吃飯時，軍機處的牌子上寫好請求進見的人名，由內廷總管用盤子盛好呈上，聽憑太后、皇上安排見誰不見誰）。牌子是薄薄的竹片，約五寸多長，三分之一用綠漆漆了頂部，三分之二用粉塗白了，寫上請求進見的官職，也俗稱綠頭牌子。這是我細心的地方，當著老太后的面把膳牌請走，心明眼亮，免得有麻煩。這是我份內的差事，我特別小心。就在這時候，老太后吩咐我，說要在未正時刻召見珍妃，讓她在頤和軒候駕，派我去傳旨。」說到這，崔玉貴激動起來了，高喉嚨大嗓門地嚷著。

「我就犯嘀咕了，召見妃子例來是兩個人的差事，單獨一個人不能領妃子出宮，這是宮廷的規矩。我想應該找一個人陪著，免得出錯。樂壽堂這片地方，派差事的事歸陳全福管，我雖然奉了懿旨，但水大也不能漫過船去，我應該找找陳全福商量一下。陳全福畢竟是個老當差的，有經驗，他對我說，這差事既然吩咐您一個人辦，您就不要敲鑼打鼓，但又不能沒規矩，現在頤和軒管事的是王德環，您可以約他一塊去，名正言順，因為老太后點了頤和軒的名了，將來也有話說。我想他說的有理。

景祺閣北頭有一個單獨的小院，名東北三所，正門一直關著。上邊有內務府的十字封條，人進出走西邊的腰子門。我們去的時候，門也關著，一切都是靜悄悄的。我們敲開了門，告訴守門的一個老太監，請珍小主接旨。

這裡就是所謂的冷宮。我是第一次到這裡來，也是這輩子最後一次。後來我跟多年的老太監打聽，東北三所和南三所，這都是明朝奶娘養老的地方。奶娘有了功，老了，不忍打發出去，就在這些地方住，並不荒涼。珍妃住北房三間最西頭的屋子，屋門由外倒鎖著，窗戶有一扇是活的，吃飯、洗臉都是由下人從窗戶遞進去，同下人不許交談。沒人交談，這是最苦悶的事。吃的是普通下人的飯。一天有兩次倒馬桶。由兩個老太監輪流監視，這兩個老太監無疑都是老太后的人。最苦的是遇到節日、忌日、初一、十五，老太監還要奉旨申斥，這是由老太監代表老太后，列數珍妃的罪過，指著鼻子、臉申斥，讓珍妃跪在地下敬聽，指定申斥是在吃午飯的時間舉行。申斥完了以後，珍妃必須向上叩首謝恩。這是最嚴厲的家法了。別人都在愉快地過節日，而她卻在受折磨。試想，在吃飯以前，跪著聽完申斥，還要磕頭謝恩，這能吃得下飯嗎？珍妃在接旨以前，是不願意蓬頭垢面見我們的，必須給她留下一段梳理工夫。由東北三所出來，經一段路才能到頤和軒。我在前邊引路，王德環在後邊伺候。我們伺候主子慣例是不許走道中間，一前一後在走道旁邊走。小主一個人走在走道中間，一張清水臉兒，頭上兩把頭摘去了兩邊的絡子，淡青色的綢子長旗袍，腳底下是普通的墨綠色緞鞋（不許穿蓮花底），這是一幅戴罪的妃嬪裝束。她始終一言不發，大概她也很清楚，等待她的不會是什麼幸運的事。

到了頤和軒，老太后已經端坐在那裡了。我進前請跪安複旨，說珍小主奉旨到。我用眼一瞧，頤和軒裡一個侍女也沒有，空落落的只有老太后一個人坐在那裡，很奇怪。

珍小主進前叩頭，道吉祥，完畢，就一直跪在地下，低頭聽訓。這時屋子靜得掉地下一根針都能聽得清楚。

老太后直截了當地說：『洋人要打進城裡來了。外頭亂糟糟，誰也保不定怎麼樣，萬一受到了汙辱，那就丟盡了皇家的臉，也對不起列祖列宗，你應當明白。』

話說得很堅決。老太后下巴揚著，眼連瞧也不瞧珍妃，靜等回話。

珍妃愣了一下說：『我明白，不曾給祖宗丟人。』

太后說：『你年輕，容易惹事！我們要避一避，帶你走不方便。』

珍妃說：『您可以避一避，可以留皇上坐鎮京師，維持大局。』

就這幾句話戳了老太后的心窩子了，老太后馬上把臉一翻，大聲呵斥說：『你死在臨頭，還敢胡說。』

珍妃回嘴：『我沒有應死的罪！』

老太后說：『不管你有罪沒罪，也得死！』

珍妃說：『我要見皇上一面。皇上沒讓我死！』

太后說：『皇上也救不了你。把她扔到井裡頭去。來人哪！』

就這樣，我和王德環一起連揪帶推，把珍妃推到貞順門內的井裡。珍妃自始至終嚷著要見皇上！最後大聲喊：『皇上，來世再報恩啦！』

我敢說，這是老太后深思熟慮要除掉珍妃，並不是在逃跑前，心慌意亂，匆匆忙忙，一生氣，下令把她推下井的。

我不會忘掉那一段事，那是我一生經歷的最慘的一段往事。回想過去，很佩服二十五歲的珍妃，說出話來比刀子都鋒利，死在臨頭，一點也不打顫——『我罪不該死！』『皇上沒讓我死！』『你們愛逃跑不逃跑，但皇帝不應該跑！』——這三句話說得多在理，噎得老太后一句話也回答不上來，只能耍蠻。在冷宮裡待了三年之久的人，能說出這樣的話，真是了不起。

你們知道，我是提前由西安回來的。把老太后迎回宮裡來，不到三天，老太后就把我攆出宮來了。老太后說，她當時並沒有把珍妃推到井裡的心，只在氣頭上說，不聽話就把她扔到井裡去，是我逞能硬把珍妃扔下去的，所以看見我就生氣、傷心。因此她把我硬攆出宮來。後來桂公爺說，哪個廟裡沒有屈死鬼呢！聽了這話，我還能說什麼呢？自從西安回來後，老太后對洋人就變了脾氣了，不是當初見了洋人，讓洋人硬磕頭的時候了，而是學會了見了洋人的公使夫人笑著臉，拉拉手了。把珍妃推到井裡的事，洋人都是知道的，為了轉轉面子，就將罪扣在我的頭上了。這就是老太后虧心的地方。說她虧心並沒有說她對我狠心，到底還留我一條小命，如果要拿我抵償，我又有什麼辦法呢？想起來，令人覺得害怕。自從離開宮以後，再也不敢沾宮的邊，我怕把小命搭上。聽桂公爺說，攆我出宮，是榮壽公主出的主意，這個主更不好惹。」崔玉貴的話就說到這兒。

珍妃被處死的真實原因

聽完了老宮女敘說珍妃遇害的事，不禁使我低頭長嘆。珍妃之所以在冷宮裡忍辱等了三年，無非是盼望光緒好起來，自己也跟著好起來，「但願天家千萬歲，此身何必恨長門」，只求光緒能好，在冷宮裡忍幾年也算不了什麼！當雙方都困難的時期，彼此隔離，「身無彩鳳雙飛翼，心有靈犀一點通」。她和光緒的心情，是很容易理解的。但在老太后那樣的兇狠壓迫下，光緒又怎能好起來呢？只能喟嘆「朕還不如漢獻帝」罷了（光緒在瀛台被困時，看《三國演義》自己嗟嘆的話）。做了三十年的皇帝，連自己唯一知心的女人都庇護不了，「噤若寒蟬」，死了愛妃問都不敢問一聲，也真讓人可憐了。過去唐朝李商隱曾譏諷唐明皇說：「可憐四紀為天子，不及盧家有莫愁。」玄宗當了四十多年的皇上，到後來被迫在馬嵬坡讓楊玉環自縊身亡，還不如莫愁嫁到盧家能夠白頭偕老。這雖與光緒的性質完全不同，但可以說是殊途同歸吧！遙想當年，「小喬初嫁了」，到光緒身邊，備受恩寵，也曾經發過這樣的癡問：「皇上這樣地對待我，不怕別人猜忌我嗎？」光緒很自負地說：「我是皇上，誰又敢把你怎麼樣呢？」（見德齡《光緒祕記》）單純的光緒把一切估計得太簡單了，這正像搞戊戌變法一樣，對政局的估計太簡單，可憐落得在逃亡路上用紙畫個大烏龜，寫上袁世凱的名字，黏在牆上，以筷子當箭，射上幾箭，然後取下剪碎以洩憤罷了。堂堂天子，萬般無奈（見吳永《庚子西狩叢談》）。我們對清代宮廷的事，不可能十分了解，但從珍妃事件可以大致推想得出來，當時宮裡後妃論聰明才智，有政治頭腦的，可以說非珍妃莫屬了，將來寵擅六宮，是絕對無疑的。但與老太后政見不合，留下此人，終成禍患，一有機會非置之死地不可。俗話說「量小非君子，無毒不丈夫」。預先砍去光緒的左右手，免得慈悲生禍患，到將來樹葉落在樹底下，後悔也就來不及了。老太后對這件事是預謀已久的。我贊成崔玉貴的話，「絕不是臨跑前倉促之間的舉動」。如果說因為珍妃年輕貌美，怕招惹是非，丟了皇家的體面，那麼慶親王的女兒四格格，比珍妃還年輕，也是出名的漂亮，也可以說是金枝玉葉吧，為什麼帶著她跑到西安呢？前後一對比，老太后的心事是昭然若揭的。過去看小說，看到宋太祖這樣的一段事，大將曹彬奉命兵伐江南，江南小朝廷李煜趕緊派使臣來問原因，並說：「我們沒有禮貌不周的地方呀，為什麼興兵討伐我們呢？」趙匡胤很直率地說：「大丈夫榻旁豈容他人鼾睡。」（《宋史》、《新五代史》記李煜遣使奉表求朝廷緩師，宋廷「不報」「不答」）這大概就是珍妃致死的原因——歷史是容許人聯想的！

努爾哈赤被大炮彈炸死真相

梅 毅

清太祖努爾哈赤，是位具有傳奇色彩的大英雄。他以十三副鎧甲起兵，出生入死，功勳卓著，也曾身陷囹圄；他多次遇刺卻能逢凶化吉。關於努爾哈赤的死因眾說紛紜，有說是在寧遠攻城時曾被袁崇煥打傷；有說努爾哈赤的死因應是憂鬱症。那麼究竟是什麼原因令努爾哈赤抱恨而死呢？

禍起蕭牆

廣寧大敗的消息傳至明朝京城，朝中兵部尚書張鶴鳴嚇得差點尿褲子，為減輕罪責，他馬上「自告奮勇」去山海關「督師」。明熹宗做木匠活兒之餘，聞言大喜，馬上賜其尚方寶劍，讓他赴山海關。躲過追查責任這一關，張鶴鳴擦下一頭冷汗，一路磨磨蹭蹭，行了二十天才抵達山海關。然後他立即以自己身染重病為由，遞上辭呈，溜回老家。

明廷只得另覓人選，決定讓兵部右侍郎解經邦經略遼東。這位文人膽子奇小，連連辭任，即使被朝廷革職也在所不惜。丟官可以回家頤養天年，丟命可就吃啥不香了。最後，明廷只得進行「民主」集議，誰得票多，誰就得去。選了半天，王在晉被大家選中，任其為兵部尚書兼都察院右副都御史，經略遼東、薊鎮、天津、登萊等處軍務。如此職高權大的位置，王在晉力辭。最後明熹宗發怒翻臉，表示假如再敢推辭，「國法不容」。

勉強之下，王在晉只能受命。他集中近十二萬精兵於山海關，本人坐鎮關上。

本來明朝前期，主要邊防力量皆在今天的山西、內蒙等地，嚴防退走大漠的蒙古人捲土重來。但是明中期開始，東北滿族分力興起，遼東成為邊防重地，明朝「竭盡四海之物力以奉榆關（山海關）」，每每在此處關壘內外布防重兵十數萬人，成為阻止滿洲鐵騎入北京的最重要的關口。由於是咽喉要地，

「繫天下安危於一垣」。幾十年來，滿族騎兵屢屢試探性進攻，均於關前止步，無法逾此天險雄關，只能多次繞過山海關從別的隘口越過長城馳騁於華北平原。雖然克勝連連，但皆是得而失之，搶掠而去，原因正在於「山海關控制其間，則內外聲勢不接。即入其他口，而彼（明軍）得繞我後路」（魏源《聖武記》），由此，「（清軍）所克山東、直隸郡邑，輒不守而（棄）去，皆由山海關阻隔之故」。

山海關這一組龐大的防禦體系，是經過明朝兩百六十多年長期經營而最終完成的，它以長城為主線，以山海關城為中央點，共有十大關隘、七座衛城、三十七座敵臺、十四座烽火臺等建築組成，不僅主次分明，且點線呼應，布局合理，設計科學。其十大關隘南從老龍頭開始，中間經山海關城，東北延至一片石（九門口），共二十六公里，十座險關扼咽，重興疊嶂，入海為城，確實有「一夫當關，萬人莫開」之勢。值得一提的是，民族英雄戚繼光在平定東南沿海倭患後出鎮薊州，在山海關一帶大修武備，練習士兵，改進武器，鞏固了山海關一帶的山海之防。

王在晉本人並不知兵。他到任後，並沒提出有價值的戰略思想，只提出他自己的「八字方針」——「拒奴撫虜，堵隘守關」。後四字不必講，核心內容是前四個字，拒奴，就是抵禦女真的後金；撫虜，就是想大砸銀子收買蒙古部落「以虜制奴」。此外，他還提出在山海關外重築一關的不切實際的招數。幸虧不久後，為明熹宗侍講的大學士孫承宗前往山海關做實地考察，與袁崇煥等人一起否決了王在晉關外建關的荒謬建議。所以這位王尚書在山海關幾個月，基本上沒有什麼實際作為，皇皇萬言的奏書寫了許多份，皆是書生空談。

別的大臣視遼東如畏途，大忠臣孫承宗卻以大學士之尊，自己主動要求去山海關擔任遼東經略。他到任後，推薦副總兵趙率教、滿桂二人為助手，與袁崇煥一道，堅持力守關外的戰略方針，在寧遠、錦州一線布防，依託山海關，使之成為自努爾哈赤至皇太極均不能逾越的堅實防禦體系。

孫承宗派出將領至錦州、松山、杏山、右屯、大淩河、小淩河各處築繕城守，如此，自甯遠城向前又推進兩百多里，其間至山海關共四百里，加固了以寧遠為中央的寧錦大防線。

孫大學士賣命賣力，但京城內大太監魏忠賢等人以柳河之戰明軍損失幾百人為口實（柳河之役是明將馬世龍的冒失進攻，其實只是小規模戰敗，無礙大局），竭力攻擊孫承宗，無法承受此番迫害，最後他不得不請辭回家。

孫承宗走後，閹黨成員高第接手山海關防禦。

這位高第甫上任，出於膽怯，他就下令撤除寧錦防線，命外出明軍回縮到山海關布防。為此，身在甯遠的袁崇煥毅然抗命不從，表示寧可死於城中，決不回撤。袁崇煥果斷，別的明將不得不聽命，紛紛從錦州、右屯等地狼狽回撤，丟失糧儲無數。數十萬遼民，也哭天喊地只得重回關內。

甯遠大捷

袁崇煥，字元素，廣東東莞人，萬曆四十七年進士。「為人慷慨膽略，好談兵。遇老校退卒，輒與論塞上事，曉其扼塞情形，以邊才自許」。天啟二年，他由邵武知縣任上入京述職，為御史侯恂推薦，破格拔用，升為兵部職方主事。廣甯潰師，無數明軍明將敗撤於關內，惟獨袁崇煥一人單騎出關，隨行隨觀，精心記憶山川形勢，並具體記錄防禦要點。回京後，他上疏奏言：「給我兵馬錢穀，我一人足守山海關外！」明廷當時為之一振，立擢其為僉事，監關外軍，發帑金二十萬給袁崇煥，讓他招兵買馬。

行前，他去看望被「雙規」軟禁在京城的熊廷弼。兩人晤談整整一天，相見恨晚。特別是老熊得知這位袁爺持與自己同樣的「先守後戰」的戰略方針，大喜之下，知無不言，言無不盡，向袁崇煥傳授了自己寶貴的戰爭經驗，並畫具體地圖與對方。

到山海關後，袁崇煥撫定哈剌慎諸部，深夜進駐中左所（距山海關約四十里）。在孫承宗支持下，他在天啟四年（一六二四年）重築寧遠城，使這個原本的堡壘小城，儼然成為關外重鎮，防守設施極其完備。

果不其然，天啟六年（一六二六年）開春，努爾哈赤親率六萬後金精兵，矛戈一新，直向寧遠殺來。此城位於遼西走廊中段，西距山海關一百公里左右，東距瀋陽三百公里，北依高山，南瀕大海，實為通往山海雄關的咽喉所在。

此次出兵，後金號稱二十萬。努爾哈赤抵達寧遠後，先招降袁崇煥。袁崇煥笑謂使者：「二十萬大軍，沒那麼多吧，聽說只有十三萬，我大明將士，又有何懼！」然後，他率大將滿桂、祖大壽等人集體招集將士，誓以死守。為激喚忠義之氣，袁崇煥熱血為書，親執牛酒，遍拜將士。明軍上下思憤，踴躍效死。

於是，在袁崇煥精密布置下，明軍盡撤城周百姓入城，堅壁清野，並在城上安置了當時最為先進的西洋「紅夷大炮」十餘門。值得一提的是，寧遠城內，明軍只有兵力不到兩萬人。

見勸降不成，努爾哈赤下令後金軍進攻。一時之間，後金大辮子兵蔽野而來。他們群湧向前，先推楯車，依次的弓箭手、車兵、重鎧鐵騎，堅實而又殺氣騰騰地往城牆方向移動。

袁崇煥鎮靜淡定，手揮令旗，明軍發炮。震耳欲聾之間，炮彈在後金隊伍中開花，堅厚高大的楯車以及周遭的推車後金士兵頓時間被炸成木肉混合的屑沫，紅霧狂飛。

即使如此，後金兵仍奮不顧死，螞蟻一樣踴至城下，玩命挖鑿城牆。幸虧天寒地凍，寧遠城多處城牆磚石雖然鑿穿，但凍土堅實，沒有垮塌下來。

由於攻至城下的後金士兵不在大炮射程內，明軍想出新招，把火藥塞入棉被中，投入牆下正挖牆角的後金士兵群中。然後，守城明軍用弓箭射火，登時棉被四處開花，大火燒死不少後金兵，他們攻城的楯車、雲梯也被紛紛點燃。

這樣，激戰二天後，由於寧遠城上紅夷大炮太厲害，努爾哈赤只得望城興嘆。唯一讓他略感安慰的是，後金一部攻殺覺華島守衛糧倉的明軍數千人，總算掙回一點面子。惱急之餘，後金軍把島上數千居民均屠殺殆盡。

二十七日，努爾哈赤騎著高頭大馬，撤圍前想親自再看一眼寧遠城。結果大炮又響，一枚鐵丸透入堅甲，直插入他的背中。雖然當時不要命，也使得這個老女真賊酋立馬吐血。受傷加上兵員重挫，他只能下令解圍回軍。

後金軍撤退途中，袁崇煥命令祖大壽、滿桂等人率領明軍追擊，突出奇兵，把代善一軍殺得大敗虧輸，金雞嶺下，留下兩三千大辮子的屍體。後金軍狼狽而去。

真實死因

由於高麗參一天幾根吃著，受傷的努爾哈赤在病榻上殘喘了半年多，最後還是抱恨而死。

當然，清朝的官方諱口不言努爾哈赤真實死因，只說他是病死。明朝人講這位奴酋是寧遠失敗後「疽發於背」而死，即氣悶而死。其實大炮的鐵丸子才是他真正的死因。

勝訊傳來，明廷上下，一片歡呼。八年以來，第一次生挫後金兵鋒。由此，袁崇煥被提升為右僉都御史，加遼東巡撫，諸將各有升賞。當然，「廠臣」魏忠賢功勞最大，「甯遠大捷」被說成是他本人「指揮幃幄」的結果，其宗族子弟，為此均得蔭賞。一直駐守山海關畏縮不出兵求援的高第，由於他是閹黨成員，只落得去職閑住的小小處分。

寧遠之戰後，堅城大炮，成為明軍戰略指導思想。為此，明熹宗還下詔封十幾門西洋大炮為「安國全軍平遼靖虜大將軍」，這比起秦始皇封避雨的五棵大松樹為「大夫」，確實有「進步」意義。此後明與後金之間的形勢，從原先後金單方面的進攻，變成了雙方的戰略對峙。

中國郵史祕聞：中國第一枚郵票不是「大龍」

佚名

中國的第一枚郵票竟然不是「大龍」，明明是清朝的郵票，為什麼原票的票面上竟然全是洋文？而清朝郵票中又暗藏著怎樣的玄機？

中國郵史第一大懸案的真相

大多數人集郵只關注郵票本身，很少去探尋背後的故事。其實如果把集郵當做學問來做，不僅能讓我們搞清楚哪些是真正值得收藏、投資的好品種，還有機會揭開一些歷史上的謎團。

就拿中國最昂貴的郵票——「紅印花」來說吧。只有那些在原票上加蓋了漢字的「紅印花」，才是真正的郵票；但那些沒有加蓋漢字的原票在一百年前又是做什麼用的呢？明明是清朝的產物，為什麼原票的票面上竟然全是洋文呢？這可是中國郵史上最著名的懸案。

歷史上，很多人一直以為「紅印花」原票是作為印花稅票而被印製出來的，這從它的名字中似乎也能得到證明。但事實並非如此。

第一，當年主管清朝海關和郵政業務的英國人赫德確實向清政府提議過開徵印花稅，而且在奏摺中寫道：「估計一年的稅額可達五百萬銀元。」但實際上，「紅印花」原票的總發行量只有六十五萬枚，每枚面值三分，總計才一萬九千五百銀元。這與奏摺中說的五百萬相差也太大了點吧？

其次，如果「紅印花」真的是印花稅票，那就要推廣到民間被老百姓廣泛使用。但票面上竟然沒有一個漢字，這不明擺著難為人嗎？再說，當時的印花稅業務也不是海關的管轄範圍。如果真是印花稅票，那「紅印花」怎麼會一直鎖在上海海關的倉庫裡呢？所有這些疑問多年來一直被人們所爭論不休，直到上世紀八〇年代，一位菲律賓華僑的一件稀世藏品揭開了所有的謎團。

這位華僑向世人展示的是一張一百枚連張的整版票品，存世僅一版，名叫「棕印花」，與「紅印花」原票的圖案極為相似，被稱為「姊妹花」。上面的一段英文洩露了「棕印花」和「紅印花」的天機。大致意思是「該一百枚票品，面值總計三元，供貼於進口貨物報關簽單上使用」。

原來「紅印花」原票並不是什麼印花稅票，而是進口商品報關時使用的一種海關自用的憑據。由於當時海關完全把持在洋人手裡，所以自然就沒必要在「紅印花」上印上中文了。而且由於當時很多外國商人都對這種報關的票據十分抵制，所以使用量也不多，六十五萬枚的印量已綽綽有餘。

就這樣，隨著一件郵界瑰寶的浮出水面，被世人爭論了近百年的「紅印花」身世之謎終於真相大白。後來清朝開辦國家郵政，「紅印花」被大量加蓋成正式的郵票，而現今僅存的原票數量只有區區五十三枚，單枚價值達八十萬元，一枚四方聯更是達到三百多萬的天價！

中國第一枚郵票竟然不是「大龍」

很多人都知道，世界第一枚郵票叫「黑便士」，一八四〇年英國人羅蘭．希爾最先發明了這個新鮮玩意；很多人還知道，中國第一枚郵票叫「大龍」，一八七八年「老佛爺」當政時發明了這個新鮮玩意。然而事實真的如此嗎？答案是，大多數人只回答對了一半。「黑便士」的確是世界第一，但「大龍」竟然並不是中國第一枚郵票！那麼真正在中國出現的第一枚郵票到底長什麼樣呢？

號稱「中華第一郵」的大龍郵票誕生於一八七八年，它是由清政府發行的第一套郵票。但早在大龍「出生」的十三年前，清朝的土地上就已經出現了郵票，而它的發行者不是清政府，而是英國人。

一八四〇年鴉片戰爭後，大英帝國用洋槍大炮轟開了自以為「天下老大」的清朝國門，窩囊無能的清政府被迫同帝國主義簽訂了一系列不平等條約，上海、漢口、煙臺等一批大中城市也相繼開放為通商口岸，即商埠。於是洋人們憑藉他們的特權，爭相在商埠設立各自的行政機構——「工部局」，並下設「書信館」，負責郵件傳遞。顯然這些「書信館」實際上就是殖民者在中國境內擅自開辦的地方郵局。

而由外國殖民者發行的郵票就叫做「商埠郵票」，也叫「客郵」。

可能是當年發行「黑便士」郵票讓英國人發了大財，一八六三年英國人最早在租借地開辦了「上海工部局書信館」。並在兩年後率先發行了「上海工部局大龍郵票」，也就是人們經常戲言的「偽大龍郵票」。當然這裡的「偽」可不是偽造的偽，而只是說它的出身不如真正清朝「大龍郵票」來得正統而已。

此後，漢口、九江、鎮江、蕪湖、南京、威海衛等地的「書信館」也陸續印製了商埠郵票。直到一八九六年三月二十日，光緒皇帝實在看不下去了，正式開辦了國家郵政，商埠郵票才被叫停。

英國人印製的大龍郵票，美術功底實在不敢恭維。畫得龍不龍、蟲不蟲。與其說是條大龍，倒更像一條肥碩的毛毛蟲。顯然，初來乍到的洋人還沒有把中國龍的精髓吃透。但不管怎麼說，這枚郵票畢竟是中國這片土地上出現的第一枚郵票。如今，這些由洋人發行，但卻充斥著典型中國元素的商埠郵票，已是當年半殖民地半封建社會最生動的歷史記載了。

中國第一枚郵票的前身

龍，雖說是中華民族無可爭議的象徵，但如果有人以為一八七八年清朝第一套郵票——「大龍郵票」的誕生是一帆風順的，那可就大錯特錯了。那麼真正的大龍郵票在發行之前，到底經歷了怎樣的蛻變？

一九七七年，英國德納羅公司將該公司整整一百年前，也就是一八七七年五月設計的清朝首套郵票的圖稿公開發表。這是中國最早的郵票設計稿，也可以算是大龍郵票的前身之一。這枚郵票草稿被壓印在信封上，面值一分，呈圓形，深玫瑰紅色，集郵界習慣稱其為「紅一分．雙龍太極圖」。

此後，負責試辦郵政的清朝海關為了能使第一套郵票一炮走紅，工作態度極為認真，又不辭辛苦地陸續設計了多種郵票草稿。

可惜，以上兩幅稿件都只停留在設計圖階段，並沒有被試印成「樣票」。而另外的兩種圖案「寶塔圖」和「萬年有象圖」則更進了一步被印製成票。如今，「萬年有象」由於存世極少，最為珍貴。

「萬年有象」設計著實精美，只可惜大象在中國的地位的確不能與大龍相提並論。也許這枚郵票作為泰國的第一枚郵票倒是更為合適。

歷經了一年多的討論、篩選與修改後，「寶塔圖」與「萬年有象圖」離成功僅一步之遙，但最終還是惜敗於以「雲中蟠龍」為主圖的設計稿。「雲中蟠龍圖」被正式印製成清朝官方發行的第一套郵票，這就是後來大名鼎鼎的「大龍郵票」。

暗藏在清朝郵票中的玄機

如果變個魔術，在一張整版二十五枚的一分銀大龍郵票背面，依次寫上一至二十五個編號，再將其撕開，並打亂順序，只要憑藉正面的圖案就可以一個不差的將二十五枚郵票按原先順序排列起來，你相信嗎？

其實這並不是什麼高超的魔術，而是暗藏在整版大龍郵票當中的一個祕密。原來與那些用現代印刷技術印製出來的郵票不同，整版大龍郵票中的二十五枚郵票，每一枚都有著細微的差別，而這些經常被人忽略的小細節就成了一道「密碼」，成了這些郵票的身分證，使其在整版中對應了一個獨一無二的位置和編號。

大龍郵票中出現的這個玄機引起了後人的極大關注。各種研究觀點五花八門，有人認為這是由當時郵票設計工匠手藝上的偏差所導致的，但這種觀點很快便招致了大多數史學家和郵學家的反對。畢竟，畢昇發明的活字印刷術起源於北宋，其技藝進化到清朝時已經相當成熟。打個比方，我們從來沒有看到哪本古書中的每一個「之」字都各不相同，大相徑庭；而偏偏在如此嚴肅的郵票設計中卻出現了巨大差別。按理說，當時的工藝絕對不至於「糙」到這個程度，再說為什麼同時期先後發行的其他很多郵票就不具有這個特點呢？大龍郵票中的這種奇異現象著實令人匪夷所思。

於是，又有一些專業人士研究認為，這是當時清政府有意設計在郵票中的一套數位或文字密碼，並且只有當時極少數幾個愛新覺羅家族的皇室成員才知道其中的含義，以便溝通國家的高度機密。後來臺灣還有人專門出書對大龍郵票的這一特點進行過詳細的論述（編者注：應是黃建斌《大龍郵票集錦》、《大龍信封存世考》等研究專書），此書竟與這些百年老票一樣，發行量極少，非常精貴！

如今，集郵家們熱衷於將四處搜集的單張大龍郵票，按照其中暗藏的「密碼」將其歸位到整版中的準確位置上。而如果能將二十五枚郵票全部集齊，便可以組合成一個完整的方格，叫做「複組全格」。不過，這其中的難度可是非常大的！如今，一套大龍郵票的「複組全格」已是難得一見的珍品，更成為拍賣會上的搶手藏品。誰如果有興趣，不妨也從今天開始，加入收藏大龍郵票的行列中，或許其中的密碼正在等待你的破解。

老北京探祕：誰是天安門城樓的設計者？

葛忠雨

北京有著三千餘年的建城史和八百五十餘年的建都史，是全球擁有世界文化遺產最多的城市，同時也是歷史文化名城和中國八大古都之一。自秦漢以來，北京地區一直是中國北方的軍事和商業重鎮。北京在歷史上曾為五代都城，從遼朝起的八百多年裡，建造了許多宏偉壯麗的宮廷建築，其中的故宮原為明、清兩代的皇宮，住過二十四個皇帝……

那麼誰是天安門城樓最初營建的設計者，故宮為什麼又稱紫禁城，紫禁城裡究竟蘊藏了多少未解之謎？

老北京的不世傳說

北京，作為中國的六朝古都，在古老而富有韻味之中又摻雜了現代都市繁華的龐大城區，向東南方鋪展的廣闊平原，加之逶迤蜿蜒、鎮守城區西北的太行山脈和燕山山脈，成就了北京獨特的魅力。在這裡，園林遺跡，古剎皇陵，給北京城注入了深厚的人文底蘊；而縱貫京城南北的雙龍布局，則給皇家古城披上了一層神祕的面紗。

老北京人常說：「北京城是漂來的。」當時產自南方的大米、絲綢、茶葉、水果等基本物質資料正是經由大運河「漂過來」的，使得京城百姓的正常生活得到了保障和豐富。那流光溢彩、莊嚴肅穆的故宮，那建築精緻宏偉的天壇，那風景如畫的頤和園……所有這些都與大運河有密切關聯。京杭大運河一直默默地輸送著建設京城所必需的金磚、楠木等物料，孕育著眾多的名城古鎮，為溝通中國南北經濟、文化發揮了巨大作用。所以說京杭大運河是北京養家糊口的母親，一點也不為過。

即使在新時代的今天，不像長城因隨著防禦功能的減退而早已變成了名副其實的文化遺產，人們卻一直深受著大運河的恩澤，它仍是一筆仍發揮著功用的珍貴遺產，人們的日常生活行為依舊與它有著緊密的聯繫，也許正因為如此，人們對大運河的重要功用與地位反倒熟視無睹了。

這是世界上里程最長、工程最大、最古老的運河之一，它恰似一條綿長而又柔和的玉帶，一頭繫著北京，一頭又連接著杭州，就這樣蜿蜒流淌了千百年。時光飛逝，風雲變幻，唯有它貫穿南北，橫亙古今，激蕩著中華民族的勇敢和智慧，目睹了運河周圍發生的故事，如一首生生不息的民族讚歌。直到今天，河上川流不息的船隊仍然點綴、見證著運河的生命力。民間流傳，「先有潭柘寺，後有北京城」，而從大運河對北京城的重要性來說，也完全可以這樣說，沒有大運河，就沒有北京城。

天安門城樓的設計者

關於天安門城樓的設計者，大多數人公認的是蒯祥。蒯祥（一三九七年至一四八一年），生於明初洪武年間，為江蘇省蘇州府吳縣香山人，其父是當時很有名望的工匠。由於深受父親的影響，蒯祥在三十多歲的時候即「能主大營繕」，是位造詣很高的木匠。永樂十五年，明成祖朱棣重建北京城的時候，在全國徵召能工巧匠，於是蒯祥同許多技藝高超的工匠一起被征到北京。由於他技藝超群，在營造中充分發揮出建築技藝和設計才能，很受督工（建築師）蔡信等人的重用，明永樂十八年（一四二〇年）皇宮宮殿落成以後，蒯祥便被提升為工部營膳所丞。

蒯祥不僅木工技術純熟，還有很高的藝術天賦和審美意識。據記載，蒯祥能以雙手握筆同時畫龍，合二為一，一模一樣，技藝可謂是爐火純青。在當時營建宮殿樓閣之時，他只需略加計算，便能畫出設計圖來，待施工完畢後，建築與設計圖樣大小尺寸分毫不差，就連明憲宗也很敬重他。一四二〇年，承天門建築完工後，他受到眾口一詞的讚揚，被稱為「蒯魯班」。後來，蒯祥官升至工部左侍郎。在他任職期間，先後參與了不少修建工程，包括明英宗正統年間重建三大殿，天順年間興建裕陵。「凡百營造，祥無不與。」《憲宗實錄》中這樣評說。

不僅如此，蒯祥受人稱讚的還有他的人品，儘管他的官職很大，但是他為人仍然非常謙遜儉樸。到了晚年，雖然他已經主動辭官隱退，但每當有營造工程向他請教時，他還是非常熱心地指導。蒯祥死於明成化十七年（一四八一年）三月，終年八十四歲。過去在北京曾經有一條蒯侍郎胡同，據說他就曾在這裡住過。蒯祥的後代子孫大多繼承了他的技藝，直到晚清時，仍有「僅江南木工巧匠皆出香山」的說法。

不過對於天安門城樓的設計者，也有人持不同意見，認為是蔡信。

因為營建北京宮殿是一個浩大的工程，而且當時皇上是在全國徵召的能工巧匠，技藝高超者不獨蒯祥一人。更何況，在營建的過程中曾先後湧現出許多的著名工匠。除工於設計的蔡信、瓦工出身的楊青（官至工部侍郎）外，還有與蒯祥同時代的著名雕刻石匠陸祥等人。有人通過查閱資料發現，在宮殿初建的階段，蔡、楊二人是起了很大的作用的，只不過他們當時都是年事已高，而蒯祥正值壯年，又工於計算和繪畫，在蔡信、楊青去世以後，大量的皇家工程都由蒯祥來主持，所以無形中他的地位與作用被突顯了出來。故宮博物館古建築部高級工程師于倬雲先生也說，過去大多數人都認為曾經主持建造南京宮殿的蒯祥是故宮的設計者，這個說法不確切，其實蒯祥只是故宮的施工主持人，設計人應該是名不見經傳的蔡信。

據史載，與蔡信同時負責營建故宮工程的，還有瓦匠出身的建築師楊青、石匠出身的陸祥，其後有木匠蒯祥、郭文英、徐果等人。可是宮殿竣工後，蒯祥等人升為工部侍郎，而蔡信卻榜上無名。實在是造化弄人，歷史給了蔡信施展設計才華的機會，卻沒因此而給他帶來應有的地位與榮譽。

揭祕皇城三大殿

在歷史上，中國古代都城、宮殿的選址，都非常注意人與自然環境之間的關係，力求做到使其在全國的地理位置、京畿的外局大勢、城市內局布置等方面，都臻於完美。從方位布局上說，紫禁城就是處於了北京城的最佳位置，三大殿所處之處即是明堂所在之地，可謂是居天下之中心，正與天空中央玉皇大帝所居的紫微宮相對應。

俯瞰故宮，巍然崛起的三座大宮殿顯然就是整個故宮的重點，是整個「紫禁城」內建築的核心。以整個故宮來說，那精雕細刻的美妙技藝，那雄偉莊嚴的氣魄，又那獨具匠心的整體布局，毫無疑問，它是全世界建築藝術中的絕品，也是人類偉大智慧的結晶。

從整體來看，太和、中和、保和這三座宮殿是前後排列而同立在一個龐大的工字形白石殿基上面的。這種台基過去被稱為「殿陛」，共高二丈，分三層，每層有刻石欄杆圍繞，台上列銅鼎等。台前石階三列，左右各一列，路上都有雕鏤隱起的龍鳳花紋。這樣大尺度的一組建築物，是用更宏大氣魄的庭院圍繞起來的。在庭院的四周有廊屋環繞，在太和與保和兩殿的左右還築有對稱的樓閣，和翼門的四角又建造有小角樓。這種對稱、拱衛的建築布局是中國特有的傳統，也體現了古代社會主流的審美觀念和君權之上的集權意識。

三殿中，太和殿最大，是中國乃至世界上最大的木結構大殿。橫闊十一間，進深五間，外有廊柱一列，全殿內外立著七十二根大柱，是由四個傾斜的屋面、一條正脊和四條斜脊組成的。瓦頂，全部用黃色的琉璃瓦，光澤燦爛，同藍色天空遙相輝映。底下彩畫的橫額和門、朱漆柱、金瑣窗，也同白石階基也作了強烈的對比。這個殿建於康熙三十六年，到現在已經有兩百五十五年的光陰了，但結構依然非常整嚴，華美動人。

中和殿在工字基台的中心，保和殿則立在工字形殿基的北端，東西闊九間，每間尺度又都小於太和殿。殿頂，是明萬曆年間「建極殿」的原物，是沒經歷過破壞和重建的，至今上面童柱上還留有「建極殿」的標識，它是三殿中年壽最古老的，到現在已經有三百二十七年的歷史了。

三大殿中的兩殿，一前一後，中間夾著略為低小的單位所造成的格局，是它美妙的特點。如果只是用文字來形容三大殿的話，簡直不可能，要想對故宮三大殿有更為深刻、真切的印象，那就需要自己親自走進那妙不可言的境地當中才行。

故宮又稱紫禁城之謎

北京故宮為什麼又被稱作紫禁城，這裡面隱藏著什麼玄機呢？

皇家宮殿是在明成祖時期開始修建的，先後有明、清兩代二十四個皇帝在此執政。關於金碧輝煌的皇家宮殿被稱為紫禁城的原因，大致說來有以下幾種說法：

一種說法認為這與古時候「紫氣東來」的典故有關。相傳春秋末年，道家學派的創始人老子即將出函谷關的時候，守關人看見有紫氣從東而至，不久，老子騎著青牛從東方而來，自然守關人便認為他是聖人。於是守關人請老子寫下了著名的《道德經》。因此紫氣便被認為是具有吉祥的含義，也預示著聖賢和寶物的出現。對此，杜甫曾賦詩曰：「西望瑤池降王母，東來紫氣滿函關。」從這以後，古人就把祥瑞之氣稱為紫雲，傳說中仙人所居住的地方便被稱為紫海，將神仙稱為紫泉，城郊外的小路則稱為紫陌。俗話說「紫氣東來，象徵吉祥」，由此可知紫禁城中的「紫」字是大有來頭的。又因為皇帝居住的地方防備森嚴，尋常百姓難以接近，所以被稱為紫禁城。

還有人認為紫禁城的來歷與迷信和傳說有關。在古代，皇帝都自命為天帝之子，也就是天子。天宮是天帝居住的地方，也自然是天子的居住之地。《廣雅．釋天》上說：「天宮謂之紫宮。」因此皇帝住的宮殿就被稱為紫宮。

還有一種說法認為，紫禁城的來歷與古代「皇垣」學說有關。古代的時候，天上的星垣被天文學家們分為三垣、二十八星宿及其他星座。三垣是指太微垣、天市垣和紫微星垣。而紫微星垣是代稱天子的，處於三垣的中央。古時有「紫微正中」之說和「太平天子當中坐，清朝官員四海分」之說。既然古人將天子比作紫微星垣，那麼紫微星垣也就成了皇極之地，所以稱帝王宮殿為紫極、紫禁、紫垣，稱這座帝王之城為紫禁城確實名副其實。

宮門：解讀故宮之謎的鑰匙

北京故宮的內廷宮殿、宮門上的匾額都是用滿、漢兩種文字書寫的，而外朝宮殿、宮門上的匾額則是只用漢文書寫，這到底是什麼原因呢？

在明朝的時候，宮城（紫禁城）所有宮殿、宮門上的匾額都是用漢文來書寫的。只是到了清代，由於滿文代替漢文而變成了國文，在順治皇帝進駐宮城以後，就把皇宮中所有宮殿、宮門上的匾額都改成用漢、滿兩種文字並列書寫，而且少數匾額上還出現了蒙文，一般是滿文在左，漢文在右，這是由於人們習慣上都以左為上右為下，所以滿文都寫在了左邊。

一九一一年爆發了資產階級的辛亥革命，推翻了清王朝的統治，宣統皇帝也被迫宣布退位，但當時他仍然住在後廷裡，也就是乾清門以北的宮中。而外朝的太和殿、中和殿、保和殿等宮殿都交給了民國政府使用。後來袁世凱竊取了辛亥革命的成果，當上了中華民國的大總統。但他貪心不足，還要恢復已經廢除了的帝制，經過他和謀士的籌畫，篡權成功，並自封年號為「洪憲」。由於他的行為是逆歷史潮流而動，所以他剛復辟，就立刻遭到了全國人民的一致聲討，人們的反帝情緒也一天比一天高漲。袁世凱深知自己太不得人心，這個皇帝恐怕也當不了多久。但他自己又欲罷不能，於是就把自己的心腹——王景泰召到密室，商量對策。

王景泰建議袁世凱把紫禁城所有宮殿、宮門上匾額的滿文都去掉，只留下漢文，以表示他們也是反對清朝以穩定人心。如此做法，老百姓或許就不會反對袁世凱當皇帝了。袁世凱一聽，此話還真有幾分道理，眼下一時又想不出更好的辦法來，就急忙寫了一道「聖旨」，要在十日之內，把紫禁城內所有宮殿、宮門匾額上的滿文都去掉。但「聖旨」剛要往下發，他又想到內廷裡還住著宣統皇帝和清廷的遺老遺少們，怕遭到他們的反對，於是他將「聖旨」改了一下，寫成了「把外朝宮殿、宮門匾額上的滿文都去掉」。這樣清廷的遺老們不到外朝來，自然也就不知道外朝宮殿、宮門匾額上的滿文沒了，也就不會對他的舉動有所反感了。

王景泰接了「聖旨」後，就連忙帶著一幫人把外朝所有宮殿、宮門匾額上的滿文都去掉了，從而改成漢文單書。這就是為什麼內廷宮殿、宮門上的匾額都是用滿、漢兩種文字書寫的，而外朝宮殿、宮門上的匾額則是只用漢文書寫的原因。

不過，儘管袁世凱把外朝所有宮殿、宮門匾額上的滿文都去掉了，並派人到宮外大肆宣揚了一番，還上了大報、小報。但老百姓到底還不買他的賬，討袁的呼聲仍是越來越大，結果他的皇帝夢只做了八十三天就徹底破滅了。雖然袁世凱最終被趕下了台，但紫禁城中被他改過的外朝宮殿、宮門上的匾額卻都保留了下來，成為了現在遊人所見到的奇特的景觀。

正陽門箭樓千斤閘探祕

正陽門，原名麗正門，俗稱前門。從整體結構上看，它包括正陽門箭樓和正陽門城樓，原先的時候是由甕城牆連為一體的，後因修路分割成了兩個部分。

根據史書記載，當時的城樓、箭樓規模宏大；甕城的氣勢雄渾，是老北京城垣建築的傑出之作。歷經歲月的滄桑變遷，到今天僅有城樓和箭樓存在，是目前北京城內唯一保存較為完整的城門。

作為明清時代內城的正門，正陽門是最早修建完工的城門，也是京師九門中規模最高、最為壯麗的城門。明朝正統元年至四年（一四三六年至一四三九年）改建並加修甕城箭樓，是當年全城最高的建築。古人以南為陽，以南為正，遂更名為「正陽門」，只供皇帝出入，因此又稱「國門」，俗稱「前門」。

據資料顯示，正陽門箭樓占地三千零四十七平方公尺，城台高十二公尺，門洞為五伏五券拱券式，是內城九門中唯一箭樓開門洞的城門。箭樓上下共四層，而且在東、南、西三面開箭窗九十四個，供對外射箭用。箭樓四闊七間，寬六十二公尺，北出抱廈五間，寬四十二公尺，樓高二十四公尺，門兩重，後面為對開鐵葉大門，前面的則為吊落式閘門，這就是名聞天下的千斤閘。

明朝初年開始建造的正陽門箭樓的千斤閘，從表面上看來，閘門的外層是鐵皮包成的，上面布滿了加固的鐵釘，裡面是實木，據相關人士的測量，閘門寬六公尺，高六點五公尺，厚度則為九公分，重量為一千九百九十公克，是北京乃至全國古代歷史名城中最大的千斤閘。從工作機制上看，開閘時，閘門升至門洞以上城台內閘槽中；關閘時，閘門從閘槽中平穩落下，形成一道「牢不可破」的屏障。

經過近來相關專家的研究，人們發現，正陽門箭樓千斤閘開關閘的結構設計與運作原理非常合理，也非常科學。走近箭樓，我們就會發現，門樓一層有一對顯而易見的千斤閘主結構——絞盤柱，而且在每根絞盤柱自一層地面向上一公尺處的地方，都有兩個絞杠的插孔，是「十」字絞杠的軸心。閘槽頂部位於兩個絞盤正南二點八公尺處，閘槽長六點二公尺。兩個絞盤正南方通向閘槽之間各有一塊的「支撐石」，「支撐石」南北長零點九公尺，東西寬零點六公尺，高零點六六公尺。

當然，這並不是千斤閘機關的所有部件，它還包括其他的輔助部件，這當中包括兩根保險梁和保險繩。保險梁就位於兩根絞盤柱的內側，南北長三點零五公尺，東西間距也有二點六公尺，每根保險梁的直徑則是十九公分，南北方向跨在閘槽上方一公尺的位置上。就這樣，整個千斤閘運作起來，顯得非常的科學，是中國古代勞動人民聰明才智的傑出代表。

前門大柵欄之謎

大柵欄是北京非常古老，也非常有名的古老街市和繁華的商業鬧市區，在一點二六平方公里的範圍內，保存著大量原汁原味的古老建築。這些古老的建築和發生在它們中間的逸聞趣事，都是古都北京重要的人文瑰寶和文化資源。

地處古老北京城中心地段的大柵欄，從東口至西口全長兩百七十五公尺，是南中軸線的一個重要組成部分，歷史上就是一個繁華的商業區。如果追溯它的源頭，就要追溯到明代孝宗弘治元年，當時孝宗下令在北京城內大街曲巷設立柵欄，並派士兵把守，以防盜賊，從那時開始到現在大柵欄已經有五百八十年的歷史了。當時，北京有「宵禁」，為了防止盜賊隱藏在大街小巷之內，由朝廷批准，在北京很多街巷道口，建立了木柵欄。但「大柵欄」最初並不稱此名，而是叫廊房四條，附近還有廊房頭、二、三條。到了清代，這裡已成為主要的商業中心，因為買賣多，為了能夠有效地防止盜賊，柵欄建得比其它地方都大，也都好看，所以才叫「大柵欄」。

它在北京歷史上曾經是繁華的商業娛樂中心，過去人們以「京師之精華盡在於此，熱鬧繁華，亦莫過於此」的美譽來稱讚大柵欄。

大柵欄自明朝永樂十八年（一四二〇年）以來，在歷史上雖有沉浮，但這條古老的商業街之所以能經受五百八十多年的歷史風雨而不敗，自有它獨特的地方。老北京有句順口溜：「看玩意上天橋，買東西到大柵欄。」「頭頂馬聚元，腳踩內聯升，身穿八大祥，腰纏四大恒」說的都是早年間大柵欄的地位和繁華景象。

一九〇〇年，八國聯軍攻侵北京，放了一把火，把大柵欄燒成一片瓦礫。但是不久，它又重建起來，大體上就成了今天這個樣子。大柵欄在清除了封建糟粕後，出現的是一片商業街的景象。

第六篇
史海獵奇

騙財騙色騙皇帝？明代公主下嫁平民！
漢武帝豔遇一次，十萬條人命作陪禮！
孫武實練孫子兵法，殺吳王寵妃無罪！
史料如海無奇不有，
不可考的歷史情節都有可能曾經發生。

花間才子溫庭筠的荒唐事

王青笠

開創花間派的大才子溫庭筠，其詞作溫軟旖旎，很容易令人聯想到他是如何倜儻瀟灑、玉樹臨風。實際上他是個大大的醜八怪。溫庭筠擅長的另一套業務就是荒唐胡鬧……

溫庭筠（八一二年至約八七〇年），本名岐，字飛卿，太原祁縣（今山西祁縣）人，唐宰相溫彥博後代。文思敏捷，精通音律。

他的詩辭藻華麗，少數作品對時政有所反映，與李商隱齊名，並稱「溫李」。亦作詞，他是第一個專門致力於「倚聲填詞」的詩人，其詞多寫花前月下、閨情綺怨，形成了以綺豔香軟為特徵的花間詞風，被稱為「花間派」鼻祖，唯題材偏窄，被人譏為「男子而作閨音」。

小山重疊金明滅，鬢雲欲度香腮雪。
懶起畫蛾眉，弄妝梳洗遲。
照花前後鏡，花面交相映。
新貼繡羅襦，雙雙金鷓鴣。

《菩薩蠻》

看溫庭筠的那些詞作，又是何等溫軟旖旎。所有這些，很容易令人聯想到溫庭筠是怎麼地倜儻瀟灑、玉樹臨風。但實際上他是個大大的醜八怪，在溫庭筠的多個外號中，最有名的就是「溫鍾馗」。連鬼見了鍾馗都要嚇跑，光從這個綽號，就知道他起碼屬於嚴重影響市容的類型。乃至有傳聞說，這哥們兒就是因為尊容太嚇人，才混得不得意。

溫庭筠擅長的另一套業務是荒唐胡鬧，使得自己慪氣了一輩子還死性不改，這應了民間那句「醜人多作怪」的老話。不過沒有人會否認，這傢伙確實是個大大的才子。

領助學金，全用來尋花問柳

溫庭筠和歌樓伎館的關係之瓷實，幾乎是他的一大成就，除了宋朝的柳永，少有人達到他這樣的專業高度。喜歡拈花惹草大概是溫庭筠與生俱來的天性，基本上是基因決定的遺傳品質，因此不好意思輕易斷言他是行為放蕩。

和所有大才子一樣，溫庭筠少年就名聲在外。他到江淮一帶遊歷，當地的一位官員姚勖很看重溫庭筠的才華，給了他不少錢，也是鼓勵後輩發奮科舉上進的意思。沒想到溫庭筠年紀輕輕就不學好，錢一到手，全都拿來花在陪小姐身上了。姚勖知道了氣得不輕，拿板子打了溫庭筠一頓後把他趕走了，給的錢就只好算餵狗了。

以後這傢伙一直進士考試落榜，溫庭筠的姐姐固執地認為，這全是因為姚勖當年打了他。考試落第和多年前屁股上挨一頓揍之間的必然聯繫，按照通常邏輯是不容易演繹出來的。溫庭筠的姐姐居然能夠把這兩件事情扯在一塊，固然是因為心疼弟弟，思路也著實夠天馬行空。有這樣的寶貝弟弟，才會有那樣的邪門姐姐，正所謂「不是一家人，不進一個門」。

姚勖後來去拜訪這位好姐姐的老公，好姐姐問傭人，來的是什麼人？傭人照實回答，溫庭筠的姐姐一聽火冒三丈，馬上衝到，仇人相見分外眼紅，一把拽住姚勖衣袖連哭帶鬧。姚勖沒想到那麼一筆拐彎抹角的陳年舊賬會飛到自己的腦袋上，丈二和尚摸不著頭腦，當時就傻眼了。

溫庭筠的姐姐這才說：「我弟弟年輕風流，叫兩回三陪也是人之常情，有必要就暴揍一頓嗎？現在鬧得他一直沒有混上個官職，全是你的錯！」越說哭得越傷心，旁人好一通勸才算放了姚勖的衣服。姚勖被這飛來橫禍嚇蒙了，回去回過味來後越想越氣悶，就此氣出一場病來，把老命給氣掉了。這家人實在不是一盞省油的燈。

一場考試，連幫八考生答卷

可能個人生活作風沒那麼嚴謹，但溫庭筠的才氣真不是鬧著玩的。溫庭筠剛到首都長安的時候，社會各界人士對他都極其推崇。溫庭筠也不是浪得虛名，不但文思敏捷得嚇人，音樂方面也相當拿手，號稱只要是有弦的就能彈，只要是有孔的就能吹。參加進士考試的時候，溫庭筠從來不打草稿，兩隻手籠在袖子裡靠著桌子，一會兒就萬事大吉了。

這麼大能耐卻屢屢中不了進士，就是因為溫庭筠考試作弊上了癮，老是管不住自己。溫庭筠作弊不是為了自己，那點題目對他來說跟遊戲一樣，他自願無償幫助其他考生答卷，完全是大公無私型的。

每次進士考試，溫庭筠三兩下就把題目做完，然後把周圍考生的卷子全都給答了。而且通常幫的不是一個兩個，而是一群，由此「救數人」的外號不脛而走。這種行為得到了廣大考生的熱烈擁護和愛戴，但主考官肯定不歡迎這樣的奉獻精神，溫庭筠文章作得雖好，要拿有效成績就難了。

溫庭筠考試作弊的名頭實在太響，沈侍郎主考的時候，特意給他安排了一個單獨的座位，就像小學老師「優待」特別淘氣的學生一樣，讓他坐在沈侍郎眼皮底下答卷。這樣溫庭筠不能幫別人搗鬼，既維護了考場紀律，溫庭筠的進士也能到手，本來也是好意。

溫庭筠卻因為不能作弊，覺得非常不爽，到了晚上就很不高興地交卷走人了。事後主考官一問，溫庭筠洋洋得意地吹噓，雖然被嚴密監視，不能親自代替別人答卷，但還是口授了八個考生的文章。真是爛泥扶不上牆，近乎作弊狂了，主考官只能剝奪他的進士資格。

醉酒夜遊，被虞侯一頓暴打

溫庭筠在長安和裴誠、令狐滈等人臭味相投，一起吃喝嫖賭無所不為。但因為他確實本事不小，溫庭筠也得以出入令狐滈的父親宰相令狐綯的門庭，令狐綯也很把他當回事。

當時唐宣宗喜歡《菩薩蠻》的曲調，令狐綯為了拍馬屁，投其所好把溫庭筠最新原創的《菩薩蠻》詞假充自己的作品送給唐宣宗，並且一再叮囑溫庭筠不要說出去。以溫庭筠的輕浮油滑勁兒，他哪管得住自己的嘴。令狐綯前腳剛囑咐完他，溫庭筠後腳就到處宣傳給皇帝的《菩薩蠻》是自己的最新專輯，恨不能召開一個新聞發布會，弄得令狐綯下不了台。

一次令狐綯問溫庭筠「玉條脫」的出處，溫庭筠告訴他出自《南華經》，然後又忍不住老氣橫秋地擠兌令狐綯，《南華經》也不是什麼生僻的書，丞相公務之餘，沒事也該多看看古書。私下裡溫庭筠還編派令狐綯是「中書省內坐將軍」，意思是令狐綯雖然在中書省做宰相，學問卻不過是武將的水準，嘲笑令狐綯沒文化，氣得令狐綯七竅生煙。

令狐綯待溫庭筠不薄，溫庭筠也不是不想弄個一官半職威風威風，要不就不會沒事老參加進士考試玩了。所以從哪方面講，溫庭筠這麼耍弄令狐綯都說不過去。後來溫庭筠自己混得不好，卻抱怨是因為令狐綯不夠哥們兒，不照應兄弟。要是溫庭筠這麼張狂，令狐綯還提拔他，堂堂宰相不是犯賤嗎？

溫庭筠混得不得勁，就又去江蘇一帶閒逛，到了那裡還是那副臭德行，快六十歲的老頭子了，還和一幫不良少年一起喝酒狎妓。一天晚上，溫庭筠又喝多了，犯了宵禁的法令，不巧正遇到巡夜的虞侯。溫庭筠又是老子天下第一的那個勁頭，犯了錯誤還比誰都橫，結果被揍得滿地找牙。

恰好此時令狐綯被平調到江蘇負責軍政，溫庭筠就不長記性地跑到令狐綯那兒去哭訴。令狐綯還是夠講交情的，抓了那個虞侯準備收拾一頓給溫庭筠出氣。虞侯一肚子不服氣，把溫庭筠當晚的醜態全抖了出來。令狐綯一聽沒錯，這哥們兒就這熊樣，不能怪人家嚴格執法，只能把虞侯放了了事。古人有

「刑不上大夫」的說法，溫庭筠好逮是個士人，大概自己也覺得這事有點丟人，還特意跑到長安各處找高官請求伸冤。溫庭筠本來名聲就不好，這下更臭了。

沒啥見識，錯把皇帝當小官

就憑這麼個脾氣，不論擱在哪朝哪代，溫庭筠想往上爬都是癡人說夢。何況他還用他一貫的溫氏派頭，直接把皇帝老子給得罪了。

據說皇帝曾一時興起微服私訪，在客棧遇到了溫庭筠。可憐溫庭筠一輩子官職低微，壓根沒機會見到皇帝爺爺，所以不認識。不認識就算了，還神氣活現居高臨下地擺老資格說，你是司馬、長史那類小官吧？皇帝說不是。還接著問，那是參軍、主簿那個檔次的吧？把九五之尊當做不入流的混飯吃的小幹部，實在太沒眼力了，還給了皇帝一個傲慢輕狂的印象，這相當於給自己的仕途判了一個死刑。

六十五歲的時候，溫庭筠弄了一個「國子助教」的官職，得到了他生平最後一次得罪人的機會，溫某人是從來不浪費這種大好時機的。

第二年，溫庭筠多年媳婦熬成婆，當了一回主考官。這次換了位置，溫庭筠就改了玩法，考試結束，他別出心裁地把認為出色的三十多篇文章張榜給貼了出來。偏偏這些文章不少都是諷刺官場仕途的，這下把宰相惹火了。這位就沒有令狐綯那麼好相處了，直接把溫庭筠貶到了河南。好在溫庭筠這次幹的還不算壞事，考生們為他大為不平，多少算是一個安慰。臨捲舖蓋從京城滾蛋的時候，考生們齊齊來送溫庭筠上路，爭相賦詩為他送行。這大約也是溫庭筠平生最得人緣的一次行動。

離開長安不到一個月，這位奇才就在鬱悶中死去了。溫庭筠輕佻放浪，但在他活躍的時期，他的詩詞曾給人強烈的衝擊。在他身後，他的淺吟低唱深遠地影響了歷代的才子名家。他所創作的那些動人的作品，足以使人忘記他的那些放蕩不羈，對他的荒唐狂悖不過莞爾一笑。

姜撫：盛唐時代的資深騙子

顧　農

盛唐時代是中國古代詩歌發展的高峰期，湧現了許多大詩人；而同時也冒出過一個赫赫有名的大騙子姜撫先生，後來的《新唐書》為他立過傳。騙子能進入正史，按說一定水準極高；可是現在看去，此公的騙術實在低劣。

首席受騙者：皇帝

姜撫行騙的專利無非兩條：一是自稱已經好幾百歲；二是手上掌握著幾種「長生之藥」的祕密，弄來吃下去，無論什麼人都能長生不老。這樣一套鬼話怎麼會大行其道呢？原來當時道術流行，很想萬壽無疆的皇帝帶頭相信，姜先生的辦法又非常簡明扼要，不難實行，於是許多人上當受騙。

首席受騙者當然是皇帝本人。史稱「姜撫，宋州（今河南商丘）人，自言通仙人不死術，隱居不出。開元末，太常卿韋縚祭名山，因訪逸民，還白撫已數百歲。召至東都，舍集賢院。因言：『服常春藤，使白髮還鬒，則長生可致。藤生太湖最良，終南往往有之，不及也。』帝遣使者至太湖，多取以賜中朝老臣。因詔天下，使自求之。宰相裴耀卿奉觴上千萬歲壽，帝悅，御花萼樓宴群臣，出藤百奩，遍賜之。擢撫銀青光祿大夫，號沖和先生。」（《新唐書》卷二〇四《方技傳・姜撫傳》）看來姜撫本無意出山騙皇帝，是專拍馬屁的大臣把他請出來唱大戲的，不料玩大了，在宰相、太常的大力鼓吹之後，玄宗皇帝又是舉行大型招待會，又是頒發告示公告天下；而姜撫則由一介山林隱逸忽然榮膺「銀青光祿大夫」這樣顯赫的散官頭銜，真所謂「天下誰人不識君」了。

騙術被藥物學家揭穿

沖和先生姜撫沒有神氣多久，就被高官中一位敢講真話的藥物學家揭露而穿了幫。他當機立斷逃出首都，以採藥為名四處雲遊，大本營則安在故鄉宋州。《新唐書》本傳繼續寫道：

（姜）撫又言：「終南山有旱藕，餌之延年。」狀類葛粉，帝作湯餅賜大臣。右驍衛將軍甘守誠能銘藥石，曰：「長春者，千歲藟也。旱藕，杜蒙也。方家久不用，撫易名以神之。民間以酒漬藤，飲者多暴死。」乃止。撫內慚悸，請求藥牢山，遂逃去。

沖和先生尚知慚愧，可見這時他還不是專業騙子，良心未泯；皇帝讓他平安出京，沒有收拾他，也算寬容大度，這也是為自己以及宰相、太常之流保留了面子，總不能顯得都弱智吧。

另據《冊府元龜》卷三三六載：「裴耀卿為左丞相，開元二十五年，逸人姜撫獻長春酒，玄宗分賜年衰朝官，兼與方法……時士庶競服長春酒，多有暴卒者，帝懼而止。」照這樣看，姜撫所獻之酒喝下去雖不能長壽，也不至於死人，而民間依照姜方自行製造的藥酒就很危險了。玄宗因懼而止，姜撫趕緊逃走，不失為明智之舉。

於是前銀青光祿大夫沖和先生姜撫就得以平安而且相當風光地走出首都；各地的上下官民無從深悉這些內幕，卻學習過玄宗皇帝詔告天下的公告，所以對他尊敬有加；而這位一度充當過御用長壽保健師的活神仙不僅繼續神氣活現，且進而到處吹噓，放手騙人，成為宋州等地身分很特別的大人物。州縣牧宰就像追星族似地追捧這位半仙。有記載說：「玄宗皇帝高拱穆清，棲神物表，常有升仙之言。姜撫供奉，別承恩澤，於諸州采藥及修功德。州縣牧宰，趨望風塵，學道者乞立於門庭，不能得也。」（《太平廣記》卷二八八《辯疑志》）姜撫打著「於諸州採藥」的旗號大肆吹牛詐騙，名氣和影響也越來越大，沒有人敢公開說他的壞話，於是他又活躍了許多年。

姜撫之死：栽在歷史學家手裡

姜撫之死很有戲劇性，原因是他又一次被揭露。騙子能在一段時間內讓一部分人上當受騙，但決不能長期得逞，也不可能騙倒一切人。這一次姜撫是栽在一位歷史學家手裡：

有荊岩者，於太學四十年不第，退居嵩少（嵩山的少室山），自稱山人，頗通南北（朝）史，知近代人物。嘗謁撫，撫簡踞不為之動。荊岩因進而問曰：「先生年幾何？」撫曰：「公非信士，何暇問年幾？」岩曰：「先生既不能言甲子，先生何朝人也？」岩曰：「梁朝人也。」岩曰：「梁朝絕近，先生亦非長年之人。不審先生，梁朝出仕，為複隱居？」撫曰：「吾為西梁州節度。」岩叱之曰：「何得誑妄！上欺天子，下惑世人！梁朝在江南，何處得西梁州？只有四平、四安、四鎮、四征將軍，何處得節度使？」撫慚恨，數日而卒。（《太平廣記》卷二八八《辯疑志》）

姜撫只顧亂吹牛皮，而缺乏年代、地理、職官諸方面的必要知識，結果大出洋相。多年來吹慣了牛皮，一旦當場被捅破，心理上失衡得厲害，慚恨而死。

與史學家荊岩同樣不相信姜撫之牛皮的還有詩人高適，他在這位活神仙回到宋州時同他見過一面，據周勳初先生《高適年譜》記載，其事在天寶七載（七四八年），當時高適寫過一首婉而多諷的《遇沖和先生》：

沖和生何代？或謂遊東溟。三命謁金殿，一言拜銀青。
自云多方術，往往通神靈。萬乘親問道，六宮無敢聽。

昔去限雲霄，今來睹儀形。頭戴鷃鳥冠，手搖白鶴翎。
終日飲醇酒，不醉複不醒。常憶雞鳴山，每誦《西升經》。
拊背念離別，依然出戶庭。莫見今如此，曾為一客星。

詩的前八句寫這位大仙的光榮史，中間八句寫親眼所見的他回到故鄉以後的儀形和作風；最後四句說自己同這位大人物作別的時候，沖和先生態度很親切，撫背以示情誼，還親自送出門外。詩人說，你不要看他如此平易近人，他可是同皇帝直接來往過的啊！

詩中沒有直接揭露這位老先生的騙術，但揶揄的語氣很明顯：他的種種特異神奇全是「自云」如此；其人早年隱居不出的時候也許還真的在岩穴中修道養生，及至暴得大名以後，雖然表面上道貌岸然，實際上已是一個世俗氣息很濃厚的酒鬼了。

詩中還說，此老熟於世故，在人前並不亂擺架子——而這恰恰是一位資深老騙子的手段之一啊！

明代公主只能嫁與平民，且屢次被無賴騙婚

裴鈺

明代皇室有規定，大凡公主的婚配，多選擇民間英俊善良的男子，不許文武大臣的子弟娶公主為妻，這是為什麼呢？

民間有句俗語叫「掛羊頭賣狗肉」，意思是表裡不一，有名無實，是一種欺騙行為。明曲中有一首薛論道的《雙調．水仙子．賣狗懸羊》，十分有趣：「從來濁婦慣撇清，又愛吃魚又道腥，說來心口全不應。貌衣冠，行市井，且只圖屋潤身榮。張布被誠何意？飯脫粟豈本情？盡都是釣譽沽名。」在紛紛擾擾的世情百態中，騙子神通廣大，最奇特的莫過於明代皇室騙婚現象了，竟然騙到了皇帝的頭上。

明代公主只嫁老百姓

明代皇室有規定，大凡公主的婚配，多選擇民間英俊善良的男子，不許文武大臣的子弟娶公主為妻，這是為什麼呢？原來明朝的皇帝非常忌諱外戚干政，擔心大臣武將用子女聯姻的手段，來干預朝政，甚至發生搶班奪權的危機。為了澈底斬斷外戚干政的危險，明皇室便下了死命令，不許皇家和大臣武將聯姻。所以有明一代，皇家公主的婆婆家往往都是寒門之輩，在政治上沒有多大的地位，也就不會通過聯姻的方式來施加影響力。從洪武大帝到崇禎皇帝，雖然宦官干政的危險沒有消除，在特定的年代還非常劇烈，可是外戚干政倒是有效地避免了。

明朝一代的駙馬爺絕大多數是民間男子，在國家政治中地位不高。如今我們常常說一個女孩嫁給了條件不如自己的男子，叫「下嫁」，不過整個中國歷史上，最有資格稱得上「下嫁」的，就是明代皇室的公主們。出於帝王之家，老公卻幾乎全是平民百姓。明代皇室的公主是分等級的，皇帝的姑姑叫「大

長公主」，皇帝的姐妹叫「長公主」，皇帝的女兒叫「公主」，皇家親王的女兒叫「郡主」，親王的外孫女叫「縣主」。這些大長公主、長公主、公主、郡主、縣主，都是皇家的金枝玉葉，掌上明珠，對她們的婚嫁，皇家自然都極其重視，無不是千挑百選，風光大嫁！

於是民間男子爭當駙馬爺，成為明代一道獨特的風景。由於官府和民間脫離，皇家又高高在上，如何瞭解駙馬爺，如何挑選駙馬爺，成了一個大難題。那個時候，沒有科學的鑑定方法，只能靠口碑相傳和別人的推薦。駙馬爺的好壞高低、優良中差，也就完全憑一張嘴而已。離皇帝最近的莫過於宦官，於是為公主牽線搭橋的人，大多都是宦官。遇到道德品質良好的宦官，他自然會盡心盡力地為公主挑選一個稱心如意的駙馬；倘若遇到一個唯利是圖的小人，自然會從中以權謀私，這就給民間騙婚之輩留下了一個出口。於是有眾多民間男子，掛羊頭、賣狗肉，通過賄賂宦官近臣，向皇室騙婚，詐娶公主，謀求富貴。這種事在明代簡直是層出不窮，堪稱一個歷史奇聞。

皇帝老丈人的煩心事

明弘治八年（一四九五年），民間有個財大氣粗的富人叫袁相，他向內宮太監李廣大肆賄賂，目的就是請李廣幫自己娶到一位公主，讓自己可以攀龍附鳳。明朝皇室有規定，公主選駙馬，大多由太監、女官來負責。所以李廣便利用各種機會，極力向弘治皇帝推薦袁相，對其大肆吹捧，說盡了漂亮話。弘治皇帝信任李廣，便同意招袁相為女婿。袁相如願以償，成為準駙馬，他家裡上上下下也是歡騰不已、興高采烈。弘治皇帝還親自召見了袁相，感覺還可以，便和袁相的父母約定了大婚的日期。

不料此時，突然有人告發了李廣和袁相的騙婚陰謀。弘治皇帝立刻派人調查，經查明，李廣接受了袁相許多的賄賂，而坊間對袁相的評價並不是很高，遠遠不是李廣說得那麼高、大、全，這下子弘治皇帝恍然大悟，龍顏大怒。可是袁相和德清公主早已經定好了婚期，從風俗習慣上講已經是鐵板釘釘，不容更改。但弘治皇帝怎麼能容忍把女兒嫁給一個騙子呢？於是他逆勢而為，推翻了婚期，下一道聖旨廢了袁相的駙馬名號，另選新的駙馬給自己的女兒。袁相騙婚功虧一簣，讓弘治皇帝驚出一身冷汗。弘治皇帝虛驚一場，好在德清公主完好無損，沒吃騙子的虧。在這一點上，他比後來的嘉靖皇帝要幸運得多。

嘉靖六年（一五二七年），皇室為永淳公主招選駙馬。通過太監、女官的極力推薦，皇室選定了一個叫陳釗的男子，並和陳家定下了婚期，永淳公主即將「下嫁」。誰知，天公不作美，世間有「小人」，有人向皇家告發說，陳釗家族世代患有惡疾，而且生母是再婚，且做了別人的小妾。把堂堂的大明公主嫁給一個小妾的兒子，即公主未來的婆婆是個「二奶」，實在是有辱皇室的尊嚴！

嘉靖皇帝接到舉報的奏摺，頭都大了。經過調查，陳釗的親生母親果真是個小妾。於是嘉靖皇帝二話不說，馬上悔親。可是公主的婚期已經召告全國了，推遲婚期，總得有個理由。如果告以真相，說皇帝家被人騙了，駙馬原來是個「二奶」之子，這不得讓天下百姓笑掉大牙嗎？為了挽回皇室的面子，嘉靖皇帝趕緊命人在全國海選，另招駙馬。經過千挑萬選，終於挑中了一個叫謝昭的男子。這次嘉靖皇帝可不敢再輕信人言，非要親眼審查駙馬人選，於是他接見了謝昭。誰知親眼一見，嘉靖皇帝狂怒不已，原來這個謝昭天生禿頂！顯然，這個謝昭是個醜八怪！但不知他使了多少手段，才得以蒙混過關。

長得醜不是什麼大的過錯，而且婚期不等人，嘉靖皇帝只好自吞苦果，准許女兒永淳公主下嫁給謝昭。大婚那天，全國震動，如花似玉的永淳公主竟然許配給了一個禿頂的醜八怪。更有好事之徒，竟然編造了一首民謠《十好笑》，列舉了當時十件好笑的事情，其中第十件，就是皇室招謝昭做駙馬，「十好笑，駙馬換個現世報」。

在公主婚嫁問題上，嘉靖皇帝這個老丈人當得很煩心。不過謝昭醜歸醜，據說人品還不錯，這多多少少也能給嘉靖皇帝一點安慰。說到萬曆皇帝，他可比嘉靖皇帝煩惱得多了。

萬曆十年（一五八二年），萬曆皇帝的親妹妹永甯公主要選駙馬。風聲一出，舉國震動，民間眾多男子蠢蠢欲動。北京城有個姓梁的富豪，認定這是個攀龍附鳳的機會，便使盡手段，賄賂大太監馮保，讓梁家子弟梁邦瑞參與駙馬的海選。有錢能使鬼推磨，經過重重審查，梁邦瑞在大太監馮保的運作之下果然中選。但實際上，這個梁邦瑞早已重疾在身，病入膏肓了。

大婚的時候，這個梁邦瑞就出了一個大婁子，在婚禮現場大流鼻血，連婚袍都被染紅了。可是收受了梁家大肆賄賂的太監們，眼見事情要敗露，急中生智，便撒謊說道，大婚見紅乃是新婚喜事。於是眾人連騙帶哄，硬是把大明帝國的永甯公主推進了梁家大門。

梁邦瑞已經病入膏肓，自然無法行人倫之事，永甯公主到了此時才知悔之晚矣。新婚剛滿一個月，梁駙馬便一病嗚呼了。永甯公主寡居了數年之後也抑鬱而死。一位帝國的公主，皇帝的親妹妹，竟然讓掛羊頭賣狗肉的男子坑成這般慘景！不知實情的萬曆皇帝，面對親妹妹的不幸生活，他也無可奈何，唯有黯然長嘆。

以上三位駙馬，哪個不被說成是相貌俊美、心地善良、身體健康、人品難得的英才？其實是名不副實，「掛羊頭賣狗肉」，最後蒙混過關，向帝王之家騙婚，沒得手的人遭到了報應；也有的騙子得手了，但最終損人利己，連皇家也無可奈何，這真是古今的一個奇聞！

漢武帝最昂貴的一次豔遇：十萬人的生命作為禮物

秀客

在中國封建社會的遊戲規則裡，權力是皇帝手中的私有財產，他想清燉還是紅燒，完全憑他一人的意志和好惡來決定。所以為了討好一個女人，把十萬人的生命作為禮物也就不足為奇了。

皇帝普遍好色，究其原因是他們可以利用職務之便隨意得到自己想要的美女，而且想要多少要多少，用個現代詞來說這叫以權謀私，不用白不用。作為西漢王朝在位時間最長的君主，漢武帝的風流倜儻絕對配得上「神童」二字，他青春期還未到之時，就已說出「金屋藏嬌」的高級情場辭彙，其「情商」水準之高可見一斑。情商高也就罷了，偏偏漢武帝還是個「博愛」的人，經常愛屋及烏，寵愛上了衛子夫，跟著就寵愛重用她的親人衛青、霍去病。後來迷戀李夫人，就給她的三個兄弟加官晉爵。這個性格導致漢武帝的豔遇越多，對國家的危害就越大，因為歷史上的外戚受寵會成為國家的毒瘤，引發很多意想不到的後果，正如李夫人帶給漢武帝的豔遇，就給大漢帝國帶來了不小的災難。

廣告《佳人曲》，令漢武帝產生購買欲望

李夫人是個不簡單的女子，首先她的相貌就很不簡單，傾國傾城這個成語最先就是用來形容她的。她生得雲鬢花顏，婀娜多姿，尤其精通音律，擅長歌舞，卻不幸淪落風塵，成為青樓女子。其次她的兄弟也不簡單，大概是家族基因的緣故，她的哥哥李延年也是一位音樂奇才，「性知音，善歌舞」，好像專門是為藝術而生的。李延年年輕時因犯法而被處腐刑，然後被遣送到宮裡管犬。碰巧的是除了權力和女人，音樂、歌舞是漢武帝劉徹的第三項最愛。創作音樂的人碰上了喜歡音樂的人，李延年的官運也就來了。很快他就被封為樂府協律督尉，在宮內廷音律侍奉。後來的事情證明李延年不僅是個音樂天才，

還是個廣告天才，而被他用廣告包裝的產品就是他的漂亮妹妹李氏。一天，他利用給漢武帝唱歌的機會，唱出了他自己創作的一代名曲《佳人曲》：北方有佳人，絕世而獨立；一顧傾人城，再顧傾人國；寧不知傾城與傾國，佳人難再得。

事實證明，《佳人曲》是一則極其成功的廣告。廣告的直接聽眾——漢武帝聽得如癡如醉，繼而產生了購買欲望。「果真有如此美貌的佳人嗎？」他的姐姐平陽公主悄悄說：「延年的妹妹貌美超人！」武帝連忙召李氏進宮，只見李氏體態輕盈，貌若天仙，肌膚潔白如玉，而且同其兄長一樣也善歌舞。大概此時，《佳人曲》的唯美詞句又回蕩在漢武帝的耳邊，眼前的美人無疑和廣告詞所說的一模一樣，真所謂「貨真價實」。就這樣李氏開始了她的宮廷生活，並立刻受到了寵愛。一筆交易就這樣完成了。

傾國傾城的李夫人，令漢武帝念念不忘

然而自古紅顏多薄命，上天給了李夫人一個好容貌，卻沒給她一副好身板。她本來體質就弱，加上產後失調，不久萎頓病榻，日漸憔悴。但武帝依然惦記著她，對其她嬪妃毫無興趣，包括衛皇后。李夫人智慧上的不簡單之處此時完全顯露，病態怏怏中的她自始至終要留給漢武帝一個美好的印象，因此漢武帝每次來探病，她都不讓武帝看，將自己全身蒙在被子裡說道：「臣妾想將兒子昌邑王與妾的兄長託付於陛下。」武帝勸說道：「夫人如此重病，不能起來，若讓朕看你，你當面將他們託付給朕，豈不快哉！」李夫人卻在錦被中說道：「身為婦人，容貌不修，裝飾不整，不足以見君父，如今蓬頭垢面，實在不敢與陛下見面。望陛下理解。」漢武帝相勸：「夫人若能見我，朕將賜給夫人黃金千金，並且夫人的兄弟加官晉爵。」李夫人卻始終不肯露出臉來，說：「能否給兄弟加官，權力在陛下，並不在乎是否一見。」並翻身背對武帝，哭了起來。武帝無可奈何，十分不悅地離開。漢武帝離開後，李夫人的姐妹們都埋怨她，不該這麼做。李夫人卻說：「凡是以容貌取悅於人，色衰則愛弛；倘以憔悴的容貌與皇上見面，以前那些美好的印象，都會一掃而光，還能期望他念念不忘地照顧我的兒子和兄弟嗎？」她死

後，漢武帝傷心欲絕，以皇后之禮營葬，並親自督飭畫工繪製他印象中的李夫人形象，懸掛在甘泉宮裡，旦夕徘徊瞻顧，低徊嗟嘆。

漢武帝償付情債，以高官厚祿照顧李夫人之兄

真正的麻煩開始了。由於漢武帝對李夫人念念不忘，加上他本人愛屋及烏的臭毛病，所以便根據李夫人的臨終囑託，用高官厚祿照顧她的兄弟們，使他們富貴，這樣也就等於償付了所欠下的李夫人的情債。於是漢武帝金口一開，任命李氏的大哥李延年為協律都尉，二哥李廣利為將軍。即便這樣，漢武帝還嫌不夠，他想讓李家的子孫們世世代代享受富貴。但根據漢朝的祖制，皇親無功不得封侯。漢武帝命李廣利為將軍，就是好讓他有機會帶兵出征，如果立下戰功，就可以封侯，然後世襲罔替，李家子孫就可世世代代富貴下去。可惜，李廣利不是衛青、霍去病，漢武帝賦予這樣的人以軍事重任實在不是明智之舉。當然，此時的漢武帝和乾隆二十五年時的愛新覺羅．弘曆一樣，經過三十餘年的統治，內政上加強中央集權，增強經濟實力，軍事上又在對匈奴的戰爭及通西域中取得一系列重大勝利，驕逸之心自然而然也就噴湧出來。自滿情緒高漲的漢武帝對一些重大的國策問題缺乏深思熟慮也就成了很正常的事。

李廣利第一次遠征大宛慘敗告終

漢武帝給李廣利的第一次機會是出征西域的大宛。大宛在現在吉爾吉斯、塔吉克斯坦等國境內，大宛君臣自認為距離大漢帝國很遠，中間又隔著一個廣大的沙漠，行旅尚且困難，大軍更無法通過，所以在西域諸國向漢朝稱臣的時候，大宛國卻不派使者朝漢。如果換作別國，漢武帝也許也就不聞不問了，但偏偏大宛出產天下最名貴的血汗寶馬。古代帝王一般都有聲色犬馬之好，漢武帝也喜歡馬。因此不計前嫌，派出壯士車令帶著千金及用純金鑄的一匹馬去大宛，換取寶馬。車令拜見大宛國王毋寡，說明漢朝願用千金及純金所鑄金馬換取大宛貳師城的名馬的來意。奈何毋寡自恃距漢遙遠，漢朝不能對他用

兵，奈何不了他，所以極不禮貌，傲慢地說：「你那千金與金馬有什麼了不起，敝國多的是。貳師城的馬是我大宛的寶馬，豈能換與貴國，休得妄想。」車令以大漢天朝使者自居，遭此無禮對待，也出言不遜，怒目斥責。大宛國認為漢朝使者輕慢無禮，強迫離境，並暗中唆使鄰近的郁成王在途中將車令及其隨從殺掉，奪去所攜帶的金銀及其他財物。

消息傳至長安，漢武帝大怒，便下令李廣利率兵遠征大宛，以便立功封侯。此次遠征，主要在奪取大宛貳師城的寶馬，故號李廣利為貳師將軍，表示志在必得。西元前一〇四年，李廣利率領騎兵六千，步卒數萬，遠征大宛。遠征軍進入西域後，途經小國，都緊閉城門，拒絕供應漢軍給養。漢軍缺乏糧草，便在指揮水準平庸的李廣利帶領下沿途攻打城池。攻下了，就能取得糧草，供士卒馬匹食用；攻不下，繼續前進。一路之上，數萬士兵戰死的戰死，餓死的餓死，到達大宛時，士卒僅剩下數千人，而且一個個面黃肌瘦，比逃荒的強不到哪兒去。這種情況下本不適合開戰，但李廣利不管這些，下令軍隊立即攻打郁成城。結果對方防守嚴密，漢軍傷亡甚眾。經過首度挫敗後，李廣利冷靜下來，他考慮到郁成城尚且攻不下來，又怎麼能攻破大宛的王都呢？而且士卒越來越少，既無兵員的補充，又無糧草的接濟，便決定撤軍。部隊回到敦煌，往來時間共兩年，所剩下的士卒才及出發時數萬的十分之一二。李廣利駐軍敦煌，向漢武帝上書說：「道路遙遠，缺乏糧草。所剩下的士卒不多，難以攻下大宛的王都。請求暫且修整，等待補充兵力後再去攻打。」漢武帝接到李廣利所上之書，極為憤怒，派出使者把守在玉門關，傳令道：「軍隊有敢入關的，斬首。」李廣利聞令恐懼，不敢入玉門關，只得駐紮在敦煌。第一次遠征大宛，就這樣因指揮不力以慘敗告終。

為兌現承諾，傾國力再次命李廣利遠征大宛

對於爭強好勝的漢武帝來說，這口惡氣是一定要出的。過了一段時間，冷靜下來的漢武帝想起對李夫人的承諾，於是太初三年，他再次任命李廣利遠征大宛。鑑於上次征大宛的慘敗，這次作了周密的部

署。隨李廣利遠征的大軍有六萬人，還有牛十萬頭，馬三萬匹，驢和駱駝以萬數。糧草充實，戈矛弓弩齊備。另外徵調十八萬士卒，布防在酒泉和張掖以北，一方面防匈奴的入侵切斷大軍的補給錢，一方面作為遠征的後援部隊，便於接應。又徵調了許多民夫，為大軍運送糧草。一時間整個河西走廊懸旌千里，雲輜萬乘。遠征軍到達大宛的士卒有三萬人，李廣利繞過郁成城，直抵大宛都城。先斷決城內水源，再圍困攻打。大宛畢竟是個小國，哪受得了這種重壓，一些貴族暗中商議，說國王毋寡將寶馬收藏，又殺害漢朝的使者，因此得罪漢朝，招致漢軍的攻打。假如殺掉國王，獻出寶馬，漢軍一定解圍而去。不然城被攻破，他們也要跟著遭殃。於是便聯合起來，殺掉毋寡。正好此時外城被漢軍攻破，俘虜了大宛最驍勇的戰將煎靡。城中的貴族更為驚恐，趕快將毋寡的頭割下，用木盒裝著，獻給李廣利，說願將所有的寶馬都牽來，任由你們挑選，並且供給你們軍隊酒食，只要求你們不再攻打我們的內城。李廣利考慮到內城堅固，糧食蓄存又很豐富，利於長期堅守，而漢軍又勞師遠征，戰鬥四十餘日，已經疲乏，同時大宛鄰國康居，正對漢軍虎視眈眈，有乘機襲擊之勢。既然首惡毋寡已經伏誅，又願獻出寶馬，出師的目的已經達到，不如就此收軍。於是李廣利答應了大宛方面提出的要求。大宛的貴族們十分高興，便將所有的寶馬牽出來，讓漢軍自行選擇，又送給漢軍許多牛羊及葡萄酒，慰勞漢軍。漢軍挑選了最好的寶馬數十匹，中等以下的雌雄三千餘匹，並立大宛貴族中過去與漢朝最親善友好的昧蔡為大宛國王。兩國訂盟，相約結為友好國家。

第二次遠征，李廣利總算是贏了，回到長安，漢武帝特別高興，大宴群臣，封李廣利為海西侯，總算兌現了對李夫人的承諾。關於這次遠征，漢代學者劉向如此評價：「貳師將軍捐五萬之師，靡億萬之費，經四年之勞，而僅獲駿馬三十匹，雖斬宛王毋鼓（寡）之首，猶不足以複費……」認為損失太大，得不償失。漢武帝為攻大宛，幾乎傾全國之力，即便衛青、霍去病遠征匈奴也沒有這麼大的規模，而李廣利最終沒能攻破宛都內城，說明李廣利缺乏智謀，指揮才能平庸。更讓人不能容忍的是李廣利人品極差，虐待士卒，貪占軍用資財，許多士卒不是英勇戰死，而是死於自己長官的惡政之下。從敦煌出軍時，李廣利大軍一共六萬人（不包括私自隨軍出征的）、戰馬三萬匹，返回玉門關時，僅剩萬餘人，戰馬僅千匹。如果換成衛青或是霍去病，最後的結果一定不是這樣。

漢武帝為這次豔遇付出了慘重代價

如果你以為漢武帝為這次豔遇所付出的代價就此打住，那就大錯特錯了，李廣利先生的破壞力還遠不止這些。征和三年，匈奴大軍入侵，掠殺邊民，領兵的都尉（一郡的軍事長官）戰死。漢武帝大概嫌李廣利上次的功勞不夠大，便命他出擊匈奴。李廣利離開京城時，丞相劉屈氂為李廣利餞行。李廣利的女兒是劉屈氂的兒媳，兩人是親家。李廣利的災難也就是此時開始的。

匈奴君長單于得知漢朝派出大軍進襲，便將所有輜重撤至郅居水（今蒙古國色楞格河）沿岸囤積，將人民遷至余吾水（今蒙古國土拉河）以北安置。單于本人則率精兵在姑且水（今烏蘭巴托西南）列陣以待。李廣利率大軍進入匈奴境內。匈奴派五千騎兵進行阻擊。李廣利派兩千騎兵接戰。大敗匈奴兵，殺死數百人。

李廣利揮軍乘勝追擊。匈奴兵不敢抵敵，四散逃奔。漢軍直追到范夫人城。正在這時，京城長安發生了一件事。漢武帝年老，身體有病，又很迷信，便認為是有人受了巫師的指使，埋下了象徵他的木人，詛咒他早死，以致魔鬼附身，在索他的命，這被稱為巫蠱。武帝為此專門派人查訪，若有發現，必遭斬首。太子劉據就是江充借巫蠱之事陷害而自殺的。太子劉據被陷害自殺後，宮廷中的宮人及大臣們相互之間如有嫌隙怨仇，就彼此以巫蠱進行密告，陷害對方。武帝自然不可能件件去清查個明白，只是交給官員去嚴辦。連對自己的兒子都不明辨是非，何況是他人。內者令郭穰密告丞相劉屈氂的妻子因為劉屈氂曾多次遭皇上責備，便對皇上不滿，因而請巫祈禱神靈，詛咒皇上早死。同時密告劉屈氂與李廣利共同向神祝禱，希望昌邑哀王劉髆將來作皇帝。武帝便下令主管司法的廷尉查辦，認為劉屈氂大逆不道，處以腰斬，並用車裝著屍體在街上遊行示眾。將劉屈氂的妻兒在長安華陽街斬首。這時候的漢武帝不是愛屋及烏，而是恨屋及烏了，把劉屈氂的親家李廣利的妻兒們也一塊抓了起來。

前方作戰的李廣利聽到家人被抓的消息，如五雷轟頂。有一個部下勸他投降匈奴。李廣利心想若投降匈奴，將加速妻兒老小的死亡，情況會更慘，不如立功贖罪，也許有一線希望。便不根據實際情況，不瞭解雙方軍事形勢，不計戰略戰術，以數萬漢家兒郎的生命為賭注，盲目進軍，以求僥倖。遂揮師北進，深入匈奴，直至郅居水。此時匈奴軍隊已離去，李廣利又派監察護軍率領兩千騎兵，渡過郅居水，繼續向北挺進。與匈奴左賢王的軍隊相遇，兩軍接戰。漢軍大勝，殺死匈奴左大將。長史認為李廣利別懷異心，想犧牲全軍以求立功，必然招致失敗，便暗中策劃將李廣利扣押起來，以阻止其盲目冒險。李廣利覺察了長史的策劃，將他斬首。恐怕軍心不穩，發生騷亂，便率軍由郅居水向南撤至燕然山（今蒙古國杭愛山）。單于知漢軍往返行軍近千里，已很疲勞，便親自率領五萬騎兵襲擊漢軍，漢軍死亡甚眾。李廣利原想冒進，立功贖罪，卻遭此大敗，心情自然更沉重，又憂慮著家中老少的生命安全，而且本來指揮才能就平庸，因此完全失去了兩軍對壘中最必要的警覺。匈奴趁漢軍不備，於夜間在漢軍營前悄悄挖掘了一條壕溝，有幾尺深，於清晨從後面對漢軍發起突然的襲擊。漢軍遭匈奴軍襲擊，想出營列陣抵敵，卻發現軍營前有一條深溝，進退不得，軍心大亂。又因為疲勞，完全失去了抵抗力，遭到慘敗，無心再戰的李廣利投降匈奴。云云七萬漢家兒郎就這樣全部葬送在李廣利的手中，加上前兩次遠征大宛，李廣利一人前後共葬送了十餘萬士兵的性命，即使是驃悍的匈奴人，與西漢對峙的上百年時間裡也沒有哪一個人有這麼大的破壞力。

李廣利給大漢帝國造成的損害看上去是他本人的無能造成的，但真正的罪魁禍首是封建社會的遊戲規則。在這個遊戲規則裡，權力是皇帝手中的私有財產，他想清燉還是紅燒，完全憑他個人的意志決定。所以為了討好一個女人，把十餘萬人的生命作為禮物也就不足為奇了。

孫武為何膽敢斬殺吳王寵妃？

扶欄客

訓練美少女戰士

這個典故得從那部非常著名的《孫子兵法》開始說起。

當時孫武（約前五三五年至？）已經完成了《孫子兵法》十三篇的創作，並通過某種機會將這部兵家巨著呈獻給了吳王闔閭。

吳王闔閭看了《孫子兵法》十三篇，感想就是兩個字：驚豔。更讓他驚豔的是這位震爍古今的偉大軍事理論家居然就生活在自己統治的吳國。就像齊景公面試田穰苴一樣，闔閭看完《孫子兵法》以後馬上安排面試。凡是老闆都不喜歡紙上談兵，何況吳王闔閭是一位滿肚子都是陰謀的老闆，得到《孫子兵法》及其作者，就像武術愛好者得到藏在山洞裡的祕笈，想到的第一件事就是證實一下孫武及其兵法的威力。於是闔閭提出讓孫武試著帶一支部隊訓練一下，讓自己見識一下偉大軍事理論的實踐效果。

闔閭說：「子之十三篇，吾盡觀之矣，可以小試勒兵乎？」

孫武答應得很痛快：「可。」

吳王闔閭是一位具有豐富想像力的領導。他見孫武答應小試牛刀訓練軍隊，眼前馬上浮現出了後宮佳麗排著方隊，邁著整齊的步伐，從自己豪華的寢宮前走過接受檢閱的情景，於是他提出了一個非常有創意的設想：「可試以婦人乎？」

孫武的回答仍然非常肯定：「可。」

闔閭馬上下令：「集合後宮佳麗！」

孫武看見從吳國王宮裡走出來一百八十位吳王闔閭選拔出來的吳國小姐。美女們集合在王宮大殿前的廣場上，放眼望去好像擺上桌的宮廷筵席，豐盛、奢侈，強烈地刺激著人們的視覺和味覺，讓人不知道從何處下箸。

一萬個人看哈姆雷特就有一萬個哈姆雷特，而兵聖孫武卻把人數眾多的美女全看成了士兵。孫武命令將一百八十位美女分成兩隊，分別由兩位最受闔閭寵愛的美女擔任隊長，並給她們每個人發了一根長戟作為指揮隊伍的標誌。

吳王闔閭看見自己美麗的寵妃手持長戟，英姿颯爽，情不自禁地得意起來。

孫武的軍事訓練從最基礎的佇列訓練開始，類似於現在的軍訓。

孫武知道女人的方向感一般都很差，為了讓美女們分辨前後左右，他先強調了最基本的常識：「汝知而心與左右手背乎？」

美女們說：「知。」

孫武說：「前，則視心；左，視左手；右，視右手；後，即視背。」

美女們異口同聲：「諾！」

孫武下令搬來了砍頭的斧鉞，三令五申宣布了紀律。

不見血就不知天高地厚

如果美女們看過司馬穰苴的故事，她們一定會感到後脖子發涼，可惜她們沒看過，所以沒有絲毫害怕甚至擔憂。作為吳王的後宮佳麗，美女們唯一的職責就是通過各種辦法引起吳王闔閭的興趣，唯一的願望就是把自己的DNA摻進王族的血統，並成為下一任吳王的母親。

陽光照在吳王宮殿的廣場上，美女們看著眼前這位貌似威嚴的將軍和他身旁的斧鉞覺得非常可笑。平日養尊處優的她們根本沒有把這些砍頭的利器與自己美麗的腦袋和脖子聯繫起來。而坐在高臺上的吳王闔閭也沒有感到絲毫的擔憂，在他看來，後宮美女是他的私有財產，別人根本沒有處置的權力。闔閭甚至覺得兵聖孫武的到來給自己沉悶的後宮生活帶來了一些新鮮和刺激，讓自己很興奮。

孫武下令擊鼓，並指示兩隊美女向右轉，結果美女們笑得前仰後合。雖然一個鬍子雜亂的大男人指揮一群青春美少女，看起來有些不倫不類，但是這事似乎也不值得美女們集體笑場，這不能不歸因於後宮實在過於沉悶的生活氣氛以及美女們過於發達的笑神經。美女們很久沒有見到吳王闔閭以外的男人了，而這個男人在王宮出現，在美女們看來實在可笑。況且身為吳國王宮裡的女人，除了吳王之外，她們是不會把任何男人放在眼裡的。一群花骨朵一樣嬌生慣養的美女，平時除了吃睡就是玩樂，沒有一點憂患意識，怎麼能認識到此事的嚴肅性呢？

美女們當然知道向左轉、向右轉是什麼意思，但是她們實在不明白這樣轉來轉去除了娛樂吳王闔閭之外還有什麼意義，要說吳國需要訓練她們上戰場打仗，恐怕連孫武自己都不信。所以美女們非常自作聰明地認為這次軍事訓練目的就是為了滿足坐在高臺上的吳王闔閭的某種趣味。美女們不是心理學家，她們無法準確地運用佛洛依德的理論分析闔閭出於何種心理讓宮女們參加軍訓，但是當美女們集體笑倒的時候，卻分明看到高臺上的吳王闔閭不僅沒有絲毫不快，反而露出了她們熟悉的笑容，這更加堅定了美女們繼續調戲孫武的念頭。在她們看來孫武根本不是什麼將軍，而是一位娛樂明星，甚至乾脆就是個小丑，目的就是配合美女們一起娛樂吳王闔閭。

而此刻的孫武更像一位偉大的相聲大師，看著台下的觀眾笑得前仰後合，他絲毫沒有受到影響，而是一本正經地自我檢討：「約束不明，申令不熟，將之罪也。」

然後再次一本正經地三令五申，強調紀律。

戰鼓再次響起，孫武命令向右轉，美女們再次笑場，變本加厲。

孫武繼續一本正經地檢討總結：「約束不明，申令不熟，將之罪也。既已明而不如法者，吏士之罪也。」

檢討總結並不可怕，甚至沒有新意。有新意的是孫武總結發言結束後，立即下令處死兩名擔任隊長的吳王寵妃。

兩位美女燦爛的笑容凝固了，一百八十名美女頓時花容失色、芳心大亂，這對吳王闔閭來說實在是大煞風景。

吳王闔閭不幹了。

名將這種資源雖然難得，但那是用在未來戰場上的；美女這種資源雖然豐富，但那是用在後宮的。所有的帝王都活在當下，尤其是闔閭這種帝王，他實在不能接受為了將來不確定的勝利而犧牲自己的美女。

於是闔閭急忙派人跑下高臺求情：「寡人已知將軍能用兵矣，寡人非此二姬，食不甘味，願勿斬也。」美女又不是辣椒醬或者鹹菜，闔閭非要拿她們下飯。為了維護自己的形象，闔閭派來傳話的人只是說「食不甘味」，企圖啟發小孫展開簡單的聯想，自己領悟領導的心思，放過兩位美女。可是一心要成為名將的小孫偏偏不買賬，而且還振振有詞地引用了老鄉司馬穰苴將軍的理論：「臣既已受命為將，將在軍，君命有所不受。」

威信是這樣樹立的

司馬穰苴上次說「將在軍，君命有所不受」的時候，齊景公寵臣莊賈的腦袋掉了。這次孫武也說了「將在軍，君命有所不受」，於是長在吳王寵妃脖子上的兩顆美麗的腦袋也被砍了下來。可見「將在軍，君命有所不受」這話是不能隨便說說的。喝酒有喝酒時的祝酒詞，砍腦袋也有砍腦袋的詞，「將在軍，君命有所不受」這句話就是用在砍腦袋時說的。

吳王闔閭的兩位寵妃娛樂至死，連名字都沒有留下來。

孫武提拔了另外兩位地位僅次於兩位斷頭寵妃的美女接任隊長，繼續訓練。這次美女們終於意識到了事態的嚴重性，終於知道了刀就在她們頭頂上架著，已經感覺到脖子後面的冷風了。她們不僅很快學會了向左轉、向右轉，而且一不怕苦、二不怕累，迅速進入了摸爬滾打的訓練科目，沒有任何怨言和異議。滾一身土總比掉腦袋好，美女們明白了這個最簡單的道理，對於孫武來說就足夠了。就這樣孫武訓練出了中國歷史上第一支由女人組成的武裝隊伍，吳國的美少女戰士閃亮登場。

孫武很滿意，下令讓美少女戰士們稍息，然後派人向坐在高臺上正在心痛和懊惱的吳王闔閭報告，請他檢閱部隊，「兵既整齊，王可試下觀之，唯王所欲用之，雖赴水火猶可也。」闔閭從一開始就沒打算讓自己的美女們「赴水火」，事實上，闔閭並沒有完全瞭解讓孫武訓練美女們意味著什麼。

此時的吳王闔閭仍然沉浸在同時失去兩個寵妃的悲痛當中。不過闔閭畢竟還算個有作為的明君，既然有約在先，只好繼續保持風度，「將軍甘休就捨，寡人不願下觀。」

孫武一點面子也沒給闔閭留，話說得非常直白，甚至刻薄：「王徒好其言，不能用其實。」

根據司馬穰苴將軍的歷史經驗，我們發現一個沒有通過實戰積累戰功的人要想一步到位當將軍，就需要「昂貴的代價」來證明自己的價值。司馬穰苴就是從砍掉莊賈的腦袋開始建立起自己的威信和地位的；而孫武殺了吳王的兩個寵妃讓吳王闔閭「食不甘味」，所以孫武的威信和地位也迅速飆升。《史記·孫武列傳》記載，孫武殺了兩名寵妃後，「於是闔閭知孫子能用兵，卒以為將，西破強楚，入郢，北威齊晉，顯名諸侯，孫子與有力焉」。

清宮荒唐事：司機跪著給慈禧開汽車

李高山

慈禧太后雖然在政治上閉關鎖國，愚昧無知，但在裝扮自己，追趕時尚的「洋玩意兒」方面卻毫不含糊。當年八國聯軍進攻京城時逃到陝西的「老佛爺」，一九〇一年返京後聲稱要去西陵向祖宗「請罪」，竟下令在四個月內突擊修築一條三十多公里的鐵路，即高碑店至易縣的「新易鐵路」。翌年清明，慈禧便風風光光乘上這趟由十七節車廂編組的「龍鳳專列」去祭陵。這列「龍鳳專列」是絕頂豪華，起居室、臥室、餐廳、接待室樣樣齊全。臥室裡有特製的鑲金鐵床，床上有華貴的絲綿被褥和枕頭，用金絲幔帳圍著。床邊有暗門，打開門乃是用於大小便的如意桶。桶底鋪有黃沙、灌有水銀，糞便落入不見痕跡。桶外用宮錦絨緞罩著，看上去像個富麗的繡花坐墩。

老佛爺還不滿足於專列，忽然又對洋人的汽車大感興趣，覺得坐汽車要比坐轎子和馬車時髦和舒服多了，於是也總想弄輛汽車。精於權術的直隸總督袁世凱心知肚明，為了討好太后，用一萬兩白銀從國外購進了一輛頗為時髦的小轎車，作為送給慈禧六十大壽的貢禮。

這是一輛設計美觀、高雅溫馨，黑色木質車廂、黃色木質車輪與輻條、銅質車燈、實心輪胎、兩軸四輪的敞篷汽車。其車廂內有兩排座位，前排座位是只能乘坐一人的司機座，後排是可以乘坐兩人的乘客席。車廂的上方還撐有一頂由四根立柱支起的車篷，車篷的四周綴有黃色的絲穗。發動機被安置在乘客席座位的下部，發動機旁的齒輪變速箱把動力傳遞給後軸，最高時速為每小時十九公里。

於是，袁世凱就迫不及待地把它運到宮裡獻給慈禧。由於此車設計新穎、工藝精湛，慈禧還從沒有見過這種先進而且漂亮的洋玩意兒，心中大喜，就收下了。當時全國還沒有會開汽車的人，可是慈禧想坐汽車過把癮，就下令招納司機。先後有十一人參加了應試，其中有一位名叫孫富齡。他當時專門為皇家貴族趕馬拉車，由於為人機靈，很得太后的賞識，於是被選中去學開車，並很快就學會了。自此，一有時間，慈禧便在皇宮中坐著汽車兜風。

一日，慈禧坐車玩了兩個多小時，心情特別好，當即賞賜一大碗酒讓孫富齡喝，孫富齡受寵若驚，一碗下肚，精神特爽，一腳下去踩響了馬達，洋車「呼——」地跑了起來。不料前面冒出一個小太監。這時孫富齡已酒性發作，心慌意亂，情急之中怎麼也找不到剎車的位置，可憐小太監被車撞後一命歸西。這也許就是中國歷史上第一起酒駕肇事案。

有一次，慈禧乘坐汽車從頤和園回紫禁城，這時大太監李蓮英突然發現，原來的馬車夫孫富齡成了現在的汽車司機，他不僅坐著，而且還坐在老佛爺的前面，這怎麼了得？有失老佛爺的尊嚴呀！於是他就告訴慈禧：開車的是個奴才，整天坐在太后前面有失體統。於是他便命令司機要跪著開車。但是司機跪著開車沒辦法踩剎車，很容易出危險，但是這個情況又不能告訴慈禧，所以也只好默不做聲了。

一天，慈禧坐汽車時發現車開得很慢，便追問孫富齡怎麼回事。孫富齡不敢說是李蓮英吩咐自己跪著開車，沒辦法踩剎車，為了安全才開得這麼慢，只好編了個謊話說車子有點壞了，不能開快。還有一次司機因不能用手代替腳來踩油門和剎車，在路上險些釀成車禍。這可嚇壞了王公大臣們，他們紛紛請求慈禧不要坐汽車了。在群臣的苦勸下，慈禧無奈地被人攙扶下車，中途又換了十六抬大轎。後來，慈禧漸漸對坐汽車失去了興致，這輛汽車就閒置在頤和園內。而跪著開車的司機孫富齡害怕自己日後有麻煩，便攜家帶口逃出了北京。

聖旨原來也有假的

畦達明、劉輝

假聖旨在形式和字跡上使人真偽莫辨，而真聖旨的內容能保證都是真實的嗎？

在古代，皇帝的聖旨不僅有許多是官樣文章，是官場例行的公文，而且還有不少是假的。這種假聖旨，既有形式上的，也有內容上的；既有別人偽造和冒充的，也有皇帝本人授意或有意為之的，表現形式可謂多種多樣，五花八門。

模仿筆跡，亂寫批示

梁師成，字守道，開封人，起初只不過是一個不為人知的內侍省書藝局的小宦官，後來專門負責出外傳宣皇帝詔旨，才逐漸被宋徽宗所寵信，當上了武階官最高的太尉，宣和四年（一一二二年）又獲開府儀同三司的「使相」。梁師成這個宦官因為稍知詩書，略懂文法，加之為人機靈乖巧，取得了皇帝的信任和好感，讓他代行文書，參與朝政。發展到後來，不但「御書號令皆出其手」，取代了翰林學士和中書舍人的作用，而且他還挑選了很多擅長書法的小吏模仿宋徽宗的筆跡，偽造宋徽宗的「御書」，也就是「御筆手詔」。然後摻進別的公文一道下達。因為這些「御書」同皇帝筆跡一模一樣，受文單位自然不清楚它們是假的，於是同皇帝的聖旨一樣貫徹執行。梁師成禍亂朝政到了如此地步，真是觸目驚心。假如宋朝不盛行所謂的「御筆手詔」，皇帝不帶頭用白條子封官和處理政務，梁師成也就不可能如此胡來。

模仿皇帝筆跡簽發文件和寫批示，其始作俑者當然不是梁師成，而是早有其人。如《南史》的《恩幸傳》就記述了二十多位「恩幸」（皇帝寵愛的人），這些「恩幸」官位不高，卻「勢傾天下」。如在南齊得到三朝皇帝寵信的紀僧真，早在齊武帝之父齊高帝蕭道成為南朝劉宋政權的中領軍時，就在府內任主簿（祕書）。蕭道成對他十分信任，讓他模仿自己的筆跡在文書通告上簽名，久而久之，紀僧真的字體和蕭道成的一模一樣。從此凡是需要蕭道成簽發和批復的文書統一由紀僧真代理。由於紀僧真模仿的字跡可以假亂真，所以蕭道成看了也笑著說：「連我也分辨不出來了。」

假中有假，以假治假

假聖旨在形式和字跡上使人真偽莫辨，而真聖旨的內容能保證都是真實的嗎？未必。其實有許多真聖旨的內容也是真真假假，甚至假中有假。

安史之亂後，唐朝的藩鎮割據從河北、山東發展到全國各地，造成藩鎮林立相望的局面。唐憲宗李純即位後，唐朝的藩鎮割據局面雖然基本結束，暫時實現了全國的統一，但藩鎮擁有財富和重兵的情況並沒有多少改變，有很多藩鎮的節度使只是表面上尊奉朝廷，暗地裡還是我行我素，根本不把朝廷放在眼裡。幽州的朱克融就是如此。

唐敬宗寶曆二年（八二六年），朝廷派遣宦官出使幽州，賜予節度使朱克融春衣。朱克融非但不領情，反而指責朝廷所賜春衣質地粗劣，並把送春衣的宦官給扣留起來。朝廷無奈，只好另派宦官帶著新的衣物去幽州進行慰問。而朱克融視朝廷的退讓為軟弱可欺，竟得寸進尺，打報告給朝廷說本鎮將士今年春衣不足，請朝廷補給三十萬端匹，以備一歲所費，不然則三軍不安。在報告中，朱克融還提出：他打算率領兵馬和工匠五千人幫助朝廷修建東都洛陽的宮闕。

唐敬宗生怕朱克融發兵叛亂，為了息事寧人，打算再派一位有威望的大臣前往幽州安撫，同時把被扣押的宦官救回來。宰相裴度不同意，說只要下一道詔書就完全能夠解決問題。他說：「朱克融對朝廷極為無禮，必將自取滅亡，這就像猛獸一樣，可以在森林中咆哮跳踉，卻必然不敢離開自己的窩巢。所以我建議陛下不要派人去幽州安撫，也不要索還宦官，等十天以後，再考慮給朱克融下一道詔書，說：

『朕聽說宦官到幽州後，行蹤去留稍有差失，等他回京後朕自當有所處理。』至於朱克融提出要帶兵幫助朝廷修建洛陽的宮闕，其實完全是一句假話，目的是恫嚇朝廷。如果陛下想直接挫敗他的奸謀，就應該在詔書中假意答應他的奏請，說：『助修洛陽宮闕的兵馬和工匠應當迅速派來，朕已命令沿途各地安排接待。』」朱克融接到這道詔書後，肯定會驚慌失措，大亂方寸。」唐敬宗聽後十分高興，欣然採納了裴度的意見。朝廷最後按裴度的意思起草的這道詔書假中有假，以假治假，既義正詞嚴又曉之以理。朱克融因摸不清朝廷的底細，果然不輕舉妄動。過不多久，幽州發生兵變，將士殺死朱克融和他的兒子。多行不義必自斃，一切皆如裴度所料。

捏造事實，欲蓋彌彰

古代皇帝發布聖旨，真真假假，應付過關，雖然可笑，卻能讓人同情；而他們為了某種不可告人的目的，完全捏造事實，欺騙人民，這就非常可氣甚至可惡了。這種現象在古代還非常普遍。開皇二十年（六〇〇年）隋文帝發布的一道聖旨，就是這方面的代表作之一。

史萬歲（五四九年至六〇〇年）是隋朝大將。隋朝第一名臣、宰相高熲曾稱讚他「雄略過人，每行兵用師之處，未嘗不身先士卒。尤善撫禦，將士樂為致力，雖古名將未能過也」。然而，就是這樣一位對隋朝的邊防鞏固有過重大貢獻的名將，卻在開皇二十年出擊突厥建立了殊功後被冤殺。全國老百姓都為他的死感到冤枉和痛惜。

更令人髮指的是，隋文帝冤殺史萬歲後，為了開脫責任，為錯殺功臣尋找根據和理由，以證明自己一貫正確永遠正確，竟然錯上加錯地起草了一份詔令，向天下公布史萬歲的所謂罪狀。

這份冠冕堂皇的詔令，總共寫了史萬歲兩條罪狀：一是開皇十七年（五九七年）平定南寧州時「多受金銀，違敕令住」；二是此次出擊突厥後「懷詐邀功」。然而全天下的人都清楚，南寧州的問題早已解決。這一點，連本詔令也是承認的，否則怎麼會「捨過念功，恕其性命，年月未久，即複本官」？既然如此，還提此陳年舊賬幹什麼？而此次出擊突厥後的「懷詐邀功」根本就不是這麼回事，真實情況是「有功未酬」！這兩條所謂的罪狀沒有一條站得住腳。如果不發布這份詔令，那麼隋文帝還只是犯有錯殺大臣之過。而此詔令一公布，全天下的人反而認清了他原來還是一個偽君子，更感到史萬歲的死是一個大冤案，更為史萬歲的死感到悲痛和惋惜！因此起草並頒布此詔令，是此地無銀三百兩，欲蓋彌彰，錯上加錯。

古代妓院為何總喜歡開在考場對面？

樂 雲

古代青樓的存在，是與文化藝術分不開的。文化藝術是它的風光主體，是它的魅力核心，是它最重要的消費內容。假設青樓是一卷裝幀精美、圖文並茂的古書，那麼文化藝術就是書裡的文字和圖畫。這樣的一卷古書，它的最重要的讀者、最理想的讀者應該是什麼人呢？答曰：士。

將妓院開在考場的對面，不愧為生意人一項精明的決策。古代的妓院，招待的多是讀書人，常見的稱呼是「士子」。他們口袋裡揣著銀子與詩稿，是青樓大院最好的通行證。而對青樓的妓女來說，她們多數是文學愛好者，因而面對滿腹詩文、錦繡文章的才子，便不時秋波暗送，做做佳人會才子的美夢。所謂「鴇兒愛鈔，姐兒愛俏」，這都是青樓千古不變的真理。

青樓鶯聲為誰啼

舊時的考場叫貢院，尤以人才輩出的江南貢院為最。江南貢院的歷史非常悠久，屢經變遷。據史書記載，東晉丞相王導建議「治國以培育人才為重」，故立太學於秦淮北岸，是為江南貢院的前身。南宋乾道四年（一一六八年），江南貢院正式建立，起初供縣、府學考試之用。西元一三六八年，明太祖朱元璋定都南京，集鄉試與會試於此。西元一四二一年，明成祖朱棣遷都北京，這裡仍留作鄉試考場。後經不斷擴建，至清同治年間已形成一座占地三十餘萬平方公尺、僅考生號舍就達兩萬零六百四十四間，成為明清兩代蘇皖兩省的科舉考場。

明清時代的江南貢院，相當於三個北京的故宮大，是中國最大的科舉考場。科舉時代共產生過八百多名狀元，而半數以上，都出自這個考場。眾多歷史名人如唐伯虎、鄭板橋、李鴻章等更是由江南貢院走上歷史舞臺。在考生眼裡，貢院是他們通往富貴功名的必經之路，是揚名立萬的大好機會，因而每當開科取士之年，自然引得四方士子紛至沓來。既然考生雲集，他們的吃住玩樂都要有人照應，這便給商人發財提供了機會。許多青樓、酒樓、茶館應運而生，而貢院邊上的秦淮河，也因為這些設施而變得嫵媚動人，形成「槳聲燈影連十里，歌女花船戲濁波」的一派繁華景象。

中國的士子與青樓有不解之緣，從古至今，關於才子與佳人的風流韻事便經久不息。從唐代開始，參加科舉幾乎是士子求取功名的唯一選擇，一旦高中進士，便意味著錦繡前程，因而需要慶祝。而向鍾情的妓女寫情詩，炫耀才華，是當時人們津津樂道的一件雅事。對於大部分「士子」來說，面對科考失意，無奈之下，「忍把浮名，換了淺斟低唱」，此時，醇酒佳人，又成為減輕他們落榜痛苦的安慰劑，所謂「黃金白璧買歌笑，一醉累月輕王侯」是也！

但到了明代，在朱元璋的鐵腕政策下，「士子」與青樓的關係變得非常緊張。洪武初年，朱元璋建都金陵，在秦淮河畔設置妓院，稱大院。朱元璋親自為大院題寫對聯，作嫖娼的動員報告。他的上聯是：此地有佳山佳水，佳風佳月，更兼有佳人佳事，添千秋佳話；下聯是：世間多癡男癡女，癡心癡夢，況複多癡情癡意，是幾輩癡人。皇帝勸嫖倒也新鮮，只不過皇帝勸嫖的物件是「商賈之士」這樣的富豪，美其名曰為國家增加稅收。

皇帝的好意，商人並不領情，反倒是引得一幫官員文人趨之若鶩，以致每天下朝之後，文武百官第一件事就是到青樓報到，形成一片百官爭嫖的「壯觀」景象。如此一來，官員每天的公務變成了談嫖論經，哪還有心思放在政事上。一向勤政的朱元璋自然非常不滿，為此下達了嚴厲的法令：「凡官吏宿娼者，杖六十，媒合人減一等，若官員子孫宿娼者罪亦如之。」這樣的法令不可謂不嚴，但依然擋不住百官向青樓前赴後繼的勇氣。朱皇帝無奈之下，國家稅收也不要了，下令撤銷國營妓院，希望就此將官員「士子」嫖妓的惡習壓制下去。然而結果卻令朱皇帝大失所望，國營妓院停辦，私營妓院卻如雨後春筍冒了出來，秦淮風月一時呈欣欣向榮之勢。

秦淮風月的興盛

秦淮風月之所以興盛，當然與「士子」們的大力捧場有關，而「士子」們捧場的原因大致有三：

首先，青樓為士子緊張的考試生活提供了一個舒緩的空間。為防止作弊，中國古代科舉考試制定了嚴格的選拔機制，有些部分甚至有人身侮辱的味道。據余秋雨先生的《十萬進士》裡介紹，到了清朝，科舉制度已經發展到了頂峰，為防止作弊，考生們皆身披羊皮做的袍子，滿眼望去白花花一片。科場檢查十分嚴格，有著嚴格的搜身。進考場前，兩列兵丁夾道搜查，頭髮都要打散查，衣服夾層都要摸過；盛食物和筆墨文具的是考場統一發放的竹籃。食物要切成一寸以下，使其無法夾帶入場。如果一旦發現夾帶，夾帶人將遭受毒打，捆綁在考場前的石柱上示眾一月之久，並終身不得再參加考試；進入考場之後，考場即封號柵，須等三天考完之後方才打開。三天之中，考生不能動彈，一切吃喝拉撒，都在兩平方公尺左右的號房內解決。一旦天熱之際，號房內屎尿泗流，臭氣熏天。在這樣的環境下答題做卷，沒有驚人的毅力，是很難完成的。因而考場三天，對士子們來說不啻於蹲三天地獄，因而放榜之日，他們如釋重負，如獲重生，到青樓瀟灑便成為他們的不二選擇。

其次，尋找愛情與知音是他們涉足青樓的另外一個原因。既然是讀書人，對精神的需求便比一般的百姓高些，因而他們到青樓中來，主要是抱著尋求愛情與知音的目的，肉體之歡倒在其次。需要說明的是，古代的「士子」出門在外，少則半年，多則數年，須忍受青燈墨卷與孤獨寂寞，故而特別希望遭逢「紅袖添香夜讀書」的豔遇；而現實又不是蒲松齡筆下的《聊齋志異》，有狐女與仙女以身相許。他們的理想只有在青樓實現。此外，由於遠離家庭，又沒有家族的「監督」，不用擔心給列祖列宗蒙羞，所以出門在外的「士子」不用承擔太多的道德負擔，這與當今社會出差在外的人容易泡「三溫暖」是同樣的道理。

最後，青樓還為「士子」間的交朋結友切磋詩文提供了絕佳的「宴遊之所」。「士子」應試之餘，詩文酬酢，交朋結友，也是人生的一件大事。高中者可以多結交幾個患難之交、詩文知己；落榜者也可以憑藉高中者的關係撈個差事做做，二者皆有所得，又何樂而不為呢！雖然「士子」間貧富有別，有錢的公子可以攜家財萬貫，找高級的小姐作陪，住豪華套房；無錢的只有逛逛眼科，住招待所與地下室，但絲毫不會隔斷他們成為朋友的願望，這與《海上花列傳》中達官貴人與店夥西崽一起吃花酒是同樣的道理。因為對「士子」來說，學問文章往往是衡量他們高低的主要標誌。一個腰纏萬貫的公子，如果胸無點墨，也會成為青樓小姐嘲弄的對象；而一個學富五車的窮書生，一樣可以憑他高雅的談吐贏得佳人的芳心。因而在秦淮青樓裡，窮富並沒有絕對的分界線，富家公子因為想學幾句唬弄情人的詩句，反倒會有意與吟詞詠詩的書生結交，或許是為了沾幾分文氣吧！

青樓確實是個迷魂蕩志的地方，更何況是青樓中的極品——秦淮青樓呢？對讀書人來說，眼前佳人們花團錦簇，顧盼生情，一個個潘郎曹郎地叫著，讓他們充分享受到顧客即上帝的待遇，自然有「今日之樂，不減王公」之嘆。

青樓選美

青樓選美是文人雅士們泡制的一壺醇酒，餘香盈口，回味無窮。青樓選美有個很優雅的名字：「花榜」或「花案」。花榜，便是品評妓女的等級優劣；花案，即指評定妓女優劣的名單。這可能與古人喜歡以花喻女人有關。既然是花，必然是美豔的，因而不論綠肥紅瘦，她們都必須才貌雙全，是牡丹與月季的比拚，而非野花與稗草的較量。

中國的青樓選美有較悠久的歷史，據說早在宋代就有民間組織的妓女選美比賽，叫「評花榜」，是花界的選美活動，是歌妓們的聲色大比拚，通常由當地的文人名士和富商擔任評委。文人名士，看重的是他們評花鑒色的眼力；而富商，則更多是因為他們是贊助商的緣故。明代中葉以後，品豔風氣盛行，以金陵、蘇杭為其中翹楚。明嘉靖年間，金壇人、嘉靖進士曹大章創立「蓮台仙會」與當時社會名流吳伯高、梁伯龍等品藻名妓，一時稱為盛況。當時甚至有人評選出了「金陵十二釵」，只不過她們不是

《紅樓夢》中的林黛玉、薛寶釵之流，而是分別姓劉、董、羅、葛、段、趙、何、蔣、王、楊、馬、褚的十二個金陵青樓名妓。

此後，萬曆時期冰筆梅史以燕都妓樂四十人配葉子以代觥籌，曹大章複作《秦淮仕女表》，判別諸妓才情色藝，分別劃分等級，有女狀元、榜眼、探花、解元及女學士、太史之稱。清軍入關以後，因整頓世風的需要，花榜一度沉寂。順治年間，蘇州有個叫沈休文的浪蕩文人，終日浪跡於青樓楚館，對青樓女子多有閱歷，於是選定虎丘梅花樓為花場，品定高下，選舉朱雲為狀元，錢瑞為榜眼，余華為探花，另外列優勝者二十八人，一時盛況空前。可惜清初的社會風氣沒有明末那麼開放，最終，沈休文被當地的地方長官李森先以有礙風化的罪名「斃於杖下」。

如此一來，青樓選美便成為文人雅士們不務正業、有礙風化的標誌，花榜便漸漸從人們的生活中消失。不過，隨著享樂思想的流行與人們思想觀念的開放，晚清至民國期間，青樓選美又死灰復燃，並有愈演愈烈之勢。同治光緒年間，前兔癡道人摘紅雪詞題《二十四女花品圖》於海上，畫眉樓主複偕同人為《續花品》以李佩蘭為群芳之冠。《續花品》之後，又有公子放所定《上海書仙花榜》，列名妓二十八人，而以一花比一妓，如王逸卿被喻為芍藥，獨擅風華，可謂百花齊放，姹紫嫣紅。

青樓選美是文人的一種閒情逸致，一種雅好，亦不過是好事文人的嘲風弄月之舉。但對於參加評選的青樓女子來說，卻是她們改變命運的大好時機。因為一旦走紅，便如女明星一般，不但身價上漲，財源滾滾，而且找到了踏入上流社會的捷徑，甚至有嫁入豪門做闊太太的機會。如此一來，參評的妓女便絞盡腦汁，千方百計想博得個榜上有名，如果能成為花魁，那是再好不過。而最好的契機，便是請自己的相好出面幫襯一把。如此，光明正大的青樓選美便暗藏許多祕辛，黑幕重重。

青樓選美的評委很重要，參評妓女的命運便操縱在他們手裡。而評委們又是主辦方花錢邀請的，故而選舉的最終結果由主辦者來圈定。不過，主辦方有時也要照顧到贊助商的利益，因為只有他們肯出錢，選美活動才會有可靠的資金保障。故而每一次選美活動，其實是主辦方與贊助商的較量，最終的結果反映了他們較量的勝敗。

余懷《板橋雜記》曾記載過一次頗負盛名的選美比賽。這次比賽的時間和地點都選得恰到好處。時間選在傳說中天上牛郎與織女七月初七相會之日，正好是中國的情人節；而地點則更妙，挑的是金陵最有名的青樓「八百居水閣」；再加上當地的戲臺班子也來友情演出，自然引得四方的百姓扶老攜幼前去觀看，以致當天晚上，通往「八百居水閣」的路上車馬喧囂，甚至連秦淮河上的船隻都擠得個水洩不通。經過預賽層層選拔，決賽時選出二十位佳麗。最終，名妓王月拔得頭籌，成為本次選美比賽的花榜狀元。然而明眼人一下就發現其中的祕辛：狀元王月是主辦者孫武公的相好。看來，比賽的名次只怕早在賽前就擬好了，其他的佳麗，只不過做了王月的陪襯。

最初的青樓選美主觀性很強，大多由某個文人擬定一個選美名單，是為「花案」。這樣便會影響評定的公正性，因為任何一個評判者，即便他再大公無私，終究是一家之言，不具有普遍性。所以後來的青樓選美普遍公開進行。但公開並不代表公正，因為一旦由評委決定結果，便不免有評委被收買的可能。王月之所以當選，便是評委被主辦方收買的活生生例子。後來人們發明了新的選美辦法，由大眾投票來選定，如此便可反映大眾的心聲。不過問題又來了，選票需要錢來買，非普通人所能承受，故公正性要打個折扣。如此，參加投票的多是巨賈士紳，故而最後的結果只能是他們審美標準的反映。

青樓選美當初源於文人墨客們的雅好，為博美人一笑。其後，青樓選美逐漸成為一種時尚，為普通大眾所認同，並津津樂道。這當然與娼妓業在近代的興盛有關。當金錢侵蝕到社會的每一個角落時，舊的道德觀念土崩瓦解，而新的道德觀念又沒有建立，價值觀與道德觀的多元真空讓許多人無所適從，空虛無聊。青樓選美的出現，正滿足了他們的心理與情感需要。再加上當時的小報小刊等媒介的推波助瀾，狎妓幾乎成為人們生活中的一種文化形態，與喝酒打牌無異。建立在此基礎上的青樓選美因此成為人們社會生活中的一大樂趣，以致每逢青樓選美之時，數千粉黛躍躍欲試，各家報刊大登妓女玉照，妓院門前車水馬龍，風流騷客捧場遊說，盛況空前。

古代新婚夫妻在房事前有什麼禮儀？

佚名

入洞房的來歷

「入洞房」相傳是軒轅黃帝規定下來的。黃帝戰敗蚩尤，建立了部落聯盟，但當時群婚制度存在著極不利於團結的因素，經常發生搶婚事件，不光男搶女，也有女搶男。新聯盟的部落之間，經常為搶婚發生打架鬥毆。時間一長，矛盾必然激化，部落之間又有重新分裂的可能。黃帝為這件事經常愁眉不展，多次找身邊的大臣常先、大鴻、風後、力牧、倉頡等人商議如何制止群婚。有一天，黃帝隨同一群大臣巡察群民居住的洞穴是否安全。突然發現一家人住著三個洞穴，為了防止野獸侵害，周圍用石頭壘起高高的圍牆，只留下一個人能出進的門口。這立即引起黃帝的興趣，當天晚上他就召來身邊所有的大臣，說：「制止群婚的唯一辦法，就是今後凡配成一男一女夫妻，結婚時先聚集部落的群民前來祝賀，舉行儀式，上拜天地，下拜爹娘，夫妻相拜，吃酒慶賀，載歌載舞，宣告兩人已經正式結婚。然後，再將夫妻二人送進事前準備好的洞穴（房）裡，周圍壘起高牆，出入只留一個門，吃飯喝水由男女雙方家裡親人送，長則三月，短則四十天，讓他們在洞裡建立夫妻感情，學會怎麼過日子。今後，凡是部落人結婚入了洞房的男女，就叫正式婚配，再不允許亂搶他人男女。為了區別已婚與未婚，凡結了婚的女人，必須把蓬亂頭髮挽個結。人們一看，知道這女人已結婚，其他男子再不能另有打算，否則就犯了部落法規。」這立刻得到了眾臣的支持。倉頡寫成法規，公布於眾，也很快得到了各個部落民眾的支持擁護，人們都爭著為自己兒女挖洞穴、壘高牆，群婚這一惡習就這樣逐漸消失了。

房事前的禮儀

古人時時處處都有講究禮儀的規範，因此就連夫妻行房事也要講禮數。《論語・泰伯第八》子曰：「恭而無禮則勞，慎而無禮則葸，勇而無禮則亂，直而無禮則絞。」至聖先師孔子的眼裡，「禮」可以匡正民風、教化百姓，是立國安邦的大事情。《左傳》亦云：「禮之可以為國久矣，與天地養。君令臣恭，父慈子孝，兄愛弟敬，夫和妻柔，姑慈婦聽，禮也。」因此清以湉《冷廬雜識・真賞難逢》云：「世俗以夫婦之事為敦倫。」清袁枚《子不語・敦倫》記載：「李剛主講正心誠意之學，有日記一部，將所行事，必據實書之。每與其妻交媾，必楷書『某月某日，與老妻敦倫一次』。」其中所講的敦倫就是房事。

古代夫妻敦倫時，男子必須徵求女子的同意。明馮夢龍《古今譚概・迂腐部・敬妻》記載：「唐薛昌緒與妻會，必有禮容，先命女僕通語再三，然後秉燭造室，高談雅論，茶果而退。或欲就宿，必請曰，『昌緒以繼嗣事重，輒欲卜一嘉會。』候報可，方入，禮亦如之。」清遊戲主人《笑林廣記・腐流部・行房》載：「一秀才新娶，夜分就寢，問於新婦曰：『吾欲雲雨，不知娘子尊意允否？』新人曰：『官人從心所欲。』士曰：『既蒙俯允，請娘子展股開肱，學生無禮又無禮矣。』」即使是自己的妻子，也絕不霸王硬上弓。夫妻禮儀有加，可使雙方更容易賞心悅目，身心愉快。

據史料記載，有人敦倫前還要預先向妻子道歉，請求原諒：「昔有某教官五十續弦……教官頂戴袍褂入房，移雙燭於床前，將新娘扶坐床上，舉手扦其褲，分其兩腿，高舉之，詳視其私，點頭讚嘆，於是退三步，恭對長揖者三，祝曰，不孝有三，無後為大，某老矣，今日不負擇突夫人，而施及下體。」

那個教官和薛昌緒想和妻子行房，都不約而同地以「繼嗣」大業為藉口，其實並不奇怪，《禮記》對婚姻的解釋就是「將合二姓之好，上以事宗廟，下以繼後世」。有些人總是把他們的故事當笑話來講，說他們是假道學，虛偽。其實在大男子主義盛行的封建時代，能這樣對待妻子，也著實不易。

砸爛肇丸，剖挖心臟——徐錫麟的悲歌

謝軼群

拉開半個多世紀不遠不近的時間帷幕，歷史在我們眼前仍然顯出它的沉重與悲愴：

一位清矍儒雅、秀氣的鼻樑上架著一副眼鏡的留日歸國青年，

一個歷史上最獨特的買官跑官者，

一位民清交替時代裡無數叛逆中最突出的一人，

一個以「徐錫麟刺恩銘」的歷史故事代代流傳的人，

這位激情燃燒的人，用他三十四歲的血肉之軀把自己深深地刻進了歷史！

捐錢買官

一九〇六年，是清王朝覆滅前的倒數第五年，中國的封建帝制至此已綿延兩千一百二十七年，國家和社會如爛透的西瓜，膿液四溢，惡臭難聞，東方大地正期待一場狂風暴雨，蕩滌所有的腐朽和醜惡，讓這個拖著辮子、行著磕頭禮的古老民族重獲新生，跟上世界的步伐。

這一年，安徽省巡撫、慶親王奕劻的女婿恩銘收到一封推薦信。信是他的老上級、曾任山西巡撫的俞廉三老先生寫來，舉薦自己的表侄，一個叫徐錫麟的浙江山陰青年。恩銘一直對俞廉三執門生禮，讀過老師的信，就毫不遲疑地給這個通過「納捐」而獲得道員身分的徐錫麟在武備學堂安排了個「會辦」的管理職位。

所謂納捐，說白了就是花錢買個官做。賣官鬻爵的事，向來不新鮮，可由官方予以合法化、制度化，明碼標價出賣的，可能只有這個大清了。

清朝從康熙征討準噶爾費用不足時就開始賣官，以開闢政府財源，以後一直延續下來。價格公道

否？來看光緒二十六年的價碼：京官裡郎中二零七三兩，主事一七二八兩；地方官裡道員四七二三兩，知府三八三零兩，同知一四七四兩，知縣九九九兩，縣丞二二零兩。那時一兩銀子，約等於今天一百七、八十塊人民幣，換算下來，可不便宜。

花大錢買官的人，當然不是為人民服務來的，上任後第一件事肯定就是撈回成本，然後大賺特賺。靠薪水當然是不可能的，那手段必然就是搜刮貪賄。

清朝廷就不怕這些買來職權的官員壞了江山社稷嗎？不怕。清末重臣李鴻章有句名言：「天下最容易的事是當官。」既然這活兒說到底誰都幹得了，那就把崗位賣出去吧，誰交錢誰幹，無不能勝任之憂，有財源廣進之喜。至於他們肯定會搜刮貪賄，那倒楣的是老百姓不是我，搜刮貪賄就搜刮貪賄吧，只要你不反清，大家還是自己人嘛。

從最高層慈禧太后，到安徽巡撫恩銘，以及這個為表侄寫推薦信的山西老省長俞廉三，都不會想到，有人會納捐進仕，打入官場，然後發動驚天一擊！

誰也想不到，這個清矍儒雅、秀氣的鼻樑上架著一副近視眼鏡的留日歸國青年，在赴安徽省會安慶上任前對著他的同志秋瑾等人說過這樣一番話：「法國革命八十年戰成，其間不知流過多少熱血，中國在初創的革命階段，亦當不惜流血以灌溉革命的果實。我這次到安徽去，就是預備流血的，諸位切不可引以為慘而存退縮的念頭才好。」

恩銘哪裡能知道，這個徐錫麟的名字今後將和恩銘的名字緊密連在一起，以「徐錫麟刺恩銘」的歷史故事代代流傳。

策劃起義

到達安慶後，徐錫麟在武備學堂會辦的崗位上賣力經營校務，以圖恩銘信任、提拔，取得更加有利的位置，另一邊他則暗中緊鑼密鼓地籌備起計劃中的大事。因他是恩銘老師俞廉三推薦而來，恩銘對他自是毫不懷疑，還很欣賞他的辦學成績，準備培養重用。而徐錫麟不久就感到這個武備學堂一點也不機要，一個月幾十個銀元的薪水也不大夠讓他從事地下活動，就寫信要求表叔俞廉三再次出面請托恩銘。當時徐錫麟買個道員，花了大錢，不過這個錢並不是徐錫麟從家裡拿的，而是會黨中人、富商許仲卿捐贈的，一捐就是五萬銀元，讓徐錫麟、陶成章等四人分別買到了知府、同知等職位。如今不受重用，為徐錫麟納捐而活動過的表叔俞廉三覺得過意不去，就再次寫信給恩銘，請他提侄子一把。恩銘恭順而客氣地回信：「門生正欲用之，無勞老師懸念……適成立巡警學堂，以伯蓀（徐錫麟字）之才，料可勝任。」一九〇七年初，徐錫麟果然就被恩銘提升為巡警學堂會辦兼巡警處會辦。

安慶巡警學堂在安慶城內東北角百花亭（今安慶衛校），它是一九〇六年清廷令各省辦巡警學堂時創辦的，是清政府專門培訓巡警骨幹的場所。學員分甲、乙兩班，每班兩百人，每期三個月（後改為半年）。甲班畢業後再培訓乙班。參加訓練的學員，每人都發九響毛瑟槍一支，畢業後大都分配到全省各地充當警官，所以又稱警官學堂。

這個職務令徐錫麟欣喜，警官學堂對安徽省來說十分重要，負責這個學堂，不愁沒有機會接觸恩銘這個皖省頭號大員；另外，這個學堂的學生都是帶槍的，教育好了他們，就是起事的基本力量。徐錫麟一邊嚴格訓練學生，一邊向學生灌輸革命道理，同時還在四方聯絡，並帶著學生骨幹出集賢關，遊覽龍珠山、觀音閣，暗中觀察地形，繪製軍事地圖。

徐錫麟的表現漸漸地引起了機靈人的注意。學堂裡一個叫顧松的會計，發現徐錫麟有數筆賬目不清，而且發現這位會辦課上言論大膽，課下行蹤詭祕，於是暗暗觀察，還私拆了徐錫麟的信件。顧會計很快確認了徐錫麟的圖謀，大驚之餘，趕緊彙報給恩銘，說這個貌似忠誠的徐錫麟是革命黨。恩銘聽了笑說：「革命不是吆喝出來的，革命黨也不是吆喝吆喝就算了；徐會辦那是吆喝，不是革命，你多心了。」

這位唇上留著兩撇濃密八字鬍的封疆大吏、皇親國戚對自己的判斷很有信心：一則徐錫麟的推薦人是自己的老師俞廉三，俞前巡撫的表侄怎麼會是革命黨？自己革自己的命不成？二則恩銘這個年齡和閱歷的人對徐錫麟這樣的知識青年再瞭解不過，不外乎一個有些新思想就愛表現一番、以敢說怪話為榮的「憤青」罷了。出於提醒，恩銘有意當面對徐錫麟說：有人說你是革命黨呢。徐錫麟不屑地回道，大人明鑑。一副懶得申辯的模樣，恩銘就更加放心了。

這個時候的徐錫麟，已經和浙江的秋瑾商議好，於一九〇七年七月浙皖兩省同時起義。清明節那天，光復會召集負責浙、皖兩省起義的會黨首領在紹興大禹陵祕密開會，會上決定建立光復軍，大家推舉徐錫麟為首領，秋瑾為協領。會上確定於一九〇七年七月八日，乘安慶巡警學堂舉行學生畢業典禮的時機，由徐錫麟率領光復軍起義，占領安慶城。浙江義軍由秋瑾負責，十九日起義，攻占杭州，進而兩軍會合，奪取南京。

這個起義的時間，因事態變化，一改又改。

秋瑾原擬七月六日起事，徐錫麟說準備不及，改在八日，這一天是警官學堂畢業典禮，恩銘要到場發表重要講話，正好下手；說好是八日，卻又發生了黨人葉仰高被捕的意外，葉仰高被抓後不堪酷刑折磨，將他所知的黨人名單等資訊倒了出來，於是安慶全城搜捕。幸好，徐錫麟他們的往來聯絡全用化名。千鈞一髮的時刻出現了：恩銘破獲此等大案，立即召來他信任的巡警處會辦徐錫麟，要求徐會辦立即按名單抓人；而徐錫麟拿到一看，名單上第一個「光漢子」正是自己！強作鎮定的徐錫麟一邊拍胸脯表二日之內必把亂黨抓乾淨的決心，一邊暗中咬牙——夜長夢多，越快越好了！

完全蒙在鼓裡的恩銘似乎是體貼革命黨人心思，還主動將起義向前提了兩天：本來是七月八日警官學堂畢業典禮，可他說他的一個叫張次山的幕友的老母這一天過八十大壽，他要去祝賀，指示徐錫麟把畢業典禮提前到六日。

起義日期兜了一圈，就這麼戲劇性地又回到了當初秋瑾主張的那個日子。

「刺恩銘現場」

七月五日，徐錫麟按起義計畫向恩銘呈上請帖：「安徽巡警學堂訂立於五月廿八日（農曆）首屆畢業生大會，敬請撫台大人蒞臨訓示。」

七月六日，安徽巡警學堂首屆畢業生在禮堂外臺階下列隊如儀，學堂會辦徐錫麟一身戎裝站在臺階上等待巡撫恩銘蒞臨，他的兩個助手馬宗漢、陳伯平分別把守著左右通道。

學堂全體學生按保衛要求，所有槍械均是空槍。就在恩銘現身之前，有關人員還特意卸下徐錫麟腰佩手槍中的子彈。然而，革命黨人對此早有準備。

上午九時，威風凜凜的恩銘大人在安徽省數位高官的簇擁下駕臨學堂，距發動起義已是彈指之間了。官生班的學生首先向恩銘行禮，恩銘答禮。

下面該兵生班學生行禮，就在此時，徐錫麟搶上一步，單腿下跪，雙手舉上學生名冊：「報告大帥，今日有革命黨人起事！」

莊嚴的畢業典禮正進行著，徐錫麟突然來這麼一下子，十分突兀不得體——事情緊急的話，典禮開始前你不彙報，現在典禮進行中，你不能等結束再彙報嗎？恩銘又吃驚又惱火，正要訓問，這時徐錫麟突然向後閃開，一邊的陳伯平掏出暗藏在身的炸彈，猛力朝高高在座的恩銘扔了過去！

原來徐錫麟那聲報告，就是動手的暗號！

驚天動地的巨響沒有出現，這顆炸彈竟然沒有爆炸！

時間像停止了。

在徐錫麟原先反覆敲定的詳細方案裡，一炮解決恩銘後，他掏槍朝左一槍幹掉藩司，再朝右一槍幹掉臬司，而由馬、陳二人分殺兩旁侍坐的各道、府、州、縣官員。但陳伯平投擲炸彈未爆，頓時讓大家不知所措。

滿頭大汗的徐錫麟終於從這可怕的意外中回過神來，立刻俯首彎腰，從靴筒子裡「唰」地拔出兩隻六響手槍，朝恩銘一陣亂放。

驚魂未定的恩銘身中七槍，一中唇，一中左掌手心，一中右腰際，餘中左右腿，都沒有擊中要害。文巡捕陸永頤一聲怪叫，撲上來以身體掩護恩銘，剩下的子彈都射進了陸永頤的背部，陸永頤當場斃命。

徐錫麟槍彈打光，隨即進入一旁小室裝填子彈，武巡捕車德文趁機背起重傷的恩銘朝禮堂外跑。一片混亂、嘶喊中，陳伯平從後面擊中了恩銘致命的一槍，子彈從恩銘的肛門射入，上穿腹胸。轎夫把奄奄一息的恩銘塞入轎中，兩腳拖在轎外，狼狽地抬回撫署。搶救中請西醫開刀，破肚剖腸，卻找不到子彈。再開大腿，仍舊找不著。有說子彈浸泡過毒藥，遇血即化；有說子彈是鉛製，一入體內而自化。

這自是民間傳說，其實只能賴當時的醫術水準有限了。

至此，恩銘才恍然大悟，痛悔交加，死前不斷喊著：「糊塗啊，糊塗！」

安慶城內血戰

清軍關閉了安慶城門，徐錫麟派出的聯絡員出不了城，城外的新軍也進不來，起義軍內外聯繫中斷。這時候，軍械所總辦已攜帶倉庫鑰匙自後門逃走，彈藥都藏在地下庫內，一時無法取出。光復軍戰士從庫房裡拉出一門大炮，架在軍械所後廳，陳伯平取了一枚炮彈裝進炮膛，對徐錫麟說：「現在形勢危急，用炮彈把撫台衙門炸掉，摧毀敵人機關，然後轟擊北門城樓，打開城牆缺口。」徐錫麟見撫台衙門一帶民房稠密，馬上制止說：「這樣做就會玉石俱焚，與革命宗旨不符。我們即使能成功，老百姓也必然糜爛不堪。」一堅決不開炮。

城門被關閉，又不願開炮炸開城牆，徐錫麟和他的同志們困在彈丸之地的安慶城內，只有死路一條。不久，清軍緝捕營、巡防營隊伍趕到，包圍了軍械所。光復軍利用軍械所的堅固圍牆，有的爬上屋頂，朝著清兵射擊。

晚清的軍隊在這時也算進行了一場實戰，戰鬥力的檢驗結果是：傷亡百餘人，不敢上前。藩司馮煦聞報，立即派道員黃潤九、邑令勞之琦前往督陣，清軍仍遲遲不動。清政府見久攻軍械所不下，開始懸賞重金捉拿徐錫麟。開始三千元，即刻增至七千元，後來高達一萬元，清軍這才開始進攻。雙方相持戰鬥近五個小時，陳伯平犧牲。接著，清軍破門而入，只見徐錫麟軍帽、戎裝丟在地上，不見人影。馮煦再次出示加賞，並嚴令四處搜捕。

下午四點，勢孤力單、被圍困在安慶城內的徐錫麟、馬宗漢和學生等相繼被捕。

這次事件又稱「安慶起義」，從發動到失敗，歷時七個小時，最具震撼力的功績，是擊斃了清朝地方大員、安徽省巡撫恩銘。

行刑現場與死後餘波

對幹掉了朝廷重臣，犯下如此大罪的人，怎麼行刑？有先例可循。一八七〇年張汶祥為朋友報仇，刺死了發跡後霸占當年朋友妻子、並設計害死朋友的兩江總督馬新貽，張汶祥受的是剖挖心臟之刑。

恩銘的妻子、也就是慶親王奕劻的女兒要求按此舊例行刑才解恨、才有警示作用。馮煦等請示兩江總督端方，決定按此例執行。

行刑如此慘烈。一九〇七年七月六日夜，在安慶撫院東轅門外刑場，幾個劊子手手執鐵錘，先把徐錫麟睾丸砸爛。砸碎睾丸後，剖腹取出心臟。挖出的心臟先祭祀恩銘的「在天之靈」，然後，恩銘的衛兵們將這顆心臟炒熟下酒。他們對徐錫麟懷有的是「真誠」的痛恨：「大人待你那麼好，你竟然殺他，我們要看看你到底長的是什麼心肝！」

徐錫麟刺恩銘，沉重打擊了清朝的封建統治。安慶起義之後，清朝高官人人自危，兩江總督端方電告軍機大臣鐵良：「吾等自此以後，無安枕之日」；另有立憲派將安慶發生如此禍事歸因於憲政不行，從而加快了推動立憲的步伐；當然，徐錫麟的壯舉和慘死，更大大激勵了人們推翻清朝的鬥志。搖搖欲墜的清王朝，離死期越來越近了。

從一八七三年到一九〇七年，徐錫麟只活了三十四歲，殞命在「帝國」的暗夜，他沒有看到辛亥革命的曙光；而這曙光裡，有他滾燙的熱血。

清初屠城事件：池塘儲屍幾近殺絕

何憶、孫建華

清朝入關後，有過兩大暴行：揚州十日與嘉定三屠，這兩起屠城事件被稱為清初最為著名的屠城事件。清初這兩起屠城事件，讓煙花古巷變成屠宰場，繁華都市化為廢墟，池塘裡儲滿了屍體，在城民幾乎被殺絕之後清廷才下令「封刀」，僅揚州一城，死者多達八十餘萬人。

戰爭殺人：鐵蹄踐踏的無辜靈魂

戰爭，總是伴隨著血腥的殺戮。自古至今，到底有多少人死於戰亂，人類已經無法作出精確的統計。但至少有一點是肯定的，那就是戰爭同災荒、瘟疫一樣，都可以說是人類歷史上最為悲慘的、人口減員最為明顯的災禍之一。

醉臥沙場君莫笑，古來征戰幾人回——戰爭中殺人是再正常不過的事了。戰場上人數的零消耗是根本不可能達到的。戰場上刀槍無眼，慘烈異常，「傷人一萬，自損八千」，馬革裹屍是常有的事。所以豪放者「不破樓蘭終不還」，慷慨者「縱死猶聞俠骨香」，報國者「捐軀赴國難，視死忽如歸」，悲涼者「金河戍客腸應斷，更在秋風百尺台」。戰場上殺人，殺的都是對方，但也有殺自己人的。有一種酷烈的戰術，叫做同歸於盡。比方說，為了對付金兵的拐子馬，岳飛專門訓練了一種步兵，專門拿刀砍敵人的馬腿，但將自己置於更危險的境地：或者被敵方殺死，或者被馬蹄踐死。另外，還有一種沒死在戰場上卻著實是因為戰爭的緣故而死的人，田豐被袁紹殺掉實在太例外，也怪他命不好，趕上這麼一個死要面子活受罪的主公。另外一種則是不成文的規矩，即將軍如果戰敗的話就應該自殺。古時，像春秋的楚國，就是這條不成文規矩的忠實信守者。有名的城濮之戰，楚國敗，將軍子玉便自殺了。不過這些畢竟是其中的小數目，從數目的角度來講，戰爭所造成的戰爭雙方的將士的死傷人數卻遠遠的少於戰爭所造成的平民的死傷人數。戰爭造成平民死傷的原因有很多，其中，最為主要的一種就是人們所熟知的——屠城，而其中又以清初的屠城事件最為著名。

揚州十日：煙花古巷變屠宰場

明朝末年，政治腐敗，生民疾苦。闖王李自成揭竿而起，於一六四四年農曆三月攻陷北京，明朝覆亡。誰知這時手握雄兵的守衛山海關的明朝將領吳三桂打開山海關，投降了清軍，幾十萬八旗鐵騎盡踏中原。清軍入關，一遇抵抗，必「焚其廬舍」，「殺其人，取其物，令士卒各滿所欲」，轉戰燒殺三十七載，使中國人口從明天啟三年（一六二三年）的五千一百六十餘萬人減至順治十七年（一六六〇年）的一千九百餘萬人，淨滅三分之二。著名的「揚州十日」、「嘉定三屠」都是在幾乎被殺絕之後才下令「封刀」，僅揚州一城，死者就多達八十餘萬人。

南明弘光元年四月（一六四五年五月），豫親王多鐸指揮的清軍主力，圍困南明督師史可法所守衛的揚州城。四月十五日，清軍圍困揚州。史可法正在揚州督師，固守孤城，急命各鎮赴援，但各鎮抗令拒不發兵。清軍乘機誘降，史可法嚴詞拒絕。清軍主帥、豫王多鐸先後五次致書，史可法都不啟封緘。二十四日，多鐸命令清軍不惜代價攻取揚州城的西北角。清軍在進攻的鼓聲和炮聲中蜂擁而上，每當一名清兵倒在箭下，另一個便補了上來。很快，屍體越堆越高，一些清兵甚至不需梯子就能爬上城牆。清軍攻城後，史可法率軍民浴血而戰，但隨著清兵越上越多，守城的南明將士也開始慌亂起來。紛紛跳下城牆逃跑，這些人有的摔死在城牆下，有的則在之後的巷戰，死於亂軍之中。經過七天七夜的激戰，揚州城被清軍攻陷，軍民逐巷奮戰，大部分壯烈犧牲。史可法自殺未遂，被清軍俘虜，多鐸勸他歸降，史可法說：「我中國男兒，安肯苟活！城存我存，城亡我亡！我頭可斷而志不可屈！」遂英勇就義。

揚州的城防崩潰後，揚州城居民只有聽天由命了。儘管當時大雨傾盆，但是一些居民忙著燒香，期望能通過這種主動的討好，保住性命。與此同時他們開始大量地隱藏金銀財寶。但是，這座古老的揚州城在腥風血雨中陷落之後，再次面臨更大的劫難。城陷不久，清軍統帥多鐸便以不聽招降為名，下令屠城。一時間幾世繁華的煙花古巷變成了血流成河的屠宰場。

清軍入城之後便在那些投降的漢人帶領下從一個富戶進入另一個富戶。清兵們先是搶銀子，後來就無所不掠了。直到二十日的白天，還沒有人身傷害。但是夜幕降臨之後，人們聽到了砸門聲、鞭子抽人聲和受傷人發出的號叫聲。到五月二十一日，一份告示保證說，如果藏起來的人能夠出來自首的話就會得到赦免，於是許多藏在自己家裡的人走了出來。但他們走出來後卻被分成五十人或六十人一堆，在三、四個士兵的監督下，用繩子捆起來。然後就開始用長矛一陣猛刺，當場把他們殺死，即使撲倒在地者也不能倖免。時人王秀楚在他的《揚州十日記》中記載了當日的慘狀：

一滿兵提刀在前引導，一滿兵橫槊在後驅逐，一滿兵居中在隊伍的左右看管以防逃逸。三滿兵驅趕數十人如驅犬羊，稍有不前，即加捶撻，或立即殺掉。婦女們還被用長繩索繫在脖子上，繩索拖掛，累累如貫珠，女人們由於小腳難行，不斷跌倒，遍身泥土，一步一蹶。此時街上但見滿地都是被棄的嬰兒，或遭馬蹄踐踏，或被人足所踩，肝腦塗地，泣聲盈野。路過一溝一池，只見裡面堆屍貯積，手足相枕，血流入水中，化為五顏六色，池塘都被屍體填平了……街中屍體橫陳，互相枕藉，天色昏暗無法分辨死者是誰。在屍體堆中俯身呼叫，漠漠無人聲應答。遠遠地看到南面有數火炬蜂擁而來，我急忙躲避，沿著城牆而走。城牆腳下屍體堆積如魚鱗般密密麻麻，我幾次被屍體絆倒，跌在屍堆上與屍體相觸。由於到處是屍體，無放腳之處，我只好趴下以手代步，一有風吹草動即趴在地上裝做僵屍……

血腥惡臭彌漫，到處是肢體殘缺的屍首。那些從城牆上跳下去企圖逃跑的人不是摔斷了大腿，就是落到了流氓無賴和散兵游勇手中，他們把這些人抓起來拷打，要他們交出財寶來。在城裡，一些人藏到垃圾堆裡，在身上塗滿爛泥和髒物，希望以此躲開人們的注意，但是清兵不時地用長矛猛刺垃圾堆，直到裡面的人像動物一樣蠕動起來，鮮血從傷口流了出來。大火蔓延開來，那些因為藏在屋子裡或地下室裡仍然活著的人們，或者是被無情的大火所吞噬，或者是戰戰兢兢地跑到街上來，被那些仍然在屠城的清兵殺死了。甚至那些被正規的清軍放過去的、赤身露體在街上游轉的、孤弱無助的市民，又被成群的散兵攔住，亂棒打死。

到五月二十五日，即濫殺和搶劫的第六天，這場大屠殺方才結束。清軍接到豫親王的命令，就此封刀。和尚們得到命令開始收集和焚燒屍體。到五月二十七日，開始賑濟口糧。根據焚屍簿的記載，在這次大屠殺中死難的人共有八十餘萬人，其中還不包括落井投河，閉戶自焚及在偏僻處自縊的人。

慘絕人寰的屠城使得幾世繁華的揚州城在瞬間化作廢墟之地，江南名鎮一夜之間成了人間地獄，後人稱之為「揚州十日」。

嘉定三屠：繁華都市化為廢墟

提到「嘉定三屠」，還需從「剃髮令」說起。對於讓漢人剃頭從滿制，清王朝本是相當謹慎的。弘光朝投降，豫親王多鐸進入南京之後，曾有這樣的公告：

剃頭一事，本朝相沿成俗。今大兵所到，剃武不剃文，剃兵不剃民，爾等毋得不道法度，自行剃之。前有無恥官先剃求見，本國已經唾罵。特示。

然而不久之後，這項政策卻發生了一百八十度轉變。這裡面有兩個原因：一是政局出人意料地進展迅速，江南半壁臣服，除了東南西南，滿清基本已控制了整個中原，安撫之策已達到目的；二是漢人官員的推波助瀾，一些業已歸順的官員們雖換了主子，倒也不甘寂寞，或自動剃髮，以示忠心不二；或上書建議，以媚上謀取賞識。滿清感覺名正言順地推行滿制的時機已成熟，疑慮之心消除。六月，清軍再下剃髮令，命令十天之內，江南人民一律剃頭，「留頭不留髮，留髮不留頭」。

剃髮對當時的漢人而言，心理上是難以承受的。「身體髮膚受之父母，不可損傷」，這是千年以來形成的倫理觀，也是一種根深蒂固的思維方式。剃髮不僅有違傳統，也被視為一種侮辱。因此這項政策不僅遭到了傳統知識份子的抵制，也激怒了下層民眾。於是本已逐漸平靜的江南又騷動起來了。乙酉年六月二十四日，各地相繼騷亂，地方官和民眾紛紛揭竿而起，嘉定總兵官吳志葵響應，逐走清政府派來的縣令，占據了城市。當時，李成棟正在追剿占據崇明的明軍殘餘勢力，聞訊從吳淞回兵鎮壓，嘉定第一屠開始。

七月初一，兩軍會戰，當地的「鄉軍」雖集合了十幾萬人，但都是平民百姓，熙熙攘攘，擁擠堵塞，屬烏合之眾，毫無紀律，更談不到組織和戰鬥力了，李成棟雖只有不足五千兵力，但均為裝備精良、訓練有素的精兵。一開戰，李成棟以騎兵衝擊，鄉兵即四散奔走，自相踐踏，被打得落花流水，大敗而回。李成棟以大炮攻城，「終夜震撼，地裂天崩，炮硝鉛屑，落城中屋上，簌簌如雨」。初四嘉定城破，李成棟下令屠城，放部下大肆劫掠屠戮，「自西關至葛隆鎮，浮屍滿河，舟行無下篙處」。

白色恐怖並未嚇倒民眾，李成棟一走，四散逃亡的民眾又再度聚集，一位名叫朱瑛的反清義士率五十人進城，糾集民眾，又一次控制了嘉定。「鄉兵複聚，遇剃髮者輒亂殺，因沿路燒劫，煙焰四路，遠近聞風，護髮益堅」。李成棟遣部將徐元吉鎮壓，因嘉定居民聞風逃亡，這一次的目標主要是城郊，「數十里內，草木盡毀。時城中無主，積屍成丘……民間炊煙斷絕」。尤其是外岡、葛隆二鎮，因為組織鄉兵進行了抵抗，幾乎被燒殺殆盡。此為嘉定第二屠。

第二次屠城也未能削弱民眾的反抗意志，抵抗的餘波還在繼續。八月二十六日，原南明總兵綠營把總吳之藩造反，此人本是吳淞守軍將領馮猷猷部下，隨馮投降了李成棟。吳之藩率餘部反攻嘉定城。城內清兵猝不及防。城內民眾紛紛奔至吳軍前，「踴躍聽命」。然而，吳軍乃烏合之眾。清兵反撲之時，

「一時潰散」。清兵擁入城內，李成棟惱怒，嘉定也再遭浩劫，這是嘉定第三屠。

從閏六月初嘉定人民自發起義抗清，兩個月內，大小戰鬥十餘次，民眾數萬人遇害，史稱「嘉定三屠」。三次屠殺，將繁華都市，化為廢墟。

當時，清朝是滿族建立的政權，而中原地區是一個以漢族為主體的國家，中原漢族政權歷來視少數民族為「夷狄」，清朝入主中原在一些漢族文人心目中等於「亡國」。清軍入關之初又實行屠城、圈地政策，並長期對漢人進行民族壓迫與歧視，這無疑在漢人心目中烙下深深的印記，但是歷史上漢族政權與少數民族政權之間都曾發動過對對方的非正義戰爭，給雙方人民帶來了深重的災難，這一歷史教訓應當讓我們更加珍視現在民族團結的局面。滿族並不是異族，滿族入主中原並不是侵略和殖民。滿族的發祥地早在戰國時期就被納入了中原政權的版圖，乃是中華民族大家庭的一員。中國五千年的文明史是漢族和各個少數民族（包括已被同化和消失的民族）共同創造的。作為現代人，應該看到民族大融合給中國帶來的積極意義，而不應該長期沉溺於歷史的恩怨與傷痛中不能自拔，更不能再用狹隘的大漢族主義觀念去看待清史。

古代日蝕祕聞：讓天文官丟腦袋，曾阻止戰爭

王玉民

早在遠古時代，太陽就是祖先崇拜和依賴的物件。人們習慣了太陽的朝升夕落，但其有時會突然在白天消失，這引起了人們的恐慌和揣測。這種我們今天稱為「日蝕」的自然現象，曾經讓古人丟過性命，也曾經讓兩個國家從激戰走向和平……古人對日蝕的原因知之甚少，也因此發生了一個個耐人尋味的故事。

中國是世界上最早觀測日蝕的國家之一，觀測日蝕已有四千多年的歷史，有世界上最早、最完整、最豐富的日蝕記錄。中國古代的天文觀測一直走在世界前列。在西元前兩千三百多年前，我們的先人就建成了當時世界上最先進的天文觀象臺。僅古書（至清代）的史料（不包括甲骨文），就有一千多次日蝕記錄。

日蝕作為罕見的天象，在不知成因的古代，會讓人極度恐慌，認為日蝕是一種凶兆。後來人們從經驗中知道日蝕發生的時間很短，太陽不會永遠被「蝕」，但仍然認為這是老天對人間的「嚴正警告」，直到人們徹底認識了天體的運行規律後，日蝕才卸掉背了幾千年的「黑鍋」。

讓天文官丟腦袋的「仲康日蝕」

在夏朝仲康時代的一個金秋季節，麥浪滾滾，晴空萬里，農民們正在田裡收穫一年的勞動果實。中午時分，人們突然發現，原本高懸在天空光芒四射的太陽光線在一點點減弱，彷彿有個黑黑的怪物在一點點地把太陽吞吃掉。「天狗吃太陽！」——面對突如其來的「兇險」天象，百姓們個個驚恐萬狀，急忙聚集起來敲盆打鑼，按過去的經驗，認為這樣就可以把「天狗」嚇走。

那時朝廷已經形成一套「救日」儀式，每當發生「天狗吃太陽」時，監視天象的天文官羲和要在第一時間觀測到，然後立刻以最快的速度上報朝廷，隨後天子馬上率領眾臣到殿前設壇，焚香祈禱，向上天貢獻錢幣以把太陽重新召回。可這次，時間過去了好久，眼看著太陽一點點消失，文武百官和仲康大帝都已聚到宮殿前，卻獨不見羲和的身影。已經錯過了最佳救護時間，仲康大帝顧不得多想，連忙主持開始了救護之禮。

這時，天色越來越暗，突然天地一下子陷入黑夜，幾步之內難辨人影，太陽被「天狗」澈底「吞」了！仲康大帝率眾官跪倒在地，一遍又一遍地乞求上天寬恕……

不知過了多久，太陽的西邊緣露出了一點亮光，大地也逐漸明亮起來，日盤露出得越來越多，「天狗」終於把太陽「吐」出來了！發生了這麼大的事，身負重任的羲和居然不見人影，仲康大帝十分惱火，立刻派人去尋找。幾個差役趕到清臺（當時的天文觀測臺），好不容易在旁邊守夜的小屋裡找到了羲和。這位重任在肩的天文官居然在呼呼大睡，一問下屬，才知道他昨天喝了一夜的酒，此刻仍然爛醉如泥。到了殿上，跪倒在天子面前，羲和還是混混沌沌，不知幾分人事。仲康大帝得知羲和酗酒誤事後大怒，下令將羲和推出去斬首。

這個故事記錄在中國最早的一本歷史文獻彙編《尚書》中。雖然記錄中沒有「日蝕」二字，但早就被認證為是一次日蝕記錄，而且是中國最早的記錄，被稱作「書經日蝕」、「仲康日蝕」。

阻止了一場戰爭的日蝕

西元前六世紀至七世紀，伊朗高原上強盛的米底王國向西進兵小亞細亞，遇到呂底亞王國的頑強抵抗，兩國在哈呂斯河（今柯孜勒河）一帶展開激烈的戰鬥。腳下的土地被爭來奪去，戰役一個接著一個，就這樣一打就是五年。

一天，兩軍對陣，激烈的廝殺一直持續到太陽偏西。忽然，士兵們發現，一個黑影闖入圓圓的日面，把太陽一點點吞食，大地的亮度慢慢減弱，好像黃昏提前來到。隨即，太陽全被吞沒，頓時天昏地暗，彷彿夜幕突然降臨，一些亮星在昏暗的天空中閃爍。士兵們從來沒見過這種景象，驚得目瞪口呆，停止了廝殺。

過了不久，太陽重新出現，日蝕很快結束了，但雙方認為這是上天不滿兩國的戰爭而發出的警告，仗不能再打下去了。一場曠日持久的戰爭，就這樣因偶遇一次日全蝕而化干戈為玉帛。

這個故事記載在古希臘歷史學家希羅多德的著作《希波戰爭史》中。據說，著名學者泰勒斯預知這次日全蝕後，打算利用當時人們對日蝕的恐懼心理來消除戰禍。後人對此做過種種考證，推測他可能使用古巴比倫人發現的沙羅週期（即日、月蝕經過十八年十一天又八小時後會重複出現）來預報的。不過沙羅週期只是個近似週期，特別是日全蝕的全蝕帶很窄，同一週期裡每次發生的位置都不一樣。看來，如果泰勒斯作了預報的話，也是僥倖說對，因為全蝕帶恰好落在兩國交戰的戰場上。

李淳風知天不懼命預報日蝕

中華民族的天文曆法在唐代取得了長足進步，曆法、觀測儀器、天象記錄等方面都出現了總結性或突破性的成果。李淳風就是那時湧現出的奇人。

唐代初年，國家行用《戊寅元曆》，二十五歲的李淳風對這部曆法做了仔細研究，發現它存在缺陷，於是上書朝廷，指出《戊寅元曆》的多處失誤，提出修改方案。唐太宗李世民很開明，採納了他的建議，並選派他入太史局任職。

李淳風綜合前人許多曆法的優點，又融入自己的新見解，編成一部全新的曆法。他對自己的新曆法充滿信心。一年，他按自己的曆法計算某月初一將出現日蝕，而按照舊曆書，這天是沒有日蝕的。他把自己算出的日蝕發生、結束的精確時刻上報到朝廷。既然太史丞預報，李世民不能不理，於是到了這天，他半信半疑地率領眾官趕到殿前，準備好救護儀式。

快到李淳風說的時間了，天上圓圓的太陽還是毫無動靜。李世民不高興地說：「如果日蝕不出現，你可是欺君之罪！」欺君之罪是要被殺頭的，李淳風卻毫不懼怕地說：「聖上，如果沒有日蝕，我甘願受死。」李淳風在地上插一根木棍，影子投射到牆上，他在牆上的影子邊劃了一條標記，說：「聖上請看，等到日光再走半指，照到這裡時，日蝕就出現了。」果然，過一小會兒，天上的太陽開始被一個黑影侵入，跟他說的時間絲毫不差，於是百官下拜祈禱，鑼聲、鼓聲響成一片。

麟德二年（六六五年），朝廷決定改用李淳風的曆法，並將其命名為《麟德曆》。此故事見於唐代劉餗所著的《隋唐嘉話》。正因為李淳風編撰的曆法精密，他才有這份自信，才敢冒風險預報這次前人漏報的日蝕。

既然能預報了，說明人們已經知道它是自然現象，那麼為什麼還要搞救護儀式？這反映了在人們認識提高的同時，封建體制和傳統意識的相對頑固和滯後性。到明末和清朝，這個矛盾更加突出：一方面，按傳統觀念，日蝕是上天的警告，統治者必須舉行儀式救護；另一方面，天文學家對日、月、地的運行已瞭解得很透澈，日月蝕已能精確預報，說明它們與地上的人、事沒關係。比如到清朝，雖然仍有龐大的司天機構，曆法和天文儀器的精密度也達到歷史最高水準，但天文官對政治的影響卻大大降低了，除了曆法頒布仍是皇家的大事外，朝廷對天象的關注只剩下象徵意義而已。

清末彩券：回報率百分之七十

閔傑

「樂透」並不是現代人的專利，其實早在光緒八年（一八八二年），人們就開始玩「樂透」了，彩券也隨之成為了清末社會生活的一個熱門話題。人人都知道，買彩券中獎的總是少數，清朝末年國貧民窮，一張彩券價格五元，足夠小民百姓一家子充充裕裕過一個月的日子，但為什麼人們還要冒著把錢丟在水裡的風險買彩券呢？

頭獎：一幢洋樓

清末彩券賣得十分火爆。一九〇一年，全國彩券銷售中心的上海，正式註冊的彩券公司就有十一家，每月銷售十七萬張彩券，月銷售額達到八十五萬元，這個數額還不包括一些未經批准的小公司。一九〇三年，在華中重鎮武漢，彩券店星羅棋布，有記者報導說：武昌「每一大街，長不過二百碼，而售彩券者，竟有四家：凡彩券之店，裝飾華麗，頗動人目。」又說：「大街小巷，招牌林立者，售彩券之處也；兒童走卒，立談偶語者，買彩券之事也。」足見彩券行業之昌盛。

而不管彩券商打什麼旗號，救濟災民也好，興辦教育也好，都是拉大旗作虎皮，為的是把彩券賣出去。買彩券的人不管你作怎樣的宣傳，願為社會盡義務者不能說沒有，但當時做這種事的正常管道有的是，既買彩券，說到底，是衝著獎項去的，尤其是想中頭獎。當時的頭獎中獎率是萬分之一，彩金有多有少，除了偶爾的情況外，一般不少於一萬元，這筆錢的價值形象點說，就是一幢洋樓。

彩券最講究的就是頭獎，它具有轟動效應。哪家公司頭獎給得多，人們就對它的彩券感興趣，因此各家公司都在這方面做足文章。清末的通行做法是，頭獎彩金最少占銷售額的百分之二十（注意，不是公司利潤的百分之二十）。打個比方說，如果一家公司每月彩券銷售額一萬元，它就要拿出兩千元來給中頭獎的人，遠遠高於彩券公司自己從發行這期彩券中所得的利潤。這個規矩從第一家彩券公司廣濟公司開辦時就定下來了。它創辦後第一個月的銷售額是五萬元，頭獎是一萬元。別的公司一般也是這個比例。在二十世紀最初的幾年，頭獎最高的是德國商人辦的普益公司，它的頭獎是一座兩層的洋樓，上下六十間房，外加平房三十間，經估計，這些房屋時價一萬六千元，比其他彩券公司頭獎高出百分之六十，這些房間如果用於出租，每年可得租金一千八百元。

到一九〇五年以後，上海的彩券公司加大彩券發行量，相應地增加頭獎的彩金，各省爭相仿效，湖北彩券公司、安徽鐵路彩券公司的頭獎都達到了十萬元。十萬元是個什麼概念？當時中國很多民營企業的創辦資本不到一萬元，十萬元是一家中型企業。如果頭獎得主將獎金用於投資，可以穩穩當當地做個企業家，成為小城市裡的大闊佬。清末人對彩券趨之若鶩，這是第一個原因。

回報率百分之七十

每一期彩券，頭獎只有一個（有的公司開雙彩，頭獎有兩份，但獎金相應降低，實際是一回事），而購彩者是一支龐大的隊伍，必須要讓相當數量的人滿意，才能維持他們不變心。對此，彩券公司是很捨得拿出錢來的，返彩率達到百分之七十左右。而且這不是給人嘴上抹點糖汁，彩券是一種經營，經營就不能蒙人。清末的購彩者，不中獎則已，只要是中了獎，所得到的就能令人滿意。口說無憑，讓我們從早期彩券公司中找一個例子來看看。

一九〇〇年外商在上海設立的廣益公司是當時最有名氣的彩券公司，公司每月發行彩券一萬張，銷售額五萬元，彩券公司拿出其中的百分之七十五即三萬七千五百元用於返還中獎人，各個等級的得彩情況如下：

頭獎一張　　獎金一萬元

貳獎一張	獎金四千元
參獎一張	獎金二千元
肆獎二張	獎金各五百元
伍獎十張	獎金各一百元
陸獎三十張	獎金各五十元
柒獎八百四十張	獎金各二十元
頭獎附彩二張	獎金各三百元
貳獎附彩二張	獎金各二百元
參獎附彩二張	獎金各一百元

以上得獎總張數八百九十一張，占彩券發行額一萬張的百分之九；這就是說，按平均率計，每買十一張彩券，就有一次中獎的機會。買十一張彩券的花費是五十五元，即使中的是末等的柒獎，也可得二十元。拿出五十五元就能得二十元，錢花得並不算太冤，運氣好的話還可以得的更多，甚至中個壹貳參等獎也說不定，所以許多人都想去碰一碰運氣。

再仔細琢磨一下這張獎金等級表是很有意思的，公司的彩額分配很有講究：基數特大，末等的柒獎八百四十張，占全部中獎彩券八百九十一張的百分之九十以上，有意鼓勵市井小民多多參與；頭獎特重，刺激有錢人多買。公司把全部彩額的大部分放在末獎與頭獎中，有錢的多買，無錢的捧場，彩券豈能沒有市場？

扣除上述全部返彩金額三萬七千五百元後，廣益公司自己從每期銷售收入五萬元中僅剩下一萬兩千五百元，再加上給各家經銷彩券的票行百分之五的折扣以及支付各種開銷，公司所得不過幾千元，遠遠低於獲頭獎人的所得，也不比貳彩得主多多少，廣益是這樣，其他各公司也莫不如此。這麼說來，彩券公司不是沒什麼錢可賺了嗎？俗話說，買的不如賣的精。要掏你的口袋，當然要給足甜頭。彩券公司出手如此大方，顯然是懂得只有高付出才有高回報的道理的。只要彩券賣得出去，公司每期的收入就是有保證的，信譽越高，市場就越大，公司彩券的發行量就可以成倍增長，利潤就會相應翻倍。清末一些著名彩券公司，從初創到鼎盛時期，彩券發行量都增長五倍左右，利潤也同比增長。更重要的是，對購彩者來說，中獎與不中獎之比大約是一比十，一人中獎就有十個人在為他墊背，而彩券公司則穩賺不賠，任你購彩者爭得天昏地暗，它照收漁人之利。

小民所得實實在在的現金

清末彩券的返彩形式，是實實在在的現金，決不用物品特別是滯銷商品來抵充現金，這是一種起碼的信譽，正經的彩券公司都不屑於做那種以次充好自敗名聲的事情。個別公司如果因為情況特殊，不得不以物品代替現金，那就得做到兩點，首先，它給中獎人的物品價值，必須高出其他公司的同等獎金，假如其他公司的頭獎為一萬元，該公司的頭獎物品價值應當遠遠超出一萬元。其次，中獎人如果想要現金不要物品，公司仍然要將物品折合成現金支付。因此，這種公司的彩券同樣是受到市場追捧的。

舉個例子來看。十九世紀末蘇州開埠，房地產業一哄而上，很快樓房過剩，眾多開發商面臨破產，德商普益公司就是其中之一。公司因資金周轉不靈，想靠發彩券渡過難關，一九〇〇年在上海設立同名的彩券公司。普益公司手中有房，囊中無錢，返彩方式當然是樓房，於是就有上文所提到的中頭獎者給一幢洋樓。因為是以實物抵現金，這座價值一萬六千元的洋樓就比其他公司一萬元的頭獎高得多。獎額如此之高，公司仍怕輿論指責它以實物抵現金，特意規定：凡不願意要房者，公司可以支付現金一萬兩千元，這還是比其他公司的頭獎高。要房要錢，任取其便，人們會怎麼選擇，不言而喻。

彩券具有賭博性，但經營卻必須老老實實，一個企業光靠騙術是不能長期存在的。清末的彩券商懂得這個道理，這也是正規的彩券商與搞非法彩券的奸商的區別所在。

嚴懲違規舞弊的搖號員

對於買彩券的人來說，最擔心的就是彩券公司弄虛作假，小老百姓根本摸不著頭獎，壹貳參等獎都被經營者的親朋好友摸去了。在清末正式註冊的彩券公司中，外商彩券公司從未見到這種投訴；中國的公司則常常發生這種事，但處罰也是極重的。

一九〇〇年北方鬧義和團加之八國聯軍入侵，上海市面恐慌，彩券不好賣，常常到了開獎的日期，彩券還未全部售出。如果照常開獎，而頭獎的號碼恰恰在沒賣出去的彩券中，購彩者就會對公司是否公正產生猜疑。為了信譽，外商華洋合眾彩券公司宣布推遲開獎半個月，寧可讓人抱怨，決不讓人猜疑。外商同利公司是按期開彩的，貳獎恰在公司未賣出的票內，於是當眾宣布，將貳獎獎金全數捐給慈善事業，也同樣維護了自己的信譽。

中國的彩券公司沒有這麼嚴格，特別是官辦公司，內部舞弊不斷發生，但當局能不斷糾正。倘若有弊不究，引起公憤，一般情況下，這家公司就咎由自取，宣告完蛋。一九〇五年，福建彩券公司已經成立一年多，到第十七期彩券開獎時，頭獎一直未見，原來是搖號人與主持者串通作弊。購彩者上臺與主持開獎人理論，遭員警棍毆，致觸眾人之怒，群擁而上，搗毀公司屋內器具。事後地方官掩飾真相，謊報朝廷說是別有用心者聚眾鬧事。當時新聞報刊已經比較發達，也敢說話，揭發事件真相，地方官終不能一手遮天，公司被取締。以後浙江等省的彩券公司也都因為舞弊而撤銷，安徽鐵路彩券公司發生舞弊後，因為暫時查不明原因，被停業整頓。這些都是巡撫（省長）扶持並報請朝廷批准的全省性彩券公司（每省一家），被取締後，這些省份就不准再設立彩券公司，省財政收入因此受到不小的影響。清末在嚴厲取締違規公司方面，還真有點揮淚斬馬謖的味道。

但也不盡然。清末有兩家規模最大的彩券公司，一家是上海的南洋彩票公司（其前身即發行江南義賑票的廣濟公司，一九〇五年因六年專利期滿，收歸官辦，改稱南洋），一家是湖北彩票公司，後臺分別是赫赫有名的兩江總督和湖廣總督，同樣是發生舞弊案，公司照辦不誤，但處理則足以讓再犯者戒。南洋公司某期頭獎為公司職員所得，經查，事屬偶然，無作弊嫌疑，然而人言可畏；兩江總督下令，此後公司員工不許購買本公司彩券。湖北簽捐彩券初辦時，從廣東招來兩名搖號員，舞弊事發，湖廣總督張之洞下令該期彩券頭獎停發，兩名搖號員處死。所謂法不容情，在清代彩券業中還真有那麼點味道。清朝彩券的繁盛不是一種正常的社會現象，怎樣保持這種繁盛，清政府和地方官還是清醒並拿得出辦法來的。

什麼人買彩券？

在彩券運行的過程中，彩券公司自己並不直接賣彩券，而是批發給票行經銷。票行既銷售彩券，也批發給各個零售點。如果某一期彩券經某票行批出後中了大獎，公司和票行必登報聲明，表明公司發行的彩券有信譽，或票行賣的彩券運氣好，人們以後可以從它那裡多買多批。聲明的內容包括：中獎等級、中獎人姓名、住址或工作單位。這些名單保留到今天，使我們能通過中獎人瞭解到購買人的情況。以下是上海同利公司一九〇一年公布的第二期彩券頭獎中獎人名單：「丹桂茶園任福林、金瑞寶，協生煙店陳姓女，洋人楷先生，致中和燭店王月卿，良濟藥房鳴岐醫生，賣水果人吳錦昌，本地女客朱氏，洋貨客趙德元，畢喇洋行，各得一條。」同利公司第四期彩券的頭獎名單是：「恒瑋昌銅絲並顏料店內馬雲齋、卜姓、張姓共得五條，虞履洲翁、城隍廟道士、百花巷程宅廚師、虹橋順興紅木作坊主人各得一條，尚有紅票一條，未曾來取。」

每期彩券，頭獎只有一份，以上兩份名單的頭獎得主有好幾人，這是因為彩券公司為吸引平民百姓買彩券，對整張彩券進行了分割。晚清彩券一張五元，分割成十條賣，每條五角，窮人也買得起，頭獎一萬元，每一條得獎一千元。綜合兩份名單，得獎人有店主、店員、商人、小販、廚師、作坊主，大多是一些城市裡的中下層人，此外還有洋人和洋行裡的人；婦女很少在社會上公開活動，而第一份名單上十人中竟有二人，說明參加者不在少數；令人驚訝的是，自號「清虛無為」的道士也加入了購彩者大軍，表明彩券對社會確有極大的吸引力。兩份名單上都無農村住址，說明在一九〇〇年彩券初起之時，農民購買者很少。中國農民被捲入彩券市場是從湖廣總督張之洞強行派發湖北簽捐票開始的。

中獎人姓氏連同住址被公諸報刊，讓人人知曉，在彩券公司是為了證明自己的公道，表明大獎確確實實被某地某人所得，有案可查，無弄虛作假現象；而中大彩的人也不覺得姓名、身分被公諸報端有什麼不妥，有時中獎人還會自己登報聲明中了大獎，感謝公司讓他發了財，當然有可能是公司在背後指使。但不管怎麼說，中獎人的姓氏連同住址被曝光，說明當時的社會心理還比較正常：人們不怕露富，不擔心驟得鉅款而被偷被搶被勒索甚至被綁票。看來清末社會治安也許不像人們想像的那麼糟，儘管已經到了封建統治的末世。

歷史不忍細究 全集

作　　者　《百家論壇》編輯部 孫萍 主編
發 行 人　林敬彬
主　　編　楊安瑜
編　　輯　陳佩君・王艾維
內頁編排　王艾維
封面設計　陳膺正（膺正設計工作室）

出　　版　大旗出版社
發　　行　大都會文化事業有限公司
11051 台北市信義區基隆路一段 432 號 4 樓之 9
讀者服務專線：（02）27235216
讀者服務傳真：（02）27235220
電子郵件信箱：metro@ms21.hinet.net
網　　　　址：www.metrobook.com.tw

郵政劃撥　14050529 大都會文化事業有限公司
出版日期　2015 年 1 月初版一刷
定　　價　380 元
I S B N　978-986-6234-76-7
書　　號　History-58

4F-9, Double Hero Bldg., 432, Keelung Rd., Sec. 1, Taipei 110, Taiwan.
Tel: +886-2-2723-5216 Fax: +886-2-2723-5220
web-site: www.metrobook.com.tw
E-mail: metro@ms21.hinet.net

大旗出版 BANNER PUBLISHING　大都會文化

國家圖書館出版品預行編目 (CIP) 資料

歷史不忍細究 全集 / 《百家論壇》編輯部著 .
-- 初版 . -- 臺北市 : 大旗出版 : 大都會文化發行 , 2015.01
432 面 ; 17×23 公分

ISBN 978-986-6234-76-7（平裝）
1. 中國史 2. 歷史故事

610.9　　103023022

大都會文化　讀者服務卡

書名：**歷史不忍細究 全集**

謝謝您選擇了這本書！期待您的支持與建議，讓我們能有更多聯繫與互動的機會。

A. 您在何時購得本書：______年______月______日

B. 您在何處購得本書：____________書店，位於____________(市、縣)

C. 您從哪裡得知本書的消息：

1.□書店　2.□報章雜誌　3.□電台活動　4.□網路資訊

5.□書籤宣傳品等　6.□親友介紹　7.□書評　8.□其他

D. 您購買本書的動機：（可複選）

1.□對主題或內容感興趣　2.□工作需要　3.□生活需要

4.□自我進修　5.□內容為流行熱門話題　6.□其他

E. 您最喜歡本書的：（可複選）

1.□內容題材　2.□字體大小　3.□翻譯文筆　4.□封面　5.□編排方式　6.□其他

F. 您認為本書的封面：1.□非常出色　2.□普通　3.□毫不起眼　4.□其他

G. 您認為本書的編排：1.□非常出色　2.□普通　3.□毫不起眼　4.□其他

H. 您通常以哪些方式購書：(可複選)

1.□逛書店　2.□書展　3.□劃撥郵購　4.□團體訂購　5.□網路購書　6.□其他

I. 您希望我們出版哪類書籍：（可複選）

1.□旅遊　2.□流行文化　3.□生活休閒　4.□美容保養　5.□散文小品

6.□科學新知　7.□藝術音樂　8.□致富理財　9.□工商企管　10.□科幻推理

11.□史地類　12.□勵志傳記　13.□電影小說　14.□語言學習（_____語）

15.□幽默諧趣　16.□其他

J. 您對本書（系）的建議：

____

K. 您對本出版社的建議：

____

讀者小檔案

姓名：______________ 性別：□男　□女　生日：____年____月____日

年齡：□20歲以下 □21～30歲 □31～40歲 □41～50歲 □51歲以上

職業：1.□學生 2.□軍公教 3.□大眾傳播 4.□服務業 5.□金融業 6.□製造業

7.□資訊業 8.□自由業 9.□家管 10.□退休 11.□其他

學歷：□國小或以下 □國中 □高中／高職 □大學／大專 □研究所以上

通訊地址：____

電話：（H）______________（O）______________ 傳真：______________

行動電話：__________________E-Mail：__________________________

◎謝謝您購買本書，歡迎您上大都會文化網站（www.metrobook.com.tw）登錄會員，或至Facebook（www.facebook.com/metrobook2）為我們按個讚，您將不定期收到最新的圖書訊息與電子報。

歷史不忍細究 全集

北 區 郵 政 管 理 局
登記證北台字第9125號
免　貼　郵　票

大都會文化事業有限公司
讀　者　服　務　部　　收

11051台北市基隆路一段432號4樓之9

寄回這張服務卡〔免貼郵票〕
您可以：
◎不定期收到最新出版訊息
◎參加各項回饋優惠活動

大旗出版
BANNER PUBLISHING

大旗出版
BANNER PUBLISHING